国家社科基金
后期资助项目
GUOJIA SHEKE JIJIN HOUQI ZIZHU XIANGMU

# USMCA国际经贸规则解读及对中国影响的研究

袁其刚 等著

中国财经出版传媒集团
经济科学出版社
Economic Science Press
北京

**图书在版编目（CIP）数据**

USMCA 国际经贸规则解读及对中国影响的研究/袁其
刚等著 . -- 北京：经济科学出版社，2024.6
ISBN 978 - 7 - 5218 - 4799 - 4

Ⅰ.①U…  Ⅱ.①袁…  Ⅲ.①进出口贸易商用规则 –
研究  Ⅳ.①F746

中国国家版本馆 CIP 数据核字（2023）第 096888 号

责任编辑：李一心
责任校对：王肖楠
责任印制：范　艳

**USMCA 国际经贸规则解读及对中国影响的研究**

袁其刚　等著

经济科学出版社出版、发行　新华书店经销

社址：北京市海淀区阜成路甲 28 号　邮编：100142

总编部电话：010 - 88191217　发行部电话：010 - 88191522

网址：www. esp. com. cn

电子邮箱：esp@ esp. com. cn

天猫网店：经济科学出版社旗舰店

网址：http://jjkxcbs. tmall. com

北京季蜂印刷有限公司印装

710×1000　16 开　21.5 印张　375000 字

2024 年 6 月第 1 版　2024 年 6 月第 1 次印刷

ISBN 978 - 7 - 5218 - 4799 - 4　定价：86. 00 元

（图书出现印装问题，本社负责调换。电话：010 - 88191545）

（版权所有　侵权必究　打击盗版　举报热线：010 - 88191661

QQ：2242791300　营销中心电话：010 - 88191537

电子邮箱：dbts@ esp. com. cn）

# 本书课题组成员

袁其刚　张　伟　李金萍　嵇泳盛　翟亮亮
闫世玲　孙明松　于舒皓　王敏哲　徐彤彤

# 国家社科基金后期资助项目
# 出版说明

　　后期资助项目是国家社科基金设立的一类重要项目，旨在鼓励广大社科研究者潜心治学，支持基础研究多出优秀成果。它是经过严格评审，从接近完成的科研成果中遴选立项的。为扩大后期资助项目的影响，更好地推动学术发展，促进成果转化，全国哲学社会科学工作办公室按照"统一设计、统一标识、统一版式、形成系列"的总体要求，组织出版国家社科基金后期资助项目成果。

全国哲学社会科学工作办公室

# 目　录

## 上篇　定　性　研　究

# 下篇 定量分析

# 绪　　论

## 一、研究背景

党的二十大报告提出，推进高水平对外开放，稳步扩大规则、规制、管理、标准等制度型开放，加快建设贸易强国，推动共建"一带一路"高质量发展，维护多元稳定的国际经济格局和经贸关系。当前，百年未有之大变局下的全球经济有四大特点值得关注：一是全球经济进入再平衡，体现为全球供应链生产布局的深度调整；二是全球经济体系的基础进入重构期，表现为由以国际贸易规则为基础的国际经济体系加速转向以国际经贸新规则为基础的转变；三是数字鸿沟和数字裂痕的出现；四是新冠疫情冲击和2022年初的俄乌冲突、地缘政治等加速了上述变化的深度和广度。如何应对，成为中国推进高水平对外开放、加入《全面与进步跨太平洋伙伴关系协定》（CPTPP）谈判亟待回答的问题。

2018年11月签署并于2020年7月1日生效的《美墨加协定》（The United States – Mexico – Canada Agreement，USMCA），以其涉及内容的广泛性、规则制定的高标准、规则议题的前瞻性等特征代表了国际经贸新规则动向。USMCA对全球经济体系有重要的影响，有必要深入研究。

## 二、研究内容

USMCA一方面在国际经贸新规则的制定上具有引领示范作用；另一方面针对中国的排他性倾向明显。这既凸显了本研究的重要性和紧迫性，也对本研究提出了高要求。

首先，对USMCA的34章重要内容进行定性解读。

其次，在定性解读基础上，选取货物贸易、服务贸易、知识产权等领域的重点经贸规则进行定量分析。

再次，定量分析侧重于"边境措施"和"边境后措施"两个方面带来的影响。前者用于对农业、纺织服装、交通运输、机电产业等货物贸易的经济效应分析，后者用于金融服务开放、知识产权的经济效应影响研究。

最后，在定性和定量研究相结合基础上，从政治经济学视角对USMCA进行了再审视。针对USMCA四种类型的国际经贸规则，提出了采取的应对策略。

图0-1为本研究的内容及其逻辑关系。

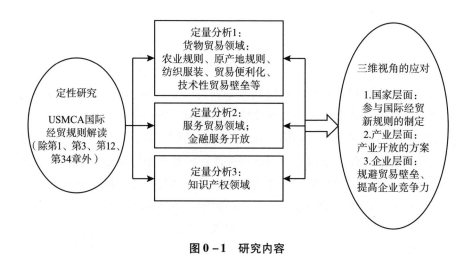

图 0-1　研究内容

# 三　主　要　观　点

## （一）国际经贸规则演变历程

国际经贸规则作为经济全球化治理的法规体系，本质是调节国家之间经济利益关系的工具。总体来看，国际经贸规则正经历由第一、第二、第三阶段的"国际贸易规则"向第四阶段的"国际经贸规则"演变的过程。

第一阶段（1947~1979年），从关税与贸易总协定（GATT）的成立到"东京回合"谈判。该阶段主要以货物贸易关税和非关税壁垒削减为议题的GATT于1947年成立，并促进了战后三十年国际贸易的发展。第二阶段（1980~1995年），从"东京回合"谈判到世界贸易组织（WTO）的成立。1980年开始，由于服务贸易和国际投资的快速发展，服务贸易、知识产权和投资问题作为新议题列入GATT的谈判内容，并最终达成WTO框架下的国际贸易规则体系。第三阶段（1996~2008年），从WTO成立到国际金融危机。2001年启动的WTO"多哈回合"谈判确立了8个谈判领域，即农业、非农产品市场准入、服务、知识产权、规则、争端解决、贸易和环境以及贸易和发展问题。由于多哈回合谈判陷入困境以及 WTO 多边贸易改革受阻，在这一阶段许多国家尝试通过签订双边或多边贸易协定以及区域自由贸易协定（FTA）等形式来满足自身经济发展的需要；关税和非关税壁垒的削减不再是谈判的重点，相反与竞争政策、政府采购透明度、环境保护、劳工、监管一致性以及可持续发展等边境后措施有关的议题开始进入实践，拓展了国际贸易规则涉及的领域。第四阶段（2009年以后），该阶段以边境后措施议题谈判为主要内容的国际经贸规则大行其道，并通过签署双边或多边的区域经贸协定来落实。区域经贸合作的持续升温，全球经贸规则正经历由国际贸易规则向国际经贸规则转换的重构阶段。

（二）重构后的国际经贸规则特征

1. 更加注重"边境后措施"议题的谈判

普遍认为，在 2008 年金融危机前，WTO 及其前身的 GATT 谈判内容主要涉及货物贸易，即使乌拉圭谈判新增的三个议题，也是与贸易有关的投资、知识产权和服务等，贸易规则约束的内容多以"边境措施"为主。随着经济全球化的加深，各国开始将贸易规则谈判的重点扩大到"边境后措施"，它包括经济政策、国内制度、法律和监管等，所涉及的内容也扩展到国有企业、竞争中立、政府采购、劳工、电子商务、人权、环保、跨境数据保护等新议题。

2. 规则标准更高

与国际贸易规则相比，当前的国际经贸规则标准更高。以美国、日本、欧盟等为代表的发达经济体签署经贸协定涵盖的内容范围之广、规则标准之高前所未有。如 2018 年签署的 USMCA，该协定条款既包括货物贸易、服务贸易、投资等议题，也包括知识产权、劳工、环境保护、监管一致性等传统的自由贸易协定未涉及或者很少涉及的议题，这些议题的标准远超现有水平。USMCA 的签署使得国际经贸规则由单一、狭义向着综合、广义的方向发展，代表着未来国际经贸规则的发展方向。

3. 区域经贸合作协定成为推动国际经贸新规则实践的载体

截至 2024 年 2 月，WTO 公布的有效区域贸易协定通知达 569 个（见图 0-2），已生效的区域贸易协定有 364 个，其中 80% 是在进入 21 世纪后生效的。与多边经贸合作相比，区域经贸合作涉及成员相对较少且成员间经济发展水平相似，彼此容易达成协议。同时区域经贸规则符合经济一体化发展要求，体现了跨国家、区域内的经济治理特征，也突出了政治利益、文化利益等特殊价值的追求等。

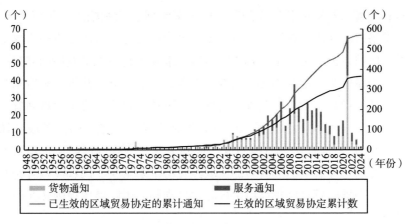

图 0 - 2　WTO 统计的有效的区域贸易协定（1948～2024 年）

资料来源：笔者依据世界贸易组织数据库整理得出。

### 4. 更加注重公平

传统的国际贸易规则强调的是国家间关税和非关税的削减以及市场准入等议题，且主要由发达国家主导，发展中国家在贸易中长期处于不利地位。随着世界经济格局的转变，广大发展中国家在国际经贸规则制定中的话语权不断提升，经贸规则的制定也更加注重公平。如在 2012 年制定的《RCEP 谈判的指导原则和目标》中，就有一项为发展中国家设立的"特殊与差别待遇"原则和"支持、培养发展中参与国技术能力"原则。此外在关税削减、经济技术合作等方面，同样给予老挝、柬埔寨等欠发达国家一定过渡期，以便它们更加公平地参与贸易。

### 5. 部分规则带有意识形态的色彩

在新的国际经贸规则中，部分规则带有严重的意识形态色彩。例如，USMCA 中的"毒丸条款"；印太经济框架（IPEF）中的有弹性供应链的内容等。

### （三）国际经贸规则重构的原因

#### 1. 全球价值链的快速发展

全球价值链是指为实现商品或服务价值而连接生产、销售、回收处理等过程的全球性跨企业网络组织，涉及从原料采购和运输、半成品和成品的生产和分销，直至最终消费及回收处理的全过程。它不仅影响着国际贸易和投资的格局，重塑了传统的国际竞争优势，更推动着国际经贸规则的重构。随着经济全球化的加深，世界产品的生产呈现出国际化或区域化分工协作的特点，传统的一国生产、全球销售模式转变为国际生产、全球销售新模式，工序切片化和任务分割成为新型国际生产体系的显著特征。这种新型的国际生产体系使得 WTO 框架下的多边贸易规则受到挑战。在全球价值链分工体系中，产品生产依靠世界各国分工协作，国家间产品内合作不断加深，这就使得以"边境上措施"为主的贸易规则已不能适应国际分工的开展。此外国家间的竞争优势也由最初的产品和产业竞争转变为生产工序的竞争，这些转变要求国际贸易规则由"边境上措施"向"边境内措施"延伸，这涉及监管一致性、公平竞争以及规制融合等诸多内容。

2. WTO 多边贸易体系问题凸显

长期以来，WTO 为多边贸易体系的正常运行提供了保障，但其自身问题也不断凸显。首先，由于 WTO 各成员方经济规模和利益诉求的差别，加之多边框架下谈判议题的增加，"协商一致"原则阻碍了谈判进程，使得 WTO 变革迫在眉睫。其次，现行的国际贸易规则强调的是商品的跨境自由流通，但是随着经济全球化的深入发展，环境保护与可持续发展、劳工保护、工业与动植物标准等与各国国内政策相关的问题受到关注，规则变革呼声增加。最后，争端解决机制作为 WTO 正常运作的核心机制之一，近年来受美国阻挠而停摆。据 WTO 总干事伊维拉博士称①，WTO 争端解决机制困境有望于 2023 年底前得到解决。2024 年 2 月在阿布扎比举行的 WTO 第 13 届部长级会议（MC13）仍未对争端解决机制困境取得进展。上述问题的不断凸显，客观上推动着国际经贸规则向着更高的水平前行。

3. 新的科学技术进步

历史上每一次科技进步都会促进生产力的解放，进而影响世界经贸规则格局。目前，我们正在经历第四次科技革命，人工智能、大数据、区块链、元宇宙等关键技术的应用正在影响着国际经贸规则的变革。一方面，新兴技术通过降低成本、加快生产要素流动，拓宽了全球价值链生产分工的边界和贸易利得的可行度；另一方面，也对跨境数据的流动、知识产权、服务业开放、信息安全等提出了更高的要求。数字贸易、数据跨境流动与安全以及针对知识产权密集型服务业开放等议题，已经成为当前国际经贸规则谈判的重点。

4. 美国维护多边贸易规则的意愿降低

美国是 WTO 多边贸易规则的建立者，也是曾经的坚定拥护者。随着多哈回合谈判的失败，美国力推的一些维护其自身利益的高标准议题没有

① WTO. 2022 News items – DG Okonjo – Iweala to G20 leaders："We need to strengthen trade cooperation，not weaken it".

通过，这使得美国维护 WTO 多边贸易规则的意愿降低。此外随着新兴经济体的不断崛起，美国在多边贸易体系中的议价能力不断减低，其推动 WTO 运营的成本大于其利益获得，因而美国开始放弃 WTO 的低标准，转而推动高标准经贸规则以维护自身利益。

USMCA 作为高标准国际经贸规则，有以下九个特点：（1）USMCA 不同于北美自由贸易协定（以下简称 NAFTA），USMCA 呈现出向国际经济与贸易规则转换趋势；（2）谈判议题的重心从"边境措施"向"边境后措施"扩展；（3）对国家主权的让渡做出了新安排，例如允许国际投资争端的投资者——国家争端解决（Investor – State Dispute Settlement, IS-DS）规则和国家之间协商解决规则并行运行；（4）USMCA 新规则成为国际经贸协定的新范本，这体现在已经签署或正在谈判中的美日、美欧、美韩、美英等经贸协定上；（5）对中国"规锁"的倾向明显，如"毒丸条款"规定；（6）USMCA 的签署，特别是原产地规则的加严势必加强北美区域经济一体化的融合，对全球产业链重构影响深远；（7）USMCA 的签署在使 WTO 被边缘化的同时，也会推动 WTO 议题新规则谈判进程的加速；（8）服务贸易，尤其是数字贸易成为新一轮国际经贸规则竞争的焦点，反映了服务贸易和数字贸易正成为全球经济新引擎的现实；（9）美国利益优先原则在 USMCA 协议上得以体现。

针对上述特点，我们要有针对性地加以借鉴和摒除。

（四）客观准确认识 USMCA 国际经贸规则的四种类型

USMCA 协定共有 34 章内容。除第 1 章的初始条款和一般定义、第 8 章对墨西哥碳氢化合物的特殊规定、第 12 章的部门附件没有在本研究中设立专章解读外，对其余 31 章的经贸规则进行了全面解读。通过解读找到差距，通过对"边境后措施"的量化分析，客观地模拟出不同场景假设下对中国经济效应的影响。USMCA 规则是基于一定前提假设制定的。按照其目的不同可分为四类。

第一类从其发展经济的目的看，USMCA 的达成旨在稳定区域内企业开展贸易和投资的预期。USMCA 通过促进商品和服务领域生产和贸易的顺畅开展来促进区域经济发展。这些规则大多是在北美自由贸易协定（NAFTA）基础上进行的更新，如 USMCA 的第 3～第 18 章涉及的货物贸易、投资、服务贸易等内容。此外，USMCA 第 34 章第 6 款规定的日落条款（Sunset Clause）实际上是对稳定预期按下的暂停键。为何在 USMCA 中美国坚持一项单独的日落条款，即将在 USMCA 生效的 5 年后（2026年），美国、墨西哥和加拿大应该重新评估该协议，并根据需要做出改变；

16 年后（2037 年）终止该协议，除非三方确认他们希望将其再延长 16 年。显然，面对不确定性，通过缩短协议的时效来应变所传出的信号值得关注和借鉴。

第二类从其维护"美国利益优先"的目的看，2016 年美国总统特朗普打着保护中产阶级和蓝领工人就业岗位的旗号，采取单边保护贸易政策。USMCA 条款体现了美国利益优先的理念，特别是在对汽车行业的经贸规则上、在增加美国进入加拿大乳制品市场的规则上，以及旨在保护美国工人免受"社会倾销"的新劳工条款上意图明显。虽然 USMCA 第 23 章劳工保护的核心领域没有偏离 NAFTA 的框架，但是 USMCA 第 4 章原产地规则首次纳入了劳动力价值含量要求。这项规定要求 40% ~45% 的汽车产品由每小时至少支付 16 美元的工人所生产。此项措施背后的动机旨在将汽车制造业迁出墨西哥，这显然损害了墨西哥在北美一体化供应链中的利益。

第三类从其遏制潜在竞争对手的意图看，USMCA 第 21、第 22 章的竞争政策与国有企业规则，第 23 章劳工规则，第 32 章的"毒丸条款"，第 33 章关于宏观经济政策等对华的遏制意图明显。USMCA 的缔约三方都采取浮动汇率制度，符合美国《联邦储备法案》和《货币汇率监督改革法案》的做法，三方在二战后也没有操纵汇率的历史。既然如此，USMCA 为何还要规定成员方高标准承诺避免竞争性贬值，同时显著提高透明度并采用问责机制。很显然，USMCA 不仅要求墨西哥、加拿大禁止与非市场经济国家（NME）签订经贸协议，而且美国也为日后与其他国家签署经贸协定制定了规则，其"规锁"意图明显。国际经贸新规则呈现出与外交、产业、技术、环境和国内社会政策更紧密交织的趋势已十分明显。

第四类从其主动顺应新科技发展的目的看，相对于 CPTPP 和 RCEP 而言，USMCA 之所以称为高标准的国际经贸规则，在于其顺应高科技发展趋势。马克思说过，社会生产力的提高是历史发展前进的根本动力，作为人类历史发展的重要文明成果的制度，其变革的根本动力也必然是生产力。制度的最终目标在于人的社会性，在于实现人的全面发展。USMCA 的数字贸易规则（第 19 章），为数字经济的崛起和新一轮工业革命浪潮的到来作好了准备。数字贸易的"美式规则"有别于"欧式规则"，也有别于我国的数字贸易规则。USMCA 的知识产权规则（第 20 章）具有超前性。

（五）针对四种类型采取不同应对措施

USMCA 的国际经贸规则涉及众多议题。由于针对不同议题制定规则的前提假设不同，导致规则的规范性和接受度不同。理性的选择是针对不同目的的规则制定差异化的应对之策。

针对第一类和第四类规则，我们的态度是借鉴和学习。通过维护多边主义和加强区域经贸合作来助力制度型开放的步伐。通过加入 DEPA（数字经济伙伴关系协定），积极参与数字贸易规则治理，通过申请加入 CPT-PP 和落实 RCEP 来表明中国改革开放的决心。中国将一如既往地为来华企业提供市场化、法治化、国际化的营商环境。加快我国知识产权强国建设步伐，需要在完善知识产权保护法规上积极作为。

针对第二类规则，中方态度是反对霸凌、坚持合作与互利共赢。国际经贸规则的制定是通过参与方政府之手、为企业提供稳定的贸易和投资的预期；但是应认识到提供这种稳定的预期，不保证参与者都能实现经济增长的预期目标。遵循市场竞争的法则必然出现优胜劣汰、甚而导致社会两极分化的结果。正确处理此类问题的方法应是借助于国内政策，而非嫁祸于人。实践证明，"美国利益优先"行为违背国际分工的规律，不得人心，终将处处碰壁。

针对第三类规则，一方面要勇于斗争和善于斗争，另一方面要通过制度建设加快市场经济体制的改革步伐。从国家层面，积极深化在国有企业、劳工、环境保护、产业补贴、知识产权保护等领域的改革，推动经济与产业结构升级，强化自身经济实力，让市场在资源配置中起决定性的作用。事实胜于雄辩，用事实来反驳美国等西方不切实际且毫无根据的说辞，用事实来证明中国是一个市场经济国家，而不是所谓的"非市场经济国家"。从企业层面，在开展国际经贸合作时要打出"三张名片"。第一张名片要旗帜鲜明地宣传中国特色社会主义市场经济的本质内涵。这张名片的作用是让对方了解、理解我国市场经济体制的本质，获得价值观认同。第二张名片要把企业所在产业的市场导向属性讲清楚。在加快建成统一完善的产权保护制度、市场准入制度、公平竞争制度和社会信用制度的基础上，在市场设施高标准联通、要素和资源市场、商品和服务市场、公平统一市场监管等方面，中国积累了建设统一规范大市场的经验。截至2022 年 4 月，中国批准的国际劳工组织公约总数已达到 28 个。第三张名片是把所在企业按市场经济规律经营的特质讲清楚。这包括：（1）企业根据市场信号作价格、成本、投资、购销方面的决策；（2）完善了现代企业治理制度；（3）企业资本、劳动力、技术和其他生产要素的价格由市场决定；（4）企业按照会计准则独立核算；（5）企业受以市场导向为基础并有效执行的公司法、企业破产法等法律约束，可以通过公正的法律程序行使权利；（6）企业能够自由获取相关信息，并以此作为决策的基础。

生产关系主要包括生产资料所有制的形式（如采用何种基本经济制度）、行为主体在生产过程中的相互关系（是否一视同仁、公平竞争），以及分配形式三个方面。截至今日，无论是多边、双边，还是区域贸易协定鲜有涉及分配形式的议题，故将重点讨论前两个方面。在生产资料所有制形式的问题上，作为宪章性质的《欧盟运行条约》第 345 条（继承了最初的 1957 年《罗马条约》第 222 条、《欧共体条约》第 295 条）规定："协议不影响各成员国关于财产所有权制度的规定。"可见，欧盟的竞争法等一系列法规传统上不对企业是国有还是私有区别对待。该做法被称为"所有制中立"。党的十九届四中全会指出了我国基本经济制度，"公有制为主体、多种所有制经济共同发展，按劳分配为主体、多种分配方式并存，社会主义市场经济体制等社会主义基本经济制度，既体现了社会主义制度优越性，又同我国社会主义初级阶段社会生产力发展水平相适应，是党和人民的伟大创造。"①"所有制中立"规则在世贸组织中得到了尊重并加以执行。因此，社会主义基本经济制度既符合我国国情，又与国际接轨，是我们必须坚持的。

"竞争中性"就是要一视同仁地对待市场竞争中不同所有制的企业，其基本思想与我国社会主义市场经济制度建设是一致的。在具体实施上，如何体现一视同仁的监管，涉及复杂的法律和技术性问题，需要深化改革。对此，我们与其他国家并没有根本分歧。我们有理由相信，通过沟通磨合可以形成彼此接受的国际经贸规则；实现不同经济制度的企业公平竞争参与国际分工体系的运行。我国参与国际经贸规则谈判的基本策略是坚持"所有制中立"，即"公有制为主体、多种所有制经济共同发展"的根本特征；同时加快市场经济体制改革，完善"竞争中性"的制度建设。据世行统计，中国的营商环境排名已由 2018 年的第 46 位增长到 2020 年的第 31 位。近年来，中共中央、国务院陆续发布了《关于构建更加完善的要素市场化配置体制机制的意见》和《关于新时代加快完善社会主义市场经济体制的意见》，2022 年 1 月国务院办公厅印发《要素市场化配置综合改革试点总体方案》，旨在推动要素市场化配置改革向纵深发展。这充分表明，在完善市场经济体制建设上，我们一直在路

---

① 摘自《中共中央关于坚持和完善中国特色社会主义制度 推进国家治理体系和治理能力现代化若干重大问题的决定》，2019 年 10 月 31 日中国共产党第十九届中央委员会第四次全体会议通过。

上。围绕"竞争中性"相关的市场经济体制的沟通已是国际经贸规则谈判的重点。

"青山遮不住，毕竟东流去。"只要遵循"有所为有所不为"辩证思维探索中国道路和中国方案，在借鉴学习、互利共赢和敢于斗争中主动对标今天和将来的国际经贸新规则，我们就有坚定的信念战胜各种挑战，突破重重围堵和"规锁"，走向光明的未来。

（六）以人类命运共同体的理念为指导加快制度型开放步伐

面对机遇与挑战、世界各国的利益和命运休戚与共的现实，国际社会迫切期望全球治理体系的进一步变革，期待用新的全球治理思想来引领、构建公正合理的国际治理体系。面对"建设一个什么样的世界，怎样建设这个世界"的追问，习近平同志站在人类历史发展进程的高度，深入阐述了"构建人类命运共同体"的理念。2015 年 9 月 28 日，习近平主席出席第 70 届联合国大会一般性辩论，在题为《携手构建合作共赢新伙伴，同心打造人类命运共同体》的讲话中指出："当今世界，各国相互依存、休戚与共。我们要继承和弘扬联合国宪章的宗旨和原则，构建以合作共赢为核心的新型国际关系，打造人类命运共同体。""我们要建立平等相待、互商互谅的伙伴关系""要营造公道正义、共建共享的安全格局""要谋求开放创新、包容互惠的发展前景""要促进和而不同、兼收并蓄的文明交流"①。这是中国首次在重大国际组织中提出人类命运共同体的概念及其核心思想。2017 年，党的十九大把推动构建人类命运共同体写入党章。2018 年 3 月 11 日，十三届全国人大一次会议表决通过《中华人民共和国宪法修正案》，"推动构建人类命运共同体"被写入宪法。2018 年 12 月 18日，在庆祝改革开放 40 周年大会上，习近平总书记在总结改革开放 40 年来所取得的伟大历史成就时指出："我们积极推动建设开放型世界经济、构建人类命运共同体，促进全球治理体系变革，旗帜鲜明反对霸权主义和强权政治，为世界和平与发展不断贡献中国智慧、中国方案、中国力量。"② 习近平总书记提出的构建人类命运共同体理念为我国制度型开放指引了方向。科学研判 21 世纪国际经贸规则制定新趋向，积极落实和倡导平等、开放、合作、共享的国际治理观，将助推人类命运共同体宏伟蓝图的实现。

---

① 习近平出席第 70 届联合国大会一般性辩论并发表重要讲话，央广网，2015 - 09 - 29。
② 徐梦秋，朱彦瑾. 在全方位对外开放中共建人类命运共同体［N］. 光明日报，2018 -12 - 08.

1. 维护多边贸易体制、积极参与全球经贸规则制定

尽管 WTO 多边贸易体制自身需要变革，但是其依旧是全球经贸规则重构的基础，以及世界广大发展中国家参与国际经济和维护自身利益的重要平台。坚定维护 WTO 多边贸易体制在全球经贸发展中的主导地位，积极参与全球经贸规则变革进程，坚持平等互惠公平理念、切实维护广大发展中国家利益是我们应坚持的。全球经济问题不是孤立的，经贸问题需要多方相关利益者参与协调解决。本着"人类命运共同体"理念，稳步提升我国在世界银行、国际货币基金组织以及亚太经合组织等国际组织中的话语权，增强议题设置和谈判能力，积极影响全球治理规则改革趋势。通过在规则和制度上与国际先进规则接轨来提升国内的制度供给质量，促进国内经济体制的平稳改革。在此基础上，要注重在国际秩序形成中的"制度输出"。换言之，就是向外提供制度性公共产品。

2. 以"一带一路"为主线，构建贸易投资合作新格局

多年以来，中国积极践行共商、共建、共享理念，以"五通"寻求与世界及"一带一路"沿线国家互利共赢的合作空间。"一带一路"合作倡议为进一步推进制度型开放提供了广阔的平台。未来应在"一带一路"倡议构想统领下，与新兴市场国家和发展中国家实现优势互补、错位竞争。加强与沿线国家沟通磋商，扩大与各国的利益契合点，充分发挥多边双边、区域和次区域合作机制平台的作用，共同构建以我为主导，可适用于发展中国家，又可与国际经贸新规则相衔接的贸易投资合作机制。

3. 实施自贸区战略，争取经贸规则制定的主动权

面对国际经贸规则发展的新趋势，我国应大力实施自贸区战略，构建高标准、宽领域的自贸区网络。一是加快与自贸区新伙伴的谈判进程；二是升级现有的自贸区，以适应高标准国际经贸规则的要求；三是在积极申请诸如 CPTPP、DEPA 等经贸协定的同时，深化实现与国内规则的协调与融合，推动国内规则向着标准化、国际化方向发展，为完善和修正全球经贸规则体系提供中国方案。

4. 推进国内经济体制深化改革

我国应将高标准国际经贸规则作为倒逼国内经济体制改革的动力，加快国内要素统一大市场建设步伐，营造法治化、市场化和国际化的营商环境、完善社会主义市场经济体制。在"边境后措施"的制度开放上，首先建设完善知识产权保护法律体系；其次完善"准入前国民待遇＋负面清单"外资准入管理制度；最后要清理不符合 WTO 要求的地方性产业政策。

5. 提高制度型开放的创新力

制度创新，既是制度型开放的前提，也是其结果。目前我国部分领域的制度创新力远远不够。以自贸试验区为例，自贸试验区是我国的"制度试验田"和制度高地，目前全国共有 6 批 22 个试验区，发布了 23 个总体方案，支持自贸试验区深化改革创新的文件、支持地方差异化发展政策措施等，总计赋予了 3400 多项改革试点任务，累计形成了 279 项制度创新成果（国家层面 6 批复制试点经验 218 条，4 批最佳实践案例 61 个）。存在问题主要有试验区创新的自主空间有待进一步扩展、制度创新的系统集成有待进一步提升、为地方谋发展的效能有待进一步增强、差异化特色化的发展有待进一步凸显、对标国际高标准经贸规则的步伐亟须加快。因此，需要提高制度型开放的创新力，需要赋予改革更大的自主权、激发制度创新的内生动力；结合产业协同发展，助力当地经济发展；深化制度创新的差异化，提升服务国家战略的能力。

# 四、研究方法

1. 文献分析法

查阅收集国际经贸规则的制定背景、发展历程及中国现状需要对国际分工理论、马克思主义世界市场理论、发展经济学理论、计量经济学理论、法学等相关学科的文献资料进行梳理。

2. 一般均衡与局部均衡相结合的方法

在一般均衡分析中，本书将借鉴美国普渡大学开发的全球贸易分析模型（GTAP Model）进行综合研究。局部均衡分析法可以有效地对扩大开放和贸易政策的影响进行估计。

3. 统计分析方法与综合指标体系构建方法

统计分析方法将贯穿于研究的全过程。综合指标体系的构建方法将用于对"边境后措施"的定量分析上。"边境后措施"的衡量涉及多种因素，需要将各表现维度用一定的方法汇总起来，建立综合指标来评价与认定。

4. 实地调研法

通过选取 USMCA 作为参照，揭示国际经贸治理的内在规律。运用案例分析法，选择具有代表性的企业深入调研。为国家、行业、企业层面应对方案提供建议。

本研究广泛使用政治经济学分析法、开放的宏观经济学分析方法、可计算的一般均衡分析方法，科学使用统计分析、计量分析、案例分析等工具。这些现代分析方法和工具使用可保证研究的科学性。

## 五、学术创新和学术价值

（一）研究内容新

USMCA 代表了当前高标准的国际经贸新规则，对其进行系统研究具有开拓性，研究的结论对指导我国参与经贸规则谈判实践价值高。本书对 USMCA 规则进行定性解读、对其影响进行定量分析；定性研究借助定量分析可形成科学的结论。

（二）研究方法新

本书采用文献研究、比较研究和定性定量研究相结合方法。特别是在对标新规则上，在知识产权、金融服务开放等"边境后措施"的度量上，在中美经贸规则差异的比较上，在不同假设情境下对中国的经济效应影响的模拟上，科学选择研究方法和研究工具。使研究方法服务于研究对象和目的。通过数值计算和模拟结果最大程度上保证了结论的科学性。

（三）学术价值

对 USMCA 进行系统研究具有开拓性，研究结论对指导我国实践有高的学术和应用价值。完成的 USMCA 规则解读可以作为学术研究资料，供理论和实践界应用。第一，采用定性和定量相结合方式对 USMCA 经贸规则的解读是最大特色；第二，成果对中国多边和区域协定的制定具有一定的参考价值；第三，对 USMCA 规则进行四种分类，并采取不同应对策略具有高的实际指导价值。

上篇　定性研究

# 第一章 USMCA 货物国民待遇与市场准入规则解读及对中国影响的分析

USMCA 第 2 章货物国民待遇规则大幅降低了货物贸易市场准入门槛，这势必促进北美经济一体化的发展和产业链的深度融合。在区域内货物市场准入门槛降低的同时，原产地要求的提高对于区域外的国家形成了贸易壁垒。

## 一、引　言

### （一）USMCA 是高标准的国际经贸新规则

USMCA 源于美国和加拿大之间的自由贸易协定。自 20 世纪 80 年代起，欧洲一体化深入发展，日本企业国际竞争力增强，美国与加拿大的企业竞争力下降。美国和加拿大于 1988 年达成自由贸易协定并于次年正式生效。美国、加拿大和墨西哥三国在 1992 年达成的北美自由贸易协定（NAFTA）将发达国家和发展中国家纳入区域经济一体化的进程。1994 年生效的 NAFTA 共有八个部分：第一部分是总则和一般定义；第二部分货物贸易涵盖第 3～第 8 章内容，包括国民待遇与市场准入，原产地规则，海关程序，能源与基本石化产品，农业、卫生以及植物卫生措施，紧急行动的内容；第三部分是技术性贸易壁垒，涵盖第 9 章标准相关的措施；第四部分是第 10 章的政府采购；第五部分是投资、服务和相关事项，涵盖第 11～第 16 章，包括投资，跨境服务贸易，电信，金融服务，竞争政策、垄断机构与国有企业，商务人士临时入境的内容；第六部分是第 17 章的知识产权；第七部分是关于行政与机构的相关条款，涵盖第 18～第 20 章，包括法律的发布、通报与实施、反倾销与反补贴税事宜的审议与争端解决、机构安排与争端解决程序的内容；第八部分是其他条款，涵盖第 21 章和第 22 章，包括例外和最后条款。除正文外，还包括原产地具体规则的附件，以及 7 个附件的内容。

虽然 NAFTA 促进了区域内贸易和投资的跨国流动，但协定实施给美国制造业带来一定冲击，导致美国国内提出了质疑的声音。为此，经过多轮谈判，美国、墨西哥、加拿大三方在 2019 年 12 月 10 日签署了修订后的《美墨加协定》取代了原有的 NAFTA 协定。与 NAFTA 相比，USMCA没有了"自由贸易"的称呼。USMCA 包括正文 34 章、4 个协定附件以及16 项补充协议。与 NAFTA 相比，USMCA 涉及的内容更广泛，将农业部分单设一章，在原产地规则后面增加了原产地程序条款，增加了纺织品与服装条款，在海关部分更加强调海关行政和贸易的便利化，确认了墨西哥拥有碳氢化合物的所有权，将紧急行动条款明确为贸易救济条款，增加了部门附件条款，增加了数字贸易条款，将竞争政策、国有企业单设一章，增加了反腐败条款、公布和实施条款、行政和体制规定条款，以及宏观经济政策和汇率事项条款。

　　USMCA 和 NAFTA 有相似之处，更多的是不同之处。就国民待遇和货物的市场准入规则而言，两份协定都包含了这一内容，并且都位于总则后的细则的起始位置。该规则的重要性不言而喻。通过表 1 - 1 把 NAFTA、TPP、USMCA、RCEP 四个区域经济或贸易协定的内容对比可见（见表 1 - 1），USMCA 强化了农业议题；严格规范了原产地及实施细则；突出强调了纺织服装贸易规则的重要性；针对 WTO 的《贸易便利化协定》，专章规范了海关管理和贸易便利化规则；增加了"墨西哥拥有碳氢化物的承认"章节；对 WTO 规则所允许的反倾销、反补贴和紧急保障措施设立专章阐述；设立技术性贸易壁垒一章；将在 NAFTA 中对能源与基本石化产品的规定扩展到"行政部门附件"内进行规范；适应数字经济发展趋势、设立数字贸易章；为强化自由竞争原则，设立竞争政策、国有企业和指定垄断两章内容；为维护劳工权益和保护环境，设立劳工和环境专章；认识到中小企业的重要性，设立中小企业专章加以规范；为增强北美企业的持续竞争力，设立竞争力专章；为体现市场竞争的公开透明原则，设立"公布和管理"一章；为保障本协定的高效运行，设立"管理和机制条款"和"争端解决"两章；首次对宏观政策和汇率议题设立专章加以规范。

表 1 - 1　　　　　　　NAFTA、TPP、USMCA、RCEP 的内容对比

| NAFTA | TPP | USMCA | RCEP |
|---|---|---|---|
| 00 序言 | 00 序言 | 00 序言 | 00 序言 |
| 02 一般定义 | 01 初始条款和一般定义 | 01 初始条款和一般定义 | 01 初始条款和一般定义 |

| NAFTA | TPP | USMCA | RCEP |
|---|---|---|---|
| 03 货物国民待遇与市场准入 | 02 货物国民待遇与市场准入 | 02 货物国民待遇与市场准入 | 02 货物贸易 |
| 07 农业、卫生与植物检疫措施（农业部分） | 02 货物国民待遇与市场准入；第 C 节农业 | 03 农业 | 无 |
| 04 原产地规则 | 03 原产地规则和原产地程序 | 04 原产地规则 | 03 原产地规则 |
| | | 05 原产地程序 | |
| 03 货物国民待遇与市场准入；附件 300 - B | 04 纺织品和服装 | 06 纺织品和服装 | 无 |
| 05 海关程序 | 05 海关管理和贸易便利化 | 07 海关管理和贸易便利 | 04 海关程序与贸易便利化 |
| 无 | 无 | 08 对墨西哥拥有碳氢化物的承诺 | 无 |
| 07 农业、卫生与植物检疫措施（卫生与植物检疫措施部分） | 07 卫生和植物卫生措施 | 09 卫生检疫措施 | 05 卫生与植物卫生措施 |
| 08 紧急行动（保障措施） | 06 贸易救济 | 10 贸易救济 | 07 贸易救济 |
| 19 反倾销与反补贴税事宜的审议与争端解决 | | | |
| 09 标准相关措施 | 08 技术性贸易壁垒 | 11 技术性贸易壁垒 | 06 标准、技术法规和合格评定程序 |
| 06 能源与基本石化产品 | 无 | 12 行业部门附件 | 无 |
| 10 政府采购 | 15 政府采购 | 13 政府采购 | 16 政府采购 |
| 11 投资 | 09 投资 | 14 投资 | 10 投资 |
| 12 跨境服务贸易 | 10 跨境服务贸易 | 15 跨境服务贸易 | 08 服务贸易 |
| 16 商务人员临时入境 | 12 商务人员临时入境 | 16 商务人员临时入境 | 09 自然人移动 |
| 14 金融服务 | 11 金融服务 | 17 金融服务 | 08 服务贸易 附件一 金融服务附件 |
| 13 电信 | 13 电信 | 18 通信 | 08 服务贸易 附件二 电信服务附件 |
| 无 | 14 电子商务 | 19 数字贸易 | 12 电子商务 |
| 17 知识产权 | 18 知识产权 | 20 知识产权 | 11 知识产权 |
| 15 竞争政策、垄断机构与国有企业 | 16 竞争政策 | 21 竞争政策 | 无 |
| | 17 国有企业和指定垄断 | 22 国有企业和指定垄断企业 | 无 |

| NAFTA | TPP | USMCA | RCEP |
|---|---|---|---|
| 无（通过附属协议增补） | 19 劳工 | 23 劳工 | 无 |
| 无（通过附属协议增补） | 20 环境 | 24 环境 | 无 |
| 无 | 24 中小企业 | 25 中小企业 | 14 中小企业 |
| 无 | 22 竞争力和商务便利化 | 26 竞争力 | 13 竞争 |
| 无 | 26 透明度和反腐败（反腐败部分） | 27 反腐败 | 无 |
| 无 | 25 监管一致性 | 28 良好监管实践 | 无 |
| 18 法律的发布、通报与实施 | 26 透明度和反腐败（透明度部分） | 29 公布和管理 | 无 |
| 20 机构安排与争端解决程序 | 27 管理和机制条款 | 30 管理和机制条款 | 18 机构条款 |
| | 28 争端解决 | 31 争端解决 | 19 争端解决 |
| 21 例外 | 29 例外和一般条款 | 32 例外和一般条款 | 17 一般条款与例外 |
| 无 | 无 | 33 宏观政策和汇率 | 无 |
| 22 最终条款 | 30 最终条款 | 34 最终条款 | 20 最终条款 |
| 01 目标 | 无 | 无 | 无 |
| 06 能源与基本石化产品 | 无 | 无 | 无 |
| 无 | 21 合作和能力建设 | 无 | 15 经济与技术合作 |
| 无 | 23 发展 | 无 | 无 |

资料来源：笔者根据四个经贸协定文本整理。

（二）国民待遇与市场准入

国民待遇原是在长期历史实践中形成的法律规范。它最早体现在法国 1789 年的《人权宣言》中，后在 1883 年为保护工业知识产权在法国签署的《巴黎公约》将其列为首要原则。国民待遇与最惠国待遇原则一起构成了 GATT 的非歧视原则。GATT 的国民待遇原则是指缔约方保证另一缔约方的公民、企业和船舶在本国境内享受与本国的公民、企业和船舶同等待遇；使进口商品享受与本国产品直接或间接征收的国内税费同等待遇。WTO 对其进行了扩展，不仅适用于货物贸易，也适用于服务贸易及与贸易有关的投资措施（TRIMS），在与贸易有关的知识产权保护（TRIPS）上也给予国民待遇原则。根据国民待遇要求，东道国需要给予外国投资者的待遇不低于国内投资者，这有助于提高贸易和投资的自由化和便利性，推动经济高效发展（Salacuse and Sullivam，2005）①。世界上没有国家毫无保留地实施国民待遇原则，大多数国家实施的是准入后国民待遇。近年来，国民待遇以"正面清单"转向"负面清单"的方式向准入前实施的趋势明显。在 USMCA 中，美国更多强调对等原则，发展议题不再像 TPP 或者 WTO 那样列入正文之中，不允许成员方以发展水平存在差异为由规避义务，国民待遇原则在 USMCA 中得到了普遍适用（万军，2019）②。

市场准入原则是一国通过制定相关法律和规章，允许外国的货物、劳务、资本和数据等参与本国市场的程度。放宽市场准入意味着政府为了促进贸易与投资的发展，减少了关税与非关税贸易壁垒。相比于 NAFTA，USMCA 进一步提高了零关税的减让标准，严格规范了进出口许可程序的透明度规则。

## 二、USMCA 国民待遇与货物市场准入规则的解读

USMCA 的国民待遇与货物市场准入规则由正文的 17 个条款以及 A、B、C 三个附件组成。

（一）定义和范围的规定

USMCA 第 2.1 条对涉及的定义进行了阐释。价值可以忽略不计的样品是指样品价值不超过 1 美元或等值的其他缔约方的货币金额，或者样品被以打孔、撕裂等方式标记以至于不适宜出售或者使用者。领事交易是指缔约一方将货物出口到另一缔约方时要首先在出口方或缔约方领土内接受进口缔约方领事的监督，方可获得领事签证、原产地证明等海关文件。令人信服的证据是指提交的文件包含原件或其副本，且附有海关征税的副本或者可接受的其他证据。

USMCA 第 2.2 条的内容是对本章适用范围的界定。如无特殊规定，本章的内容仅适用于货物贸易。

（二）关于国民待遇的规则

USMCA 第 2.3 条是关于国民待遇的内容。国民待遇原则是最惠国待遇原则的重要补充，基本含义是国内货物与进口货物的待遇一视同仁，即"内外平等"。在对 1994 年 GATT 第 3 条以及其解释性注释进行必要调整与修改后，纳入本协定中。每一缔约方应据此给予其他缔约方货物贸易的

---

① Salacuse J. W. , Sullivam N. P. Do BITs Really Work? An Evaluation of Bilateral Investment Treaties and Their Grand Bargain［J］. Harvard International Law Journal, 2005, 46 (1).

② 万军.《美墨加协定》对北美三国投资的影响［J］. 拉丁美洲研究, 2019, 41 (2): 1 - 24, 154.

国民待遇，即一旦进口商品获许进入到缔约方国内市场，该缔约方应该给予该产品的待遇不低于其国内相似产品的待遇。另外，在本条中列明了国民待遇适用的例外性规定，即附件 2 – A 和第 2.11 条关于进出口限制的内容不适用国民待遇条款的规定。

（三）关于关税待遇的规则

USMCA 第 2.4 条是关于关税待遇的内容。各缔约方应当按照附件 2 – B 关税承诺中的税率确定原产货物的税率。各缔约方不得对原产货物加征现有的或新的关税，本协定另有规定的除外。如果有缔约方提议扩大附件 2 – B 中关税的削减范围，各缔约方应该就此进行协商。如果有两个或两个以上缔约方达成协议，就可以互相扩大附件 2 – B 中关税的削减范围。此外，缔约方也可以单方面扩大其对附件 2 – B 中关税的削减范围。对于美国和墨西哥的汽车货物，如果不属于第 4 章原产地规则约束的范围，就要按照附件 2 – C 的规定征收关税。

USMCA 第 2.5 条是关于退税和关税延期缴纳计划的规定。无论是对进口商品还是出口商品，本条款都对缔约方退还、减免所缴纳的或者所欠缴的关税做了严格限制。这一限制的适用条件为：该货物为随后出口到另一缔约方领土者；该货物用作生产另一种货物的材料，生产的货物随后出口到另一缔约方的领土者；该货物被用作生产另一方领土的另一种商品时所用的相同或类似商品的替代物。

该条款还对出口补贴或者变相补贴的行为加以限制，规定任何缔约方不得以出口为由，退还、免收或减少反倾销或反补贴税的征收；因招标制度在进口数量限制、关税配额或关税优惠方面，就进口产品提供优惠待遇。如果退还、减收或免收行为需符合本条规定，并提供令人信服的证据，证明是向该另一方领土出口的货物所征的关税。

涉及延期缴纳计划提交的令人信服的证据应在出口之日起 60 天内提出，否则应予征收关税，或者在符合相关法律要求情况下提供证据后再按照本条第一款的规定退还关税。本条的例外条款第 6 条规定了诸如以担保方式进入的过境货物，加拿大与美国之间的柑橘贸易、用来加工服装制品的货物等则不适用本条。

USMCA 第 2.6 条是关于关税豁免的内容。关税免除是对进口的商品免征进口税的一种待遇。本条规定：（1）任何一方不得采用任何新的关税豁免，或扩大对现有接受方的适用范围，或扩大对任何新接受方的适用范围，或明示或暗示地以满足实绩要求为条件，扩大对任何新接受方适用现有的关税豁免。（2）任何一方不得明示或暗示地，以满足实绩要求为条件①，继续免除任何现有的关税。

（四）关于临时入境货物的规则

USMCA第2.7条规定，在被其他缔约方认可的情况下，无论产地如何，也不论缔约方境内是否存在相似、直接竞争或可转产的货物，专业设备，用于展示或演示的货物，商业样品、广告电影和唱片以及为体育目的而被接纳的物品都应当准许免税临时入境。当然，免税临时入境货物是有条件的，如这些货物不得免税入境后出售、出租，不得用于展览或演示以外的任何用途；只能由另一方国民或在另一方国民的监督下进行的商业活动、职业或体育活动；在出口时能够被识别；数量不得超过其预期用途的合理数量；等等。同时，缔约方同意免税临时入境时可以收取不超过入境或进口应缴费用110%的保证金，但在货物出口后要予以退回；如果是原产货物，则不需要缴纳保证金。

缔约方对于本条所列的物品应予快速放行，并允许货物通过进口港以外的海关监管的港口出口。如果临时入境货物在合法入境期间被毁损，相关责任人如果能够提供令人信服的证据，可以免除责任。如果入境货物不满足免税临时入境的条件但蒙混入关，缔约方除追缴这些货物原本应该缴纳的关税外，也可按照法律规定进行处罚。在不违反第14章投资相关规定和第15章跨境服务贸易相关规定的前提下，任何缔约方均不得仅仅因为入境时承运人、车辆、集装箱实际控制人与离境时不一致，而要求提供任何担保或施加任何处罚或收费。如果用于国际运输，这里的运输工具是指卡车、卡车拖拉机、拖拉机、拖车单元或拖车、机车或铁路车辆或其他铁路设备。缔约方应允许在临时入境时使用用于国际运输货物的集装箱，无论是满载或空载，也无论规模、体积或尺寸，均予免除关税并允许其在其境内连续停留至少90天。

（五）关于维修或改装后重新输入货物的规则

USMCA第2.8条规定，任何缔约方不得对该商品暂时从其领土出口到另一缔约方领土进行修理或变更后，重新进入其领土时征收关税，无论该修理或变更是否是在出口地进行的修理或变更，是否增加了该商品的价

---

① 实绩要求是指要求：（a）一定水平的或比例的货物或服务出口；（b）给予关税免除的缔约方境内的其他货物或服务；（c）关税免除的受益人采购给予关税免除的缔约方境内的其他货物或服务，或对该缔约方国内生产货物给予优惠；（d）关税免除的受益人在给予关税免除的缔约方境内以一定比例的当地含量生产货物或提供服务；（e）进口数量或价值以任何方式与出口数量和价值相挂钩；等等。

值。这一规定不适用于根据关税延期计划进口的商品。这里所说的维修和变更是指不破坏商品的基本特征，不能创造一种新的或商业意义上不同的商品，也不能将半成品转化为成品。

（六）关于价值可忽略不计的商业样品和印刷广告材料免税进口的规则

USMCA 第 2.9 条规定，缔约方对于从其他缔约方进口的价值可忽略不计的商业样品和印刷广告材料不得征收关税。这一规定的前提条件是进口的样品是用于签署合同所需的，并且广告材料要以小包方式包装的，每个包内不得超过一份，无论是材料还是小包都不得成为大宗商品的组成部分。

（七）关于某些商品最惠国零税率的规则

USMCA 第 2.10 条是关于某些商品最惠国税率的内容。每一缔约方应对 USMCA 中的"表 2.10.1、表 2.10.2 和表 2.10.3"所列商品给予最惠国免税待遇。尽管有第 4 章对于原产地规则的阐释，但是表 2.10.1 中所列的商品如果从其他缔约方进口到其领土内，缔约方应将其视为原产商品。不难发现，下列三个表内的商品主要是数字产业的相关产品。

表 2.10.1

| A. 自动数据处理机（ADP） | | |
|---|---|---|
| | 8471.30 | |
| | 8471.41 | |
| | 8471.49 | |
| B. 数字处理单元 | | |
| | 8471.50 | |
| C. 输入或输出单位 | | |
| 组合输入/输出单元 | | |
| 加拿大 | 8471.60.00 | |
| 墨西哥 | 8471.60.02 | |
| 美国 | 8471.60.10 | |
| 显示单元 | | |
| 加拿大 | 8528.42.00<br>8528.52.00<br>8528.62.00 | |

续表

| 显示单元 | | |
|---|---|---|
| 墨西哥 | 8528.41.99<br>8528.51.01<br>8528.51.99<br>8528.61.01 | |
| 美国 | 8528.42.00<br>8528.52.00<br>8528.62.00 | |

| 其他输入或输出单元 | | |
|---|---|---|
| 加拿大 | 8471.60.00 | |
| 墨西哥 | 8471.60.03<br>8471.60.99 | |
| 美国 | 8471.60.20<br>8471.60.70<br>8471.60.80<br>8471.60.90 | |

| D. 存储单元 | |
|---|---|
| 8471.70 | |

| E. 自动数据处理机的其他单元 | |
|---|---|
| 8471.80 | |

| F. 计算机零件 | | |
|---|---|---|
| | 8443.99 | 子目8443.31和8443.32的机器部件,不包括传真机和电话打印机 |
| | 8473.30 | ADP机器的零件及其单元 |
| | 8517.70 | 子目8517.62的LAN设备的零件 |
| 加拿大 | 8529.90.19<br>8529.90.50<br>8529.90.90 | 子目8528.42、8528.52和8528.62的显示器和投影仪的零件 |
| 墨西哥 | 8529.90.01<br>8529.90.06 | 子目8528.41、8528.51和8528.61的显示器或投影仪的零件 |
| 美国 | 8529.90.22<br>8529.90.75<br>8529.90.99 | 子目8528.42、8528.52和8528.62的显示器和投影仪的零件 |

| G. 计算机电源 | | |
|---|---|---|
| 加拿大 | 8504.40.30<br>8504.40.90<br>8504.90.10<br>8504.90.20<br>8504.90.90 | |

| | G. 计算机电源 | |
|---|---|---|
| 墨西哥 | 8504.40.12<br>8504.40.14<br>8504.90.02<br>8504.90.07<br>8504.90.08 | 归类于关税项目 8504.40.12 的部分商品 |
| 美国 | 8504.40.60<br>8504.40.70<br>8504.90.20<br>8504.90.41 | |

**表 2.10.2**

| A. 金属氧化物压敏电阻 | |
|---|---|
| 加拿大 | 8533.40.00 |
| 墨西哥 | 8533.40.05 |
| 美国 | 8533.40.40 |

| B. 二极管、晶体管和类似半导体器件；光敏半导体器件；发光二极管；已安装的压电晶体 | |
|---|---|
| | 8541.10 |
| | 8541.21 |
| | 8541.29 |
| | 8541.30 |
| | 8541.50 |
| | 8541.60 |
| | 8541.90 |
| 加拿大 | 8541.40 |
| 墨西哥 | 8541.40.01<br>8541.40.02<br>8541.40.03 |
| 美国 | 8541.40.20<br>8541.40.60<br>8541.40.70<br>8541.40.80<br>8541.40.95 |

| C. 电子集成电路和微组件 | |
|---|---|
| | 8542 |
| 加拿大 | 8548.90.00 |
| 墨西哥 | 8548.90.04 |
| 美国 | 8548.90.01 |

表2.10.3　　　　局域网（LAN）设备

| 加拿大 | 8517. 62. 00 |
|---|---|
| 墨西哥 | 8517. 62. 01 |
| 美国 | 8517. 62. 00 |

资料来源：USMCA 协定。

（八）关于进出口限制的规则

USMCA 第2.11条是关于进出口限制的内容。第一，在对 1994 年 GATT 的第十一条及其解释性说明作必要修改后并入本协议，并成为本协议的一部分。第二，各缔约方禁止在反倾销和反补贴税或"价格承诺"所允许的范围外，实施出口或进口价格管制；禁止实施以履行本协定要求为条件的进口许可证。如果符合 1994 年 GATT 第六条的自愿出口限制，则根据 WTO 的《SCM 协定》第 18 条和《反倾销协定》第 8.1 条执行。第三，如果某缔约方对非缔约方的进口或出口商品进行限制，本条的规定不能解释为限制或禁止从另一缔约方的领土进口该非缔约方的货物，或者要求将该商品出口至另一缔约方时，作为向另一缔约方领土出口该商品的条件。在此情况下各缔约方应进行磋商，以免对定价、营销产生不当干扰或扭曲。第四，以上规定不适用于附件 2 - A［第 2.3 条（国民待遇）和第 2.11 条（进出口限制）的例外］中规定的措施。

（九）关于再制造商品的规则

USMCA 第2.12条是关于再制造商品的内容。首先，第 2.11.1 款进出口限制内容适用于对再制造商品的禁止和限制。其次，依照本协定和 WTO 规定的义务，缔约方可以要求再制造的商品通过标签标识，以便在其领土内分发或出售，以及符合适用于新条件下同等货物的所有适用技术要求。最后，缔约方不得对再制造商品适用对二手商品实施的禁止或限制的规定。

（十）关于进出口许可程序透明度的规则

USMCA 第2.13条是关于进口许可程序透明度的内容。第一，缔约方应在本协议生效后，尽快将其现有的进口许可程序通知其他缔约方。该通知应包括《进口许可协议》第 5.2 条规定的信息以及第 7.3 条所述的有关进口许可程序的年度调查表。该通知不影响进口许可程序是否与本协议一致。第二，缔约方应在政府官方网站上发布所有新的或经修改的进口许可程序，并且应当尽可能在新程序或修改生效前至少 20 天发布。第三，任何缔约方都应在 60 天内答复其他缔约方关于其许可规则和提交进口许可证申请的程序的合理询问，包括申请资格，所要联系的管理机构，以及符合许可要求的产品清单等内容。第四，如果缔约方拒绝另一方商品的进口许可证申请，应按照申请人的请求并在收到请求后的合理期限内，向申请人提供书面拒绝理由。第五，缔约方均可在遵守前述规定的条件下，对另一缔约方的产品适用进口许可程序。

USMCA 第2.14 条是关于出口许可程序透明度的内容。第一，在本协议生效之日起30 天内，所有缔约方应以书面形式通知其他缔约方其出口许可程序、有关政府网址。此后，缔约方应公布新的出口许可程序，或对出口许可程序的任何修改应不得迟于修改生效后的 30 天内公布。其中通知的出版物内容应包括出口许可程序的案文、受许可程序约束的货物，以及申请许可证的程序、申请人必须符合的标准，涉及的行政机构等。第二，除非可能会泄露商业机密或其他机密，缔约方可请求其他缔约方公布近期内授予的许可证总数，与许可程序共同采取的以限制国内生产或消费或稳定有关商品的生产、供应或价格的措施。第三，本条不要求缔约方授予出口许可证，或阻止缔约方履行联合国安全理事会决议以及多边核不扩散制度规定的义务或承诺。第四，本条中的出口许可程序不包括正常贸易所需的海关文件，或在将商品引入该缔约方领土内商业之前必须满足的要求。

（十一）关于出口关税、税金或其他费用的规则

USMCA 第2.15 条是关于出口关税、税金或其他费用的内容。任何缔约方不得对出口到其他缔约方的货物收取关税、税金或其他费用，除非关税、税收或费用也适用于国内消费的商品。

（十二）关于行政费用和手续的规则

USMCA 第2.16 条规定，各缔约方应根据1994 年GATT 第8 条第一款及其解释性说明，确保所有费用和收费限于所提供服务的成本范围内，并且不属于对国内商品的间接保护或出于财政目的所征的税费。

（十三）关于成立货物贸易委员会的规定

USMCA 第2.17 条规定，缔约方特此设立由各方代表组成的货物贸易委员会。会议召开地点和时间由双方决定，也可以线上举行。线下会议将在缔约方的领土轮流举行。货物委员会的职能包括：（1）监督本章的执行和管理；（2）促进彼此间的货物贸易；（3）提供论坛以协商解决与本章有关的问题；（4）促进消除缔约方之间的货物贸易的关税和非关税壁垒；（5）协调交流彼此间关于货物贸易的信息；（6）讨论并努力解决彼此间在统一制度有关事项上出现的分歧。

（十四）关于三个附件的规定

附件 2 - A 是关于第 2.3 条国民待遇和第 2.11 条进出口限制中，三方的例外性规定。

附件 2 - B 是关于关税承诺的内容，包含了三方关税减让表以及一般注意事项，另附有加拿大和美国的关税配额的内容。

附件 2 - C 是关于墨西哥与美国之间关于汽车贸易规定的内容。

## 三、对中国的影响及对策

（一）积极影响

USMCA 提供了发达国家与发展中国家区域合作的范例，这对于中国推动中日韩自贸区、积极加入 CPTPP、实施 RCEP 等提供了借鉴。由于发达国家与发展中国家资源禀赋存在较大差异，如何在区域一体化过程中平衡二者的利益是各个区域合作组织都要面对的难题。中日韩三国情况与之类似，日韩属于发达国家而中国属于发展中国家，日本韩国的半导体产业等与中国互补性强。熟悉 USMCA 国际经贸规则有助于推进中日韩自贸区谈判。

从 NAFTA 发展到 USMCA，缔约方之间关税与非关税贸易壁垒的进一步缩减对 RCEP 的未来发展提供了借鉴。不同于 USMCA 的模式，RCEP 覆盖的成员情况更为复杂，既有中高收入国家，也有大量的低收入国家，需要更加注重对于发展中国家的扶持。

（二）负面影响及对策

首先，USMCA 关于非市场经济国家的限制无益于区域经济一体化深入发展，违反了善意原则及禁止反言的国际法规范（孙南翔，2019）[①]，不利于中国同 USMCA 缔约方的经济合作。对此，中国一方面深化国内市场经济改革，构建公平的市场环境；针对 USMCA 表现出美国优先的理念，中国也应该敢于斗争，坚定不移地支持多边主义，支持 WTO 改革进程，加快推进区域经贸协定的谈判进程等。

其次，北美产业链、供应链具有一定的独立性，贸易与投资来自区域内的比重大，国民待遇和市场准入对区域外国家的汽车、纺织品等产业会产生较大负面影响。对此，中国需发挥国内大市场的优势，实施双循环战略、挖掘国内市场需求缓解外部冲击。中国企业也可以参照福耀玻璃的例

---

① 孙南翔. 《美墨加协定》对非市场经济国的约束及其合法性研判 [J]. 拉丁美洲研究，2019，41（1）：60 - 77，156 - 157.

子，由制成品出口转为在消费市场地开展直接投资，绕开种种壁垒限制，获得区域内本土企业的国民待遇。

最后，适应数字经济发展大趋势，对涉及数字化产品实施零关税。美国塔夫斯大学伦理学教授查克拉沃蒂等（Chakravotri et al.，2019）[1] 提出可用数据生产总值（gross data product）来测度一个国家的财富，由数据的规模性、易用性、可及性和复杂性四个组成部分。据此 2019 年的排名为[2]美国第一名、英国第二名、中国第三名、韩国第六名、日本第十一名。截止到 2021 年底，中国货物进口关税平均水平为 7.4%，低于发展中成员的平均水平，接近发达成员水平。为加速数字经济发展，对数字相关产品实施零关税是大趋势。

---

[1] 规模性（volume）用来衡量原始数据指标，为一国宽带数据的绝对消费量；易用性（usage）用来衡量使用行为、需求与背景的广度指标，为互联网活跃用户人数；可及性（accessibility）用来衡量一国所产生的数据是否被 AI 研究人员、创新者和应用软件广泛使用或访问的指标，为一国数据流的开放度；复杂性（compexity）用来衡量数字活动复杂性指标，为人均宽带消费量。

[2] Source：Analysis of Euromonitor, Cisco, ITU, Global Open Data Index/Open Government Partnership, and CNIL, Data by the Planet initiative at the Fletcher School, Tufts University, and Mastercard.

# 第二章　USMCA 农业规则解读及对中国影响的分析

　　USMCA 第 3 章的农业规则在区域国际合作、农产品出口竞争、粮食安全和特别保障、农业生物技术、国内市场开放、规则透明度和监管一致性和同等性等方面做出了具体规定。在开放国内市场的同时，加强生物技术的合作有助于实现农业产业的转型和升级。在具体产品上，加拿大扩大了乳制品、禽类及蛋类产品从美进口的关税配额，取消部分牛奶的价格保护制度，同意给予美国小麦与啤酒、葡萄酒、烈酒等进口产品的国民待遇；同时，美国同意扩大从加拿大进口的奶制品、糖类产品的关税配额，逐步取消花生及棉花产品进口关税。

　　中国是农产品的生产和消费大国，USMCA 农业规则对我国农产品进口影响小，出口影响大；经贸规则的规范性值得借鉴。

## 一、引　言

　　农业是一国命脉。近代农业支持政策始于美国的《1933 年农业调整法》（The Agricultural Adjustment Act of 1933），该法案采取价格支持措施来稳定农民的收入。农业支持体系的形成始于 1957 年欧共体的"共同农业政策"（CAP）的颁布，该政策以为农民增收为目的，确保在农产品合理价格下稳定欧洲农产品市场。从福利经济学角度分析，实施农业补贴所产生的规模效应，提高了农产品的国际竞争力，进而增加了本国的经济福利（Brander et al.，1985；McCalla et al.，1985）[1][2]。此外，速水佑次郎和神门善久（2003）[3] 分析了自由贸易条件下农业补贴政策是如何通过影

---

①　Brander J A，Spencer B J. Export Subsidies and International Market Share Rivalry [J]. Journal of International Economics，1985，18（1）：83 – 100.

②　McCalla A F，Josling T E. Agricultural Policies and World Markets [M]. Macmillan Publishing Company，1985.

③　速水佑次郎，神门善久著．农业经济论 [M]. 沈金虎等译，北京：中国农业出版社，2003.

响生产者和消费者剩余，从而增进社会福利的；张冬平等（2011）① 阐述了农业补贴的经济效应。这正是发达国家不断提高农业补贴力度的原因所在。对农产品实施出口限制措施并不能保证农产品稳定供应，反而会带来农产品贸易的扭曲加剧（Zhai et al.，2022）②。制定合理的农产品经贸规则对区域经济一体化的协调发展意义重大。

USMCA 农产品经贸规则谈判的核心是降低农产品的关税和扩大市场准入。考虑到美加乳制品贸易现状，农业规则从 NAFTA 到 USMCA 最主要的改变体现在乳制品行业。魏红霞（2019）③ 在分析 USMCA 谈判中的各方利益博弈中提到，美墨在新协定中同意取消对农产品贸易的征税，美国放弃了原本欲保护季节性水果而提出的贸易壁垒主张。

## 二、USMCA 农业规则的解读

USMCA 第 3 章的农业协定包括 A、B 和附件三部分。A 部分包括第 3.1 ~ 第 3.11 条；B 包括第 3.12 ~ 第 3.16 条。

（一）定义和范围的规定

USMCA 第 3.1 条定义明确，农产品是指适用于农业协定附件一所列的产品。USMCA 第 3.2 条的范围规定，本章适用于一方与农产品贸易有关的措施，若本章规定和另一章的条款有任何不一致，以本章为准。

（二）国际合作和出口竞争的规则

USMCA 第 3.3 ~ 第 3.4 条对国际合作和出口竞争规定：不得对出口到对方市场的产品使用出口补贴或 WTO 的特殊农业保障措施。如果一方当事人认为另一方当事人提供的出口融资支持对双方间的贸易造成或可能造成扭曲影响，或认为另一方就农产品提供出口补贴，则该方可以要求与另一方讨论此事。应诉方应同意尽快与请求方讨论此事。

本款对出口补贴或可能造成贸易扭曲的贸易融资进行了说明。

（三）粮食出口限制的规则

USMCA 第 3.5 条对出口限制加以规定。出口限制是指根据 1994 年 GATT 第 11 条第 2 款（a）项的规定，缔约方可暂时对食品实施 1994 年

---

① 张冬平，刘旗，陈俊国. 农业补贴政策效应及作用机理研究 [M]. 北京：中国农业出版社，2011.

② Liangliang Zhai，Qigang Yuan，Yujing Feng. The Economic Effects of Export Restrictions Imposed by Major Grain Producers during COVID - 19 Pandemic [J]. Agricultural Economics - Zemedelska Ekonomika，2022，68（1）：11 - 19.

③ 魏红霞.《美墨加协定》谈判中的各方利益博弈 [J]. 拉丁美洲研究，2019，41（2）：44 - 56，155.

GATT 第 11 条第 1 款禁止的出口禁令或限制，以防止或缓解严重短缺，但必须符合 WTO《农业协定》第 12.1 条规定的条件。当有成员或者机构要实施出口限制时，应当以书面形式通知其他成员和 USMCA 的农业委员会，农业委员会根据出口限制持续的时间等信息向实施限制的成员方咨询，当有实质性利益影响的成员方申请对出口限制进行核查时，此类申请应被允许；同时，制定出口限制的成员方应提供必要的信息。

施加出口禁令或限制的，应在措施生效之日前至少 30 天将该措施通知另一方，除非严重短缺是由不可抗力事件造成的。在此情况下，该方应在措施生效日期之前通知；或在协定生效之日起 30 天内通知其他各方。发出的通知必须包括：采取或维持出口禁止或限制的理由、说明该措施如何符合 1994 年 GATT 第 11 条第 2 款（a）项的规定。如果某一缔约方在实施该措施之前的三个日历年中每一年都是净进口方，则该措施不要求该缔约方发出通知，但是应该在合理的时间内向其他缔约方提供贸易数据，证明其在三年内是食品的净进口国。一方当事人通常应在发出通知之日起六个月内终止一项措施。计划在其采取措施之日起六个月后继续采取措施的缔约方，应在其采取措施之日起五个月内通知其他缔约方，并提供相关资料。除非该缔约方已与受出口禁令或限制的净进口方进行了协商，否则该缔约方不得在采取措施之日起的一年后继续采取该措施。当严重短缺或其威胁不再存在时，应立即停止限制性措施。

（四）国内支持的规则

USMCA 第 3.6 条规定，国内支持措施对农业部门至关重要，如果不得不支持生产者，那么缔约方采取支持农业的措施应该是对贸易不会造成扭曲，并且实施国内支持政策的缔约方应该与贸易伙伴交流国内支持措施的相关信息，以尽量减少对贸易产生的不利影响。

（五）设立新的技术磋商机制以解决分歧

USMCA 第 3.7 条和第 3.8 条规定设立农产品贸易委员会和协商委员会。协定规定，不寻求建立具有国际法人地位的超国家机构，缔约方完全保有项下的所有权利，包括协定修订、解释、监督实施以及签署新协议的权利。农业贸易委员会由政府组织成立。农业协商委员会的活动由三方机构组织实施，包括加拿大—美国农业职权范围协商委员会（ROU），墨西哥—加拿大农业协商委员会（MX - CA MOU）以及美国农业部和美国贸易代表办公室，农业、畜牧业、农村发展、渔业和粮食秘书处和墨西哥经济部长关于粮食和农业贸易领域委员会（US - MX MOU）等。农业委员会的职责是促进农产品贸易的开展。

（六）农业生物技术的规则

USMCA 的 B 节内容包括第 3.12 ~ 第 3.16 条，共五部分。

1. 农业生物技术和现代生物技术的相关概念

农业生物技术指包括现代生物技术在内的技术，用于操纵生物体，以引入、移除或修改用于农业和水产养殖产品的一个或多个可遗传特性，而非用于传统育种和选择的技术；现代生物技术指应用核酸技术，包括重组 DNA 和将核酸直接注射到体外及以后的融合相关的生物分类家族的细胞、细胞器或细胞；包括重组 DNA 和直接将核酸注入细胞、细胞器或体外以及超出生物分类家族的相关细胞的融合；农业生物技术产品指使用农业生物技术开发的农产品或依据《协调制度 HS》第 3 章所涵盖的鱼类或鱼类产品，但不包括药品或医疗产品。

农业生物技术和现代生物技术的概念不同，包括的范围也不同，但最终目的是促进公平贸易。促进农业生物技术产品贸易，必须鼓励农业创新，同时实现合法目标，包括提高透明度和增进合作，以及交流与农业生物技术产品贸易有关的信息。

为减少农业生物技术产品贸易中断的可能性，鼓励提出批准农业生物技术产品的申请；授权方应随时接受和审查批准此类申请，并允许对尚未在另一国授权的产品启动国内监管授权程序；如果授权到期，采取措施确保在到期前及时完成对产品的审查并做出决定，以及就任何新的和现有农业生物技术产品授权的信息加强沟通。

（七）农业生物技术产品的低水平存在（LLP）规则

低水平存在（LLP）是指已经在一个或多个国家通过了食典指南（CAC/GL 45 - 2003）安全评估的低水平重组脱氧核糖核酸（DNA）植物材料，但这些材料有可能存在于对相关重组 DNA 植物的食品安全性尚未确定的进口食品或饲料中。

USMCA 第 3.15 条规定，当低水平存在发生后，各方应采取或维持促进管理的政策或方法，并且为防止事件再次发生，出口商应提供作为低水平存在事件主体的现代生物技术产品的风险或安全评估的摘要，并对产品以及产品的样本进行检测。进口方应向进口商以及进口商的代理人通报事件的发生；如出口方有要求，可向出口方提供一份根据其国内法进行的与 LLP 事件有关的风险或安全评估的摘要。

（八）加拿大和美国之间农业贸易的规定

附件 3 - A 对美加之间的农产品贸易制定了规则。

1. 关税

相对 NAFTA 而言，USMCA 的农业规则降低了美加农产品的进口关税。美国降低了糖、含糖产品以及乳制品的关税，加拿大降低了对乳制品、家禽和蛋制品的进口关税。考虑到可能的变化，USMCA 的附件 3A－1 规定，当加拿大从美国进口产品时，加拿大应将其关税减让表的变动提前通知美国，以便美国可以对关税的变动进行审查。关税表的变动会提高对乳制品、家禽和蛋制品征收的关税税率。当美国从加拿大进口产品时，美国关税表的所有变动也应提前通知加拿大，以便加拿大对关税的变动进行审查，美国关税表的变动会提高糖、含糖产品以及乳制品的税率。双方应在一方提出要求的 30 天内开会讨论可能影响糖、含糖产品、乳制品、家禽或蛋制品贸易的任何措施或政策。

2. 关税配额管理

关税配额（TRQ）是指对特定原产地货物在规定数量内的进口适用优惠税率，对超过该数量货物的进口适用高税率的机制。各方应确保其关税配额管理程序是透明的、公平公正的，可以使用的时限符合行政程序和要求；不得产生额外行政负担；并可对市场状况做出反应和及时的管理。缔约方应在关税配额年度开始前至少 90 天，在其指定的网站上公布其关税配额管理的所有信息，包括配额规模和申请资格的要求。

除非另有规定，否则任何一方不得就农产品进口关税配额的使用（包括在规格或等级方面）提出新的额外条件、限制或资格要求。这里的另有规定指的是如果一方对农产品进口关税配额的使用，提出新的或附加条件、限制或资格要求；那么应在新协议生效日期前至少 45 天通知另一方。在一方提出新的限制条件的 30 天内，另一方可以提出书面磋商请求。双方应根据透明度和协商原则迅速协商；如果双方协商后未反对引入新的附加条件、限制或资格要求；那么新的协议即可生效并在实施前发给另一方。虽然可以对农产品进口关税配额的使用提出新的或附加的条件、限制或资格要求，但是不得对配额申请人的国籍进行限制。

分配机制是指以"先到先得"以外的方式获得关税配额的任何制度。实行配额分配时，任何符合进口资格要求的人员都可申请并根据关税配额获得配额分配，每次分配都尽可能以关税配额申请人要求的数量进行；当申请人申请的总关税配额数量超过配额规模时，应采取公平、透明的方式分配给符合条件的申请人。

如果关税配额是由分配机制管理的，在对分配机制进行更改前，缔约方应公布拟议的条例或政策，征求公众意见。缔约方应该在制定最终条例或政策时考虑所有缔约方的意见以及在每个关税配额年度开始前至少90天通过、实施并在其指定的网站上公布最新法规或政策。此外缔约方规定该机制应允许以前未受关税配额约束的农产品进口商（或新进口商），有资格获得配额分配，这些新进口商符合除进口业绩以外的所有资格标准。关税配额分配机制的管理方在分配关税配额时不得歧视新进口商。管理方还应确保有一个及时和透明的返还和重新分配未使用配额的分配机制。每一缔约方应定期在其指定的网站上公布有关分配数量、返还数量和配额利用率的信息。此外，每一缔约方应在指定提供关税配额信息的网站上公布可供重新分配的数量和申请配额的截止期。管理方在其指定的公开网站上公布分配持有人的姓名和地址。

如果关税配额以"先到先得"的方式管理，进口缔约方的管理当局应及时、持续地在其指定网站上公布该关税配额在每个关税配额年度的使用率和剩余可用数量。如果以"先到先得"方式管理，管理方应在10天内在其指定的公开网站上发布通知。由分配机制管理的，管理方应尽早在其指定的公开网站上发布通知。在正常情况下，应出口方的书面请求，关税配额管理方应在出口请求后30天内就关税配额的管理与出口方进行协商。

3. 乳制品的规定

USMCA的附件3A-3规定，加拿大供应管理系统可通过配额限制牛奶的生产。

乳品年是指每年的8月1日至次年的7月31日。

合格货物是指加工商可使用以奶类价格提供的牛奶或牛奶成分制造的货物。

婴儿配方奶粉系指归入第1901.10子目的货物，其干重基础上含有10%以上的牛乳固体。

牛奶类是指加工者可利用以牛奶类价格提供的牛奶或牛奶成分。牛奶类价格是指根据牛奶或牛奶成分的最终用途向加工商收取或提供牛奶或牛奶成分的价格、最低价格或牛奶成分价格。牛奶成分指乳脂、蛋白质、其他固体和任何其他牛奶成分。

加拿大乳类定价体系是指乳制品供应管理体系下的定价，美国乳品分类定价制度是指根据联邦乳品销售指令制定的价格。USMCA生效6个月后，加拿大将取消6类牛奶和7类牛奶的分级，将第6类和第7类牛奶的产品和成分重新分类，并根据最终用途适当确定其相关牛奶价格。此外，加拿大还应确保用于制造乳蛋白浓缩物、脱脂奶粉和婴儿配方奶粉的非脂肪固体的价格不低于下列配方奶粉确定的适用价格。① 这个公式规定的价格不适用销售非人类消费的乳成分，例如用作动物饲料的乳成分。

当加拿大的浓缩乳蛋白和脱脂奶粉的出口量第一年超过 55000 公吨，或第二年超过 35000 公吨时，加拿大会对这些货物的全球出口征收每公斤 0.54 加元的出口税；如果婴儿配方奶粉的出口量第一年超过 13333 公吨，或者第二年超过 4000 公吨，同样的加拿大会征收每公斤 4.25 加元的出口税，出口数量的限额会在第二年以后以每年 1.2% 的速度递增。

USMCA 协议生效后，各方应在网站公布以下信息，管理或实施乳品类定价制度的中央或地方政府的法律法规；每种奶类价格，包括每种奶类的价格；以及折算因子。当 USMCA 生效后 6 个月内，双方相互提供使用牛奶和牛奶成分的要求、条款和条件，其中包括加工商有资格以奶类价格获得牛奶或牛奶成分的货物清单和说明，以及可用于制造合格货物的产品清单和说明。同样在中央政府的网站上公布其使用及销售情况等信息。

若要对乳类产品的协议进行修订，至少在一个日历月前通知对方，以便为另一方提供充分的机会审查包含通过、修订的拟议措施，或者在实施前对奶类进行修改，并尽可能在公布时与生效日期之间留出合理间隔。

如果双方认识到新产品和新的消费者优惠可能影响脱脂奶粉、浓缩乳蛋白和婴儿配方奶粉的需求和出口，并且建立的贸易监测机制使得任何一方都不满意；则双方应在一方提出书面请求后 30 天内，根据第 34.3 条（修正案）进行磋商以审议并酌情设法修正关于出口乳制品的相关规定。当 USMCA 生效 5 年后，以及此后每两年，加拿大和美国应开会审议是否视条件以终止或修改。经双方同意，可在任何时间对其做出修改，包括终止协议。

4. 粮食

USMCA 的附件 3A - 4 规定，对于从别国进口的小麦，其质量等级应该不低于国内小麦标准。关于小麦品质分级的规定，无论是强制性还是自愿的，均应按照与国产小麦相同的要求，对进口小麦进行质量分级。在小麦进出口中，取消签发原产地声明，除了植物检疫或海关要求可能需要签发原产地声明外，其他的任何机构都不需要在小麦的质量等级上签发原产地声明。

---

① 该价格 =（美国农业部脱脂奶粉价格 - 加拿大适用的假定加工利润率）× 加拿大适用的收益率。

5. 糖和含糖食品

USMCA 的附件 3A－5 规定，美国应给加拿大关于精制糖以及含糖产品的配额不少于 10300 公吨，含糖产品的配额不少于 59250 公吨。此外，加拿大的糖类产品的配额还存在于美国给其他供应国的配额中，换言之，加拿大的关于糖配额的来源有两个：一是美国应该提供的，二是美国给其他供应国的配额。加拿大可以先拿到，也可以早于其他供应国获得这部分配额。美国应考虑在一个关税配额期限内未分配的配额，而不考虑该期间分配给加拿大的份额是否已超标。如果分配给加拿大的含糖产品配额的数量过多，而加拿大对含糖产品出口的数量有限，剩余的那部分配额应该分配给其他的供应国；虽然加拿大没有完成这个配额，但并不影响应该分配给加拿大配额的数值。

（九）USMCA 附件 3B 对墨西哥和美国之间农业贸易的规定

1. 关税

除《WTO 协定》附表所列的关税配额外，墨西哥应确保其对糖或糖浆货物所持的最惠国关税不高于美国对同类货物的最惠国关税。即对同一种糖或糖浆货物的进出口，墨西哥对美国的关税要比其他最惠国的关税低或相同。

2. 农产品的质量等级

当对进口的农产品采取质量分级时，无论是自愿的还是强制的，进口的农产品应与国内的农产品的分类标准相同，并且质量等级证书上不需要原产地声明。这一点的规定与加拿大和美国双边贸易的规定相同。

3. 销售

如果葡萄酒或蒸馏酒有关的措施不符合国民待遇的规定，并且这种不符合规定已长期存在者，可以不适用于国民待遇原则，但必须说明不符合国民待遇原则的理由。在此，蒸馏酒包括蒸馏酒和含有饮料的蒸馏酒，葡萄酒包括葡萄酒和含酒饮料。蒸馏酒、葡萄酒、啤酒或其他酒精饮料的分配措施应符合第 2.3 条（国民待遇）的规定。如果一方要求将蒸馏酒、葡萄酒、啤酒或其他酒精饮料在其境内分销或销售列入清单，则有关措施应是基于商业考虑的，符合国民待遇及透明度原则，不会构成变相的贸易壁垒。

在实体店的销售中，可以在政府许可下改变商品的价格，但是实体店收取的任何价格都应符合国民待遇的规定。在实体店经营中，收取的服务费用应合理并与服务相称，在成员方境内开设的实体店对蒸馏酒、葡萄酒、啤酒或其他酒精饮料的优惠程度要大于给予非缔约方的优惠。

为了保证酒类产品的质量，一方可维持或引入一项措施，限制在生产葡萄酒或蒸馏酒的现场进行销售，并且不得把从不同地方购得的蒸馏酒、葡萄酒、啤酒或其他酒精饮料相混合进行销售。

4. 特色产品

美国的波旁威士忌和田纳西威士忌被认为是美国的特产，波旁只有在田纳西州授权生产，所以，如果墨西哥和加拿大想售卖的话，只能售卖符合美国法律法规的在美国田纳西州生产的波旁威士忌和田纳西威士忌。

加拿大威士忌是加拿大的特产，同样地，美国和墨西哥售卖的加拿大威士忌只能是符合加拿大消费法规的在加拿大制造的威士忌。

龙舌兰酒和墨西哥酒是墨西哥的特色产品，因此，加拿大和美国允许销售的龙舌兰酒或墨西哥酒是根据墨西哥有关龙舌兰酒和墨西哥酒生产的法律法规在墨西哥制造的。USMCA 协议确定了每个成员国的特色产品，并且对特色产品的售卖进行了严格的规定以保证产品的质量，促进了酒类产品贸易的发展。

5. 葡萄酒和蒸馏酒

在蒸馏酒和葡萄酒的售卖过程中，要在产品的容器上贴上反映产品特性的标签。如果要求贴强制性信息，可以贴在容器的补充标签上，并且强制性信息和原有标签上的信息是相一致的。这里指的蒸馏酒是酒精馏出物，葡萄酒则是由新鲜葡萄完全或部分发酵的产物。

对标签上的信息，在符合法律法规的要求下，应该尽可能地把产品名称、原产国、净含量以及酒精含量写在一个视框内。如果容器上有较多标签，每个标签都应该是清晰的，不能与别的标签上的信息相混乱。关于标签的语言，若有较多官方语言，则应保证标签上的信息在每种官方语言中以均等的显著位置出现。

标签上不得出现商标与品牌的翻译名称，也不可以出现日期标记，不论是生产日期、装瓶日期还是包装日期，都不可以出现在标签上；但一方可要求在产品上显示最低耐用性日期或有效期，该产品的最低耐用性日期或有效期可能短于消费者通常预期的日期。

6. 新增专利食品配方附件，要求双方保护食品专利配方的机密

要求提供有关预包装食品或食品添加剂专用配方的信息时，一方应确保其信息要求仅限于实现其合法目标所需的信息。一方当事人可以在行政和司法程序中根据其法律获得与专有配方有关的保密信息，但该方当事人须在这些程序中对信息进行保密处理。

（十）小结

加拿大对奶牛农场和乳制品行业设置了高的关税壁垒，对从别国进口的奶酪征收245%的关税，牛奶征收270%的关税。USMCA 迫使加拿大取消了"七类乳制品"的定价方案，使美国产品获准进入加拿大。加拿大同意向美国开放3.59%的乳制品市场。此外，加拿大将对其脱脂奶粉、乳蛋白浓缩物和婴儿配方奶粉超过商定限额的出口征收出口费用。

## 三、对中国的影响及对策

（一）农产品贸易的基本情况

中国是农产品的生产和消费大国，农产品贸易在国民经济中占据重要地位。据商务部网站信息①，2019 年 1～12 月，自美国进口农产品的国家和地区中，按金额排名第一位是加拿大，金额 269.7 亿美元，同比下降0.9%；第二位是墨西哥，金额 197.4 亿美元，同比增长 0.6%；第三位是中国，金额 147.8 亿美元，同比增长 42.1%。2019 年 1～12 月，对美国出口农产品的国家和地区中，按金额排名第一位的是墨西哥，金额 318.8 亿美元，同比增长 9.5%；第二位是加拿大，金额 281.4 亿美元，同比增长2.9%；第三位是法国，金额 69.4 亿美元，同比增长 4.3%。中国农产品出口主要在亚洲国家，占出口总额的 65% 左右，其次是欧洲国家，如法国、英国、丹麦、芬兰、挪威等国。2023 年②，中国农产品进出口金额3330.3 亿美元，同比下降 0.4%；其中，中国农产品出口金额 989.3 亿美元，同比增长 0.7%，进口金额 2341.1 亿美元，同比下降 0.8%。

2020 年 1 月 15 日签署的《中美第一阶段经贸协议》为中国农产品对美出口打开了大门；中国成为继加拿大、墨西哥、智利等国之后有资格向美国出口自产原料熟制禽肉的国家。美方承认中国鲶鱼监管体系与美国等效，并允许进口中国产的香梨、柑橘、鲜枣。

（二）对农产品出口的影响

USMCA 农业协定对中国农产品的进口影响不大，其影响主要体现在对我国农产品的出口上。在北美地区，墨西哥主要向美国和加拿大出口农产品和制成品，美国和加拿大向墨西哥提供技术和资金。从表 2-1 可知，墨西哥对美农产品出口占比从 1993 年的 6.2% 增长到了 2018 年的 13.2%，

---

① 中国商务部．世界主要进口国（地区）农产品贸易月度统计报告——北美洲，mofcom. gov. cn.

② 中国商务部．重要农产品出口月度报告，mofcom. gov. cn.

比重增加了一倍多；加拿大对美出口占比从 1993 年的 18.4% 降到了 2018 年的 12.8%。

表 2 – 1　　　　美国从墨西哥、加拿大的农产品进口情况

| 年份 | 美国从墨西哥的进口（亿美元） | 占比（%） | 美国从加拿大的进口（亿美元） | 占比（%） |
|------|------|------|------|------|
| 1993 | 317 | 6.2 | 945 | 18.4 |
| 2018 | 3412 | 13.2 | 3040 | 12.8 |

资料来源：国家统计局。

在农产品出口中，我国以劳动密集型产品为主。USMCA 农产品贸易规定，在成员国之间减免关税，而对非成员国仍维持原有的关税。这会降低我国产品的出口竞争力。墨西哥和我国同属于发展中国家，在农产品出口上竞争激烈。如表 2 – 2 所示，2019 年我国对北美市场出口的加工食品占中国出口比例最高为 19.87%，其次是活动物占 18.54%，其他谷物为 14.45%，其他农产品出口占比小。从表 2 – 3 可见，2019 年我国出口农产品的 RCA 指数均小于 0.8，为出口竞争力弱的产品。

表 2 – 2　　　USMCA 成员国以及中国农产品对北美出口占本国
同类产品总出口比重　　　　　　　　　单位：%

| 产品种类 | 美国出口北美市场占比 | 加拿大出口北美市场占比 | 墨西哥出口北美市场占比 | 中国出口北美市场占比 |
|------|------|------|------|------|
| 稻米和小麦 | 14.09 | 17.64 | 1.15 | 5.58 |
| 其他谷物 | 20.95 | 57.52 | 53.81 | 14.45 |
| 蔬菜、水果和坚果 | 34.83 | 34.89 | 91.80 | 7.35 |
| 油料和糖料 | 9.54 | 23.17 | 47.93 | 12.05 |
| 植物纤维 | 9.34 | 83.90 | 2.12 | 1.34 |
| 活动物 | 23.02 | 73.97 | 85.04 | 18.54 |
| 肉制品 | 36.58 | 55.87 | 59.43 | 5.01 |
| 乳制品 | 30.05 | 41.17 | 59.12 | 8.34 |
| 水产品 | 43.31 | 70.27 | 53.28 | 4.81 |
| 动植物油 | 30.57 | 77.89 | 59.96 | 5.6 |
| 加工食品 | 40.38 | 77.81 | 72.75 | 19.87 |
| 饮料和烟草制品 | 23.98 | 80.05 | 82.16 | 6.17 |

资料来源：表中数据是根据 UN Comtrade 数据库上述国家出口额计算得到的。参考第 28 章的实证分析的内容。

表2-3 美国、加拿大、墨西哥和中国农产品显示性比较优势指数（RCA）值

| 产品 | 美国 | 加拿大 | 墨西哥 | 中国 |
|---|---|---|---|---|
| 稻米和小麦 | 1.38 | 3.89 | 0.27 | 0.07 |
| 其他谷物 | 1.41 | 0.83 | 0.35 | 0.21 |
| 蔬菜、水果和坚果 | 1.12 | 1.20 | 3.60 | 0.47 |
| 油料和糖料 | 3.23 | 3.41 | 0.03 | 0.11 |
| 植物纤维 | 2.63 | 0.03 | 0.21 | 0.18 |
| 活动物 | 1.12 | 3.26 | 1.09 | 0.43 |
| 肉制品 | 1.40 | 1.54 | 0.51 | 0.24 |
| 乳制品 | 0.68 | 0.14 | 0.10 | 0.03 |
| 水产品 | 0.57 | 2.24 | 0.52 | 0.54 |
| 动植物油 | 0.67 | 1.28 | 0.09 | 0.12 |
| 加工食品 | 0.79 | 1.20 | 0.87 | 0.60 |
| 饮料和烟草制品 | 0.74 | 0.32 | 1.79 | 0.18 |

资料来源：根据全球各种产品出口贸易数据计算整理而得。考虑2020年新冠疫情的影响，在此使用2019年的数据更有代表性。参考第28章的实证分析的内容。

（三）对策

总体看，USMCA协定对我国农产品贸易影响不大。可资借鉴的有以下几点：

第一，提高农产品质量，增强国际市场竞争力；调整农业生产布局，生产具有比较优势的产品，打造具有地方特色的产品。避免出口市场过度集中，走多元化市场之路。

第二，我国对农业的国内支持力度远落后于发达国家。因此，调整国内支持的箱体结构，扩大"绿箱"、减少"蓝箱"和取消"黄箱"是改革的方向，以减少可能的扭曲市场行为、符合WTO新一轮农业改革谈判的方向。这需要加强基础设施建设、加强对生产者的技术培训和用系统思维方式推进农业现代化的建设。

第三，在实施RCEP协议上，注重生物技术合作以推进农业的转型和升级。

# 第三章 USMCA 原产地规则及程序解读、纺织服装规则对中国影响的分析

原产地规则及其程序是区域经贸协定的重要内容。本章对 USMCA 第 4 章原产地规则、第 5 章原产地程序和第 6 章纺织服装规则进行合并讨论。

## 一、引 言

### (一) 原产地规则方面

在 NAFTA 协定基础上，USMCA 对原产地规则及其程序进行了大幅修改。原产地规则指一国根据本国的法令或者国际协定所制定的，以此来判断生产或制造的产品所归属于某国家或地区的规则。它利用原产地标准界定货物归属范围，本质上是一项隐蔽的贸易保护措施，对协议内成员国的贸易利益影响重大。原产地规则主要包含原产地标准、直接运输原则和证明文件三方面。一国海关通常会根据原产地规则来判定进口货物归属地而给予相应的关税待遇，包括是否有数量限制或其他贸易限制措施。因此，原产地规则被形象地称为出口产品的"国籍"。

现有文献主要从理论和实证两方面对原产地规则展开研究。理论研究集中在原产地规则对贸易自由化的影响、原产地规则的比较、原产地规则的经济效应、原产地规则的应用实践等。法尔维和里德（Falvey and Reed，2002）[1] 认为，原产地规则不仅是一种特定的政治手段，而且还是独立的贸易政策措施。克里希纳（Kala Krishna，2008）[2] 指出，原产地规则通过设定市场边界，提供了一种增加竞争对手贸易成本的方法。原产地规则的实证研究多集中于对贸易福利影响的分析上。格雷顿和加利

---

① Rod Falvey, Geoff Reed. Rules of Origin as Commercial Policy Instruments [J]. International Economic Review, 2002, 43 (2)：393 -407.

② Kala Krishna. Understanding Rules of Origin, NBER Working Paper No. 11149, US, February, 2005.

（Gretton and Gali, 2005）① 使用文献索引法评估二十项贸易协议中原产地规则的限制性，发现不同优惠贸易协定之间对原产地规则的规定有很大差异，这些差异源于对不同商品规定了不同的贸易方式、资源分配方式，成员与非成员之间关税变化及减让的幅度等。乔治（Georges, 2008）② 的研究表明，废除原产地规则对加拿大经济和贸易福利的影响要大于使用共同的外部关税所起的作用。吕建兴等（2018）③ 研究发现，中国的原产地规则对农产品进口具有显著的抑制作用，建议使用特定的原产地规则来保护敏感产品。成新轩和郭志尧（2019）利用等效性原则对我国自由贸易区内的原产地规则特点进行排序④，设计出一套分析中国原产地限制情况的体系，提出了借助原产地规则升级产业结构的建议。

（二）纺织服装方面

2022 年美国全年服装（含鞋类）零售额共计 3118.6 亿美元，同比增长 6.8%。⑤ 墨西哥和加拿大是美国纺织服装业两大出口市场，2019 年出口总额近 113 亿美元。美国国家纺织组织委员会（NCTO）的首席执行官金格拉斯曾表示⑥，"USMCA 是一项重要的贸易协议，将使美国纺织业受益匪浅，当前维持美国、墨西哥和加拿大之间 200 亿美元的服装和纺织品三边贸易至关重要"。

USMCA 的纺织服装条款与原产地规则以及海关管理和贸易便利化的内容息息相关。在中美纺织贸易上，李帅妹和徐佳澍（2019）⑦ 认为贸易便利化对中美纺织品贸易的有利影响在于减少了贸易壁垒和贸易成本的降低，存在的问题体现在贸易便利化水平上存在差距。卢艳平和肖海峰（2020）⑧ 采

① Paul Gretton, Jyothi Gali, "The Restrictiveness of Rules of Origin in Preferential Trade Agreements", the 34th Conference of Economists, Canberra, Australia, September 2005.

② Patrick Georges, "Toward a North American Customs Union: Rules of Origin Liberalization Matters More than a Common External Tariff for Canada", North American Journal of Economics & Finance, Vol. 19, No. 3, 2008, pp. 304 – 318.

③ 吕建兴，等. 中国 FTA 中原产地规则例外安排对农产品进口的影响 ［J］. 国际贸易问题，2018（11）：132 – 144.

④ 成新轩，郭志尧. 中国自由贸易区优惠原产地规则修正性限制指数体系的构建——兼论中国自由贸易区优惠原产地规则的合理性 ［J］. 管理世界，2019，35（6）：70 – 80，108.

⑤ 中国纺织国际产能合作企业联盟. 2022 年全球主要纺织品服装零售市场发展情况回顾（上），ccpittex. org. cn.

⑥ 摘自美墨加协定. 又一枚针对中国的贸易炸弹？ ｜美国｜纺织品｜成员国｜加拿大_网易订阅（163. com）.

⑦ 李帅妹，徐佳澍. 贸易便利对中美纺织品的影响分析 ［J］. 中外企业家，2019（20）：34.

⑧ 卢艳平，肖海峰. 中美纺织品贸易变动影响因素——基于修正的 CMS 模型 ［J］. 中国农业大学学报，2020，25（6）：154 – 164.

用修正的恒定市场份额模型研究中美纺织品贸易变动的成因表明：竞争效应一直是中国纺织品对美出口增长的最重要因素，其次是增长效应，而产品结构效应对中国纺织品出口的影响最小。

从长远来看，USMCA 达成加剧了纺织服装全球价值链的分化。

## 二、USMCA 对原产地规则及其程序条款的解读

（一）原产地规则

USMCA 第 4 章主要制定了针对汽车和纺织品行业的原产地规则。

1. 原产地规则的含义

原产地规则分为优惠的和非优惠的原产地规则两种。优惠规则又可分为单项优惠以及双向优惠。国际经贸协定中的原产地规则属于双向优惠。原产地规则：一方面通过给成员方特定的优惠待遇，为成员方间的经济发展和贸易便利化提供机遇；另一方面对非成员方会构成贸易壁垒。

2. 针对汽车行业的原产地规则

1994 年生效实施的 NAFTA 规定，对汽车整车以及核心零部件的区域价值含量标准从 1998 年的 56% 上升到 2002 年的 62%，其他零部件的区域价值含量标准从 1998 年的 55% 上升到 2002 年的 60%。[①]

USMCA 对汽车原产地规则及程序做出更严格的规定，要求其具有较高比例的区域价值（如表 3 - 1 和表 3 - 2 所示）；到 2023 年，重型卡车整车的区域价值含量最低达到 75%，乘用车及轻型卡车整车的区域价值含量至少达到 70%。换言之，一辆成品汽车中至少要有 75% 或 70% 的价值来自美墨加三国。核心零部件的区域价值含量要大于主要零部件的区域价值含量，主要零部件的区域价值含量要大于辅助零部件的区域价值含量；同时对劳动价值含量提出了新标准。对于部分车型提出了 45% 的劳动价值含量标准，并且在 2023 年前平均时薪要大于等于 16 美元。2020 年加拿大和美国汽车工人的时薪为 20 美元以上，而墨西哥汽车工人的时薪为 7 美元左右。

表 3 - 1　　　　　　乘用车及轻型卡车区域价值含量标准要求

| 生效时间 | 2020 年 1 月 1 日 | 2021 年 1 月 1 日 | 2022 年 1 月 1 日 | 2023 年 1 月 1 日 |
|---|---|---|---|---|
| 乘用车及轻型卡车整车 | 净成本法下 66% | 净成本法下 69% | 净成本法下 72% | 净成本法下 75% |

---

① 资料来源：美国贸易代表署，https：//ustr. gov/trade-agreements/free-trade-agreements/united-states-mexico-canada-agreement/agreement-between；https：//ustr. gov/trade-agreements/free-trade-agreements/north-american-free-trade-agreement-nafta.

| 生效时间 | 2020 年 1 月 1 日 | 2021 年 1 月 1 日 | 2022 年 1 月 1 日 | 2023 年 1 月 1 日 |
|---|---|---|---|---|
| 核心零部件 | 净成本法下 66% 或交易价值法下 76% | 净成本法下 69% 或交易价值法下 79% | 净成本法下 72% 或交易价值法下 82% | 净成本法下 75% 或交易价值法下 85% |
| 主要零部件 | 净成本法下 62.5% 或交易价值法下 72.5% | 净成本法下 65% 或交易价值法下 75% | 净成本法下 67.5% 或交易价值法下 77.5% | 净成本法下 70% 或交易价值法下 80% |
| 辅助零部件 | 净成本法下 62% 或交易价值法下 72% | 净成本法下 63% 或交易价值法下 73% | 净成本法下 64% 或交易价值法下 74% | 净成本法下 65% 或交易价值法下 75% |

资料来源：USMCA 协定。

表 3 - 2　　　　　重型卡车区域价值含量标准的要求

| 生效时间 | 2020 年 1 月 1 日 | 2024 年 1 月 1 日 | 2027 年 1 月 1 日 |
|---|---|---|---|
| 重型卡车整车 | 净成本法下 60% | 净成本法下 64% | 净成本法下 70% |
| 主要零部件 | 净成本法下 60% 或交易价值法下 70% | 净成本法下 64% 或交易价值法下 74% | 净成本法下 70% 或交易价值法下 80% |
| 辅助零部件 | 净成本法下 50% 或交易价值法下 60% | 净成本法下 54% 或交易价值法下 64% | 净成本法下 60% 或交易价值法下 70% |

资料来源：USMCA 协定。

不难发现，上述规定将打破汽车行业全球分工的原有格局，使北美制造商减少从中国和亚洲地区汽车零部件的进口，转而从成员方境内购买。

USMCA 规定，汽车在生产过程中所使用的钢材和铝材至少有 70% 来源于美加墨。这项规定使北美地区形成了一个完整的汽车产销链。如表 3 - 3 所示。

表 3 - 3　　　USMCA 汽车钢铝含量、进口配额和劳动价值含量标准

| 钢铝含量 | 乘用车、轻型卡车和重型卡车生产使用的钢和铝至少 70% 来自美墨加三国 |
|---|---|
| 汽车进口配额 | 美国每年从加拿大和墨西哥进口的乘用车不能超过 260 万辆，超出部分将加征 25% 的关税 |
| 劳动价值含量标准 | 劳动价值含量不低于 45%，原材料和创造支出不低于 30%，技术支出不超过 10%，装配支出不超过 5% |

资料来源：USMCA 协定。

USMCA 规定美国每年从墨西哥和加拿大市场进口的汽车不得多于 260 万辆，若超出此数量，美国将对超过规定数额的汽车加征 25% 的关税。加拿大、墨西哥和日本作为美国汽车重要的进口国，此项规定会产生较大的影响。

3. 针对纺织行业的原产地规则

NAFTA 是第一个对纺织品的纱线贸易制定规则的协定。它规定纺织品的生产全过程都要在美、加、墨三国内进行，包括从纤维到裁剪成衣的全过程。只有经过这样的流程，纺织品才能够符合原产地规则，享有优惠待遇，进而确保美国生产的纺织品和纱线拥有巨大的消费市场。如表 3 - 4 所示。

表 3 - 4    USMCA 和 NAFTA 针对纺织行业的原产地规则的对比

| 具体内容 | NAFTA | USMCA |
|---|---|---|
| 特定纺织品和服装产品类别（所列货物在符合进出口缔约方约定的要求下有资格得到进口缔约方的免税待遇） | 1. 家庭手工业的手工织布；<br>2. 手工作坊用这些手工织布制成的商品；<br>3. 传统民俗工艺品 | 1. 家庭手工业的手工织布；<br>2. 手工作坊用这些手工织布制成的商品；<br>3. 传统民俗工艺品；<br>4. 本土手工艺品 |
| 某些纺织品和服装的关税处理 | 对货物是否进行漂白、衣物染色、水洗、酸洗或渗透处理未作规定 | 要求货物已进行漂白、衣物染色、水洗、酸洗或渗透处理 |
| 增加核查内容 | USMCA 规定进口缔约方可以通过海关管理对纺织品或服装产品进行核实是否符合优惠关税待遇 | |

资料来源：USMCA 协定。

USMCA 对纺织品设定了严格的原产地规则。除了纺织品外，服装以及其他成品的生产细节都做了详细规定。USMCA 规定，只有服装和成套纺织品中每一个单件全部是原产地货物或者原产地价值不小于 90% 者才可以被视为是原产地货物。

USMCA 还添加了海关的合作条款、贸易合作以及其他与服装和纺织品贸易合作有关的条款。

USMCA 原产地规则提高了区域外纺织品进入北美市场的壁垒，生产企业只有选择在区域内生产方可进入。这在促进美国、加拿大和墨西哥纺织品和服装行业发展的同时，也会使区域内消费者的福利受到减损。

（二）原产地程序的规则

1. 关于优惠关税待遇要求的规定

USMCA 第 5.2 条规定，进口商可根据出口商、生产者或进口商提交的货物从一缔约方领土出口到另一缔约方领土的原产地证明，提出优惠关税待遇的要求。每一缔约方应规定原产地证明所应遵循的规定。一方当事人不得以发票在非缔约方开具为唯一的理由，拒绝给予优惠关税待遇的要求；但是，原产地证明不得再以非缔约方签发的发票或任何其他商业单据的方式来提供。每一缔约方均应规定，进口到其领土的产品的原产地证明可用英文、法文或西班牙文填写。如果原产地证明不是进口缔约方的语言，进口缔约方可要求进口商提交这种语言的译文。每一缔约方均应允许以电子方式提交原产地证书，并接受电子或数字签名的原产地证书。

2. 关于原产地认证的基础

USMCA 第 5.3 条规定了原产地认证的基础。每一缔约方应规定，如果生产者能证明货物的来源，则原产地认证是根据生产者提供的资料来完成的。如果出口商不是该商品的生产者，原产地证明应由该商品出口商根据产品的资料、文件以及生产者的书面描述来完成。每一缔约方应规定给予单批货物进入一缔约方领土的原产地认证，或在原产地证明规定的 12 个月内完成的多次装运的同一货物。每一缔约方应规定，在原产地认证完成之日起四年内，其海关当局接受进口到其领土的产品的原产地证明。

3. 为申请优惠关税待遇

USMCA 第 5.4 条规定进口商应把有效的原产地证明作为进口单据的一部分；根据其法规的要求向海关提供原产地认证的副本。如果请求优惠关税待遇的依据不是货物生产者完成的原产地认证，则应按照缔约方的请求提交如下证明：经核证为原产地的货物，除了卸货、重新装货或为将其完好无损地运入进口缔约方领土而必需的任何操作外，没有经过进一步生产或其他操作。缔约方必须规定，如果进口商相信原产地证明是基于可能影响原产地认证的虚假信息，则进口商应立即更正进口单证并缴纳应缴的税款。进口商如及时更正进口单据并支付了任何欠税，并做出了构成进口单据部分不正确的声明者，则不予处罚。进口商要求给予优惠关税待遇的货物是按照第 4.18 条（过境和转运）装运的，在运输单据上应指明货物进口前的运输路线和所有的装运和转运点；如果货物通过或转运到缔约方领土以外的，则有关文件应表明该货物在缔约方领土以外仍须受海关管辖，这样的文件包括储存文件或海关管制文件的副本等。

每一缔约方应规定进口价值不超过 1000 美元或等值货币金额的，可要求书面证明该货物适用于原产地规则；对于违反相关法规者，缔约方可以拒绝进口。

4. 对于出口义务

USMCA 第 5.6 条、第 5.7 条规定，已在其领土上完成原产地认证的出口商或制造商应按要求向其海关当局提供原产地证书的副本。当出口国或生产者在其境内未遵守本章要求时，如出示的原产地证书包含不正确的信息，或对原产地证书进行更改，影响了原产地证书的准确性或有效性；此时，缔约方可采取相应的措施。缔约方应允许将原产地证书保存在任何介质中，并以电子方式将其传输给进口商。

每一缔约方应规定，不得因原产地证明存在轻微错误或差异而拒绝给予原产地证明。如果缔约方的海关管理部门发现进口货物的原产地证书难以辨认、表面有缺陷或未按照本章完成，则给予进口商至少 5 个工作日的期限向海关提供原产地证明更正的副本。

5. 关于原产地证明的记录保存

USMCA 第 5.8 条规定，进口商申请优惠关税待遇的时间应自进口该产品之日起维持不少于 5 年。每一缔约方应规定，已完成其原产地认证的出口商或制造商或做出书面声明的制造商，应自完成该证明之日起 5 年内或规定更长的期限内，保存所有证明的记录，即使进口缔约方不要求提供原产地证书或放弃对原产地证书的要求，该缔约方也应遵循根据本条对保存记录的要求。

6. 核查进口到其领土的商品是否具有原产地认证的规定

USMCA 第 5.9 条为了确定进口商品是否具有原产地认证，规定进口缔约方可以通过其海关管理部门进行核实。进口方可以选择根据本条向进口商或完成原产地证明的人提出验证。如果请求优惠关税待遇的依据是以出口商或生产商填写的原产地证明为基础的，而进口商没有提供足够的信息来证明该货物的原产地，则进口缔约方应根据第 1 款要求出口商或生产商提供信息，然后决定是否拒绝给予该优惠关税待遇。进口方应在第 15 款规定的时间内完成核查工作，包括根据第 1 款向出口商或生产商提出的任何补充要求。应进口缔约方的要求，出口商或生产商所在的缔约方可在其认为适当的情况下，根据其法律和条例，协助进行核查。这种协助包括提供其掌握的与原产地核查有关的信息。进口方不得仅以出口商或生产商未提供所要求的协助为由，拒绝给予优惠关税待遇。

当出口商或生产商收到根据第 5 款发出的核查访问通知时，出口商或生产商可在收到通知后的 15 天内，一次性要求将核查访问时间推迟至自拟议访问之日起不超过 30 天。当其海关管理部门收到根据第 9 款发出的核查访问通知时，海关管理部门可在收到通知后 15 天内将拟议的核查访问推迟至自拟议的访问之日起不超过 60 天，或按有关缔约方可能决定的更长期限。缔约方不得以推迟核查访问为由而拒绝给予某一货物优惠的关税待遇。缔约方应允许另一缔约方的出口商或生产商指定两名观察员参与现场核查；出口商或生产者未能指定观察员的，不会导致核查访问的推迟。进口方应向已核实货物原产地和审查对象的进口商、出口商或制造商提供书面原产地证明，其中包含调查的结果和调查的法律依据。如果进口商不是审核员，则须向进口商提交书面决定。在根据第 14 款做出书面决定之前，如果进口方拒绝优惠关税待遇，则应通知进口商、出口商或生产者，说明核查的初步结果，并发出拒绝意向的通知，包括拒绝生效的时间和提交与原产地状况有关的补充资料。如果经核实，进口商、出口商或制造商存在虚假的信息，则该缔约方可以暂停给予优惠关税待遇；直到该人确定自己符合第 4 章（原产地规则）和第 6 章（纺织品和服装）的规定为止。

关于本条和《统一条例》的有关规定，所有与出口商或制造商以及出口方海关的通信都可以确认收到收据的方式进行。核查所规定的期限从收到的日期开始计算。

7. 进口后退税和优惠关税待遇的申请

USMCA 第 5.11 条进口退税和优惠关税待遇的申请规定，只要符合条件，进口商在进口时可就优惠关税待遇提出请求，并要求退还某一商品已支付的超额关税。

8. 保密性规定

USMCA 第 5.12 条有关保密性规定，当一方根据本章向另一方提供信息并将信息描述为机密时；如果另一方不按照第 1 款行事，则该方可以拒绝提供所要求的信息。一方可以使用或披露根据本章从另一方获得的机密信息，但仅在海关执法或其他方式时使用此方法，包括行政、司法程序。一方按照本章规定从进出口商那里收集信息时，适用 USMCA 第 7.22 条（保护商人信息）的规定对信息予以保密。对违反本章的行为，应给予刑事、民事或行政的处罚。

9. 关于预先裁定的规则

USMCA 第 5.14 条关于原产地预先裁定的规定，根据 USMCA 第 7.5 条（预先裁定）的规定，每个缔约方必须事先通过其海关管理部门提出要求，对本协议中指定的原产地做出书面裁定。每一缔约方应在其领土内采取或维持统一的程序，以就本协定所规定的原产地问题做出初步裁定。每一缔约方应给予出口商、制造商向其海关当局根据本协定所做出的原产地认定和预先裁定进行审查和上诉的权利；这些权利与向其境内的进口商提供的权利基本相同。

10. 关于统一条例的问题

USMCA 第 5.16 条规定，缔约各方应就本章、第 4 章（原产地规则）、第 6 章（纺织品和服装）和第 7 章（海关总署和贸易便利化）的解释，适用各自的法律或法规（贸易便利化），以及双方可以决定的其他规定。原产地规则和程序委员会（原产地委员会）协商并讨论对统一条例的可能修改或补充。特别是，原产地委员会应定期审查法规的变更或增补，以降低其复杂性，并就如何更好地遵守第 4 章提供实用且有用的指导，以及第 6 章（纺织品和服装）的规则和程序，包括在缔约方领土内为中小企业提供支持的示例或指南。原产地委员会将对已决定的任何更改或补充的信息进行公布，每一缔约方应在缔约方规定的时间内对统一条例进行更改或增补。除本章规定的义务外，各方均适用统一的规则。

11. 关于待遇的通知

USMCA 第 5.17 条规定，每一缔约方应将以下决定、措施或裁决通知另一缔约方，包括预期适用的措施；根据第 5.9 条（原产地核查）进行的核查结果；海关管理部门对某一物品的关税分类或价值，或用于生产一件物品的材料的关税分类或价值给予同等待遇；在计算一件物品的净成本时进行合理分配的费用，而这些费用是确定原产地问题的核心，或根据第 5.14 条（与原产地有关的预先裁决）和第 7.5 条（预先裁决）对本协议下原产地的预先裁决或修改或撤销预先裁决。

12. 成立原产地规则和原产地程序委员会

USMCA 第 5.18 条规定，原产地规则和原产地程序委员会由每一缔约方政府的代表组成，目的是审议由本章或第 4 章（原产地规则）的所有事项。原产地规则委员会定期进行磋商，以确保本章和第 4 章的有效性。原产地委员会审查并讨论对本章或第 4 章（原产地规则）的任何更改或补充，特别是对附件 4 - B 中特定产品的原产地规则的更改或修改，但要考虑到技术、生产过程或其他相关事项，以及纺织品和服装产品原产地规则除外。在协调制度修订版生效前，原产地委员会将进行磋商，以准备对本章和第 4 章进行更新，尤其是对某些法规的原产地规则进行更新。关于纺织品或服装贸易，由 USMCA 第 6.8 条（纺织品和服装贸易委员会）来代替本条的规定。

13. 原产地核查小组委员会

USMCA 第 5.19 条规定，缔约方据此设立了一个原产地核查小组委员会，该委员会由每个缔约方政府的代表组成。小组委员会应在本协定生效之日起一年内成立，此后每年至少召开一次会议。小组委员会的任务包括：讨论和准备有关本章或第4章的技术文件，并分享技术建议。制定和改进《1994年北美自由贸易协定》的核查手册，并提出核查程序建议，并为各方提供论坛以协商和解决与原产地核查有关的问题。

### 三、USMCA纺织服装规则的解读

（一）关于原产地规则及有关事项

USMCA第6.1条规定，除非另有说明，第4章中的原产地规则和第5章中的原产地程序也适用于本章的纺织品和服装。

（1）NAFTA曾对纺织产品原产地规则进行严格规定，是第一个"从纱线开始"的自由贸易协定。根据NAFTA规定，不仅从纤维、纱线、编织织物到服装的一系列产品的生产必须在美、墨、加境内完成，而且要在这三个国家完成加工和缝纫环节的纺织品或服装才可获得原产地认证。而USMCA对纺织品和服装的原材料规定了更严格的原产地规则。

（2）如果货物组成部分中含有非原产纤维或纱线，而且这些纤维或纱线的总重量不超过该组成部分总重量的10%，而该组成部分的总重量不得超过该货物总重量的7%，且该货物符合本章和第4章（原产地规则）的所有其他要求时，才被视为原产地货物。

（3）对于零售的成套纺织品和服装，只有其中的每一种都是原始产品，或者非原始产品价值不超过该产品总价值的10%，全套纺织品和服装才能被标识为原产地产品。

（4）对于货物中非原产的部分应该按照第4章原产地规则中对于非原产价值的规定进行计算，相应的原产部分按照规定中原产地产品的内容进行计算。

（二）关于手工制作、传统民俗或本土手工艺品的规则

USMCA第6.2条是关于手工制作、传统民俗，或本土手工艺品的内容。

（1）缔约方确定的特定纺织品或服装货物有家庭手工织物、在作坊中生产的手工织物、传统民俗手工艺品、本土手工艺品。

在特定纺织品和服装产品关税减免方面，USMCA相比于NAFTA对特定产品进行了更详细的划分，在原有基础上增加了本土手工艺品的类别。这有利于三国之间纺织服装的贸易。

（2）根据第1款确定的货物有资格获得进口方的免税待遇，条件是满

足进出口缔约方商定的任何要求。

（三）关于附件 6 - A 中的特别规定

USMCA 附件 6 - A 包含 A、B、C 三个部分：

1. Section A：定义

（1）对纱线平均数进行了定义，并给出了若干计算纱线平均数的公式。

（2）明确了羊毛服装的定义以及计算方法。

2. Section B：若干纺织品及服装的关税待遇

美国不应对在墨西哥组装的纺织服装品征收关税，这些商品完全由在美国成型和裁剪的织物制成，并根据下列规定从美国出口和重新进口到美国的：（a）美国关税项目 9802.00.90 或该关税项目下的任何商品；或（b）如果这些货物在组装后，符合 9802.00.90 或该美国关税项目的任何后续规定，无论货物是否经过漂白、染衣、石洗、酸洗或永久压制，均可享受该 HS 协调制度第 61、第 62 或第 63 章规定的待遇。

3. Section C：对另一方服装货物的非原产货物给予优惠关税待遇

（1）每一缔约方应对其附件 2 - B（关税承诺）附表中规定的原产货物实行优惠关税待遇，但不得超过附件 1（对非原产服装的优惠关税待遇）中规定的中小企业的年度数量。这些货物属于 HS 第 61 章和第 62 章的服装货物，它们是在缔约方领土内裁剪（或成形针织）和缝制或以其他方式组装的，材料或纱线是在缔约方领土之外生产或获得的，并且符合本协定规定的优惠关税待遇的其他条件。

（2）通过第三方物流进口的货物。该部分是 Section C 的重点内容，对从第三方进口的货物进行了详细规定。

①每一缔约方应按照附件 6 - A 所列的，从第三方许可进口到其境内的货物给予关税优惠或减免，而且任何缔约方不得对这些货物征收海关费用。

②本附件所指货物的贸易应由双方实施监测。缔约方应根据需要进行磋商，以确保对第三方许可证的有效管理，并应在管理方面给予合作，包括对与第三方许可证使用有关问题的请求做出迅速回应。

③进口方以"先到先得"的方式管理第三方进口许可证，并应计算按第三方许可证进口的货物数量。各缔约方要做到公平公正，提前在网上公布每年第三方物流分配的数量和金额，此项公布至少每月更新一次；每年第三方物流的使用情况，此项公布至少每月更新一次；公布自本协定生效以来第三方物流的分配和使用情况以及其分配第三方物流许可证的程序和

有关的摘要。此外,对这些程序的任何更改应遵循公开透明的程序要求。

④进口缔约方可要求提交缔约方主管当局签发的资格证明,作为证明该货物有资格根据第三方的许可证获得免税待遇。

⑤每一缔约方应允许进口商在货物进口后至少一年内对第三方许可证项下的货物提出免税待遇要求。如果每一缔约方要求提供第 5 款规定的能够享受关税优惠的资格证明和所要求的其他文件,则应通知其他缔约方。

⑥缔约方应在本协定生效时建立一个安全系统,便于以电子方式传送资格证书或与第三方许可证使用有关的文件,并实时分享与第三方许可证的分配和使用有关的信息。

⑦应一缔约方的请求,另一缔约方的主管当局应交换关于发放资格证书、第三方许可证的使用和任何其他相关事项的统计信息和资料。

⑧如果缔约方希望根据获得的可用于生产原始货物的特定纤维、纱线和织物的供应量来调整第三方年度物流许可证的发放,缔约方应就调整的可能性进行磋商。第三方许可证的任何调整都需要有关缔约方的相互同意,并须履行国内批准程序。

(四)关于审查和修订原产地规则

USMCA 第 6.4 条是关于审查和修订原产地规则的内容。当某一缔约方对纺织服装中的原产地规则有争议时,缔约方之间应协商解决。在涉及磋商时间的限制上,各缔约方应把对证据进行初步评估的时间缩短在 90 天以内,以此来提高效率。如果经过初步评估,确实存在变更原产地协议的必要,则缔约方应迅速就相应的变更达成协议,并酌情执行各自的国内执行程序。双方应努力在初步评估后 60 天内完成磋商。

USMCA 第 6 章的前四条条款都与原产地规则一一对应,USMCA 对原产地规则的修改反映了国际经贸规则的新趋势。USMCA 协定增加了贸易合作、核查以及建立纺织及服装贸易事务委员会的内容,列出具体的海关合作条款,规定各缔约方应指定联络点以便进行有关的信息交流和其他合作活动。此外,还规定在该地区生产时,只有将缝制线、口袋织物、窄松紧带和涂层织物添加到服装或其他制成品中时才符合原产地规则,这严格限制了纺织服装贸易中非北美原材料所占的比重。USMCA 增加了贸易合作和审核规定,并成立了纺织品和服装贸易事务委员会。这有利于缔约方之间合作交流活动的开展。USMCA 原产地规则相比 NAFTA 施加了更严格的限制(如表 3 - 5 所示)。

表 3 - 5　　**USMCA 与 NAFTA 纺织品原产地规则的变动比较**

| 具体内容 | NAFTA | USMCA |
|---|---|---|
| 特定纺织品和服装产品类别（所列货物在符合进出口缔约方商定的要求下有资格得到进口缔约方的免税待遇） | 1. 家庭手工业的手工织布；<br>2. 手工作坊用这些手工织布制成的商品；<br>3. 传统民俗工艺品 | 1. 家庭手工业的手工织布；<br>2. 手工作坊用这些手工织布制成的商品；<br>3. 传统民俗工艺品；<br>4. 本土工艺品 |
| 某些纺织品和服装的关税处理 | 对货物是否经过漂白、衣物染色、水洗、酸洗或渗透处理未作规定 | 要求货物已进行漂白、衣物染色、水洗、酸洗或渗透处理 |
| 增加合作内容 | USMCA 规定缔约方应按照区域和双边执法合作及交流具体情况的规定，通过信息共享和其他活动开展合作 | |
| 增加核查内容 | USMCA 规定进口缔约方可以通过其海关管理对纺织或服装产品进行核查以核实是否符合优惠关税待遇 | |
| 增加纺织品及服装贸易事务委员会内容 | USMCA 规定缔约方应设立纺织品及服装贸易事务委员会，成员由每一缔约方的政府代表组成 | |

资料来源：USMCA 第 6 章纺织和服装条款及 NAFTA 第 2 部分货场贸易章节的协定文本。

（五）关于合作的规则

USMCA 第 6.5 条对合作做出规定。

（1）双方应根据 USMCA 第 7.25 条（区域和双边执法合作）、第 7.26 条（交换特定机密信息）、第 7.27 条（海关遵守情况核查请求）和第 7.28 条（保密性）的规定进行信息共享，就纺织品和服装货物贸易相关事项开展合作。

（2）双方承认，诸如提单、发票、销售合同、采购订单、装箱单和其他商业单据等文件对于侦查、防止或处理与纺织品和服装贸易有关的海关违规行为尤为重要。

（3）各缔约方应在商定好的地点进行与纺织品和服装货物贸易有关的信息交流和其他合作活动。

可见，USMCA 使三国经济贸易变成一个整体，相互合作一致对外。

（六）关于核查的规则

USMCA 第 6.6 条的核查规定。

（1）为了验证一种货物是否符合优惠关税待遇的条件，进口方可通过其海关对依照 USMCA 第 5.9 条（原产地核查）进口的纺织品或服装进行核查，或者通过本条所述的实地访问请求来验证。在实地访问期间，进口缔约方可要求核查有关的记录和设施以及与海关违法行为有关的记录。可以看出，USMCA 协定在海关管理和贸易便利化方面做出了调整。

（2）如果进口缔约方希望进行实地访问，但没有在实地访问前 20 天提供出口商或生产商的姓名、地址，则应及时提供以便协调安排实地访问。

（3）如果进口缔约方寻求进行实地访问：

①东道国的缔约方海关官员可陪同进口方的官员进行实地考察，并在可行范围内提供与进行实地考察有关的资料。

②不得在实地考察之前通知东道国的缔约方政府以外的任何人，也不得提供任何未公开的、可能会损害行动效力的信息。

③在不损害实地考察效力的前提下，进口缔约方可在实地考察之前向出口商、生产商或有能力代表出口商或生产商的人请求许可，或在实地考察时请求允许查阅有关的记录或设施。

④如果出口商、生产商或有能力代表出口商或生产商的人拒绝允许或考察记录或设施，实地访问将不会发生。如果因无法接待进口缔约方进行实地考察，则实地考察应在下一个工作日进行。如果现场访问或访问记录或设施的许可被拒绝，那么应考虑在合理的时间进行考察。

（4）在完成实地访问后，进口方应请求须将初步调查结果通知东道国的缔约方、出口商或生产商；至迟于请求提出之日后 90 天内提交关于实地访问结果的书面报告。

（5）如果进口缔约方根据实地访问结果，拒绝给予纺织品或服装货物优惠关税待遇，则进口缔约方应在发出书面决定之前，将核查的初步结果通知进口方、出口方或生产方，并向这些人发出拒绝意向通知，包括拒绝何时生效并且提供支持该行为的任何资料。

总之，如果经核查，出口方所出口的纺织和服装不具有享受优惠待遇的资质，那么进口缔约方可停止给予优惠关税待遇。

（七）关于决定的规则

USMCA 第 6.7 条是关于决定的内容。此条详细规定了进口缔约方在三种情况下可以拒绝提出的优惠关税待遇要求。一是在原产地程序已列明的理由内。二是在第 6.6 条中所提到的，在进行实地访问核查时，所接收到的信息是不完备的。三是在第 6.6 条核查条款中提到的，进口缔约方由于实地访问的准入或许可被拒绝而无法进行实地访问，或者出口商、生产商或代表出口商或生产商有能力同意的人在实地访问期间不提供有关记录或设施准入者。

以上三种情况都属于客观因素或者出口方的原因，而与进口方的行为无关，因此不能做出对纺织和服装优惠关税待遇的安排。

（八）关于成立纺织品和服装贸易事务委员会及保密的规则

USMCA 第6.8条规定，为了在处理纺织服装事务上加强协调，各方同意成立了纺织品和服装贸易事务委员会（纺织品委员会）。委员会每年举行一次，也可在缔约方同意的时间召开。

根据 USMCA 第6.9条的保密规则，USMCA 第5.12条（保密）的规定适用于从一经营者处收集的或者由另一方根据本章规定所提供的信息。

## 四、对汽车及零部件产业的影响及对策

（一）影响

中国产品进入北美市场主要通过成品或者原材料以及中间品出口等方式。原产地规则的修订对我国产品出口产生了深远影响，是机遇亦是挑战。从表3-6可知，相较于美墨加三国而言，中国纺织服装品出口竞争力的 RCA 值为3.08，具有极强的竞争力；汽车及零部件的出口竞争力的 RCA 值为0.31，竞争力弱，而墨西哥的汽车及零部件的 RCA 值为3.40，具有极强的竞争力。下面重点讨论汽车及零部件产业有关问题。

表3-6　　　　USMC 成员国以及中国纺织服装、汽车及零部件对
北美出口占本国同类产品总出口比重及其 RCA 值

| 产品种类 | 美国 | | 加拿大 | | 墨西哥 | | 中国 | |
|---|---|---|---|---|---|---|---|---|
| | 份额（%） | RCA 值 | 份额（%） | RCA 值 | 份额（%） | RCA 值 | 份额（%） | RCA 值 |
| 纺织服装 | 38.53 | 0.28 | 76.05 | 0.15 | 86.16 | 0.45 | 20.18 | 3.08 |
| 汽车及零部件 | 57.38 | 1.06 | 94.42 | 1.79 | 85.43 | 3.40 | 26.31 | 0.31 |

注："份额"列为四个国家对北美出口占本国同类产品总出口比重，是根据 UN Comtrade 数据库上述国家出口额计算得到的；"RCA"列为四个国家各类产品的显示性比较优势指数，是根据 GTAP10 数据库各国及全球各种产品出口贸易数据计算整理得到的。参考第28章的实证分析的内容。

资料来源：朱启荣，孙明松，袁其刚. 美墨加协定对中国经济的影响及对策研究 [J]. 亚太经济，2020（6）：53-62，147-148.

北美地区是重要的汽车产销地区。考虑到疫情因素，我们主要考察2019年前中美汽车贸易特征。美国从中国进口零部件，中国从美国进口整车；美国对中国的整车贸易处于顺差状态，对中国的零部件贸易处于逆差状态。USMCA 对汽车零部件的区域价值含量提出了要求，意味着必须有更多的汽车零部件生产以及汽车装配在北美完成才能够符合原产地标

准。这必然对中国汽车产业造成冲击。

2018年，全球经济总体保持了稳中略增的发展态势，汽车出口市场也继续保持了回暖势头，但美国加息、贸易摩擦及地缘政治等因素叠加，对汽车出口市场增长产生了一定抑制作用。2018年，中国汽车企业共出口104.1万辆，自2012年之后出口再次超过百万辆，同比增长16.8%，增速比上年有所减缓。从2018年汽车整车进口情况来看，进口量同比呈小幅下降，市场表现明显不如上年。2018年，汽车整车共进口113.6万辆，同比下降8.4%；进口金额857.8亿美元，同比增长3.9%。①

（二）对策

1. 拓展进入美墨加市场的新路径

针对原产地规则的限制，可以采取两种路径：一是在满足原产地条件的第三方建立工厂，充分利用好RCEP协议的有利机会，把生产活动转移到第三方进行；二是控制最终产品中来自中国的原材料或中间产品的含量，确保最终产品中来自美墨加的原材料或中间产品达到规定的含量。

2. 完善我国经贸协定中的原产地规则

提高我国原产地规则的设定标准，利用原产地规则对相关产业进行保护，特别是国家支持引导的特殊行业和重点行业。参照USMCA制订详细和具体的原产地标准，列出产品的区域价值含量，引导原材料和生产过程转向本地化。

3. 开放国内市场，提升企业竞争力

2018年4月中国政府宣布逐步取消汽车领域外商直接投资的限制，2020年开始取消新能源汽车外资限制，2022年起取消外国汽车制造商投资乘用车的限制。随着我国汽车领域外资准入，国内汽车产业，特别是电动汽车发展十分迅速，企业竞争力快速提升。2012年中国汽车出口达到100万辆，此后连续十年徘徊不前，2021年突破200万辆，2022年突破300万辆。在取得成绩的同时，也应看到差距，发达国家如美日德的汽车出口量均超过1000万辆。我国要达到此目标尚需进一步提升企业竞争力。

## 五、对中国纺织服装的影响及对策

（一）影响

USMCA协议对中国纺织品与服装的出口将产生深远的影响。美国是中国主要的纺织服装出口国。

---

① 中国汽车工业协会行业信息部.2018年中国汽车工业经济运行报告，stats. gov. cn.

根据数据显示①，美国纺织品和服装进口额持续增长，2022年增长16.03%至1322.01亿美元，而2021年为1139.38亿美元。中国以25.65%的市场份额，继续占据美国最大的纺织品和服装供应商地位；其次是越南，占14.87%的份额。在纺织品中，服装占美国2022年进口的大部分，金额达999.32亿美元，而非服装进口为322.68亿美元。

从细分市场来看，在美国前十大服装供应商中，从尼加拉瓜和孟加拉国的进口同比分别增长了42.81%和36.38%。从印度和印度尼西亚的进口也分别增长了35.50%和35.29%。此外，作为美国十大供应商之一，从柬埔寨的进口与上年同期相比增长了28.46%。

在非服装类中，在前十大供应商中，从柬埔寨的进口同比飙升了48.55%。从越南和意大利的进口也分别攀升了31.43%和14.16%。另外，从中国、印度、土耳其和加拿大等一些国家的进口则有所下滑。从土耳其的进口下降了10.15%。

不难看出，东南亚国家联盟已是美国纺织服装行业第二大进口地区，由于纺织服装行业是劳动力密集型产业，随着中国工人工资提高，加之东盟国家在人力成本、税收优惠、原料进出口、贸易自由等方面的优势，纺织服装产业产能逐渐向东南亚国家转移。USMCA关于纺织服装原产地规则的修订加大了中国产品进入北美地区的难度，会逐渐降低从中国进口纱线和面料的数量。

（二）对策

2001年中国加入WTO，2002年1月1日，美国对华永久性正常贸易关系法案（PNTR）正式生效，这极大改善了中国经贸大环境，为中国进一步对外开放奠定了良好的发展基础。我国纺织对外贸易顺应形势发展，仅用不到10年时间就占领世界纺织贸易第一位置。2001年②，我国纺织品服装出口543.2亿美元，占世界纺织品服装贸易总额的13%。到2010年，我国纺织品服装出口2120.0亿美元，占世界纺织品服装贸易总额的34%，实现出口规模居世界第一位。到2020年，我国纺织品服装出口额达3066.6亿美元，20年间出口金额扩大了5.6倍，稳居世界第一位。据国家统计局数据显示，2021年，中国纺织服装累计出口额3154.66亿美元，同比增长8.38%，比2019年增长16.17%。我国国内市场巨大，以

---

① 2022年美国纺织服装进口量增长16.03%，中国仍占最大市场份额，相关数据来源：Textile & Apparel Business Solution & Marketplace – Fibre2Fashion。

② 中国纺联产业经济研究院．入世20年：中国纺织对外贸易发展回顾，mofcom. gov. cn.

供给侧结构性改革为动力，实施国内国际双循环战略，加快纺织服装企业产品升级换代，实现内外贸一体化经营。

中国的纺织服装产业需做出调整来应对危机。

1. 开拓多元化出口市场

USMCA 协议使得我国纺织品对北美出口更加困难，必须开辟新的市场。我国要挖掘"一带一路"共建国家的市场需求，积极与这些国家的企业进行合作并形成多元化出口市场的格局；针对当地客户需求和生活特点，推出适合当地人审美的纺织服装产品。

2. 加快纺织产业的技术创新

中国的纺织服装企业要强化自主创新能力，加强核心技术研发及高端纺织品的应用研究，制造高附加值产品，创造出有价值的品牌，规避与东南亚企业的同质竞争。在产品的推陈出新上重视知识产权的保护，当产品具有不可替代性和独特性时，才能把贸易摩擦转化为产业升级的机遇。

3. 布局全球纺织产业链，规避贸易壁垒

中国的纺织服装工业具有良好的基础和先进的技术，并具有转型的条件和基础。中国纺织服装业可以通过全球布局，实现从劳动密集型向资本密集型的转变，从出口贸易为主向海外投资转变，充分利用比较优势，降低综合成本，规避贸易壁垒。

# 第四章　USMCA 海关管理与贸易便利化规则解读及对中国影响的分析

"贸易的非效率"作为一种"隐形"的市场进入壁垒扭曲了贸易的进行，扫清国际贸易中的制度性和技术性障碍成为海关管理和贸易便利化所关注的重点。本章对 USMCA 第 7 章海关管理和贸易便利化规则及其影响进行分析。

## 一、引　言

（一）海关合作与贸易便利化已取得的成就

以亚太经合组织（APEC）为代表的国际组织积极促进海关合作和贸易便利化，并于 2002 年和 2005 年分别通过了《贸易便利化行动计划 I 》《贸易便利化行动计划和措施清单》《贸易便利化行动计划 II 》。这些协议的达成降低了进出口贸易的交易成本。2017 年 2 月 WTO 的《贸易便利化协定》正式生效；据 WTO 估计，该协定的实施使发展中经济体和最不发达经济体的出口商品数量将分别增加 20% 和 35%；同时，二者的海外市场规模将分别扩大 33% 和 60%。

（二）贸易便利化作用的分析

贸易便利化措施与关税壁垒不同，它涉及降低贸易成本的各类措施，如边境管理、通关费、监管和安全制度等。贸易便利化措施不仅能显著促进出口贸易的发展（Wilson et al.，2003）①，而且在促进经济增长和提高贸易福利方面也发挥着重要作用。此外，贸易便利化措施还可以方便出口

---

① John S. Wilson，Catherine L. Mann and Tsunehiro Otsuki. Trade Facilitation and Economic Development：A New Approach to Quantifying the Impact［J］. The World Bank Economic Review，2003，17（3）：367 – 389，Published By：Oxford University Press.

产品的市场准入，参与全球价值链分工（刘斌等，2018）①。对企业而言，有学者认为②，由于制造业严重依赖进口原材料和中间投入，海关手续成本的增加必将影响零备件供应的及时性和国际竞争力，因此有必要提高通关便利化水平（Liu and Yue，2013）。贸易便利化可促进国际贸易发展，使发展中经济体的中小企业获得贸易成本降低的红利（Hoekman and Shepherd，2015）③。贸易便利化水平的提高通过降低成本增加了企业出口产品的数量、品种、密度和幅度（Schott，2008；廖涵和谢靖，2018）④⑤。丹尼尔等（Daniel et al.，2018）⑥发现非洲地区基础设施的改善、机制和市场效率等贸易便利化措施的改善提高了福利水平。

贸易便利化有利于自贸区经济一体化的形成和跨境电子商务的发展。在全球贸易便利化中促进跨境电子商务的发展，需建立适合环境包容性贸易增长的便利化系统，这有利于增加跨境物流的容量（张夏恒和张荣刚，2018）⑦。这在数字经济大发展背景下极为重要。

## 二、USMCA 海关管理与贸易便利化规则的解读

USMCA 第 7 章海关管理与贸易便利化规则分为 A、B 两部分，共 29 个条款。USMCA 海关及贸易便利化规则包含了 WTO 和 CPTPP 的有关规定。USMCA 还提出了针对小微企业的贸易便利化措施，以降低中小企业的通关成本。对比发现（如表 4 - 1 所示），CPTPP 不仅遵循贸易便利化协议的规定（如到达前的业务处理、预付款和税款的支付以及预先确定、审查和上诉、惩罚和保密的规则），而且为及时放行设定了 48 小时的通关标准。

---

① 刘斌，王乃嘉，屠新泉. 贸易便利化是否提高了出口中的返回增加值 [J]. 世界经济，2018，41（8）：103 - 128.

② Lan Liu，Chengyan Yue. Investigating the impacts of time delays on trade [J]. Food Policy，2013（39）.

③ Bernard Hoekman，Ben Shepherd. Who profits from trade facilitation initiatives？Implication for African Countries [J]. Journal of African Trade，2015，2（1 - 2）：51 - 70.

④ Schott P K. The Relative Sophistication of Chinese Export [J]. Economic Policy，2008（53）.

⑤ 廖涵，谢靖. "性价比"与出口增长：中国出口奇迹的新解读 [J]. 世界经济，2018，41（2）：95 - 120.

⑥ Daniel Sakyi，Isaac Bonuedi，Eric Evans Osei Opoku. Trade facilitation and social welfare in Africa [J]. Journal of African Trade，2018（5）：35 - 53.

⑦ 张夏恒，张荣刚. 跨境电商与跨境物流复合系统协同模型构建与应用研究 [J]. 管理世界，2018，34（12）：190 - 191.

表 4 - 1    USMCA、WTO、CPTPP 关于海关管理与贸易便利化规则的比较

| 主要内容 | WTO《贸易便利化协议》 | CPTPP 贸易便利化 | USMCA |
|---|---|---|---|
| 提高海关程序透明度 | 加强信息公布（海关程序、关税规定及海关法规）；通过互联网和设立咨询点，增强信息的可获得性；增强监管或检查的通知 | 公布海关法则及相关规定 | 每一缔约方应以透明、可预测且在领土范围内一致的方式，执行与货物进出口和过境有关的海关程序；关税分类和海关估价的确定；培训海关官员或发布文件以指导海关官员；如果发现存在不一致之处，包括确定关税分类或对货物进行海关估价，则该缔约方在可行的情况下设法解决不一致之处 |
| 货物验放/海关程序 | 实施抵达前业务办理，加快货物放行；将货物放行与关税、国内税费的最终确定相分离，在税费未定时允许通过缴纳保证金、押金等形式验放货物、快运货物需加快放行；易腐货物优先加快放行；对经认证的经营者提供与进出口或过境手续相关的额外的贸易化便利措施 | 实施抵达前业务办理；及时验放货物，通常控制在 48 小时之内；在税费未定时允许通过缴纳保证金或非现金等方式验放；为快运提供加急海关程序 | 在收到海关申报单并满足所有适用要求和程序后立即放行货物；在货物到达之前以电子方式提交和处理包括清单在内的文件和数据，以加快海关的放行；以担保为条件的货物放行 |
| 海关一致性管理 | 《海关估价协议》；评论机会、生效前信息及磋商对货物的税则及原产地进行预裁定，并鼓励进行预裁定；上诉或审查程序；海关处罚纪律规则；保护和机密性规则；设置贸易便利化委员会，加强与边境机构及海关合作 | 加强海关估价；对税则归类、货物的原产资格、海关估价标准的应用是否符合海关估价协定等相关事项做出预裁定；复审上诉规则；鼓励设置海关电子自动化系统；海关处罚原则一致，确保处罚的公正和透明；遵守保密性原则；加强海关合作，协助各国执法，以打击走私 | 预裁定规则（原产地、税则及其他相关领域）；复审上诉规则；海关处罚规则；机密性规则；行为标准原则 |
| 其他 | 给予发展中国家成员和最不发达国家成员的特殊和差别待遇条款（设置 A、B、C 类条款） | 无 | 无 |

（一）关于海关合作的规则

USMCA 第 7.1~第 7.4 条海关合作条款要求各方就影响货物贸易的海关事务开展合作、加强信息交流。为便于执行，规定如下：

第一，遵守透明度原则，增加可预测性和与海关程序有关的货物进出口运输的一致性；第二，共享执行进出口法规、估算税费、打击走私等信息；第三，建立海关合作渠道，开展信息交流；第四，提供合理的技术咨询和协助；第五，接收方可以提供相关的信息；第六，当影响本协议的法律法规或有关措施发生重大变化时，接收方应尽早通知另一方；第七，如果对违法行为有合理怀疑，则可要求另一方提供有关货物的特定机密信息。

USMCA 第 7.2 条的在线公布规定，要求各方免费及时公开网站上的信息，包括资料性资源、进出领土及过境所需的文件、法律法规和程序、关税税费列表、海关经纪人的法律规定等。

（二）关于事先裁决的规则

USMCA 第 7.5 条对事先裁决规则的适用范围做出规定。事先裁决是贸易便利化条款中的重要条款。USMCA 全面规定了预审规则的适用、制定、实施、程序和修改、撤销、救济、信息公开等内容。USMCA 规定，每个国家应通过其海关当局发布书面文件，预先确定产品在其领土上的应用范围，包括海关分类及其他事项。

各方应允许进出口商、生产商或任何其他人提出书面事先裁定的正当理由。任何缔约方不得以要求事先裁定为条件，要求出口商或与另一方建立或维持合同关系或其他关系的另一方的生产者位于进口方领土内。每一缔约方应就以下方面发布预先裁定的信息：（1）关税分类；（2）根据 WTO《海关估价协定》对特定货物适用海关估价标准；（3）货物的原产地，包括该货物是否符合本协议规定的原产货物；（4）货物是否需要配额或关税配额；（5）双方可能同意的其他事项。

每一缔约方应规定其海关管理：（1）可在对预先裁定的要求进行评估的过程中提交需补充的信息；（2）在发布预先裁定时，应考虑要求裁定的人所提供的事实和情况；（3）在任何情况下都不得迟于从要求预先裁定的人获得必要信息后的 120 天内做出裁定；（4）向该人提供裁决理由的完整说明。

发出预先裁定后，如果所依据的法律、事实、信息等存在错误，则签发方可以修改或撤销该预先裁定。拒绝做出预先裁定的缔约方应立即以书面形式通知要求裁定的人并做出说明。

任何当事方均不得追溯、撤销或修改、损害请求者的利益，除非签发预先裁定的人未按照规定行事，或者裁定是基于请求方提供的不准确或虚假信息。

每一缔约方应规定，除非其追溯适用上段所述的修改或撤销，否则对预先裁定的任何修改或撤销均应有效。如果签发预先裁定的人证明它真诚地依赖于该裁定，签发方应将这种修改或撤销的生效日期推迟不超过90天。

每一缔约方应根据其法律、法规和程序提供可访问的网站。

（三）关于货物放行的规则

货物放行条款是保证货物快速放行的重要内容，在双边和区域贸易协定中很常见。① USMCA 第 7.7 条对货物放行要求如下：第一，通过简化系统实现高效的查验放行，对不符合放行条件的货物则不予放行；第二，在货物到达前提供货物的电子信息，以便货物到达后能够快速处理；第三，放行的货物不需要临时转移到到货仓库；第四，在确定税收前，允许货物在担保下通关放行。此外，USMCA 还对担保的提供和取消提出了要求。例如，保函的金额不应高于进口货物的发票金额。保函应在履行相关义务后尽快解除。

（四）关于快递货物的规则

USMCA 第 7.8 条规定，一是对快件实行单独的快速通关程序，即在一般贸易的正常进口程序的基础上，根据快件的特点制定专门的通关程序。二是提前获取信息以便监管机构有时间对其进行风险管理分析，以加快速度，并允许用电子方式提交信息。三是简化程序。四是在正常情况下，对于某缔约方的快件货物，其价值等于或低于该缔约方法律规定的固定金额，则在所需的进口时间或地点或正式入境程序时，不计征关税或税款；前提是不属于逃税或违规的货物。

（五）关于信息技术及单一窗口系统的使用

USMCA 第 7.9 条和第 7.10 条规定，要求企业可以使用电子系统进行报关，并要求海关使用电子系统进行风险分析和控制。

USMCA 要求使用能够加快货物放行的信息技术；建立和维护其单一

---

① 《中国—冰岛 FTA 协定》第 52 条第 4 款规定："a. 为加快通关速度，在满足一定条件的前提下，允许在货物实际进口前进行提前电子申报并作信息处理。b. 允许进口商在提供足够、有效担保，且海关认定不需作进一步检查、查验，并满足法律规定的情况下，货物可以在满足进口全部要求之前放行。如未能满足一方合法的进口要求，货物可被提前放行。c. 当不再需要担保时及时办理担保退还手续。"

窗口系统时，参考世界海关组织的数据，并努力实现与其他单一窗口系统相同的数据标准。

（六）关于处罚的规定

USMCA 第 7.18 条规定海关有处罚权外，还对处罚对象、适用原则、利益冲突、处罚依据和减轻处罚等做了规定。美国海关总署规定，如果行为人自愿披露违规行为，海关当局可以酌情考虑减少处罚。

## 三、对中国的影响及对策

借鉴 USMCA 关于海关管理和贸易便利化的规定，有利于完善我国海关管理和加快贸易便利化进程。

（一）我国贸易便利化水平处于领先水平

中国是 WTO《贸易便利化协定》的积极推动者。① 自党的十八大召开以来，积极深化中国特色社会主义市场经济体制改革，以"放管服"改革为主要抓手推动政府职能转变。在国际贸易单一窗口建设、全国海关通关一体化改革、关检融合、预裁定制度、AEO、通关无纸化、通关流程优化及两步走申报、两轮驱动、汇总征税等领域取得了优异成绩；在港口综合服务能力、绿色港口和智慧港口建设上成效显著。根据北京睿库贸易安全及便利化研究中心发布的 2022 版《中国贸易便利化年度报告》显示②，2020~2021 年度（2020 年 9 月~2021 年 8 月），中国贸易便利化指数得分为 78.6 分（百分制），较 2017 年度的 73 分上升了 7.7%，较 2020 年的 77.96 分上升了 0.82%。2022 年生效的 RCEP 进一步提高了我国海关和贸易便利化水平。2022 年 1 月 1 日起，在济南、青岛、烟台、威海、日照等口岸实行 RCEP"6 小时通关"措施。

总体来看，虽然我国贸易便利化水平处于领先水平；但在信息公开透明度上、相关法律法规的"立改废"的解释和适用性上尚需进一步规范。

（二）对策

1. 营造良好的贸易通关环境

当前，中国面临着复杂的通关程序等问题，如监督不力、基础设施不足、海关业务技术不完善等。因此，应提高海关法律法规的透明度，提高

---

① 2015 年 9 月 4 日，中国向世界贸易组织递交了关于《贸易便利化协定》议定书的接受书，但对以下内容进行了保留：《贸易便利化协定》第 7 条第 6 款"调查确定并公布平均放行时间"、第 10 条第 4 款"单一窗口"、第 10 条第 9 款"暂准进口货物及入境/出境加工"、第 12 条"海关合作"。

② 北京睿库贸易安全及便利化研究中心，https：//www.re-code.org.

管理效率，进一步减少通关手续中不必要的贸易壁垒，努力向电子化应用迈进。此外，可以利用上海、天津、福建、广东等 21 个自由贸易试验区的政策优势，简化通关手续、便利保税进出口，以便形成在全国范围内可复制推广的成熟经验。

2. 利用自由贸易协定提高国内贸易便利化水平

在我国已签署的双边自贸协定，仅有中国—秘鲁 FTA、中国—澳大利亚 FTA 明确设置了海关程序与贸易便利化条款。中秘 FTA、中澳 FTA 内容包括跟踪、简化海关手续、货物放行、无纸化贸易（自动化）和海关管理合作等。与此相对应，USMCA 针对中小企业的贸易便利化措施（快速出口程序）进行了创新，可为我国提供一定的参考。例如，USMCA 允许进出口商、生产商向进口国海关提出预裁定申请。我国要求归类预裁定的申请人须在中国海关注册①，这基本排除了外国出口企业向中国海关申请预裁定的可能。

---

① 2022 年 8 月 1 日生效的《中华人民共和国政府和哥斯达黎加共和国政府自由贸易协定》第 56 条预裁定第 1 款中有一个注释："对于中国，申请对税则归类进行预裁定的进出口商需在中国海关注册。"

# 第五章　USMCA 卫生和植物检疫规则解读及对中国影响的分析

本章在对 USMCA 第 9 章卫生和植物检疫措施（SPS）规则解析的基础上，分析了对中国的影响，并给出了相应的建议。

## 一、引　言

对 USMCA 第 9 章 SPS 措施的文献研究可分为两类：一类是基于 WTO 的 SPS 措施从原则、特点、存在问题等进行的解读（吕嗣华，1997；张云山和吴东，1999；彭金火，2001；王海峰，2007）①②③④。栾信杰和屠新泉（2014）⑤ 认为 WTO 的 SPS 协定下的"等效承认"规则存在缺少法律约束、相关方之间权利失衡、时效不清等问题，并提出推动等效发展的对策。另一类是对 SPS 措施对贸易产生影响的分析。如李丽玲和王曦（2015）⑥ 利用 2000~2013 年中国出口日本的 31 种农产品的面板数据回归分析，得出进口国 SPS 措施的实施或加强对出口产品的质量（以单位价值衡量）有显著的正影响。UNCTAD（2013）⑦ 指出世界各国的 SPS 措施的制定和修改提高了出口国尤其是发展中国家进入国际市场的成本。对进口农产品、食品等安全检疫门槛的提高，客观上促使企业对出口品种和质

---

① 吕嗣华. 卫生和植物检疫措施 [J]. 世界贸易组织动态与研究，1997（12）：22.

② 张云山，吴东.《卫生与植物检疫措施协议》评审 [J]. 世界贸易组织动态与研究，1999（8）：27-28.

③ 彭金火.《SPS 协定》与植物检疫 [J]. 检验检疫科学，2001（2）：9，12-13.

④ 王海峰. WTO 框架下卫生检疫措施的合理性认识 [J]. 社会科学，2007（11）：109-116.

⑤ 栾信杰，屠新泉. 雨声如鼓催花发，何时莲开千百枝？——《SPS 协定》下"等效承认"规则缺陷与因应之策 [J]. 国际商务研究，2014，35（3）：5-15.

⑥ 李丽玲，王曦. 卫生与植物检疫措施对中国农产品出口质量的影响 [J]. 国际经贸探索，2015，31（9）：4-19.

⑦ UNCTAD G. Non-Tariff Measures to Trade-Economic and Policy Issues for Developing Countries [J]. Developing Countries in International Trade Studies，2013.

量进行升级。此外，董银果（2014）① 运用面板数据实证分析欧盟 SPS 措施对中国蜂蜜出口的影响，发现短期内 SPS 措施会阻碍中国蜂蜜的出口，但长期会产生正的影响。

可见，如同 WTO 的技术性贸易壁垒（TBT）一样，SPS 措施具有"双刃剑"的作用。

## 二、USMCA 卫生和植物检疫措施规则的解读

（一）定义、范围和总则

USMCA 第 9 章 SPS 共有 20 条内容，第 9.1～第 9.5 条涉及总体说明，包括专有名词定义、范围、目标、总则以及对主管当局和联络点的规定；第 9.6～第 9.12 条涉及 SPS 措施的规则以及对出口产品质量安全标准的评定程序，如科学和风险分析、区域条件适用性、等效性的确认、审计、进口检查、认证等；第 9.13 条为透明度原则；第 9.14 条为对采取紧急措施的规定；第 9.15～第 9.20 条涉及缔约方之间的交流合作以及出现争端时如何磋商。

USMCA 第 9.3 条指出本章设立的根本目的是保护缔约方领土内的人类、动植物的生命或健康，便利贸易。具体的目标是通过加强主管当局之间的交流合作，提高透明度，制定和实行以科学为基础的标准、准则，基于科学进行决策，避免措施的实行造成不必要的贸易壁垒。

（二）SPS 措施评定程序的规则

在制定 SPS 措施之前，首先要在科学基础上进行风险分析，科学是指 SPS 措施要以科学原则为基础（基于相关国际标准、准则或建议或在进行评估的基础上）。各方均有权确定它认为适当的保护水平要求产品进入前进行风险评估或采取卫生或植物检疫措施。如果采取措施的科学证据不足，则应在合理期限内获得所需资料进行风险评估；若缺乏科学证据，则这种措施也不再予以维持。在进行风险分析时要确保每一项均适合对人类和动植物危险的情况，并充分考虑相关的国际标准、准则（NAFTA 还规定在进行风险评估时要适当考虑经济因素的影响）。尽可能不采取任何措施就可以达到适当的保护水平，如果要采取应坚持对贸易限制最小的原则，对于可能促进贸易的 SPS 措施则应立即实施。此外，出口方有权要求进口方提供风险评估所需资料，告知贸易措施的现状，SPS 的审查措施不

① 董银果. 发达国家 SPS 措施对中国茶叶出口的影响分析——基于标准差异视角［J］. 中国农村经济，2014（11）：83－95.

能成为限制进口的理由。

在确定了 SPS 措施后，就需要对出口的产品进行一系列检验检疫。为了达到进口缔约方的保护水平，可以对出口方的地区条件适用性进行评估，判定是否为无病虫害地区和病虫害或疾病流行率低的地区且评估结果应无拖延地告知进口方。此外，还可以对出口方的措施进行等效确认。在不同国家，为达到同一保护水平所采取的 SPS 措施多种多样，基于这种事实各缔约方需要对特定的某项 SPS 措施、一组措施或整个系统措施进行等效性确认，即只要缔约方的措施可以达到进口方的适当保护水平，即使措施存在差异也可视为是等效的。等效性的确认与区域条件的估计要求类似，都要求进口方在收到请求后应立即进行评估并将评估结果及时告知出口方，不得无故拖延。若一方计划采用、修改或废除有关等效性措施的应尽早通知承认其等效性的另一方，对于修改后的措施如果仍能达到进口方的适当保护水平，进口缔约方应保持对其等效性的确认。

最后，为确定出口方是否符合进口方对 SPS 措施的要求，是否达到进口方的适当保护水平，进口方有权对出口方基于相关的制度、标准和准则进行审计。① 审计开始前，审计方和被审计方共同讨论审计内容，经过审计，审计方向被审计方提供审计初稿并在合理期间内提交有关审计结论的书面报告，审计费用由审计方承担。如果涉及非缔约方，就审计事项而言由双方共同商定。进口方还可以使用进口检查来评估出口方 SPS 措施的遵守情况，并向另一方提供关于其进口程序的资料，根据检查结果，调整进口检查的频率。如果进口检查的结果是不利的，需要限制商品的进口，进口方应将具体情况尽快通知有关利益方；带有传染性病原体货物等紧急情况的除外。如果承认出口方满足进口方有关 SPS 的要求，就需要给予认证。实施认证的前提条件是基于国际标准并且是适用于对人类、动植物生命或健康构成风险的情况。整个过程都应考虑 WTO 的 SPS 委员会的相关指导和相关的国际标准、准则和建议。

（三）有关时间的限制

相比于 NAFTA，USMCA 的 SPS 条款对有关措施做出了更明确的时间限制。如 USMCA 第 9.13 条透明度规定，除非发生紧急情况，否则一缔约方应将可能对另一缔约方贸易产生影响的 SPS 措施告知另一方，并给予至

---

① 为更明确起见，各缔约方承认，为核实遵守适用的卫生或植物检疫措施而对一缔约方境内的设施和其他与检查有关的房舍进行的检查是一种不同于审计的活动，本条规定不适用于这种检查。详见 USMCA 第 9.10 条。

少 60 天的时间,且最终 SPS 措施的公布与该措施生效之日至少间隔 6 个月。USMCA 第 9.14 条紧急措施规定,如果进口缔约方因为要解决已经出现或威胁人类以及动植物生命和健康的紧急事件而采取紧急措施,则此类紧急措施实施后应在 6 个月内对其科学依据再次审查,对于仍然维持的紧急措施同样要进行定期审查。USMCA 第 9.19 条技术磋商同样有时间限制,一方可通过向另一方联络点提交书面申请并说明理由的方式要求与另一方进行技术磋商,答复方应在收到请求后 30 天内开会,并尽可能在 180 天内解决问题。此项时间限制的规定可以提高措施执行的效率。

（四）交流、合作与磋商的规则

在不损害缔约方的"适当保护水平"的前提下,鼓励各方在制定、修改或采用 SPS 措施时使缔约方之间的措施尽可能相同或趋同,从而达到便利贸易的作用。缔约方之间可以通过就卫生和植物检疫事项进行合作与交流（USMCA 第 9.15 条、第 9.16 条）、建立卫生和植物检疫措施委员会（USMCA 第 9.17 条）、成立技术工作组提供技术支持（USMCA 第 9.18 条）进行合作。若缔约方之间出现争端,可以首先进行磋商（USMCA 第 9.19 条）,磋商未果再诉诸争端解决。

（五）USMCA 的 SPS 措施与 NAFTA、WTO 相关规则的比较

1. USMCA 与 NAFTA 有关 SPS 措施的比较

关于 SPS 措施的内容,在 NAFTA 第 7 章的农业与卫生检疫措施的 A、B 节有所涉及;而在 USMCA 中 SPS 措施被单列一章,内容得到充实。从条款数量来看,NAFTA 有关 SPS 的措施共 16 条,USMCA 有 20 条。从条款结构看,USMCA 条款设置更细化,增加了审计、紧急措施、争端解决等内容,条款的名称也发生了较大变化。从条款内容看,USMCA 有关 SPS 措施的规定相较于 NAFTA 在主体内容上并无大的改变,但是在表达上更为严谨,例如在透明度、技术磋商等条款中加入了有关时间限制的规定等。

2. USMCA 卫生和植物检疫措施与 WTO 的比较

（1）总体分析。SPS 措施主要包括卫生措施和植物检疫措施,其管辖范围主要涉及食品安全以及动植物卫生问题,关注动植物产品携带的病虫害的传入,食品、饮料、饲料中的添加剂、毒素等一切威胁人类和动植物生命或健康的情况。

无论是 NAFTA、USMCA 还是 WTO 有关 SPS 措施的规定,它们的目的可分为两方面:一方面,为了保护人类、动物或植物的生命或健康而采取适当的保护措施,这是最基本也是最初的目的,也是每个缔约方所拥有的

权利，实施 SPS 措施的前提应该是基于国际标准、准则或建议做出的科学决策。另一方面，实施 SPS 措施的初衷并不是成为贸易壁垒，而是为了促进双方之间的贸易。

USMCA 卫生和植物检疫措施与 WTO 的原则相同：第一，缔约方在制定卫生和植物检疫措施时应遵循贸易扭曲最小的原则，在制定时应充分考虑可能对其他缔约方造成的影响，尽可能把这种可能的影响降到最低；第二，各缔约方制定的卫生和植物检疫措施应遵循公开透明的原则，不能作为实施贸易限制或贸易歧视的工具；第三，进口缔约方应在与出口缔约方进行沟通基础上制定 SPS 措施，出口缔约方有权提出自己的意见和建议，进口缔约方应予以充分的考虑。这三个方面的内容不只是 USMCA 的规定，也是其他贸易组织制定 SPS 措施时要遵守的原则。

（2）"适当保护水平"的分析。对 SPS 措施解读的难点在于条款中"适当保护水平"的界定，因为目前国际上对此没有一个统一的评判标准。NAFTA 认为"适当的保护水平"一般是指缔约方认为在其领土内对人类、动植物生命或健康的适当保护水平，这种保护水平可以比国际标准更为严格。本章赋予缔约方的一个基本权利就是支持缔约各国对国内人类以及动植物生命或健康的保护。但是，制定 SPS 措施的各缔约方要遵守相关的规定，在不降低保护水平的情况下，每一缔约方应使用相关国际标准、准则或建议作为其 SPS 措施的基础，在制定保护水平时充分考虑其他缔约方的利益，不能阻碍正常贸易的开展。

## 三、对中国的影响

在国际经贸协定的谈判中 SPS 措施是基础性条款。

（一）积极影响

USMCA 是一个高标准的国际经贸协定。从长期看，高标准的 SPS 措施首先会促使以北美地区为主要出口市场的企业不断进行技术升级和创新，提高产品的生产标准，进而提高出口产品的安全质量。对我国而言，SPS 措施会引起国家对检验检疫标准或出口检查程序的重新调整，积极与国际标准接轨，提高产品竞争力。

（二）消极影响

任何区域贸易协定的签订都是以便利区域内缔约方之间贸易为根本目的的。我国出口产品种类繁多、出口企业标准参差不齐，致使很多产品在出口时因达不到进口国家尤其是发达国家的检疫标准而遭受损失。因此，USMCA 的 SPS 措施的实施对中国出口产品的安全标准提出了更高的要求。

USMCA 的签订会产生贸易转移效应使中国出口企业面临不利影响。

# 四、对　策

## （一）提升出口产品的质量

中国出口产品竞争力主要体现在价格优势上。企业往往重视降低成本而忽视了对质量的把控。动植物产品作为与人类生命健康联系最紧密的产品，其检疫标准也更为严格，对出口企业的要求更高。针对这种情况，一方面，企业可以通过技术改进等方式主动提高出口产品的质量，对进口国家的检疫标准进行充分的了解，生产符合标准的产品；另一方面，国家也应该参考主要国际组织或主要国家的检疫标准，改进我国现有的标准，努力与国际标准接轨，缩小与发达国家之间的差距。

## （二）提高卫生防疫技术水平

进入 21 世纪，世界经济社会进入了第六轮康德拉季耶夫周期（2001～2050 年）。该轮周期以生命科学、社会心理健康等技术为代表，以人类健康产业大发展为主要特征。经济和社会发展的重点不仅要有科技革命，更要满足人类的生理、心理、社会、生态和精神需求的协调发展。面对气候自然灾害频发和卫生健康疫情突发等冲击，提高卫生防疫技术水平已刻不容缓。

## （三）积极开展经贸协定谈判，促进出口市场多元化发展

在产品出口受阻，短期内无法达到进口国家的检验检疫标准或进口国家有意实施贸易限制时，出口企业可以把出口市场转向其他市场来分散风险。截至目前，中国已签署双边或区域自贸协定 17 个，涉及 25 个国家或地区，这些协定正在进行升级谈判；正在谈判的新的经贸协定如中日韩自贸区有 13 个，中国已申请加入 CPTPP、《数字经济伙伴关系协定》（DEPA）。此外，中国可利用"一带一路"倡议化解各种不利影响。

# 第六章 USMCA 贸易救济规则解读及对中国影响的分析

贸易救济措施是为保障国内产业免受来自国外不正当竞争而采取的国际通行的合理措施。近年来，不恰当的滥用使其成了贸易保护主义的工具，扭曲了贸易的正常进行。本章主要就 USMCA 第 10 章贸易救济规则内容，从全球和双边保障措施实施的实体条件、豁免、补偿和报复以及反倾销反补贴措施的法律适用、专家组审议、特别异议程序等进行解读。

## 一、引　言

袁其刚（2003）① 就 WTO 所允许的三种保障国内市场措施的异同进行比较发现，与反倾销和反补贴等不公平竞争相比，保障措施是在正常贸易下因进口激增导致进口方国内产业受损所采取的临时措施，三种措施应用条件和补救措施各不相同。贸易救济新规则成为当前 WTO 改革的核心问题之一，这必然涉及发展中国家"特殊与差别待遇"的谈判议题（袁其刚，2021）②。USMCA 一方面反映了国际经贸规则的发展趋势，另一方面也在很大程度上体现了美国试图在北美自贸区内强化自身利益的意图（万军，2018）③。USMCA 第 10 章贸易救济规则基本上沿用了 NAFTA 的条款，内容变化不大。贸易救济规则的基本内容有四个方面：（1）就保障措施方面，在 WTO 的《保障措施协定》基础上，NFTA 的"紧急措施"也规定了双边保障措施和全球保障措施；（2）在 WTO 协定基础上，主要就反倾销和反补贴税的程序有关的定义，如机密信息、利害关系方、调查机关、诉讼程序和答复方等内容进行规范；（3）在防止逃税贸易救济法合

---

① 袁其刚. WTO 进口救济制度比较及对我国的建议 [J]. 国际经贸探索，2003（6）：55 – 59.

② 袁其刚，闫世玲，翟亮亮. WTO "特殊与差别待遇" 谈判议题的中国对策 [J]. 经济与管理评论，2021，37（3）：123 – 135.

③ 万军. 北美自由贸易协定的演变 [J]. 中国社会科学报，2018（7）.

作上，各方认识到合作的重要性，包括通过信息共享，打击偷漏税等；同意加强和扩大其海关和贸易执法工作的合作；（4）在反倾销、反补贴税事项的审查与争议解决上，主要包括反倾销法和反补贴税法复审、审查法定修正案、反倾销和反补贴税的最终裁决、监督小组审查制度、特别秘书处条款等11项要求。

## 二、USMCA 贸易救济规则的解读

（一）USMCA 贸易救济 A 节关于保障措施的规则

1. 全球保障措施的实施条件

保障措施可以分为全球保障措施和双边保障措施。根据 USMCA 第10.2 条权利义务的规定，在实施全球保障措施时，缔约方在贸易报复、保障措施豁免等方面对于成员方和非成员方所采用的标准是不同的。

在以下情况下，一缔约方不能对其他缔约方实施全球保障性措施：（1）在采取保障性措施前，没有将采取紧急措施的主管机关名称向其他缔约方发送书面通知者；（2）在采取保障性措施前，没有与另一缔约方进行协商的。

缔约方对非缔约方适用保障措施的标准。一缔约方只有在确定从非成员方进口产品的数量激增，且对国内产业造成损害或威胁时，可对非成员方实施全球性保障措施。在判断非成员方产品是否对成员方相关行业造成损害时，主管调查机关应从进口份额的变化、进口水平变化等方面进行考虑。但如果在从非成员方进口数量增加的期间，比从缔约方进口的增长幅度低时，则不能将其视为对缔约方国内相关产业造成了损害或存在损害威胁，因此不能向这一非成员方实施全球保障措施。

2. 双边保障措施的实施条件

在 USMCA 中关于双边保障措施的实施条件比 NAFTA 的规定宽松，USMCA 基本沿用了 GATT1994 第 19 条的紧急保障措施和 WTO《保障措施协定》的相关条款。主要体现在"进口增长"的界定和"存在严重损害"这两方面。

（1）进口增长。根据 GATT1994 第 19 条的规定"因不能预见的情况和一缔约方在本协定项下承担包括关税和减让在内义务的影响……"而在 WTO《保障措施协定》中"一成员只有在根据下列规定确定正在进口至其领土的一产品的数量与国内生产相比绝对或相对增加，且……"换言之，进口增长的类型不仅包括绝对增长也包括相对增长。

（2）存在严重损害或严重损害威胁。根据 WTO《保障措施协定》规

定，其中"严重损害"是指对国内产业的重大损害；而"严重损害威胁"是指根据事实，而非仅凭指控、推测或者极小的可能性，而认定明显迫近的严重损害。

3. 保障措施的豁免

根据 USMCA 规定，采取全球保障措施的缔约方应将协定成员方进口的货物排除在外。但在出现以下两种情况的时候除外：

（1）USMCA 第 10.2 条规定，采取保障措施的条件之一是从一缔约方进口的货物占进口总额的很大一部分。但如果该缔约方不在进口总额的前五名供应商之列，则不应将其视为占进口总额的很大一部分。该条目的是在计算进口总额时，若同时有缔约方和非成员方等多个国家的共同参与，应该对来自缔约方和非缔约方的进口货物加以区分，分别认定。

（2）进口行为对缔约方产生了损害或是损害威胁。在发生有害进口激增期间，从一缔约方进口的增长率明显低于同期从所有来源进口总额的增长率，则通常不应视为是对严重损害或严重损害威胁的重要原因。

此条虽然没有对"重要原因"做出明确解释，但"重要原因"并不能被解释为"唯一原因"。在对是否形成"重要原因"时，通常要把进口水平和进口份额的变化率考虑在内。另外，造成这种损害的"重要原因"只能是来自缔约方的进口，不能将非成员方的进口考虑在内，也就是说不能将缔约方的进口和非成员方的进口进行合并考虑，从而认定对缔约方实施全球保障措施。

4. 解除豁免问题

如果调查机关认定来自其他成员方产品的进口增长损害了紧急措施的有效性，那么即使最初在采取全球保障措施时已经排除了其他缔约方的进口货物的情况下，也要对其货物采取保障措施。

按照 USMCA 第 10.10 条规定，其他缔约方的进口货物是可以不受拟实施全球保障措施缔约方的制裁的，但是如果来自其他缔约方的货物的进口增长破坏了"紧急行动"的有效性，则不被豁免。关于紧急行动的管理在 USMCA 第 10.2 条中规定："在紧急诉讼程序中，各方应将严重伤害或严重伤害威胁的裁定委托主管调查机构，并在国内法规定的范围内，由司法或行政法庭审查。负面伤害判定不得修改，除非通过此类审查。应向根据国内法被授权进行此类诉讼的主管调查当局提供必要的资源，使其能够履行职责。"

5. 补偿义务与报复权

保障措施是在公平竞争条件下，进口国为保障国内同类型企业的利益而实施的。因此，保障措施制度规定了采取保障措施的一方应该承担贸易伙伴损失的补偿义务，否则将授予被实施方以报复的权利。关于补偿义务的形式在 USMCA 中没有规定，只要其形式为具有实质上等同于贸易效果的减让（降低进口关税）或相当于该行动预期产生额外关税的价值即可。另外，如果双方关于赔偿没有达成一致，那么可授予出口方实施贸易报复性行为。

由于在协定中并没有关于补偿磋商时间的要求，可能会产生被实施方不给缔约方进行磋商的机会，从而减少达成补偿协议的可能，以便于其实施报复性行为，导致此条款的滥用。

6. 对保障措施制度的评价

USMCA 中的保障措施制度可以保护缔约方国内相关产业。CPTPP 协定虽规定了全球保障措施，而对双边保障措施则没有涉及；而在 USMCA 既可以使用全球保障措施，也可以使用双边保障措施。

（二）USMCA 贸易救济 B 节反倾销和反补贴的规则

1. 法律适用

在法律适用上，USMCA 没有制定统一的实体法，允许各缔约方适用本国国内有关反倾销和反补贴的法律规定。USMCA 第 10.5 条允许缔约方在面对不正当竞争，并对国内相关产业造成损害时实施反倾销和反补贴措施。在反倾销法律的适用上，加拿大适用的是经修正的《特别进口措施法》的有关规定以及后续法规；就墨西哥而言，适用经修订的《对外贸易法》的相关规定以及任何后续法规；而就美国而言，适用 1930 年《关税法》第七编（经修订）的相关规定以及任何后续法规。由于三国的法律体系不同，因此 USMCA 第 10.10 款第 1 条规定，"反倾销和反补贴法包括法规、立法史、行政实践和司法判例"。

关于各国反倾销和反补贴法修改的规定。由于在实施反倾销和反补贴措施时，缔约方都适用国内法；因此，为防止各国对国内法做出不利于其他缔约方的修改，USMCA 第 10.10 款第 2 条规定：（1）修订方尽可能提前将修正法规的颁布日期书面通知修正适用的缔约方；（2）通知发出后，修订方应就修改事项与适用修订内容的任何一方进行协商；（3）适用于该另一方的该修正案不能与 1994 年 GATT、WTO 的《反倾销协定》或《SCM 协定》或涉及美加墨的双边协定内容相抵触。

2. 双边专家组复审

（1）双边专家组复审与国内司法复审的关系。根据 USMCA 第 10.12 条规定，各缔约方应将最终反倾销和反补贴税裁定的司法审查改为双边小组审查。而在《布莱克法律词典》第八版中对司法复审作了如下解释："①法院有对政府其他部门或者机构的行为进行复审的权力。特别是指当立法或者司法行为违反宪法时有认定其无效的权力。②赋予该权力的宪法原则。③上级法院对下级法院或者行政部门的事实或者法律裁决的审查。"[①]

在 USMCA 第 10 条中，并没有有关禁止缔约方适用国内司法复审程序的相关规定。此外，USMCA 第 10.12 条规定，当事人可以请求专家组根据行政记录，对进口当事人的主管调查机关做出的反倾销税或者反补贴税的最终裁定进行复审，以确定该裁定是否符合进口当事人的反倾销税或者反补贴税法律。注意在这条规定中使用了"可以"的语言；可见，这提供给当事方一种选择权，缔约方可选择将另一缔约方的最终反倾销和反补贴裁定提交双边专家组复审，也可选择提交做出最终裁定的缔约方的国内司法复审机构进行复审。

双边专家组复审与国内司法复审选择的关系具有时效性和排他性的特点。

在时效性上，这种选择权是有期限规定的。USMCA 第 10.12 条规定，"专家组复审的请求应最终裁定在进口缔约方官方公布之日起 30 天内以书面形式向另一缔约方提出。如果最终裁定未公布，且该裁定涉及另一方的货物，应立即将最终裁定通知另一方，另一方当事人可以在收到通知之日起 30 日内请求成立专家组。进口方的主管调查机关在调查中采取临时措施的，另一当事方可以通知其根据本条请求设立专家组的意图，当事方应及时设立专家组。未在本款规定的时间内请求成立专家组者，应排除专家组的审查"[②]。由此可见，当事方只有 30 天的选择双边专家组的期限。

USMCA 第 10.12 条规定的排他性主要体现在选择权和裁决后这两个方面：①选择权的排他性。如果当事方提出了已将案件提交专家组进行复审的请求，则缔约方国内具有司法复审权的机构不能再受理该案。②裁决后的排他性。为了维持专家组的权威性，任何一方不得在其国内立法中规定对专家组的裁决向其国内法院提出上诉。

（2）双边专家组复审的适用标准。双边专家组复审的目的是确认成员方调查机关所做出的最终裁决是否符合国内法。因此，复审标准就是双边专家组对最终裁定进行复审时所面临的第一个问题。根据 USMCA 第

---

① Bryan A. Garner. Black's Law Dictionary, West Publishing Co., Eighth Edition. 1999：864.

② USMCA 第 10.12 条。

10.12 条规定，专家组应适用第 10.8 条（定义）中规定的审查标准和进口方法院适用的一般法律原则。这意味着双边专家组的复审标准包括两类：第一类是第 10.8 条规定的复审标准；第二类是一般法律原则，进口缔约方的法院在对调查机关所作裁决进行司法复审时所适用的。

根据 USMCA 第 10.12 条第 2 款规定，当事方可以请求专家组根据行政记录，对进口当事人的主管调查机关做出的反倾销税或反补贴税的最终裁定进行复审，以确定该裁定是否符合进口当事人的反倾销税或者反补贴税法律。这意味着，在进行复审时，双边专家组不能将没有提交给调查机关的信息或者调查机关没有取得的信息考虑在内，只能依据调查机关的记录进行。

第一，双边专家组对美国裁定适用的审查标准。根据 USMCA 第 10.8 条规定，就美国而言，复审标准为："（1）经修订的《1930 年关税法》第 516A（b）（1）（b）节中规定的标准，但第（ii）节中提及的决定除外；以及（2）经修订的《1930 年关税法》第 516A（b）（1）（A）节中规定的标准，涉及美国国际贸易委员会决定不根据经修订的《1930 年关税法》第 751（b）节发起复审。"在进行复审时，如果调查机关存在武断、滥用权力或者不符合法律的情形，法院有权判决这些裁定不合法。

是否符合法律与对调查机关裁决的尊重？根据复审标准，调查机关要符合三项规定：有实际证据支持、符合法律规定、尊重调查机构的裁决。

美国法院认为：实质证据标准通常要求复审机关对于调查机关所做裁定、对法律所作解释和所采用的方法给予尊重。特别应该给予调查机关在其权限范围内所做事实裁定以尊重。[1] 在裁决方法方面，复审机构不应取代裁决机构的裁决，除非其裁决方法和程序对于实现法律宗旨来说是不合理的。[2]

第二，双边专家组对加拿大裁定适用的审查标准。根据 USMCA 第 10.8 条规定，就加拿大而言，关于复审标准适用的是经修订的《联邦法院法》第 18.1（4）小节规定的最终裁定的理由。根据该条规定，如果存在：①没有、超越或拒绝行使管辖权；②没有遵守公正公平、符合法律规定的程序；③在做出裁定过程中违反了法律规定；④裁定是建立在错误的基础之上；⑤存在欺诈、伪证或不作为等情况者，双边专家组可以将调查机

---

① Accord, N. A. R., S. P. A. V. United states, 741F. Supp. 936, 939（Ct. Int'l Trade 1990）.

② 参见：Budd Co., Wheel & Brake Div. v. Unite States, 773 F. Supp. 1549, 1553（Ct. Int'l Trade 1991）；Texas Crushed Stone Co. v. United Stated, 35 F. 3d 1535, 1540（Fd. Cir. 1994）.

关的裁决发回重审。

第三，双边专家组对墨西哥裁定适用的审查标准。根据 USMCA 第 10.8 条规定，就墨西哥而言，复审制度适用的是《联邦行政诉讼程序法》。根据该条：①没有合法资格的复审人员；②不符合法律要求；③程序上存在纰漏；④不正确或者错误地理解事实或者不当签发裁定或者执行裁定；⑤行使权力时不符合法律宗旨时。如果存在以上 5 种情况，反倾销和反补贴措施被认为不合法。

（3）双边专家组裁决的规定。

①裁决期限。USMCA 第 10.12 条第 14 款规定双边专家组应在如下时间内完成复审工作：专家组请求成立之日起 315 天内做出最终决定。其中，原告应在 30 天内提交文件；在 30 天内向专家组确定要移交的档案和文件；在 60 天内提交案情摘要；60 天内对摘要提交答辩文件；15～30 天内召集专家组会议并听取口头意见；在 90 天内签发书面决定。①

②裁决效力和权利。虽然缔约方可以选择 USMCA 第 10 章双边专家组程序，但是该复审程序并不等同于缔约方国内的司法复审。二者区别体现在各自裁决的权限方面。有权进行司法复审的法院可以废除被控调查机关所做出的裁决。但是，USMCA 双边专家组无此项权力。

根据 USMCA 第 10.12 条第 8 款规定，专家组可维持最终裁决，或将其发回原审。在发回原审的情况下，小组应考虑到所涉事实和法律问题的复杂性以及小组决定的性质，并在最短的时间内发回裁定。如果主管审查机关对发回重审采取行动，这种审查应在同一小组进行，该小组通常应在向其提交发回重审行动之日起 90 天内做出决定。

关于双边专家组的裁决效力，根据 USMCA 第 10.12 条第 9 款规定，由于在美、加、墨三个缔约方中，加拿大和美国是判例法国家，而墨西哥是大陆法系国家，因此，没有赋予双边专家组裁决遵循判例法的规定。

3. 特别异议程序

（1）启动条件。USMCA 第 10.12 条第 13 款关于特别异议程序的启动包括两个条件：（a）小组成员犯有严重不当行为、偏见或严重利益冲突，或在其他方面严重违反行为规则，专家组严重偏离基本议事规则，或专家组明显超出了本条规定的权力、权限或管辖权，例如未能适用适当的审查标准。以及（b）（a）项所述的任何行动已对专家组的决定产生重大影响，并威胁到专家组审查程序的完整性。根据上述规定，撤销专家组裁定

---

① USMCA 第 10.12 条第 14 款。

或者发回重审的前提条件是：①存在三种行为之一；②对专家组裁决产生实质影响；③威胁到了双边专家组复审程序的完整性。这三个条件必须同时成立，否则该缔约方可利用附件 10 – B. 3 中规定的特别质疑程序。

（2）特别异议委员会的组成和性质。根据 USMCA 第 10. 13 条第 3 款规定，除非争端各方另有约定，特别委员会应在提出异议请求后 15 天内成立，并以符合本节规定的方式履行其职能。

在特别异议委员会的组成上，根据 USMCA 附件 10 – B. 3 中特别异议程序第 13 款规定，有关各方应根据第 10. 12 条第 13 款（审查最终反倾销和反补贴税裁定）规定，提出请求后 15 天内成立一个由三名成员组成的特别质询委员会。成员应从 15 个人的名册中选出，名册由美国联邦司法法院、加拿大高级司法法院或墨西哥联邦司法或准司法法庭的法官或前法官组成。每一缔约方应在名册上列出 5 名人员。每一当事方应从名册中以抽签方式选出一名成员。

WTO 只要求专家组成员和上诉机构成员必须是国际贸易方面的专家。在 USMCA 中双边专家组成员要求尽量包括法官或者前法官，且大多数成员应是律师。可见，对 USMCA 成员资格的要求高于对 WTO 专家组成员以及上诉机构成员的要求，也高于对 USMCA 双边专家组的要求。

关于临时性机构的性质，USMCA 的特别异议委员会不同于 WTO 上诉机构，而是一个临时机构。与双边专家组一样，均为临时性机构，在需要审理案件时，由争端方从候选名单中选择 3 名成员组成委员会审理案件，案件审理结束后，委员会解散。

（3）裁决的规则。在时间上，根据 USMCA 附件 10 – B. 3 中第 2 款规定，双方应制定或维持委员会的议事规则。规则应规定委员会在成立后 90 天内做出决定。这个期限超过了 WTO 上诉机构审理案件 60 天的时间规定。之所以有此规定，是因为在审理案件时 USMCA 依据的是缔约方的国内法来判断是否存在 USMCA 第 10 条中的情况。而 WTO 则有统一的复审规定。

在裁决权利上，特别异议委员的裁决权力与上诉机构的不完全相同。WTO 上诉机构可以采取三种措施：维持、修改或者撤销专家组的法律调查结果和结论。[①] 特别异议委员会如果在对专家组裁决所依据的法律和事实分析进行审查后认定存在 USMCA 第 10 条规定的情况时，对与委员会裁定不符的做法，委员会有权采取如下两种措施：撤销专家组的裁决，或者

---

① 《WTO 争端解决规则与程序谅解》第 17 条。

将专家组的裁决发回重审。如果不存在上述情况，委员会驳回异议，维持专家组的裁决。如果撤销专家组的裁决，则应成立新的专家组对争议事项进行审理。

特别异议委员会的上述权力显然高于 USMCA 双边专家组的权力。USMCA 双边专家组只能将与专家组裁决不符的被控裁定发回重审，而无权撤销被控调查机关的最终裁定。

### 三、对中国的影响及对策

（一）"两反一保"调查影响中国商品出口

截至 2022 年 1 月 26 日，国外共有 2240 起针对或涉及中国产品的"两反一保"立案调查。其中，始于 1983 年美国对华高锰酸钾反倾销案的反倾销立案调查 1581 件，始于 2004 年加拿大对中国户外烤肉架的反补贴立案调查 196 件，始于 1995 年美国对来自中国冬季新鲜番茄的保障措施立案调查 374 件，始于 1995 年日本对中国大蒜和生姜特别保障措施案的立案调查 89 件。

从表 6-1 和表 6-2 可以看出，涉及"两反一保"和特别保障措施的起诉国家和地区中，美国、墨西哥、加拿大合计为 524 件，占全部案件 1569 件的 33%；涉及的行业主要是化学原料和制品工业、金属制品工业、钢铁工业和非金属制品工业。

表 6-1　　1983 年~2022 年 1 月国外对华发起贸易救济案例数

| 行业 | 贸易救济案例数（件） |
| --- | --- |
| 化学原料和制品工业 | 383 |
| 金属制品工业 | 371 |
| 钢铁工业 | 264 |
| 纺织工业 | 194 |
| 非金属制品工业 | 175 |
| 电气工业 | 91 |
| 有色金属工业 | 68 |
| 通用设备 | 67 |
| 造纸工业 | 61 |
| 食品 | 58 |

资料来源：中国贸易救济信息网（mofcom. gov. cn）。

表6-2　　1983年~2022年1月对华出口发起贸易救济立案的国家（地区）

| 申诉国/地区 | 贸易救济案例数（件） |
| --- | --- |
| 美国 | 361 |
| 印度 | 330 |
| 欧盟 | 185 |
| 阿根廷 | 137 |
| 土耳其 | 123 |
| 巴西 | 111 |
| 澳大利亚 | 87 |
| 加拿大 | 82 |
| 墨西哥 | 81 |
| 印度尼西亚 | 72 |

资料来源：中国贸易救济信息网（mofcom. gov. cn）。

上述贸易救济措施的实施短期内阻碍了中国产品出口，长期将影响我国产业结构的升级调整。

（二）USMCA保障措施对中国的借鉴意义

自"入世"以来，中国与许多国家签署了区域贸易协定。这些区域协定虽然均规定了双边保障措施制度、遵守了WTO规则，但却不能很好地限制区域贸易协定缔约方滥用双边保障措施机制的做法，不利于区域贸易自由化。因此，我们认为未来中外国际经贸协定的保障措施制度应有选择地借鉴USMCA的规定，既从严规定双边保障措施的实体条件和程序条件，又给予缔约方保护国内产业的灵活性，发挥其紧急保障措施的功能。

1. 实体条件上的借鉴

在中国签署的区域贸易协定中，除中国与巴基斯坦自由贸易协定采用进口绝对增长标准外①，其余均采用WTO保障措施规则的进口绝对或者相对增长标准②；而且中国与东盟货物贸易协议还限定了不得采取保障措施的进口份额量，即只要某产品在进口成员所涉产品进口中的份额不超过从各缔约方进口总量的3%，就不得对该产品实施双边保障措施。由于绝对或相对增长标准不具有限制作用，而单纯的绝对增长标准限制作用又有

---

① 参见中国与巴基斯坦自由贸易协定第27条第2款。

② 参见中国与东盟货物贸易协定第9条第3款、中国与智利自由贸易协定第4条第1款、中国与新西兰自由贸易协定第67条第1款。

限；因此，可以借鉴 USMCA 的进口绝对增长标准和中国与东盟货物贸易协议的最低进口份额量标准，以从严限制双边保障措施的使用。

2. 双边措施的实施期限

中国签署经贸协定规定的双边保障措施的实施期限不尽相同，但均短于 WTO 保障措施规则规定的 4 年期限（最长 8 年）。其中，中国与智利自由贸易协定规定的期限最短，最初期限为 1 年，可延长 1 年，过渡期满必须结束。① 这一规定显然过短，不具有可行性。中国与东盟货物贸易协议规定的期限最长，最初期限为 3 年，可延长 1 年，过渡期满必须结束。②

RCEP 规定了比 WTO 全球保障措施更高的标准，这一原则不仅维护了双边保障措施的安全阀作用，同时也确保了双边保障措施机制不会妨碍区域贸易自由化成果的实现和巩固。

（三）与时俱进应对新问题

WTO 框架下的贸易救济规则体现了公平贸易的精神。一方面，规定成员方可以使用这些措施；另一方面，规定任何一种贸易救济措施都只能在防止或补救国内产业损害所必需的限度和时间内实施。WTO 要求利益受害方在采用贸易救济措施时应遵循 WTO 相关协议；然而，由于各国经济发展速度不同，各国经济关系也不尽相同，存在贸易救济规则被滥用的现象。"非市场经济地位"认定问题是贸易救济规则改革的核心问题之一。为此，提出如下建议：第一，避免反倾销、反补贴领域的歧视性做法，解决由"非市场经济地位"认定导致的所谓"替代国"问题以及由"公共机构"认定导致的补贴主体认定问题；第二，规范反倾销价格比较的相关规则，探索反规避的统一规则；第三，明确反补贴中税额确定的相关规则，防止反补贴措施滥用；第四，增加保障措施规则适用的灵活性；第五，增强贸易救济措施的透明度和正当程序，加强合规性评估；第六，考虑发展中国家或地区的利益。

2012 年美国修订了《1930 年关税法》，授权商务部可对非市场经济体实施"双反"措施。2020 年 2 月 4 日美国商务部国际贸易管理局发布的《变更反补贴税程序中的利益和专项性条例》（汇率补贴规则）适用于反补贴；同年 10 月 2 日，美国政府宣布对越南政府可能操纵货币的行为进行调查，双方于 2021 年 7 月 9 日签署越南货币做法的有关协议。

① 参见中国与智利自由贸易协定第 45 条第 1 款。
② 参见中国与东盟货物贸易协定第 9 条第 5 款。

此外，欧盟针对中国投资印度尼西亚和埃及的企业向欧盟出口而征收"跨境补贴"（cross-country subsidy）的反补贴税，也值得关注。一方面，我们应强化政府的公共服务职能，弱化对外资的干预；完善国内资本市场的功能，鼓励企业自主融资。另一方面，应针对国际反补贴最新动向提出中国立场。

# 第七章 USMCA 技术性贸易壁垒规则 解读及对中国影响的分析

技术性贸易壁垒（TBT）是"边境后措施"的一种，其存在有合理性的同时，也会对国际贸易产生负面影响。USMCA 第 11 章是技术性贸易壁垒规则。

## 一、引 言

技术性贸易壁垒是由国内规制演变而来，属于非关税壁垒的范畴。在 WTO 框架下，技术性贸易壁垒的表现形式为一系列的技术法规、标准以及合格评定程序。其中，技术法规与标准都是针对产品或相关工艺和生产方法，例如产品、工艺或生产方法的专门术语或者符号、标志或标签要求。区分三者的关键是技术法规是强制性规定，而标准是非强制性的，合格评定程序则是用以确定是否满足技术法规或标准要求的相关程序。

WTO 的《技术性贸易壁垒协定》（以下简称《TBT 协定》）是 WTO 框架内调整技术性贸易壁垒的最重要的规范。该协定的目的是对技术性贸易壁垒的合法目标进行保护，对技术性贸易壁垒的不当使用进行规制，以减少不必要的障碍，促进国际贸易的发展。《TBT 协定》的制定体现了下列原则：（1）必要性原则；（2）贸易影响最小原则；（3）非歧视原则；（4）协调一致原则；（5）等效原则；（6）透明度原则；（7）特殊与差别待遇原则。

必要性原则是指技术性贸易壁垒的设定应以合法目标的实现为限度，即技术性贸易壁垒的设立是否是必要的，不应对贸易产生不必要的障碍，所以在设立相关技术条款或合格评定程序时，应进行必要性测试。

贸易影响最小原则体现在技术法规、标准和合格评定程序不应对国际贸易造成不必要的障碍，但合法目标者除外。

非歧视原则体现在两个方面，包括最惠国待遇原则以及国民待遇原则。

协调一致原则是倡导各成员方在制定、采用和实施技术法规时应尽量向已经存在或即将拟就的有关国际标准、指南建议靠拢，并鼓励成员方参与国际标准的制定工作，以实现协调。这源于国情不同，WTO 各成员方制定和实施的技术性措施也千差万别；而通过采纳国际标准就可以有效协调这方面的差异。

等效原则指成员方之间应积极考虑将其他成员方的技术法规进行等效承认，只要相关的产品范围及目标一致，就应相互认可。虽然国际标准是协调各成员方 TBT 措施的基础，但各国向国际标准靠拢需要谈判沟通。

透明度原则是 WTO 重要原则之一，包括外部透明度、内部透明度和信息透明度三个方面，即规定了对于必要信息的公开、资料的交流等，可以使其他成员了解进口方的相关要求。

特殊与差别待遇原则是指对于发展中国家所实施的部分例外。

## 二、USMCA 技术性贸易壁垒规则的解读

（一）USMCA 与 WTO《TBT 协定》的比较

USMCA 技术性贸易壁垒的条款是在 WTO 的《TBT 协定》基础上补充而来。USMCA 纳入了对中央政府机构的技术法规和合格评定程序相关的条款、定义及良好合作规范；弱化了《TBT 协定》某些方面的规定。首先，弱化了对地方政府和非政府机构的规制要求，USMCA 对于中央政府之下一级地方政府机构的约束，多为鼓励性规定；其次，USMCA 去除了《TBT 协定》第 12 条对发展中国家成员提供特殊和差别待遇的规定；最后，USMCA 强化了缔约方在合格评定程序和透明度方面的要求，增设了透明度的条款。

（二）关于定义和目标的规则

USMCA 第 11.1 条就定义而言，使用了《TBT 协定》附件 1 中的术语及定义，包括技术法规、标准、合格评定程序、国际机构或体系、区域机构或体系、中央政府机构、地方政府机构和非政府机构。特别规定，欧洲共同体属于中央政府机构。此外，USMCA 还单独对文本内提及的领事交易、营销许可、互认协议、互认安排、市场后监督以及《TBT 协定》进行了定义。

领事交易是发生在出口缔约方领土内，即在出口前要将产品交由在出口缔约方领土内的进口缔约方的领事监管，此举的目的是获得作为合格评定证明文件的领事发票或领事证书。

营销许可是某产品在某缔约方领土内营销、分销或销售的许可，是批准或注册程序。

互认协议是政府间协议。承认是依照一个或多个部门技术法规或标准进行的合格评定结果的认可；而互认安排是指认可机构或合格评定机构间承认认可制度的等效性，两者主体不同。

市场后监督是指产品投放到市场后所采取的监督程序。

USMCA 第 11.2 条规定了技术性贸易壁垒条款设立的目标：一是便利贸易，取消不必要的技术性贸易壁垒，减少对贸易的不必要影响和障碍；二是增加透明度；三是加强彼此间的合作。

（三）关于范围的规则

USMCA 第 11.3 条明确了适用范围与不适用的范围。适用范围是可能影响货物贸易的相关技术性贸易壁垒，排除了非货物贸易的内容。同时，USMCA 规定适用于本条款的主体是所有的中央政府机构制定、采用和实施的技术法规、标准和合格评定程序，而对于中央政府之下一级的地方政府则是鼓励其遵守本章规定，并无强制性。USMCA 特别指出允许在协商基础上对所有的技术法规、标准、合格评定程序包括对其规则的任何修正或产品范围的任何补充。

在不适用范围上，USMCA 不适用政府为生产或消费要求所制定的技术规格要求和卫生与植物卫生措施，即《SPS 协定》。《SPS 协定》的管辖领域是食品和动植物的卫生检验检疫措施，而《TBT 协定》涉及工业品和农产品的技术性贸易壁垒。

（四）《TBT 协定》特定条款的纳入规则

USMCA 第 11.4 条对《TBT 协定》特定条款的纳入做了规定。USMCA 纳入了 WTO《TBT 协定》的相关条款，但不包括《TBT 协定》第 2.1 ~ 第 2.5 条，以及第 2.9 ~ 第 2.12 条；第 3.1 条、第 4.1 条和第 7.1 条；第 5.1 ~ 第 5.9 条；附件的 D、E、F、J 部分规定。USMCA 纳入的范围较少且更为精确，主要包括《TBT 协定》中第 2 条对于中央政府机构的技术法规的制定、采用和实施以及第 5 条针对中央政府机构的合格评定程序的规定以及附件 3 对于良好行为规范的解释，没有纳入《TBT 协定》中对中央之下一级地方政府机构的相关规定。

USMCA 规定对于违反《TBT 协定》的争端，不得寻求援用第 31 章的争端解决。

（五）关于国际标准、指南和建议的规则

USMCA 第 11.4 条是鼓励各缔约方向国际标准靠拢，规制协调、减少重复，并鼓励在国际标准制定上的相互合作，避免对贸易产生不必要障碍的规定。USMCA 在承认国际标准上，适用 WTO《关于制定与〈TBT 协定〉

第2条、第5条和附件3有关的国际标准、指南和建议的原则的决定》（G/TBT/1/Rev. 10）。

（六）关于技术法规的规则

USMCA第11.5条关于技术法规的规定，各成员应保证迅速公布已采用的所有技术法规；在技术法规的公布与生效之间留出合理的时间以使其他成员国的生产者有时间适应相关规定。

（七）关于合格评定程序的规则

USMCA第11.6条纳入了《TBT协定》中对合格评定程序的要求，并做了更为细致的规定和补充。特别包括合格评定机构对产品的认证程序以及官方认可的合格评定机构的规定，体现了对于合格评定程序透明度的要求，力求合格评定程序不会造成不必要的贸易壁垒。

（八）关于透明度的规则

USMCA第11.7条透明度原则包括外部透明度、内部透明度和信息透明度三个方面。USMCA设立了透明度条款，在相关技术的发展和支持下，对透明度义务提出了更高的标准。这是WTO《TBT协定》所没有的。

（九）关于技术法规和合格评定程序的时限

USMCA第11.8条单独对技术法规、合格评定程序的公布与生效之间的"合理时间间隔"进行了规定。"合理时间间隔"通常不少于6个月，目的是能够给供应商做出调整和适应相关规定留出时间，使其产品能符合相关的要求。

（十）关于合作与贸易便利化的规则

USMCA第11.9条规定，缔约方认识到有必要支持更大程度的规制协调并取消对区域内贸易不必要的技术性贸易壁垒的机制，包括：规制对话和合作，特别就规制方法和实践交流信息、促进良好规制实践的适用以及提供相关的技术建议及援助；国际标准及其协调，包括更多地使用国际标准作为基础和促进接受另一缔约方的技术法规为等效。

（十一）关于信息交流与技术讨论的规定

USMCA第11.10条规定，一缔约方可以在技术性贸易壁垒项下要求另一缔约方提供相关问题的信息，并就解决本章项下的任何问题请求进行技术讨论。此外，此条款还包括要求缔约方解决所提问题。

（十二）关于技术性贸易壁垒委员会的规定

USMCA第11.11条要求设立技术性贸易壁垒委员会，明确了技术性贸易委员会的人员组成、职责、特设工作组。技术性贸易壁垒委员会的设立是为了更好地实施本章的规定，促进本章设立目标的实现。

（十三）关于联络点的规定

USMCA 第 11.12 条规定，联络点的功能包括交换关于各缔约方技术规章、标准和合格评定程序或任何其他事项的资料，以便迅速处理问题等。

## 三、对中国的影响及对策

（一）技术性贸易壁垒相关规则产生的影响

1. 对外部非成员方形成贸易壁垒

USMCA 达成的 TBT 会减少成员方之间的不必要的技术性贸易壁垒，促进贸易，并且会加强成员国间的技术法规、标准及合格评定程序的合作与协调。与此同时会降低对非成员方的贸易活动。区域内成员间形成协调统一的技术法规、标准及合格评定程序的规定，意味着对外部非成员方形成了高的贸易壁垒。

2. 对我国标准化管理体制提出了挑战

中国标准化总体水平在快速提高。不可否认，企业对国际标准的采标率仍较低，在国际标准化活动中的活跃度明显不够（公静和谢小可，2016）[①]。合格评定体系也较为封闭，不能很好地与相关国际标准进行对接，这对我国的合格评定程序发展提出了挑战。

3. 提高了标准化相关法律制度的修法和执法成本

USMCA 在一定程度上代表着国际经贸规则的新方向，在相关的技术性贸易壁垒规则的制定上具有参考意义。而国内的相关规定与国际水平有差距，相关条款对我国的影响也体现在国内相关技术性贸易壁垒的法律与国际标准接轨的成本上，这需要我国在经济社会各个层面做好接轨准备。

（二）对策

1. 加快落实《国家标准化发展纲要》

标准是经济活动和社会发展的技术支撑，是国家基础性制度的重要方面，也是制度型开放的重要一环。2021 年 10 月中共中央、国务院印发了《国家标准化发展纲要》[②]，纲要提出"到 2025 年，实现标准供给由政府主导向政府与市场并重转变，标准运用由产业与贸易为主向经济社会全域转变，标准化工作由国内驱动向国内国际相互促进转变，标准化发展由数

---

① 公静，谢小可.TPP 技术性贸易壁垒规则对我国的影响和对策［J］.标准化研究，2016（3）：38 - 45.

② 中共中央 国务院印发《国家标准化发展纲要》，2021 - 10 - 10，来源：新华社。

量规模型向质量效益型转变"。加快落实发展纲要，落实四个转变可有效推动国家综合竞争力提升，促进经济社会高质量发展。

2. 积极参与国际标准化组织工作

进入 21 世纪，市场竞争已由产品（服务）竞争转变为标准的竞争。谁引领和制定行业标准，谁就能立于不败之地。中国积极参与国际标准化组织，才能更好地维护自身利益。在国际经贸协定"边境后措施"的谈判上，积极推进标准化相关规则的制定。

3. 完善我国的技术性贸易措施体系

只有对技术性贸易措施体系进行完善，才能减少对贸易的不必要障碍，应加快相关措施的改进，逐步实现与国际先进标准的一致性；加快标准制定、修订速度，以适应技术进步和市场变化。

# 第八章　USMCA 政府采购规则解读及对中国影响的分析

本章对 USMCA 第 13 章政府采购新规则的内容进行解读，并讨论对中国的影响。

## 一、引　言

政府是市场经济的行为主体之一。国外学者对政府采购的研究大多集中在采购成本、采购做法、采购中的事项、采购信息的使用以及采购结果等方面。泰勒（Taylor，2003）[①] 实证分析了政府采购中的抵消安排，他指出虽然经济变量（交易成本、价格、质量）是抵消选择过程的一部分，但政治变量会对政策产生影响。伊文尼特和霍克曼（Evenett and Hoekman，2004）[②] 探讨了歧视和不透明的采购做法对国家福利和市场准入的负面影响。拉尔哈和西尔瓦（Ralha and Silva，2012）[③] 探讨了如何从巴西联邦采购程序数据库中提取有用的信息，以加强对卡特尔的侦查，并开发了代理人挖掘工具——AGMI，AGMI 可以有效预防和监测在采购过程中采取行动的卡特尔企业。有学者发现政府采购通常以最低价格来选择供应商；在价格之外，还有其他因素可以降低政府采购的成本，比如信誉；由此，他提出了信誉模型，并得出相比于只考虑价格因素，向综合信誉模型和价格选择出的供应商进行采购成本将会更低（Klabi et al.，2018）[④]。有学

---

① Travis K. Taylor. Modeling offset policy in government procurement [J]. Journal of Policy Modeling，2003，25（9）.

② Simon J. Evenett，Bernard M. Hoekman. Government procurement：Market access，transparency，and multilateral trade rules [J]. European Journal of Political Economy，2004，21（1）.

③ Célia Ghedini Ralha，Carlos Vinícius Sarmento Silva. A multi-agent data mining system for cartel detection in Brazilian government procurement [J]. Expert Systems with Applications，2012，39（14）.

④ Hichem Klabi，Sehl Mellouli，Monia Rekik. A reputation based electronic government procurement model [J]. Government Information Quarterly，2018，35（4）.

者基于大数据的内部审计框架，建立了政府采购的审计分析模型，并通过审计数据验证了该模型的有效性（Fan Zhang et al.，2018）①。卡里尔和达根（Carril and Duggan，2020）② 探讨了市场结构与采购结果之间的关系，指出市场集中会导致采购过程的竞争力下降、增加非竞争或单一招标的支出份额。

不难看出，政府采购立法旨在节约开支、提高资金使用效率、预防腐败和实现一定的政策目标。

## 二、USMCA 关于政府采购规则的解读

USMCA 第 13 章政府采购规则仅适用于墨西哥和美国。它由 21 节、附件 13 - A 和附件 13 - D - 1 构成。附件 13 - A 是墨西哥和美国的承诺时间表，附件 13 - D - 1 主要介绍共同分类制度。USMCA 第 13 章政府采购协议从整体上是总分结构，前四节介绍政府采购的相关概念、范围、规则的例外情形和一般原则，后面分别介绍所涉及的通知、招标文件、技术规格和招标形式等诸多问题。

（一）关于总括性规则

本部分共包括四节，分别是定义、范围、例外情形和一般原则。

USMCA 第 13.1 条介绍了多个概念，比如商品货物或服务、建筑服务、多用途清单、意向性采购、抵消，以及采购实体的所列实体等。其中公开招标、选择性招标和有限招标是三个核心概念，技术规范阐述了招标的具体要求。

USMCA 第 13.2 条介绍政府采购的范围，一般情况下，不动产，与公共债务有关的服务、援助，以及非合同协议等之外的任何方面都可以进行政府采购。另外，采购实体在估计采购的价值以确定是否属于所涉采购时，应采取最大总价值法，即考虑所有形式的报酬，包括合同中涉及的任何议价、费用、佣金、利息或其他收入等。

USMCA 第 13.3 条规定了例外情形。当一缔约方进行合乎规范的政府采购时，不得阻止缔约方或其采购实体针对以下四方面采取保护行为：知识产权，公共道德、秩序或安全，人类、动植物的生命健康以及与慈善、残疾人、非营利机构或监狱劳动利益有关的其他事项。

---

① Fan Zhang, Yan Zhang, Haizhao Yuan, et al. Analysis and research of government procurement audit in universities based on big data environment [J]. Taylor & Francis, 2018, 21 (2).

② Rodrigo Carril, Mark Duggan. The impact of industry consolidation on government procurement: Evidence from Department of Defense Contracting [J]. Journal of Public Economics, 2020 (184).

USMCA 第 13.4 条是采购的一般原则，由三个部分组成：国民待遇和非歧视原则、原产地规则和补偿原则。

电子手段的使用。如果某一采购实体选择电子方式进行采购，该采购实体应使用信息技术系统和相应的软件开展采购行为。这些系统和软件要能与其他的信息技术系统和软件相链接。

（二）政府采购流程的规则

政府采购的五个流程分别为：发布招标信息、供应商的资格审查、开标、评标和定标。

1. 发布招标信息

这涉及 USMCA 第 13.5 条的公布采购信息、第 13.6 条的意向采购通知和第 13.11 条的技术规格。

USMCA 第 13.5 条规定，缔约方应及时公布与所涉采购有关的措施，以及与本信息有关的任何更改或补充。同时，缔约方还应将该采购信息以及透明度和授标后的信息、供应商资格和意向采购通知一同列在附件 13－A 附表的第一条中。如有需要，缔约方应根据另一缔约方的请求对其做出解释。

USMCA 第 13.6 条的意向采购通知规定，对于涉及的采购，除去有限招标的所述情况外，采购实体应通过书面或电子方式发布采购意向通知，在期限届满或提交投标书的截止日期之前，这些通知应随时向公众开放。除在招标文件中提供的信息之外，该意向采购通知还应包括以下信息：（1）采购实体的名称和地址，获取相关文件所需的费用和付款条件；（2）采购说明，包括拟采购的货物或服务的性质和数量，并说明任何备选办法，如果不知道数量，则说明估计数量；（3）如果适用，交付货物或服务的时限或合同期限，提交参与采购请求的地址和最后日期；（4）提交投标书的地址和最后日期；（5）如果采购实体打算邀请有限数量的合格供应商参与投标，则应列出合格供应商的标准，允许投标的供应商数量等。

另外，鼓励采购实体在每个财政年度尽早公布关于其未来采购计划的通知，包括采购标的和预定采购通知的日期。

USMCA 第 13.11 条的技术规格规定，采购实体不得编制、采用任何技术规格，或规定任何评估程序，给贸易活动制造不必要的阻碍，但采购实体为了保护自然资源、环境或保护敏感的政府信息而编制、采用的技术规格除外。

在规定某一货物或服务的技术规格时，采购实体应对其描述并加之其性能或功能的要求。如果某一货物或服务的技术规格有国际标准时，则应采用该国际标准；如果没有国际标准时，则应以国家技术法规、公认的国家标准或规范为基础。除非没有其他足够精确或可理解的方式来描述采购的需求，否则采购实体不得规定特定的商标或商品名称、专利、版权、设计、类型、特定来源、生产商或供应商的技术规格，此时还应在这些特定的要求后加"或同等"之类的词语。

因需要，采购实体可在制定特定采购物品规格时进行市场研究或调查。

2. 供应商的资格审查

USMCA 第 13.7 条的供应商的资格规定不应将以下两种情况作为必要条件：其一，该供应商曾被某采购实体授予一项或多项合同；其二，该供应商以前在某一缔约方境内有工作经验。但是，如果某一供应商存在发布虚假信息、破产清算或在履行先前合同时有重大缺陷等情况，缔约方包括其采购实体可将其排除在外。

采购实体可以根据供应商之前的业务活动评估其财务、商业和技术能力，以判断是否满足采购的参与条件。

3. 开标

该部分由 USMCA 第 13.12 条的投标文件和第 13.13 条的时限构成。采购实体应迅速向任何感兴趣的供应商提供投标文件，包括采购货物或服务的性质、范围，采购货物或服务的数量（如果数量尚不清楚，则应有估计数量），以及技术规格、合格证明、计划、图纸和指导性材料；交付货物或提供服务的日期；供应商的资格条件及提交的财务担保、信息和文件；以及与投标有关的任何其他条款。

在授予合同之前，采购实体修改了意向采购通知或招标文件中的评审标准或要求，采购实体应公布该修改部分或重新发布招标文件或通知，并给予供应商足够的时间来修改和重新提交他们的初步投标。

USMCA 第 13.13 条的采购时限规定，一般情况下，在满足采购实体自身合理需求的基础上，采购实体应根据采购的复杂性和供应商传送投标书的所需时间，来调整供应商获取投标文件、编制和提交投标请求的期限。如果该招标为选择性招标，供应商提交参加请求的截止日期应不少于预定采购通知公布之日起 25 天；当发生紧急状态而使该期限不符合实际时，这一期限可减至不少于 10 天。

在公开招标的情况下，提交投标书的截止日期一般不得少于公布预定采购通知日起 40 天。如果采购实体在发布意向采购通知的前 40 天或一年内发布计划采购通知的，该期限可缩短至不少于 10 天；如果采购实体以电子方式发布意向性采购公告、以电子方式接受投标书或自预定采购通知公布之日起以电子方式提供招标文件的，该期限还可缩短至5天。

如果截止日期需要修改或延长时，采购实体应保证所有的供应商在同一截止日期前提交参与请求或投标书。

4. 评标

USMCA第13.14条的投标书处理规定，采购实体应保持投标书的机密、采购过程的公平、公开处理所有投标书。如果某一供应商有机会改正其开标和授予合同中的无意识的形式错误，采购实体应给予机会进行改正。

当某一投标书的价格异常低于其他投标书时，采购实体应核实该供应商是否满足条件或是否能够履行该合同条款。

5. 定标

该部分由USMCA第13.14条的合同的授予和第13.15条的透明度和授标后的信息构成。其流程依次为：确定中标人——合同的授予，中标通知——提供给供应商的信息、公布受标信息，编写采购报告——保存记录、统计数字的收集和报告。

USMCA第13.14条规定，当某一投标书被受标时，供应商应以书面形式将其提交给采购实体。除非采购实体认为该授予合同不符合公共利益，否则采购实体应认为被授予合同的供应商有能力履行该合同条款。

USMCA第13.15条规定：

（1）提供给供应商的信息。采购实体应以书面或公开发布的形式将其授予合同的决定及时告知已提交投标书的供应商，此通知中必须包含授标日期等重要信息。在不违反信息披露的条件下，采购实体还应对未中标的供应商做出解释，或告知其原因，也可以列出中标供应商的相对优势。

（2）公布受标信息。采购合同授予后，采购实体应在指定的刊物上刊登载有采购的货物或服务的说明、采购实体的名称和地址、中标供应商的名称和地址、合同授予的价值、授予日期以及使用的采购方法等信息的公告。

（3）保存记录。采购实体应当在授予合同后至少三年内保存与所涉采购的招标程序和合同授予有关的文件、记录和报告。

（4）统计数字的收集和报告。每一缔约方应就其所涉及的采购编制年度统计报告，并公布于官方网站。该报告应包括所有合同中中央政府采购实体的数量和总价值、中央政府采购实体在有限投标中所涉合同的数量和总价值、其他采购实体（非政府采购实体）所涉的合同数量和总价值。

（三）关于采购方式的规则

采购方式主要有三种，分别是公开招标、选择性招标和有限招标。公开招标是指所有感兴趣的供应商都可以提交投标书的采购方法。选择性招标出现于 USMCA 第 13.8 条的供应商资格中。如果采购实体采用选择性招标，采购实体应发布拟进行采购的通知，邀请供应商提交参与采购的请求，并在预定采购通知中列入应有的信息；采购实体还应在招标开始前，通知合格的供应商提供相应的信息。除非采购实体在预定采购通知中对允许投标的供应商数量作了限制，否则所有合格的供应商都可以提交投标书。如果未公开提供招标的文件，采购实体应确保所有合格的供应商都能同时获得招标文件。

USMCA 第 13.9 条规定在一定条件下才可以采取有限招标，即有限招标具有条件性。如果采购实体使用有限招标的初衷并不是为了保护国内供应商、避免供应商之间的竞争或歧视另一方供应商，那么该采购实体可以采用有限招标。采购实体只能在以下五种主要情况中使用有限投标：（1）当没有供应商提交投标书或没有供应商参加时，没有提交符合投标文件基本要求的投标书时，没有供应商可以满足参加条件时，存在串标行为时；（2）只能由某一特定供应商提供的，属于艺术作品、专利性质、技术方面等而无法替代的货物或服务；（3）在商品市场或交易中所购买的商品；（4）无法通过公开招标或选择性招标及时获得货物或服务的；（5）仅在短期时间内发生的采购，如异常处置、清算、破产或接管。

在这五种情况中授予的每一项合同，应编写包括采购实体的名称、价值、所采购的货物或服务的种类以及使用有限投标理由的书面报告。

（四）关于补充性的规定

此部分分别是 USMCA 第 13.8 条供应商资格的一部分、第 13.10 条的谈判、第 13.16 条的信息披露、第 13.17 条的确保采购做法的完整性、第 13.18 条的国内审查、第 13.19 条的附件的修改和更正、第 13.20 条的促进中小企业的参与和第 13.21 条的政府采购委员会。

1. 供应商资格

USMCA 第 13.8 条供应商资格规定：

（1）注册制度和资格程序。

（2）多用途清单。一缔约方或其采购实体可以建立一份多用途清单，当其建立多用途清单后，需每年度发布邀请感兴趣的供应商申请列入清单的通知。该通知内容应包括可使用清单的货物和服务或其类别的说明；供应商须满足的条件；采购实体或其他政府机构的名称和地址；清单的有效期及其延长或终止的手段，或在没有提供有效期的情况下终止的方法；等等。

如果建立了一份多用途清单，一缔约方包括其采购实体应在合理期限内将符合参与条件的供应商列入该清单。如果某供应商未被列入多用途清单，他仍可以在规定的期限内，根据多用途清单提交参与采购的请求和相关文件，采购实体应当自收到请求时对其审查。

（3）采购实体决定的信息。当某一缔约方的采购实体或其他实体对供应商的参与请求或申请做出决定时，应将该决定及时告知供应商。如果缔约方的采购实体或其他实体接受该供应商的参与请求或申请时，及时告知即可；如果拒绝该供应商的参与请求、列入多用途清单的申请，甚至将供应商从多用途清单中除名时，它应及时告知并向该供应商提供书面文件解释该决定的理由。

2. 采购谈判

USMCA 第 13.10 条规定，采购实体在预定采购通知中已表示要进行谈判的，或从预期采购、投标文件的通知中发现不投标更有利的，采购实体可以组织谈判。

采购实体应当按照预定采购通知或招标文件中规定的标准来选择参加谈判的供应商，谈判结束后，采购实体还应为参加谈判的供应商提供一个相同的截止日期，以便他们提交新的投标书。

3. 采购信息的披露

USMCA 第 13.16 条规定，缔约方应在不披露机密信息的基础上，迅速提供足以证明采购是公平、公正的信息。缔约方，包括其采购实体，除法律要求或经提供信息的供应商书面授权以外，不得披露可能损害供应商的合法利益或公平竞争的信息。

4. 确保采购做法的完整性

USMCA 第 13.17 条规定，每一缔约方应确保在其政府采购中有能够解决腐败、欺诈和其他不法行为的刑事、民事或行政措施，可以取消或暂停某供应商参加采购资格的措施。

在考虑到供应商的规模和其他因素的情况下，缔约方还可以制定相应的政策和程序，以监督中标的供应商是否遵守商业道德、合同方案，是否执行有效的内部控制，进而防止腐败、欺诈等不法行为的发生，并以此解决可能的利益冲突。

5. 政府采购的国内审查

USMCA 第 13.18 条规定，每一缔约方应建立或指定至少一个独立于其采购实体的公正的行政或司法当局（审查当局），以不歧视、及时、透明和有效的方式审查供应商提出的质疑或投诉。

如果供应商提出投诉，首先，采购实体的缔约方应鼓励采购实体和供应商通过协商的方式来解决问题；其次，采购实体应在不损害供应商正在参与或未来将要参与的采购的情况下，采取公正的方式及时审议该投诉，并向行政或司法当局寻求纠正措施。

如果审查机构并非法院时，各缔约方应确保其审查按照下列程序进行：首先，供应商应有足够的时间准备和提交书面投诉文件，该期限一般不得少于10天；其次，采购实体应对供应商的投诉内容做出书面答复；再次，在审查机构对投诉做出决定之前，应向提出投诉的供应商提供答复采购实体的机会；最后，审查当局应及时做出决定，并将该决定以书面形式告知供应商，同时应附有做出决定的依据或解释。

如果审查机构已确定某一采购实体存在违约或不履约的情况时，供应商可向其寻求赔偿，但赔偿应以供应商的损失为标准，不可过高。

在申诉得到解决之前，双方应迅速采取临时措施，以保证供应商有参与采购的机会，保证采购实体遵守本条款的有关规定。为了公平起见，申诉的程序和规则应以书面形式提供。

6. 附件的修改和更正

（1）某一缔约方。当某一缔约方需要修改拟议时，它应通过指定的协定协调员，以书面方式告知另一缔约方。如有需要，该缔约方还应为此变更提供补偿性调整，进而保持与修改前的水平相同。但这种补偿性调整是有条件的。如果只是单纯的更正或对附件13－A的附表进行轻微的改动，就不应要求该缔约方向另一缔约方提供补偿性调整。

这里的更正或轻微的改动主要是指：采购实体的变更，合并附表中所列的一个或多个采购实体，网站参考资料的变更等。

（2）另一缔约方。如果拟议的修改影响了另一缔约方的权利，那么该缔约方应在通知之日起45天内将其反对意见告知对方；如果该缔约方反对拟议的修改，他可要求对方提供补充性资料。

附件13－A经委员会修改后，即可生效。

7. 促进中小企业参与政府采购

缔约方认识到中小企业对一国的经济增长和就业有着重要的作用，以及促进中小企业参与政府采购的重要性。

如果一缔约方为中小企业出台了优惠政策，它应保证该政策是公开透明的，比如资格标准。为便利中小企业参与政府采购，每一缔约方应尽可能地为其提供与采购有关的资料、招标文件；采购的规模、设计和结构等。

8. 政府采购委员会

缔约方应设立一个由各缔约方政府代表组成的政府采购委员会，政府采购委员会需根据缔约方的要求，开会讨论与本条款的实施和运作有关的具体事项，比如：（1）促进中小企业参与采购；（2）用最佳的做法或者适用的信息技术处理正在进行的采购；（3）在采购中，用最佳的做法或者适用的措施为社会或经济中的弱势群体提供机会。

（五）关于附件13-A节的规定

附件13-A节墨西哥承诺部分包括：A节：中央政府实体。除非另有规定，本节采购涵盖所列的实体按照下列门槛进行的采购，等于或超过80317美元的商品和服务，以及10441216美元的建筑及服务。B节：其他实体。对于非中央政府的其他实体单位名单，按照下列门槛进行的采购，等于或超过401584美元商品和服务，以及12851327美元的建筑及服务。C节：货物。明确了除A节、B节所列货物外，对国防部（Secretaría de la Defensa Nacional）和海军部（Secretaría de Marina）的货物采购范围，采用列表方式加以明确。D节：服务。对服务采购的范围进行约束。E节：施工服务。F节：一般说明。对不适用政府采购的范围以列举式加以明确。G节：阈值调整公式。对A节和B节所列的采购阈值如何调整加以明确。H节：采购信息。有关政府采购的信息应在以下网站进行公布：www. dof. gob. mx；www. compranet. gob. mx；www. pemex. com；www. cfe. mx。

附件13-A节美国承诺部分包括：A节：中央政府实体。除非另有规定，本节采购涵盖所列的实体按照下列门槛进行的采购，等于或超过80317美元的商品和服务，以及10441216美元的建筑及服务。B节：其他实体。对于非中央政府的其他实体单位名单，按照下列门槛进行的采购，等于或超过401584美元商品和服务，以及12851327美元的建筑及服务。C节：货物。明确了A节、B节所列货物采购范围。D节：服务。明确了A节、B节所列服务采购范围。E节：施工服务不包括疏浚服务的采购。F节：一般说明。对不适用政府采购的范围以列举式加以明确。G节：阈值调整公式。对A节和B节所列的采购阈值如何调整加以明确。H节：采购信息。有关政府采购的信息应在以下网站进行公布。美国使用的出版物，用于发布采购意向通知和授标后通知，以及在选择性招标程序中每年发布合格供应商永久名单的信息，发布在联邦商业机会网站上（http：// www. fedbizopps. gov）。有关A节（中央政府实体）所列实体的政府采购的法律、法规、司法判决、行政裁决和程序在以下网站公布：美国联邦法律（主要是美国法典第 10 和第 41 章），http：//www. gpo. gov/fdsys/browse/collectionUScode. action？collectionCode = USCODE；联邦采购条例（FAR），http：//www. acquisition. gov/far/index. html 13 – A – 29；机构补充条例，https：//www. acquisition. gov/Supplemental _ Regulations；联邦公报，https：//www. federalregister. gov/；联邦政府采购政策，http：//www. whitehouse. gov/omb/procurement/；政府问责局的投标抗议决定，http：//www. gao. gov/legal/bi dprotest. html；美国民用合同上诉委员会的决定，http：//www. cbca. gsa. gov/。司法判决方面信息公布在以下网站：美国联邦索赔法院（管辖权包括与政府合同有关的索赔，包括投标抗议），http：//www. uscfc. uscourts. gov/；美国联邦巡回上诉法院（管辖权包括来自美国民事合同上诉委员会的上诉），http：//www. cafc. uscourts. gov/。有关 B 节（其他实体）所列实体的政府采购的法律、司法判决、行政裁决和程序，可直接从所列实体单位获得。

### 三、对中国的影响及借鉴

（一）影响

本章仅适用于美国和墨西哥之间的政府采购行为，所以它对中国的直接影响小，但间接影响仍然存在。USMCA 签署对中国企业参加墨西哥国内的政府采购设置了障碍，即使中国加入了 WTO 的政府采购协议，这一情况也不容乐观。

（二）借鉴

中国政府采购制度在不断完善。USMCA 的政府采购规则更多的是给我们以借鉴，特别在透明度、非歧视性原则等方面。为规范政府采购行为，2002 年中国颁布了首部政府采购法。如表 8 – 1 所示，为建立统一的市场制度规则，打破市场分割和地方保护，2022 年 7 月财政部公布的《中华人民共和国政府采购法（修订草案征求意见稿）（以下简称《意见稿》）主要在以下几个方面做了修改：第一，在立法目的上，落实《深化政府采购制度改革方案》成为此次修订的主要工作原则；第二，在立法内容上，落实国家推进政府采购大市场的建设，规定任何单位和个人不得采用任何方式非法限制和阻挠供应商自由进入政府采购市场（任际，2022）[①]，体现了公平竞争的

---

① 任际. 对《政府采购法》修订的新研判：导向与建议 ［J］. 中国政府采购，2022（9）：35 – 40.

原则；第三，在采购主体上，增加了"公益性国有企业采购"，这为参与WTO 的政府采购协议谈判预留了空间①；第四，扩大采购主体范围，在政府与社会资本合作领域，采用"基本条件＋负面清单"管理模式；第五，体现了安全审查原则，这符合国际规则，确立了政府采购与国家核心利益保护的关系。

表 8 – 1　　　　　　　　　　我国政府采购相关法规出台时间列表

| 时间 | 名称 | 备注 |
|---|---|---|
| 2002. 06 | 《中华人民共和国政府采购法》 | 为适应"入世"新形势，颁布该法，成为政府采购的基础 |
| 2015. 01 | 《中华人民共和国政府采购法实施条例》 | 根据《政府采购法》制定本条例 |
| 2018. 11 | 《深化政府采购制度改革方案》 | 中央全面深化改革委员会第五次会议审议通过 |
| 2022. 04 | 《关于加快建设全国统一大市场的意见》 | 建立全国统一的市场制度规则，打破市场分割和地方保护，打通制约经济循环的关键堵点，促进商品要素资源更大范围地畅通流动，建设高效规范、公平竞争、充分开放的统一大市场 |
| 2022. 07 | 《中华人民共和国政府采购法（修订草案征求意见稿）》 | 适应国内统一大市场需要；适应制度型开放的需要 |

资料来源：笔者整理。

　　USMCA 强调了促进中小企业参与政府采购的重要性。这值得我们借鉴。

---

　　①　2007 年中国提出加入 WTO 政府采购协议的谈判，2019 年 10 月 20 日，中国向 WTO 提交了加入《政府采购协定》（GPA）的第 7 份出价。

# 第九章 USMCA 投资规则解读
## 及对中国影响的分析

本章对 USMCA 第 14 章投资规则条款进行解读，在此基础上探讨其对中国的影响及建议。

## 一、引 言

学者们普遍认为 NAFTA 促进了国际直接投资的发展，但在对投资效果的研究上存在争议。对墨西哥而言，对外直接投资促进了产业发展和对外贸易规模的扩大，但由于投资的产业和空间分布不均衡，所以投资并没有缩小墨西哥与美国和加拿大两国之间的经济和技术差距（Eduardo Levy Yeyati et al.，2003）[1]。博略（Bolio，2014）研究了 NAFTA 对成员方直接投资的影响机制[2]，认为直接投资不可能均匀分配，那些与投资母国差距大的东道主国家收益更多。对于 USMCA，池漫郊（2019）认为投资争端解决的"三国四制"能否协助缔约方实现各自的政策目标，尚难确切评估。[3]

投资带来生产要素投入的增加，对一国经济发展有促进作用。制定投资规则可以很好地趋利避害。

## 二、USMCA 投资规则的解读

USMCA 第 14 章包括 17 个条款和 5 个附件，在国民待遇、最惠国待遇、征收与补偿、转移、业绩要求、拒绝利益、企业社会责任和关于墨西

---

① Eduardo Levy Yeyati, et al.，"Regional Integration and the Location of FDI", IDB Research Department Working Paper, No. 492, 2003.

② Eduardo Bolio, et al.，"A Tale of Two Mexicos：Growth and Prosperity in a Two-speed Economy", McKinsey Global Institute, March, 2014.

③ 池漫郊.《美墨加协定》投资争端解决之"三国四制"：表象、成因及启示 [J]. 经贸法律评论，2019（4）：14-26.

哥美国投资争端等方面做了详细的规定。

（一）定义

在 USMCA 第 14.1 条投资定义的叙述上①，USMCA 和 TPP 还有美国 2012 年的双边投资协定（BIT）范本内容大致相同。USMCA 明确表明，司法或者行政行为做出的决定或者判决不能看作是投资。

（二）关于非歧视性待遇的规则

对于国民待遇规则，USMCA 第 14.4 条同样参考了 TPP 的规定。比如"为了更大的确定性，本条规定对'类似情况'是否给予待遇，取决于各种情况的综合考虑，包括有关待遇是否根据合法的公共福利目标来区分投资者或投资"。不仅如此，该条款还针对非中央层面的政府制定了具体的规范，"一缔约方根据第 1 款和第 2 款给予的待遇，就中央一级以外的政府而言，是指在同样情况下，该政府给予其所属缔约方的投资者及投资不低于最优惠待遇的待遇"。这表明，判断一缔约方对投资是否存在歧视，标准是看同一个政府对来自不同国家的投资者所提供的待遇是否相同。

USMCA 第 14.5 条最惠国待遇规定：每一缔约方应给予另一缔约方的投资者在其境内建立、获得、增资、管理、经营和出售或以其他方式处置投资方面的待遇不低于其在类似情况下给予任何其他缔约方或任何非缔约方的投资者的待遇，也不低于给予在该缔约方境内自身投资的待遇；上述规定是指对中央一级政府以外的政府而言的。

USMCA 第 14.6 条最低待遇标准规定：每一缔约方应按照国际法给予所涉投资以待遇，包括公正和公平的待遇以及充分的保护和安全。

（三）关于武装冲突或内乱处理的规则

USMCA 第 14.7 条的武装冲突或内乱处理规则是新增章节，用以解决发生武装冲突或者内乱时，投资者的权益受到损失时各国不得给予歧视性待遇。不仅如此，如果投资者的利益是由于协议另一方的武装冲突或破坏而遭受损失，那么后方应为该损失提供赔偿，并对肇事方处以罚款。

---

① 投资是指投资者直接或间接拥有或控制的、具有投资特征的每项资产，包括资本或其他资源的投入、收益或利润的预期或风险的承担等特征。一项投资可能包括：（a）一个企业；（b）企业中的股份、股票和其他形式的股权参与；（c）债券、其他债务工具和贷款；（d）期货、期权和其他衍生品；（e）交钥匙工程、建设、管理、生产、特许权、收入分享和其他类似合同；（f）知识产权；（g）许可证、授权、许可和根据缔约方法律赋予的类似权利；以及（h）其他有形或无形、动产或不动产，以及相关产权，如留置权、抵押权、质押权和租赁权。但投资并不意味着（i）在司法或行政诉讼中做出的命令或判决；（j）对仅由以下原因引起的金钱索赔：①一缔约方境内的自然人或企业向另一缔约方境内的企业销售货物或服务的商业合同，或②与（j）、（i）项所述的商业合同有关的信贷发放。

（四）关于征收与补偿的规则

USMCA 第 14.8 条征收与补偿中的"征收"指东道国由于某种公共的目的而把国外投资者的资本国有化。如果发生征收，东道国应该对资产原持有者给予及时并充分的补偿。USMCA 不仅在该条款中规定了征收与补偿基于"出于公共目的；以非歧视的方式；必须根据本条的第 2、第 3 款和第 4 款支付迅速、充分和有效的赔偿；并依照正当法律程序"等条件和"如果公平市场价值以可自由使用的货币计价，则支付的赔偿额应不低于征收日期的公平市场价值，加上从该被征收日起到付款日合理的商业利息"等；还将征收类别划分为"直接征收"和"间接征收"，并在附件 14 – B 中加以体现。

（五）关于转让的规则

USMCA 第 14.9 条转让规定"各方应允许与投资相关的所有转让自由，不得延误进出其领土"。投资自由是指在相同条件下，缔约方投资者不被施加任何多余的限制。该条第一点是对转移资产和投资收益所作的解释说明，同时对转让的具体内容做了说明。"尽管有本条第 4 款的规定，但当事人可以在该协议限制此类转让的情况下限制实物收益的转移，包括本条第 5 款所述"；显然，这为打造公平的投资环境制定了规则。

（六）关于绩效要求的规则

USMCA 第 14.10 条关于绩效的要求，缔约方必须将外资企业技术转让和研发团队本地化、国产化率等的要求和行为列入"负面清单"，以禁止上述行为的发生。

（七）关于拒绝利益的规则

USMCA 第 14.14 条拒绝利益规定，"一方当事人可以拒绝将本章的利益给予另一方当事人的企业或投资者，如果该企业被非缔约方的人所拥有或控制；在拒绝方以外的任何一方领土内没有实质性的商业活动"。该条为排他性条款，如果该投资被非缔约方人拥有或控制的，并且该投资者除了在拒绝方以外没有别的实质性投资，那么就可以否决规定中的权益。

试想一下，如果中国收购一家加拿大或墨西哥的企业以达到投资美国的目的，那么就意味着美国可以不遵守 USMCA 中投资相关的规定。该款还表明，如果美国制裁了某一个非缔约方国家或其投资者，那么这个国家或其投资者想通过墨西哥和加拿大来对美国进行投资将无法享受该协议规定的权益。

（八）关于代位权和投资与环境等关系的规则

USMCA 第 14.15 条代位权规定，如果投资承保者根据其就所涉投资签订的担保、保险合同或其他形式的赔偿向投资者支付了款项，则东道国政府应予承认因上述支付而转移给承保者的任何货币、债权、资产或投资，并承认承保者所继承的任何权利。换言之，对外投资因政治原因导致的损失，由投资母国政府通过海外投资保险机构予以补偿；此时投资母国政府取得了代替投资者向东道国政府提起索赔的权力，即代位权（代为求偿权）。

（九）关于企业社会责任的规定

USMCA 第 14.17 条企业社会责任条款规定要执行《经济合作与发展组织（OECD）跨国公司指南》的国际工人的标准。这有利于解决诸如劳动、环境、性别、人权、土著居民的权利和腐败等引发的问题。该条款不是强制性规定。

（十）关于没收的规则

USMCA 附件 14 - B 的没收条款对应前面的第 14.8 条征收与补偿条款，对"间接征收"做了补充规定。在特定情况下，当事人是否采取行动构成间接征用的决定，需要逐案、基于事实的调查；应考虑的因素包括：政府行为对经济产生的影响，政府行为的干预程度，政府行为的性质，包括其客体、语境和意图等。换言之，间接征用是否合理取决于一系列因素，例如政府是否为投资者提供了有约束力的书面保证、政府监管的性质、监管的程度、监管的能力等。除了对构成间接征收的条件进行了规定，还对不构成间接征收的规定作了说明。

（十一）关于遗产投资索赔和未决索赔的规则

USMCA 附件 14 - C 是关于遗产投资索赔和未决索赔的规定。这有两种投资问题的处理方法：一是在 USMCA 订立之前就已经形成的仲裁案，该类投资争端仍可根据 NAFTA 的仲裁程序进行处理；二是在 NAFTA 期间完成的投资，但是还未完成仲裁的，而且在 USMCA 订立之后还存在的投资，如果提起诉讼争端则需按照 USMCA 的规定执行。可见，附件 14 - C 条款本质是一项过渡条款。

（十二）关于墨西哥与美国投资争端的规则

USMCA 附件 14 - D 就墨西哥与美国的投资争端解决做出规定。该条指除了美国和墨西哥之间的国际投资争端解决中心（ICSID）机制依然存在外，美国与加拿大以及墨西哥与加拿大之间的 ISDS 机制被取消。"非市场经济体"不包含在争端解决机制所适用的范围之内。[1] 该项规定体现出

---

① Scott Sinclair, "Canada's Track Record under NAFTA Chapter 11: North American Investor - State Disputes to January 2018", Canadian Centre for Policy Alternatives, January 2018.

美、墨、加三国努力在国家监管权力和投资者权利之间寻求平衡。

ISDS 机制实施的目的是为投资者开设起诉东道国政府的特别渠道，该渠道可以绕开东道国的司法系统。ISDS 机制最初设计所针对的对象是发展中国家，所以 NAFTA 的 ISDS 机制主要针对墨西哥，这可保障来自加拿大和美国投资者的合法权益。根据 2018 年加拿大政策研究中心报告发现，NAFTA 成立以来，加拿大政府被起诉的数量远超过美国和墨西哥，达到 17 次，占三国起诉总量 41 次的 41%（如图 9-1 所示）；从已经判决的案件发现，加拿大政府胜诉的概率小于败诉的概率。在此背景下，加拿大政府认为应该去除 ISDS 机制。与加拿大不同，虽然美国在所涉及的案件中保持了完胜纪录，但在 2017 年美国有 230 多位著名法律和经济学教授联名致信总统要求删除 ISDS 机制。美国前总统特朗普认为，ISDS 机制可能因其投资保护的能力而干预美国主权，不仅如此还会鼓励美国企业到其他国家进行投资。如果能够削弱 ISDS 机制，可以使美国对外投资的企业因惧怕国外投资的风险，而把海外的投资转移回美国。

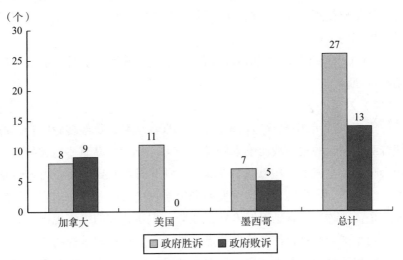

**图 9-1　在 NAFTA 期间美、墨、加三国使用 ISDS 案件比较**

资料来源：笔者整理。

取消 ISDS 机制的想法引起了在海外投资的美国企业的不满。在此压力下，USMCA 中保留了美国与墨西哥之间的 ISDS 机制，但对其做了调整。

（十三）关于例外的规定

USMCA 附件 14-E 条款是对附件 14-D 条款的例外规定。"'被覆盖的政府合同'是指本附件缔约方的国家当局与另一缔约方的被覆盖的投资或投资者之间的书面协议；授予被覆盖特定经济部门的投资或投资者的权利；所覆盖的范围指石油、天然气等开采的活动（由缔约方国家当局控制的勘探、开采、提炼、运输、分销或销售），发电服务、电信服务、运输服务或公路、铁路、桥梁或运河的所有权或管理。"该规定的意思是对上述五部门的投资争端而言，投资者可以就"违反本章项下的义务"进行索赔。对于符合附件 14 - E 条款中例外规定的争端，投资者可以按照程序提交仲裁，可不再诉诸国内的救济手段，符合例外规定的争端也不再受争端范围的限制。事实上，附件 14 - E 条款中所提到的特定经济部门是指在墨西哥的美国投资者，所以这一条款还是以美国为中心所设置的。

### 三、对中国的影响

（一）负面影响

USMCA 会抑制中国企业在墨西哥进行对外直接投资。在附件 14 - D 中，美国和墨西哥还存有 ISDS 机构。USMCA 在加强成员方间区域合作的同时也意味着具有很强的排他性。而且，USMCA 中的 ISDS 的设置具有歧视性，如果想使用 ISDS 发起投诉，那么该原告必须是市场经济国家所有或者所控制的企业。

USMCA 投资条款的"非市场经济"规定，不利于墨西哥承认中国的市场经济地位。

（二）对策

始于 2008 年的中美双边投资协定（BIT）谈判，历经多轮回合，终因特朗普对华发起的贸易战而陷入停滞。2020 年 12 月 30 日中欧领导人通过视频会晤宣布完成的《中欧投资协定》（以下简称 CAI）核心内容包括市场准入、公平竞争规则、可持续发展和争端解决机制等方面内容。虽然到目前为止，因政治因素延迟了 CAI 的生效，但所达成的投资规则，如公平竞争规则是国际投资合作关注的重点，是国际经贸规则重构的核心，也是我国制度型开放的重要内容之一。在此解读 CAI 的公平竞争规则对于更好地应对 USMCA 有借鉴价值。研读 CAI 协定发现，其公平竞争规则主要涉及了国有企业、补贴透明度和强制性技术转让等营商环境的优化三方面内容。

CAI 协定没有直接对"国有企业"进行论述，而是将国有企业包含于两类"涵盖实体"的定义中，分别为"缔约方政府以某种形式拥有或控制的企业"和"基于缔约方指定而在市场中具有垄断地位的企业"。CAI 协定明确"涵盖实体"的本意是要求不同产权性质的企业应具有同等竞争条件，无论是国有企业，还是由政府制定的具有竞争优势的非国有企业。

在补贴透明度层面，CAI 对两部分内容进行了规制。第一部分为第 2 章投资自由化的第 3.2 条，如果"涵盖实体"存在补贴时，则"一方有理由认为其在本条下的利益受到另一方涵盖实体的商业活动的不利影响时，可以书面形式要求该方提供与执行本条规定涵盖的该实体的经营情况"。第二部分为第 3 章监管框架第 2 条补贴透明度（transparency of subsidies）规定了货物贸易和服务贸易的信息披露、一般透明度义务、公布信息、联络点和提供信息等内容。

在强制技术转让层面，CAI 明确规定了几类禁止强制技术转让的要求。在第 2 章"投资自由化"第 3.1 条（f）中要求"任何一方不得强加或强制执行向其境内的自然人或企业转让专业技术、生产工艺或其他专有知识的承诺或保证"；第 3.3 条要求"任何一方不得直接或间接以要求、强制、施压等方式干涉一方的自然人和企业与另一方自然人和企业之间的技术转让或许可。此类技术转让或许可只有基于双方自愿和市场条件基础上才能成立"。

中欧投资协定体现了中国在投资领域扩大制度型开放的具体行动。2022 年 12 月 16 日，世贸组织在日内瓦实质性结束了《投资便利化协定》文本谈判，此协定谈判取得成功开启了中国在 WTO 引领新议题谈判的先河。

不难发现，面对 USMCA 投资规则带来的负面影响，中国首先应积极参加 WTO 改革并维护 WTO 的核心价值与基本原则，并且在新议题谈判上持开放态度，坚决反对单边主义和歧视性行为；其次是加快双边投资协定的谈判与签署；最后是加快国内制度型开放的步伐。

# 第十章　USMCA 跨境服务贸易规则解读及对中国影响的分析

USMCA 在服务贸易规则领域取得了重大进展。本章阐述了 USMCA 第 15 章跨境服务贸易规则的内容以及与 NAFTA 条款的对比；总结了跨境服务贸易规则对我国的影响。

## 一、引　言

### （一）跨境服务贸易在全球价值链中的作用

国内外学者阐述了跨境服务贸易在全球价值链中的作用，对服务业在全球价值链中的地位和作用进行了审视，总结了服务业开放的经验；有学者从全球价值链视角探讨了 USMCA 跨境服务贸易规则的新发展。

对于发展中经济体而言，放宽对服务贸易的限制会提高制造业的生产率和竞争力。费尔南德斯和保诺夫（Fernandes and Paunov，2012）① 研究表明，对外开放服务业可以积极促进智利制造业全要素生产率的提高，并且可以给制造业带来创新和升级。博彻特等（Borchert et al.，2014）② 发现发达经济体的跨境服务贸易部门有较高的开放度，而发展中经济体则有高程度的限制。洛和波萨迪利亚（Low and Pasadilla，2016）③ 认为跨境服务是全球价值链组成的重要部分，是连接全球价值链的桥梁。霍夫曼等（Hofmann et al.，2017）④ 讨论了第三方贸易成本对增值贸易的影响和全球价值链和贸易协定的内生性问题，研究表明深层次的贸易协议明显提高

---

① Fernandes A, Paunov C. Foreign direct investment in services and manufacturing productivity: Evidence for Chile [J]. Journal of Development Dconomics, 2012, 97 (2): 305 – 321.

② Borchert I, Gootiiz B, Matoo A. Policy barriers to international trade in services: Evidence from a new data-base [J]. The World Bank Economic Review, 2014, 28 (1): 162 – 188.

③ Low P, Pasadilla G O. Services in global value chains-manufacturing-related services [M]. Singapore: World Scientific Publishing Co. Pte. Ltd., 2016.

④ Hofmann C, Onsnago A, Ruta M. Horizontal depth: A new database on the content of preferential trade agreements [M]. The World Bank, 2017.

了全球价值链的贸易水平。有学者认为发展国内服务业可以显著提升服务密集型制成品的竞争优势，国内制成品出口可以更多地受益于对外国服务业的投资（Liu et al.，2018）[①]。陈靓和武雅斌（2019）[②] 认为 USMCA 在服务领域的规则无论从议题的广度和规则的深度来看，都已达到最高水准。

全球价值链的深化促进了深层次服务贸易协议的出现，服务贸易协议的升级促进了全球价值链的深化与融合。

（二）跨境服务贸易自由化的研究

总体来看，可以发现多数国家重视投资便利化，而对跨境服务的自由化关注不够。"禁止要求当地存在规则"是 NAFTA 在跨境服务贸易领域做出的核心承诺，其与国民待遇、市场准入、国内监管条款存在不同程度的交叉关系（石静霞和鄢雨虹，2020）[③]。允许服务跨境提供而不必设立当地存在有助于降低外国服务提供者的成本，加速其融入全球价值链并促进数字贸易发展。为此，中国应完善负面清单管理制度和加强跨境监管，把"禁止要求当地存在规则"逐步引入中国服务贸易立法和协定谈判中。罗伊（Roy，2019）[④] 认为虽然以增加值计算，服务业占世界贸易的 50% 左右，但服务贸易的国别政策往往是限制性的，跨国承诺通常是适度的；采取措施提高服务贸易在政府决策中的地位将有助于改变这一现状。

USMCA 的达成实质是对利益的重新划分，不管是对缔约方还是非缔约方的贸易都会产生深远影响。USMCA 在以下方面制定了跨境服务贸易规则，如允许跨境传输数据，降低市场准入门槛，设定了严格的透明度义务，以附件方式规定了跨境服务清单，建立美国在墨西哥投资的特殊争端解决机制等。洪朝伟和崔凡（2019）[⑤] 运用 GTAP 模型模拟 USMCA 对各经济体的福利、GDP、产业变动等的影响，并且从区域价值链视角分析该协议的原产地规则、劳工条款、非市场经济等条款变化对全球贸易格局可

---

① Liu X P, Mattoo A, Wang Z, et al. Services development and comparative advantage in manu-facturing [R]. World Bank Policy Research Working Paper, No. 8450, 2018.

② 陈靓, 武雅斌. 全球价值链下服务贸易规则的新发展——美墨加协定（USMCA）的视角 [J]. 国际贸易, 2019（2）: 87 – 96.

③ 石静霞, 鄢雨虹. 论服务跨境提供中的"禁止要求当地存在规则"——兼论对我国服务市场开放的启示 [J]. 上海对外经贸大学学报, 2020, 27（3）: 56 – 71.

④ Roy M. Elevating Services: Services Trade Policy, WTO Commitments, and Their Role in Eco-nomic Development and Trade Integration, Staff Working Paper, ERSD – 2019 – 01, March 2019: 35 – 38.

⑤ 洪朝伟, 崔凡.《美墨加协定》对全球经贸格局的影响: 北美区域价值链的视角 [J]. 拉丁美洲研究, 2019, 41（2）: 25 – 43.

能产生的影响，结果表明，某种程度上 USMCA 限制了"圈外国家"的贸易发展。

（三）我国服务贸易发展现状

国内学者对我国服务贸易对外开放问题进行了研究。国际先进服务业进入国内，会给我国服务市场造成一定程度的冲击；但也能促进国内服务业的发展；因此我国应根据世界服务贸易发展的形势，调整相关措施，取消对外国服务和服务提供者的歧视性待遇，制定出统一的服务贸易法律。近十年来，全球跨境服务贸易年均增速是货物贸易年增速的两倍，跨境服务贸易已成为全球贸易的关键驱动因素。2021 年我国跨境服务贸易收支规模已经恢复到 2019 年新冠疫情前水平。

综上所述，USMCA 制定了高水平的跨境服务贸易规则，美、墨、加三方承诺的跨境服务贸易市场开放达到历史高水平，特别是在分销服务、专业服务、运输等领域。在区域跨境服务贸易自由化方面，USMCA 体现出"新领域规则的突破"和"约束力与执行力的加强"的显著特征。

## 二、USMCA 跨境服务贸易规则的解读

USMCA 第 15 章关于跨境服务贸易的条款包含 12 条，与其前身 NAFTA 的内容相比，删除了以下条款：保留、数量限制、非歧视性措施的自由化以及程序条款，增加了市场准入、不符合措施、措施的制定和管理，以及中小企业、付款和转账条款等内容。

（一）关于定义和范围的规则

USMCA 第 15.1 条规定，USMCA 跨境服务贸易包含了 WTO《服务贸易总协定》（GATS）下以跨境交付、境外消费、自然人流动三种服务的提供方式，将商业存在归入到投资规则中。

"服务"是指由一方国民对另一方国民提供的服务，或者是一方国民在另一方领土内提供的服务；在缔约方境内提供的担保投资类服务，则不属于跨境服务贸易的范围。

专业服务是指受过大专教育或同等培训的专业人员提供的服务，并且该服务需要得到专业机构的授权，贸易人员、船只或飞行器人员提供的服务除外。

特种航空服务是指使用的非航空客运或货运的专门作业，如空中灭火、飞行训练、观光、喷洒、测绘、摄影、跳伞、滑翔机拖曳、直升机举升伐木和建筑，以及其他空中农业、工业和检查服务。

USMCA 第 15.2 条跨境服务贸易的范围包括：一方向另一方提供生

产、分销和交付等服务，以及一方向另一方购买、使用服务并支付费用，包括各缔约方相互之间使用与提供服务相关的分销服务、网络服务等。该服务以提供保证金或其他形式的金融担保作为提供服务的条件。跨境服务贸易规则也适用于"采用电子手段"生产、分销、营销、销售或交付的服务。这是第一次以文字的形式在协定中对数字贸易方式予以明确。

（二）关于非歧视性待遇的规则

USMCA 第 15.3 条和第 15.4 条是对国民待遇和最惠国待遇的规定。国民待遇可在国内立法或国际条约中做出规定；而最惠国待遇必须是由国内立法来规定。前者强调平等原则，规定各个缔约方对于国内外服务及其提供者要一视同仁，给予相同的待遇，对中央政府以外的政府而言，这种待遇不能低于该政府给予其所属缔约方的服务及其提供者的最优惠待遇；后者具有自动性、普遍性、同一性和相互性，分为给惠国和受惠国。跨境服务贸易的市场准入，是指该国允许外国的货物、劳务与资本等参与国内市场的程度。任何一缔约方不得限制服务供应商的数量、服务交易或资产的总值，不得限制服务的形式和服务输出总量以及与服务直接有关的自然人的总数，不得设置服务提供者必须通过特定的法人实体或合营企业，才可提供服务的限制条件。一方不能以另一方没有在该方领土内建立代表处或者企业为由而拒绝另一方提供的跨境服务。即使一方并未在其领土内居住或者建立企业，仍可以向该缔约方提供跨境服务。

USMCA 跨境服务贸易的"国民待遇"和"最惠国待遇"条款对政府层级做了明确性补充，规定了"地方政府采取的措施应当是不得低于同类情况下的最好待遇"；对于"不符措施"，如果其中一方认为其他成员的措施对其跨境服务造成了实质性损害，可以与其进行磋商。

（三）关于市场准入的规则

USMCA 第 15.5 条和第 15.8 条规定，任何缔约方均不得以区域划分或领土为基础采取以下限制措施：（1）限制服务供应商的数量，无论是以数量配额、垄断、独家服务供应商的形式，还是以经济需求测试要求为借口；（2）限制以配额的形式或以经济需求测试要求的资产总价值；（3）限制以配额形式或经济需求测试要求的服务产出的数量；（4）限制某一特定服务部门雇用的自然人总数，或服务供应商可雇用的自然人总数，以及以数量配额或经济需求测试要求的提供某一特定服务所必需和直接相关的自然人总数；（5）限制服务供应商通过某一特定类型的实体或合资企业提供的服务。

概括而言，市场准入从数量、价值、服务总数以及雇佣人数、特定企业几方面规定了不得限制的措施，从而提高了跨境服务贸易的开放程度。

涉及市场准入规则的例外有：（1）与政府服务相关的措施，例如政府采购、为行使政府权力而提供的服务、政府支持的贷款、担保或保险等不适用本章；（2）第 17.1 条提到的金融服务，但如果该金融服务是由一方区域内的担保投资提供的，而该担保投资并非第 17.1 条中定义的对金融机构的担保投资，则可适用；（3）航空服务以及用于支持航空的相关服务也不在适用范围内；（4）一方当事人对另一方当事人在寻求进入其就业市场时不负有义务，同时该国民在获得就业方面不享有任何权利。

（四）关于当地存在规则和不符措施、措施的制定与管理的规定

USMCA 第 15.6 条、第 15.7 条、第 15.8 条对当地存在规则和不符合措施、措施的制定与管理等做了规定。

USMCA 第 15.6 条规定，当地存在是指任何一方不得要求另一方的服务提供者在其领土内设立代表处或企业的形式作为提供跨境服务的前提条件。即一方不能以另一方没有在该方领土内建立代表处或者企业为条件，而拒绝另一方提供的跨境服务。

USMCA 第 15.7 条的不符合措施规定，国民待遇、最惠国待遇、市场准入和当地存在条款存在不适用情况。针对以下不符合措施，缔约方可以磋商解决：（1）如果一缔约方认为另一缔约方的区域一级政府采取了不符合规定的措施，且该措施对有关的跨境服务供应造成了重大障碍，则缔约方之间可进行磋商；（2）如果一缔约方认为另一缔约方的中央一级政府采取了不符合规定的措施，且该措施对于有关的跨境服务供应造成了重大障碍，缔约方之间也应进行磋商，双方交流有关措施实施情况的信息，并考虑是否需要采取进一步措施。

USMCA 第 15.8 条的措施的制定与管理规定，为了合理、客观和公正地管理跨境服务贸易，各方制定了普遍的适用规则。（1）如果其中一缔约方规定了对服务的许可要求和相关程序的措施，那么该方要确保这些要求或程序的透明性，而且主管当局可以评估这些标准，同时这些措施是在主管机关不受外界其他因素干扰下独立做出的。（2）如果一方需要提供服务的授权申请，其主管当局可以准许申请人在任何时间内提交申请；如果存在特定的申请期限，则允许在提交申请的合理期限内；如果需要考试，要确保能够安排申请人参加考试，主管当局要尽可能地接受其电子申请，并且提供处理申请的指示性时间表，确保处理申请的完整性。主管当局可以接受当事人法律认证的副本；但主管当局若是为了保护授权过程的完整性，则规定必须是当事人法律认证的原始文件。主管当局要尽可能满足申请人的要求，并在合理时间内以书面形式（包括电子形式）将有关申请的

决定通知申请人；如果申请人的申请不完整，要通知到申请人并告知为何不完整。若申请由于不完整被驳回，则应在合理时间内告知并通知其被驳回的原因和申请人提出上诉或重新提交的程序。一旦授权被授予，便立即生效。（3）各缔约方要确保其主管当局在提供授权的过程中收取的任何授权费是合理、透明的，授权费不包括自然资源使用费、拍卖费、招标费或其他非歧视性的授予特许权费。（4）如果一方要求提供服务的授权，那么要向服务供应商提供以下信息以符合获取、维护、修改和更新该授权的要求或程序，包括费用、主管机关的联系方式、提出上诉或复审的程序、处理申请的指示性时间表以及该方的要求和技术标准。该规定有利于保障各方申请人的利益，进而能更好地管理各方之间的服务贸易，同时也使缔约方拥有较高程度的监管权。

（五）关于承认的规则

USMCA 第 15.9 条对承认的规定为，如果一方在另一方或者非缔约方境内获得了任何的教育及资格证明，则该方可自主承认以上内容。这种承认可以是自主的，也可以通过协商来实现。如果一方自主承认了，该方应向另一方提供充分的机会来证明在另一方领土上获得的教育及资格、满足的要求或颁发的许可证的真实性。最惠国待遇原则中不允许以构成歧视的手段来给予承认。这一定程度上给予了一方对另一方服务提供者承认的自主权与灵活性。附件 15 - C 中提到了专业服务，缔约方特此设立一个专业服务工作组，鼓励其相关机构与其他缔约方的相关机构开展对话，以促进专业服务贸易的发展。

（六）关于发展中小企业服务贸易的规则

USMCA 第 15.10 条规定，在跨境服务贸易方面，各缔约方尽可能地给中小企业创造商业机会。各缔约方应努力支持发展中小企业服务贸易和中小企业扶持型商业模式，积极为中小企业寻求资源以及保护其免受欺诈行为的侵害，同时要采取合适的机制考虑监管行动对中小企业服务供应商的影响，并使小企业能够参与监管政策的制定。各方也要确保服务部门的授权程序不会给中小企业带来不合理的负担。

（七）关于利益拒绝给予的规则

USMCA 第 15.11 条对利益的拒绝给予做了规定。若是由非缔约方控制的企业作为服务的提供者，并且缔约方对非缔约方采取了禁止交易的措施，那么一方就享有拒绝给予非缔约方企业本章利益的权力。各缔约方应允许与跨境提供服务有关的一切转移和付款可自由地进出其领土，并且按照转移时即时的市场汇率自由兑换货币。为了防止或延迟转让或付款，一方当事人可公平、非歧视性和善意地采取有关的法律，例如保护弱势债权人权利的相关法律以及监管机构对于财务转让的记录等法律。

（八）关于付款与转账的规则

USMCA 的跨境服务贸易新增了付款和转账的相关内容，包括：所有缔约方均应允许与跨境提供服务有关的转账和付款可自由和毫不拖延地进出其领土；每个缔约方可以以转账时的市场汇率兑换货币，并进行与跨界服务供应有关的付款。各缔约方可通过下列有关的法律，防止转账或付款的推迟：破产、无力偿债或债权人权利的保护；证券或衍生品的发行、交易；必要时协助金融监管机构对转账进行财务报告或记录；确保在司法或行政程序中遵守命令或判决。该条款并不排除公平、非歧视性和善意地适用一缔约方有关其社会保障、公共退休或强制性储蓄计划等的法律。

（九）关于交付服务的规则

USMCA 附件 15－A 对交付服务、邮政垄断和普遍服务的规则做了说明。交付服务是指与当事方对文件、印刷品、包裹、货物或其他物品或者投资的收集、分类、运输和交付相关的服务。邮政垄断是指缔约方领土内的经营者根据该缔约方的措施提供指定的送货服务的专有权。普遍服务是指根据每一缔约方确定的价格和质量标准向指定地区的所有用户提供的送货服务。

附件 15－A 不适用于海上、内河、航空、铁路或公路运输服务，以及沿海运输。保持邮政垄断的每一方应根据货物价格或重量阈值等定量标准来确定垄断的范围。

每一缔约方均有权确定其希望采用或维持的普遍服务义务的种类。

承担普遍服务义务的每一方应以透明、非歧视、公正的方式对承担义务的所有服务提供者进行管理。

任何一方均不得允许邮政垄断所涵盖的送货服务的提供者：（a）使用从提供此类服务中获得的收入来交叉补贴邮政垄断所未涵盖的交付服务的提供者；或（b）在类似情况下的邮递员之间或在类似情况下的合并者之间在邮递垄断所涵盖的关税征收或其他条款和条件上无故采取差别待遇。

任何缔约方均不得要求在普遍意义上提供送货服务，作为提供邮政专营权未涵盖的送货服务的授权或许可的条件；或为了给普遍服务提供者资金支持而对非普遍服务者收取评估费用或其他费用。

每一缔约方应确保负责监管交付服务的主管部门采取的决定和程序对于所有交付服务均是公正、无歧视和透明的。

任何一方不得要求邮政专营权未涵盖的服务提供者与另一服务提供者

订立合同，或阻止该提供者与另一服务提供者订立合同来提供快递服务。

USMCA 附件 15 – B 关于成立运输服务委员会的规定。

（十）关于专业服务的规则

附件 15 – C 对专业服务的规则做了说明。每一缔约方应在与本国相关机构协商的基础上，与其他缔约方就相互承认专业服务的资格、许可或注册有关的问题开展对话；并在附件 15 – C 下以附件 1 对相互承认协议或安排（mutual recognition agreements or arrangements，MRAs）做出详细说明。下面择其核心进行阐述。

关于相互承认专业服务的资格认可。如果 MRAs 基于对资格的认可，则应说明：（a）所需的最低教育水平（包括入学要求、学习年限和学习科目）；（b）所需的最低经验水平（包括许可证颁发前实际培训或专业实践的地点、时间和条件，以及道德和纪律标准的要求）；（c）通过何类考试，特别是专业能力考试；（d）母国有关资格在东道国得到认可的程度；（e）MRAs 各方准备承认的资格，例如，通过列出某些机构颁发的特定文凭或证书，或通过参考母国当局认证的特定最低要求，包括拥有某一级别的资格是否允许承认某些活动而不承认其他活动。

关于相互承认专业服务的资格注册。如果 MRAs 是基于对母国监管机构做出的许可或注册的认可，则 MRAs 应规定此类注册认可资格的机制。如果认为有必要提出额外要求，MRAs 应详细说明其要求（例如考试、能力测试、在东道国或母国的额外实践、实践培训和考试所用的语言等）。

（十一）关于美、加广播节目服务的规则

附件 15 – D 对广播节目服务的规则做了说明。加拿大应废除广播监管政策 CRTC 2016 – 334 和广播指令 CRTC 2016 – 335。对于上述措施中的节目传输，加拿大应给予源自美国的节目以国民待遇。美国和加拿大应各自在其版权法中规定：（a）只有在节目版权持有人的授权下，才允许向公众免费、通过空中接收上述措施中不包含的节目信号；（b）如果广播节目的原始传输是以公众免费的无线电信号进行的，则只有在节目版权持有人的授权下，才允许以其他形式重传或非同时重传载有版权持有人节目的信号。

关于家庭购物的广播服务。加拿大应确保专门从事家庭购物的美国节目，包括针对加拿大市场的这些美国节目服务的修改版本允许在加拿大发行，并可与加拿大有线电视、卫星电视和 IPTV 分销商展开谈判。

（十二）关于墨西哥文化例外的规则

附件 15 – E 是关于墨西哥文化例外的规则。认识到文化是人类发展创造性、象征性和经济性的组成部分，确认言论自由的基本权利以及获得多元信息的权利，认识到各国拥有维护、发展和实施其文化政策的主权权利，支持其文化产业，以加强文化表现形式的多样性，并保护其文化的独特性，为了保护和促进墨西哥文化的发展，墨西哥在附件15－E下的附件1和附件2就第14章（投资）和第15章（跨境服务贸易）中的某些义务予以保留，具体如下。

附件1：在广播（广播和免费电视）方面予以保留：投资和跨境服务贸易的国民待遇义务，跨境服务贸易中的本地商业存在义务。换言之，墨西哥政府仅向本国国民或根据墨西哥法规组建的企业授予独家优惠和广播频道上的优惠。

● 美国和加拿大的投资者在提供广播服务的特许企业中参股不超过49%。

● 应向墨西哥土著居民及社区提供特许权，目的是促进、发展和维护语言、文化、知识、传统及其准则，保护土著妇女发展权。

● 不得将特许权及其权利、设施、辅助服务、办公室或附属设施以及受其影响的财产全部或部分转让、抵押或以信托形式给予外国政府。

● 应保证促进民族价值观认同的广播特许公司获得更多的播出时间。

在墨西哥境内成立或即将成立的企业中，从事印刷或报纸出版的外资股份不得超过49%。

电影院至少要将总放映时间的10%用于放映国产影片。

附件2：在视听服务方面予以保留：墨西哥在视听服务部门的市场准入上只做出了有限的承诺。

通过对跨境服务贸易规则的条款解读发现，USMCA与NAFTA的跨境服务贸易条款相对比新增了市场准入、申请授权的程序和措施以及付款和转账自由等内容，删除了保留、数量限制以及非强制性措施等条款，对跨境服务贸易的规定与程序更加详细，并且保护了中小企业服务贸易的发展，给各缔约方中小企业带来更多的商业机会。USMCA对跨境服务贸易采用了负面清单管理模式。

### 三、对中国的影响及对策

（一）服务贸易的现状

受新冠疫情影响，全球服务贸易缓慢复苏中。2022年12月WTO发布的全球服务贸易景气指数为98.3，低于2022年6月发布的105.5。

据商务部数据①，2022 年 1～9 月，我国服务进出口总额 44722.7 亿元人民币，同比增长 18.2%；其中服务出口 21480.2 亿元人民币，增长 20.5%；进口 23242.6 亿元人民币，增长 16.1%。服务出口增幅大于进口 4.4 个百分点，带动服务贸易逆差下降 19.6% 至 1762.4 亿元人民币。知识密集型服务贸易稳定增长，出口增长较快的领域是知识产权使用费、电信计算机和信息服务；进口增长较快的领域是保险服务。

由于中国服务贸易的整体发展水平和市场化程度相对滞后，一些资金和人力资本密集型服务业仍具有强的监管和垄断特征，这可能导致服务贸易发展受阻。因此，加快服务贸易高水平开放可为企业"走出去、引进来"提供好的外部环境。

（二）探索负面清单管理模式、加快服务业对外开放步伐

跨境服务贸易的"负面清单"管理模式已成为国际通行规则。在这方面，我国正处于积极探索中。2018 年首张上海自贸区试验区跨境服务贸易负面清单（简称"自贸区负面清单"）是我国跨境服务贸易负面清单管理的"自贸区版"，该清单囊括 13 个门类的共计 159 条不符措施。在此基础上，2021 年 7 月 22 日发布的《中国（上海）自由贸易试验区临港新片区发展"十四五"规划》在探索放宽或取消跨境交付、境外消费、自然人移动等跨境服务贸易市场准入限制上迈出一大步。

2021 年 8 月 26 日实施的《海南自由贸易港跨境服务贸易特别管理措施（负面清单）（2021 年版）》是我国跨境服务贸易负面清单管理的"自贸港版"。通过分析发现，该版在外资准入负面清单涵盖内容上尚有进一步缩减的空间，在数据本地化和数据流动方面亟须出台相关数字贸易规则。

2022 年 1 月 1 日生效的 RCEP 的成员方对投资采用了负面清单管理模式，但包括中国在内的 8 个成员尚未对服务贸易采用负面清单管理。这与中国正处于社会主义初级阶段的"基本国情"和"最大实际"相符合。

（三）借鉴国际经验、优化负面清单管理模式

参考 USMCA 和 CPTPP 发现，跨境服务贸易负面清单管理模式通常要求某成员方列出与当地存在、国民待遇、市场准入、最惠国待遇四项正面义务中有不相符的措施。此类不符措施又可分为当前所采取的不符措施（Ⅰ类），即这些不符措施会维持不变或可能有放松的空间，以日本为例，该类涉及运输服务、专业服务和劳动力就业相关的服务；对于未来可能采

---

① 商务部服贸司负责人介绍 2022 年前三季度服务贸易发展情况（mofcom. gov. cn）。

取更严格的限制性不符措施（Ⅱ类），以日本为例，该类涉及中小学教育、广播服务、能源、航空航天、水产资源调查、鱼类产品加工运输等，或者像 USMCA 中的墨西哥对土著文化的保护。

分析国际经验发现（杨荣珍和陈雨，2020）①，在跨境服务贸易的市场准入上，所列不符措施数量要远少于在当地存在、国民待遇和最惠国待遇上的数目。

对Ⅰ类不符措施，多采用在当地存在和国民待遇上设置不符点，而在最惠国待遇上的不符点措施为最少。

对Ⅱ类不符措施，多采用在当地存在、国民待遇和最惠国待遇上设置不符点，而在市场准入上的不符点措施为最少。

以上经验值得我们借鉴。针对教育、能源、航空航天等涉及国计民生的行业，宜减少在国民待遇上的不符措施，而增加在当地存在和以获得相关部门资格审批或需要通过经济需求测试等方式来限制跨境服务提供，在必要时以保护国内市场。针对有可能进一步采取限制性措施的服务业，一方面要提高开放水平，例如专业服务可以提高开放力度来提升我国制造业服务化水平；另一方面也可以使用兜底措施"保留采取或维持不违背GATS 第 16 条的任何措施的权利"来加强对风险的管控。无论针对哪种类型的负面清单管理模式，都应遵循透明度规则的要求。

---

① 杨荣珍，陈雨. CPTPP 跨境服务贸易负面清单的比较与借鉴［J］. 价格理论与实践，2020（12）：54－57.

# 第十一章 USMCA 商务人员临时入境规则 解读及对中国影响的分析

本章分析了 USMCA 第 16 章对商务人员临时入境规则的规定。

## 一、引 言

USMCA 对商务人员临时流动的规则与 NAFTA 保持一致，整体呈放宽趋势。商务人员临时流动促进一国经济的发展，主要体现在以下几方面：首先，商务人员临时流动的信息效应可以有效降低贸易双方的信息不对称问题；其次，人员的偏好效应可以对贸易产生正向拉动作用；再次，好的信誉效应可以促进贸易往来；最后，技术交流及其外溢效应可以促进经济发展。詹森和马蒂尼（Jansen and Martini，2004）研究显示①，按照 WTO 的 GATS 协定所定义的美国自然人流出率每提高 10%，会使货物贸易进口额相应地提高 3%，货物贸易出口额相应地提高 2.7%；同时，会给跨境交付贸易进口带来 4.7% 的增长，给出口带来 2.9% 的增长，给商业存在的进出口带来 7% 的增长，给境外消费带来 6.7% 的增长。胡安和纳塔莉亚（Juan and Natalia，2007）发现②：一国服务贸易自由化程度提高有助于推动该国货物贸易的增长，服务贸易的规模每增加 10%，货物贸易的规模就相应增加 9.7%，并且运输业和通信业的服务贸易自由化程度提高对货物贸易的推动力度最明显。

对 WTO 的 GATS 协定所定义的自然人流动研究成为近年国内学者关注的热点。由于自然人流动的谈判进程缓慢，因此很多国家在 WTO 之外寻找更加灵活便利的贸易模式（吴峰，2014）③。在 WTO 谈判中，发达国

---

① Jansen Marion, Piermartini Roberta. The Impact of Model 4 Liberalization on Merchandise Trade and on other Modes of Trade in Services [R]. WTO Working Paper, 2004.

② Blyde Juan, Sinyacskaya Natalia. The Impact of Liberalizing Trade in Services on Trade in Goods: An Empirical Investigation [J]. Review of Development Economics, 2007, 11 (3): 566 –583.

③ 吴峰. 国际服务贸易自然人流动规则检视与前瞻 [J]. 商业研究, 2014, 8 (448): 1 –8.

家成员关注改善和巩固在自然人流动自由化方面已做的承诺，而发展中国家成员方则关注自然人流动的资格许可、签证手续等问题。自然人移动产生的网络效应不仅降低了移动成本，还影响了移动的方向（翁国民和宋丽，2020）[①]。自然人移动的网络可以产生"累积效应"和"乘法效应"。当然，本章讨论的商务人员临时入境不同于自然人流动。

## 二、USMCA 有关商务人员临时入境规则的解读

USMCA 第 16 章"商务人士临时入境"条款与自然人流动的规定最为密切。USMCA 中第 16 章的核心条款主要包括八部分。第一部分对商务人士临时入境的定义进行阐述；第二部分解释本章的适用范围，强调了商务人员的临时进入；第三部分监督每一缔约方对本章有关措施的迅速实施；第四部分规定了授予或拒绝临时入境的条件；第五部分要求在线发布或以其他方式公开提供有关临时入境要求的说明材料，以使另一缔约方的商务人员熟悉这些材料；第六部分对设立临时入境工作组进行了规定；第七、第八部分则是有关争端解决的内容；最后，在附录中对临时入境的商务人士的要求以及实施的措施进行说明。

（一）关于商务人员的界定

USMCA 第 16 章明确了商务人员是指从事货物贸易、服务供应或投资活动的一方公民，具体可以分为商务访问者、商人和投资者、企业内部流动人员和专业人士四种类型。临时入境是指另一方的商务人员进入一方领土，而无须永久居留权。本章不适用于影响寻求进入另一方就业市场的自然人的措施，也不适用于关于公民身份、国籍、居住或永久就业的措施。

按照规定：（1）商务访问者包括从事研发设计、生产制造、市场营销、销售服务、分发服务、售后服务以及一般服务的商务人士共七种类型。（2）商人和投资者是指开展贸易，或为企业投资项目提供筹建、开发、管理、咨询以及技术服务等相关业务的人员。（3）企业内部流动人员是指受雇于一国企业的商务人士（包括管理层或具备特定知识的人员），为企业内部提供服务而进行的流动。（4）专业人士是指在附件所列专业内，且具备专业水平人员从事某项商业活动；包括一般类、医学和附属专业类、科学家类以及教师类四大类 63 种，通过列举方式将准予入境的专业人员适用的类别和专业标准给予明确。

---

① 翁国民，宋丽.《美墨加协定》对国际经贸规则的影响及中国之因应——以 NAFTA 与 CPTPP 为比较视角 [J]. 浙江社会科学，2020（8）：20-29，44，155-156.

USMCA 协定在商务人员临时入境的管理上具有较强操作性。USMCA 在附件中针对每一类商务人员临时入境的要求和标准，采用分类列举的方式予以具体规定。以商务访问人员为例，首先要从事协定所列的贸易活动，并提供其国籍为缔约方的证明、入境从事商务活动的证明以及无意进入当地劳动力市场等证明材料；同时对于无须提供就业授权，以及成员方如何认定商务人员从事商务访问活动所必须达到要求的标准进行了具体规定。针对不同类型人员采取区分对待的原则。

USMCA 在商务人员临时入境管理上旨在建立透明的标准和程序。USMCA 要求成员方在商务人员临时入境的市场准入，尤其是在人员分类、设定的标准、准入要求以及法律解释上保持一致，避免因标准不一而构成流动壁垒。同时在 USMCA 的第 16.4 条第 1 款中规定，只要符合公共健康、安全和国家安全以及附件 16 - A 中的规定，各成员应给予商务人员临时入境待遇。这表明只要符合相关类别下的具体要求和条件，且对于东道国不构成公共安全健康和国家安全威胁，就可以准予入境的便利。这种分类列举的承诺模式弥补和改变了以往采取水平承诺过于原则且缺少可操作性的困境，提高了规则的清晰度和可操作性。

（二）关于商务人员与专业人才的规定

USMCA 有关商务人员临时入境的规定有一个明显倾向，即青睐高层次人才或具有较高技术水平或训练有素的熟练劳动力，而将中低技能劳动力排除在外。

（三）降低部分市场准入壁垒的规则

市场准入是指一国允许外国的人员、货物与资本等生产要素参与国内市场的程度。USMCA 第 16 章在商务人员临时市场准入方面，尤其是在劳动力资格测试、数量限制以及前置审批程序方面做出了具体规定。

（1）在劳动资格测试方面。USMCA 第 16 章附件 A 部分第 4 款、附件 B 部分第 2 款、附件 C 部分第 2 款以及附件 D 部分第 2 款，都明确规定各缔约方只能对商务人员临时入境的基本条件进行界定，并给予符合相应条件的人员准予入境的许可；不可在满足此条件下附加劳动资格测试、事先批准程序、申请或其他具有同等效力的程序。这在一定程度上降低了商务人员临时入境的阻碍，促进了流动速度，缩短了申请许可的时间，简化了申请程序，提高了流动效率。

（2）在数量配额方面。USMCA 建议取消数量限定，并严格限制缔约方在准予商务人员临时入境数量上的随意性。即便对专业人士进行数量限制，也必须经过缔约方的协商。

（四）资质认定标准和许可互认机制的规则

缔约方在资质认定标准和许可证书方面的限制要求，也可以构成商务人员临时入境的壁垒。USMCA 在资质认定标准和许可证书方面有如下特点：一方面协定仍进行资质认定和许可证管理，也就是对于临时入境人员需具有一定专业资质，或处于企业的管理层，或受雇于一定规模和类型的商业机构；另一方面在资质认定和许可证书互认方面统一了标准，避免了因标准不一而形成壁垒，从而降低人员流动的承诺水平。

（五）确立承诺兑现、发展以及争议协调保障机制的规则

USMCA 为确保缔约方能够按照规定兑现各自在商务人员临时入境方面的承诺，在 USMCA 第 16.6 条规定，成员间应建立一个临时入境工作组就以下方面问题进行讨论：（1）各成员在有关商务人员临时入境方面的执行情况，以及各自在人员流动管理方面的问题；（2）在互惠互利的基础上，讨论如何发展和采取更为有力的措施方便商务人员的临时入境；（3）讨论如何给予附件 16 – A 中第 B、第 C 或第 D 款中所列的，且已经被批准临时入境超过一年的商务人员的配偶豁免劳动资格测试或相类似的程序；（4）对于商务人员临时入境的规定是否作建设性的修改和补充。通过组建工作组、定期举行会议、专题讨论的工作模式，从制度上确立了良性循环的工作机制。

协定还对在执行中出现争议，如何进行协商解决做了规定。在 USMCA 第 16.7 条针对商务人员临时入境的争端问题上，要求各缔约方只有在涉及操作模式上存在争议或商务人士确已就特定事件用尽一切可用的行政救济后才可以启动该程序。这一方面从制度上保证了争端解决协调的原则，同时也避免了缔约方启动争议协调程序的滥用。争议协调机制和工作组机制各自独立又互为补充，为 USMCA 承诺的兑现、发展和监督起到了保障作用。

### 三、对中国的影响及启示

（一）我国给予商务人员临时入境的承诺

我国在 WTO 服务贸易具体承诺减让表中，对商务人员临时入境有关的措施进行了水平承诺：（1）允许在中国领土内已设立代表处、分公司或子公司的 WTO 成员的企业商务人员临时入境，其入境首期可停留 3 年；（2）被在中国领土内的外商投资企业雇用从事商业活动的 WTO 成员方的商务人员临时入境按有关合同条款规定给予居留许可，或首期居留 3 年，以时间短者为准；（3）销售人员临时入境者不得在中华人民共和国领

土内常驻、不从在中国境内的来源获得报酬、从事与代表服务提供者有关的活动，以就销售该提供者的服务进行谈判人员的入境期限为 90 天。除了上述做出的水平承诺外，我国还专门对以下服务进行部门承诺方式——计算机及其相关服务、法律、医疗、会计、教育、饭店和餐馆、笔译和口译服务以及建筑设计服务、工程、城市规划服务等；并在部门承诺中要求服务提供者必须具有一定的资格及工作经验，或必须获得相关部门的批准。部门承诺是水平承诺的必要补充。

根据 2022 年生效的 RCEP，我国对以下四类商务人员给予临时入境和居留承诺，包括"商务访问人员""公司内部流动人员""合同服务提供者""安装人员和服务人员"；此外，对上述人员的配偶和家属，在对等条件下给予临时入境和居留权利。

（二）影响

USMCA 第 16 章降低了美国、墨西哥和加拿大彼此市场的有关商务人员临时入境的进入壁垒，但区域外的相关人员更难进入北美国家。从文献研究中得出结论，商务人员临时入境流动对进出口贸易有积极推动作用。从此角度看，USMCA"临时入境"的相关规定会抑制中国与美、墨、加之间的进出口贸易。

（三）启示

从 USMCA 商务人员临时入境流动规则情况分析，不难得出商务人员临时入境流动不仅受到本国对外投资规模和服务贸易总体竞争力的影响，而且受到输出国在专业人才培养机制、劳动力市场结构、就业观念以及成员方间政治、经济和外交关系等因素的影响。因此，建立合理的区域经济体商务人员临时入境流动制度，不但可以促进本国劳动力参与区域多边服务贸易，提高外汇收入，提升本国公民的福利，而且可以引进国际上先进的人才和管理经验，提高本国企业的国际竞争力，改善人力资源结构。这对于人口数量庞大、人力资源丰富的我国而言有很多启示。

1. 重视商务人员临时入境流动在国际贸易中的作用

我国商务人员临时入境流动的规模虽然每年都在扩大，但从整体上来看还是有待加强；因此要积极推进我国商务人员流动，进而推动贸易发展。首先，可以通过贸易补贴的手段来加强商务人员临时入境流动。贸易补贴作为一种切实有效的促进措施可促进商务人员临时入境流动规模。具体而言，可以从税收优惠、减免培训费、发展相关基金、增加研究津贴等方面进行补贴。其次，要鼓励我国优势产业跨出国门。近年来，我国 IT 业迅猛发展，在这些行业内都会有很多高技术型人才；加强该行业与国外相关行业的沟通交流，必然带动商务人员临时入境流动，尤其是高技术人员的流动，创造出更高的价值。

2. 为商务人员临时入境流动制定相应的规则

商务人员临时入境流动作为服务贸易的一种，不仅能促进服务贸易的发展，也能促进货物贸易的发展，因此我国应完善促进商务人员临时入境流动的政策措施。建议出台相关的法律条款，鼓励该类人员双向跨境流动，同时也要保障跨境劳动者的权益、规范他们的行为、降低风险，完善海外救助机制。

3. 同其他发展中国家一起争取临时入境商务人员的利益

在全球商务人员临时入境流动中，发达国家所获得的利益始终要高于发展中国家。为了缓解这种不平等的状况，广大发展中国家应联合起来争取自身的利益，加强与发达国家的谈判和协商，合理利用双边和多边的谈判机制促进 GATS 下商务人员流动的自由化，使我国能够从中获得更大的利益。具体为：

第一，拓宽商务人员临时入境流动的准入标准，降低对低技术人员的流动限制，推动发展中国家服务贸易的出口。第二，在 GATS 下制定具体的承诺，明确各项承诺的执行方法，并将此承诺作为各国遵循的准则，使商务人员在国际范围内的流动更加规范，减少由于承诺模糊、不具体等原因带来的流动限制。还要减少各国经济需求测试的内容，在承诺表中明晰测试的范围和标准。第三，要规避东道国对外国临时入境商务人员的歧视性待遇。第四，完善签证制度，签证壁垒是影响作用最大的一种，因此我国应和其他发展中国家一起努力打破签证壁垒，推动商务人员临时入境的流动和国际贸易的发展。

# 第十二章  USMCA 金融服务规则解读及对中国影响的分析

与 TPP 协定相比，USMCA 金融服务规则既有延续性又有创新性，大部分条款沿用了 TPP 中的规定，但在审慎例外以及争端解决机制中加强了抗辩能力以及国家控制权的规定，对"贸易 + 投资"的新方式制定了规则。金融服务开放既能促进一国经济增长，也会带来损害或产生不确定影响。对 USMCA 第 17 章金融服务规则进行解读、探究金融服务开放与经济增长之间的关系，并分析对中国的影响，有助于我国更加合理有效地开放金融服务贸易。

## 一、引  言

1988 年，《美国—加拿大自由贸易协定》成为世界上首个纳入约束性服务贸易规则的自由贸易协定，并以专章规范金融服务。1992 年签署的 NAFTA 对金融服务规则予以细化。NAFTA 极大地提升了美国金融服务业进入墨西哥与加拿大两国的机会，推动了北美金融服务的自由化（Broadman，1993）①。WTO 有关金融服务的规则由三部分构成：一是《服务贸易总协定》（General Agreement on Trade in Services，GATS）的一般规则；二是 GATS 的《金融服务附件》（Annexes on Financial Services）；三是 WTO 成员关于金融服务的具体承诺。此外，乌拉圭回合的一揽子协议还包括一份特殊文件——《关于金融服务承诺的谅解》（Understanding on Commitments in Financial Services，以下简称《谅解》）。以 OECD 国家为主的 34 个 WTO 成员自愿根据《谅解》做出更高水平的金融服务开放承诺，此类承诺按照最惠国待遇适用于所有 WTO 成员方（Thomas，2001）②。

---

① Harry G. Broadman. International Trade and Investment in Services：A Comparative Analysis of the NAFTA, 27 INT' L L, 1993：623 – 642.

② Chantal Thomas. Globalization in Financial Services—What Role for GATS?, 21 Annual Review of Banking Law, 2001：323 – 333.

2001 年启动的多哈回合谈判停滞不前导致 WTO 金融服务规则与经济现实之间的脱节问题愈发严峻。在此背景下，USMCA 协定的金融服务规则具有范本价值：首先，在适用范围、制表模式、审慎例外等诸多条款上沿用美式 FTAs 的实践做法，体现出较强的延续性；其次，与国有企业、数字贸易等新兴议题相比，USMCA 金融服务规则有诸多值得借鉴之处；可为区域贸易协定谈判起到示范作用。

（一）金融服务开放促进了经济增长

金融服务开放促进经济增长的途径主要有：第一，提高资源配置效率。发达国家金融服务机构投资发展中国家，既可以较好地利用其闲置资金，又可以解决资金短缺的问题，提升资金利用效率（Aghion，2004）[1]。金融服务业开放后的竞争效应可以降低企业融资成本（Lin and Huang，2014）[2]。第二，分散风险。通过提升金融系统整体效率，减少市场的波动（Obstfeld，2009）[3]。第三，提高全要素生产率。

（二）金融服务开放带来外部冲击

金融开放包括金融与资本账户开放以及金融服务业开放。资本流动脆弱性会引发经济整体风险上升，进而导致经济恶化甚至危机产生（傅强和张小波，2011）[4]。金融服务业开放触发风险的渠道主要有：第一，信贷风险；第二，金融体系风险，斯蒂格利茨（Stiglitz，2000）[5] 认为外国金融机构进入本国后投资银行、证券、保险等高风险行业有可能加剧金融市场不稳定；第三，宏观经济波动。

（三）金融服务开放与经济发展关系的不确定

金融服务开放为经济增长带来的影响存在不确定性。无论是 20 世纪 90 年代末的亚洲金融危机，还是 2008 年美国金融危机都曾给世界经济带来巨大冲击。

---

① Aghion P. , Bacchetta P. , Banerjee A. Financial development and the instability of open economies [J]. Journal of Monetary Economics，2004，51（6）.

② Lin P. C. , H. C. Huang. Financial Sector Volatility, Banking Market Structure and Exports [J]. The World Economy，2014，37（10）：1388 – 1409.

③ Obstfeld M. International Finance and Growth in Developing Countries：What Have We Learned? [J]. IMF Staff Papers，2009，56（1）.

④ 傅强，张小波. 金融开放外源性风险对中国经济金融稳定与安全的影响分析 [J]. 南开经济研究，2011（3）：30 – 44.

⑤ Stiglitz J. E. Capital Market Liberalization, Economic Growth, and Instability [J]. World Development，2000，28（6）.

## 二、USMCA 金融服务规则的解读

USMCA 第 17 章的金融服务规则由三部分组成：一是包含 21 个条款的正文；二是编号为 17 - A、17 - B、17 - C、17 - D 的 4 个附件，这些附件分别涉及缔约方在跨境金融服务贸易、指定金融监管机构、美墨间金融服务投资争端解决以及禁止本地化要求方面做出的具体承诺或保留；三是金融服务负面清单，分别规定在 USMCA 附件Ⅲ所包含的 3 份文件中。

USMCA "金融服务"章节并非一个完全封闭的体系，而是以相互援引的方式，与其他章节的特定条款保持有限的联系。在规则层面，当"跨境服务贸易"和"投资"两章中的具体条款被"金融服务"章节援引时，其规则可在被援引的范畴内适用于金融服务措施。就负面清单中的不符措施而言，如缔约方在附件Ⅰ和附件Ⅱ的不符措施清单中列明的措施、部门、子部门或活动亦属于"金融服务"章节的涵盖范围，且该缔约方列明的该不符措施不受"投资"或"跨境服务贸易"项下国民待遇、最惠国待遇、禁止高管国籍要求等义务的约束，则该措施应视为也不受相应的金融服务规则的约束。这实质上是在附件Ⅰ、附件Ⅱ、附件Ⅲ涵盖范围存在重合的情况下，将缔约方在附件Ⅰ和附件Ⅱ项下的不符措施保留自动延伸至相应的金融服务领域。此外，USMCA 第 22 章"国有企业与指定垄断"也规定，该章所使用的"金融服务提供者""金融机构"和"金融服务"与金融服务章节中的定义相同。

在 WTO 多边体系内，GATS 以"四分法"——跨境提供、境外消费、商业存在与自然人移动——界定"服务贸易"内涵。GATS 仅规范那些与贸易有关服务的措施。与之相较，USMCA 金融服务规则以"三分法"来界定其涵盖的范围：（1）另一缔约方的金融机构；（2）另一缔约方的投资者，及此类投资者对该缔约方领土内金融机构的投资；（3）跨境金融服务贸易（cross-border trade in financial services）。

USMCA 金融服务规则是从"贸易＋投资"的双重视角出发来划定其适用范围的。前述"三分法"中"另一缔约方的金融机构"与"另一缔约方的投资者及此类投资者对该缔约方领土内的金融机构的投资"，本质上指向的是关于金融服务的跨境投资活动，其涵盖范围较 GATS 项下的"商业存在"更宽。根据该条款，如果投资者本身并未从事金融服务活动，但其对另一缔约方领土内的金融机构进行了投资，该投资者及其投资活动也可受到 USMCA 金融服务规则的保护，而这种情况并不属于 GATS "商业存在"的涵盖范围。因此，USMCA 的适用范围较之 GATS 有所拓展。

需要注意的是，USMCA 引入的"金融机构"概念与 GATS 项下的"商业存在"概念在涵盖范围上既有重合也有区别。USMCA 的"金融机构"是指一个依据其所在国法律的批准从事经营，且所在国法律将其作为金融机构加以监管或监督（regulated or supervised as a financial institution）的金融中介或其他企业。由此可知，USMCA 项下，一个企业能否被认定是金融机构，需根据其所在国的国内法来判断。这种灵活的定义方式，显示出 USMCA 对金融监管空间的维护和重视。

在制表模式上采用"正面清单 + 负面清单"混合方式。作为世界上第一套多边服务贸易规则，GATS 在服务贸易承诺清单的制表模式上以正面清单为主，成员仅在其列明的特定服务部门及特定服务提供模式项下承担具体义务，并可列明其有意维持的市场准入与国民待遇方面的限制措施，总体来看较为保守。

对于"跨境金融服务贸易"，USMCA 以正面制表为主，即缔约方仅在其列明的特定金融服务部门内承担市场准入与国民待遇义务。美、墨、加三方各自关于跨境金融服务贸易领域的正面开放清单，收录于 USMCA 的附件 17 - A 之中。

对于金融服务的跨境投资，USMCA 则采用负面清单模式，缔约方原则上应该开放所有金融服务部门，履行市场准入、国民待遇、最惠国待遇等一般性义务，除非缔约方将现行或者未来的不符措施列入附件Ⅲ，才得以在所列入的不符措施范围内不履行相关义务。

（一）定义规则

USMCA 第 17.1 条金融服务包括所有保险和保险相关服务，以及所有银行和其他金融服务（不包括保险），以及金融性质服务的附带或辅助服务。金融服务具体包括以下活动：

1. 保险和保险相关服务

（a）涉及人寿和非人寿的直接保险（包括共同保险）。（b）再保险和转分保。（c）保险中介，如经纪和代理。（d）保险的辅助服务，如咨询、精算、风险评估和理赔服务。

2. 银行和其他金融服务（不包括保险）

（e）接受公众的存款和其他应偿还的资金。（f）所有类型的贷款，包括消费信贷、抵押信贷、保理业务和商业交易融资。（g）融资租赁。（h）所有支付和汇款服务，包括信用卡、借记卡、旅行支票和银行汇票。（i）担保和承诺。（j）无论是在交易所、场外交易市场还是其他地方，为自己的账户或为客户账户进行交易，包括：（1）货币市场工具

（包括支票、票据、存款单）；（2）外汇；（3）衍生品，包括期货和期权；（4）汇率和利率工具，包括掉期和远期利率协议等产品；（5）可转让证券；（6）其他流通票据和金融资产，包括金条。（k）参与各种证券的发行，包括作为代理人（无论是公募还是私募）承销和配售，以及提供有关的服务。（l）货币经纪。（m）资产管理，如现金或投资组合管理、所有形式的集体投资管理、养老基金管理、保管、存管和信托服务。（n）金融资产的结算和清算服务，包括证券、衍生产品和其他流通票据。（o）由其他金融服务的供应商提供和传输金融信息、金融数据处理和相关软件。（p）关于（e）～（o）项所列活动的咨询、中介和其他辅助金融服务，包括信贷参考和分析、投资和投资组合研究和建议、关于收购的建议以及关于公司重组和战略的建议。

USMCA 第 17.1 条对金融机构、金融服务提供者、投资、公共实体、自我监管组织等给出了更加具体的界定。金融机构是受所在地区授权并受其监管的金融中介机构或企业；金融服务提供者是指在所在地提供金融服务的人员；同时区别于 USMCA 第 14.1 条的规定，USMCA 第 17 章的投资不包含贷款与债务工具；公共实体是指一方拥有或控制的金融机构；自我监管组织是指包括证券或期货交易在内的非政府组织，具有中央或地方政府授权的监督权力。

（二）范围规则

USMCA 第 17.2 条列举了适用以及不适用的范围。本章适用于另一缔约方的金融机构、投资者在己方领土内进行的投资以及跨境金融服务贸易。另外，在 USMCA 第 14.6 条最低待遇标准，第 14.7 条武装冲突或内乱，第 14.8 条征用和补偿，第 14.9 条转移，第 14.13 条特殊手续和信息需求，第 14.14 条拒绝的利益，第 14.16 条投资与环境、健康、安全等相关规定也被纳入本章，主要目的是约束和监管金融服务的跨境贸易。本章不适用于与政府相关的公共服务，例如退休金等社会保障服务、政府采购金融服务以及跨境提供的补贴或赠款、政府提供的贷款、担保和保险等。

（三）非歧视性规则

USMCA 第 17.3 条的国民待遇强调对另一缔约方的投资者和金融机构，以及投资者在金融机构中的投资在以下方面给予国民待遇，包括设立、扩张、收购、出售、管理、经营等业务。同时当一方在另一方开展金融服务活动时，另一方应保证给予他国金融服务和金融服务提供者的待遇不得低于本国的待遇。

USMCA 第 17.4 条的最惠国待遇规定，一缔约方给予另一缔约方的投资者、金融机构、投资者在金融机构的投资、金融服务或跨境金融服务提供者的待遇不得低于其给予第三方的待遇。

**（四）市场准入的规则**

USMCA 第 17.5 条对市场准入规定，任何一缔约方的金融以及跨境金融服务提供商在提供符合要求的金融服务时，另一缔约方不得采取如下限制：提供金融服务时需要满足经济需求测试所要求的内容，这些测试包括数量配额、垄断、独家服务等行为；以经济需求测试的指定单位或数量配额来规定金融服务交易或资产的总价值；限制金融机构与供应商需要满足特定类型的法律实体或合资企业的要求；对所雇用自然人的数量采取限制。

为提高确定性，允许一缔约方对另一缔约方的跨境金融服务供应商或金融工具进行登记注册或授权。

**（五）跨境贸易停顿的规则**

USMCA 第 17.6 条规定，缔约方不得对在 1994 年 1 月 1 日之前得到许可的任何跨境金融服务提供者采取限制措施，或拒绝给予第 17.3 条所规定的国民待遇。

**（六）新金融服务的规定**

新的金融服务是指在另一缔约方境内提供的不在该缔约方境内提供的金融服务，包括没有销售的任何金融服务提供形式或金融产品的销售。USMCA 第 17.7 条规定，一缔约方在满足法律要求下应允许另一缔约方提供新的金融服务。一缔约方可以确定新金融服务所需的法律形式和机构。如果需要取得授权才可以开展服务，那么应该在合理的期限内决定是否给予授权，通常情况下不可以拒绝给予授权。此项条款给予另一缔约方金融机构开展新的金融服务以很大的空间。

**（七）客户信息处理的规则**

USMCA 第 17.8 条规定，并不强制要求一方金融机构或者金融服务提供商披露与个人客户、金融事务或账户相关的信息。

**（八）高级管理人员和董事会的规则**

USMCA 第 17.9 条是为了避免金融机构高级管理人员和董事会成员均由所在国的人员构成的情况出现，规定任何一方不能要求金融机构聘用特定国籍或者所在地的国民为高级管理人员。

**（九）不合格措施的规则**

USMCA 第 17.10 条列举了上述第 3 条国民待遇、第 4 条最惠国待遇、第 5 条市场准入以及第 9 条高级管理人员和董事会的不适用情况，具体为：第一，缔约方在附件 3 附表 A 中规定的中央政府以及地方一级政府中提供的服务；第二，不符合措施的一方将无法享受以上待遇；第三，缔约方在附件 3 附表 B 中所列部门或活动中采取或保持的措施；第四，最惠国待遇条款不适用于《与贸易有关的知识产权协定》（TRIPs）第 5 条以及第 4 条中强制措施的例外，国民待遇条款不适用于 TRIPs 第 3 条以及 USMCA 第 20 章知识产权未涉及的事项。

（十）审慎例外的规则

审慎监管是金融服务监管机制的核心。USMCA 第 17.11 条 "例外条款" 包含审慎①例外、货币和汇率政策例外、资本转移例外、遵守法律法规的必要措施例外。与 GATS 的审慎例外规则相比，USMCA 审慎例外在布局、名称、抗辩范围及反滥用要求等方面均有较大改进，强化了审慎例外的抗辩功能，为缔约方的金融审慎监管预留了空间。

USMCA 在名称上明确了审慎措施的例外属性。GATS《金融服务附件》将内容为 "审慎例外" 的条款命名为 "国内法规"（domestic regulation）。对此，不少批评意见认为，GATS 采用的中性措辞和含糊定位，易导致该条款与 GATS 第 6 条的 "国内法规" 在性质上的混淆，从而削弱该条款蕴含的例外属性。USMCA 直接将审慎例外条款设置在 "例外"（exceptions）条款项下，从而明晰其例外属性与抗辩功能。

另外，CPTPP 与 USMCA 的审慎例外在 "反滥用要求" 的措辞上有区别。CPTPP 使用的 "shall not" 表明最强烈的否定，即 "严禁" 和 "杜绝" 缔约方滥用审慎措施；USMCA 使用的 "must not" 的否定程度稍弱，即缔约方 "不应" 滥用审慎措施。由此可以断定，USMCA 判定一项审慎措施是否被滥用时，可能会采用比 CPTPP 更为宽松的审查标准。这为缔约方的金融监管机构抗辩其审慎措施的正当性提供了余地。

（十一）承认的规则

USMCA 第 17.12 条规定，一缔约方采取的审慎措施可被另一缔约方通过给予自主、协调、基于协议的方式予以承认，另一缔约方在承认这些审慎措施时应该给予充分的机会以证明存在这样的情况，并在适当情况下与有关各方共享信息。同时，对于 USMCA 第 17.4 条最惠国待遇的任何规定不使用审慎措施。

（十二）透明度和管理的规则

USMCA 第 17.13 条对透明度以及授权活动的管理做了规定。在透明

---

① "审慎" 一词是指为了维护个别金融机构和跨境金融服务供应商的安全性、健全性、完整性或财务责任，以及安全、财务和运营完整性可以采取的必要措施。

度方面，任何一缔约方应在切实可行的范围内，预先公布拟采纳的规则并允许有关人士发表意见；在通过最终规则时，应该将通过书面方式收集到的实质性意见在政府部门发表；而发布最终规则之后，应在生效之日前留出合理的时间并及时回复外界有关询问。在授权活动管理方面，除了规定应该允许金融监管机构的申请人在合理的时间内提交申请外，还对提供申请的文件、时限、拒绝理由、收费金额等做了规定。

（十三）自律组织的规定

USMCA 第 17.14 条规定，如果一缔约方要求另一缔约方的金融机构或跨境金融服务提供者成为自我监管组织的一员，以便在其境内提供金融服务，那么应该确保自律组织遵守本章所规定的义务。

（十四）支付和清算系统的规则

目前来看，国家间在支付系统中较为受限的还是电子支付服务，但USMCA 第 17.15 条仅涉及了公共实体的支付①，并未对电子支付做出具体规定；该款要求缔约方允许在其境内设立的另一缔约方的金融机构使用由公共实体经营的支付和清算系统，以及获得的官方资金和再融资手段。

（十五）快速提供保险服务的规定

USMCA 第 17.16 条规定，保持和制定监管程序以加快合格供应商提供保险服务是必要的，这些程序包括：允许引进产品；允许销售个人保险或者除强制保险以外的其他保险；不限制产品引进的数量和频率。如果一方保持监管产品审批程序，应该努力改进这些程序，以方便获得许可的供应商提供保险服务。

（十六）信息传递的规则

USMCA 第 17.17 条提倡保障被保险人个人资料、隐私及信息安全，但是任何一缔约方不能阻止被保险人在其许可、授权或注册的范围内将信息转移出其领土，即被保险人有权转移其信息。

（十七）计算设施位置的规定

通过比较 USMCA 第 19 章"数字经济"与本章"计算设施位置"条款，可以发现 USMCA 第 19 章的规定简明扼要，缔约方不得将使用境内计算设备或在境内设置计算设备作为在其境内从事经营的条件。而本章中"计算设施位置"条款的内容有所松动，为缔约方金融监管机构采取或维持本地化措施留有一定余地。

首先，USMCA 第 17.18 条第 1 款承认金融监管职能的履行离不开信

---

① 公共实体是指一缔约方的中央银行或货币当局，或其拥有或控制的金融机构。

息的获取；其次，第2款规定监管机构必须是基于监管目的而获取信息；再次，该条明确禁止本地化要求的前提，是此类禁止不妨碍金融监管机构从境外即刻、直接、完整与持续地获取被保护人的相关信息。换言之，如果缔约方金融监管机构难以或者无法从境外即刻、直接、完整与持续地获取被保护人的相关信息时，缔约方仍然有权施加计算设备本地化要求。如果采取本地化限制，应给予受影响企业合理的机会寻找补救方案，以最大限度地避免使用限制程度较高的本地化要求。该条还强调，缔约方为保护个人信息、个人隐私以及个人账户私密性而采取或维持的本地化措施可以构成该条的合法例外，只要此类措施不被滥用。

可见，USMCA金融服务规则并未采取"数字经济"章节对计算设备本地化要求的严格规定。

（十八）金融服务委员会的规定

USMCA第17.19条规定，缔约方应该设立由金融服务当局官员组成的金融服务委员会。金融服务委员会负责监督金融服务相关活动的执行、拟订以及审议的相关问题。

（十九）磋商和争端解决的规则

USMCA第17.20条磋商规定，任何一缔约方都可以就影响金融服务活动的事项与另一方进行协商，另一方应该酌情考虑这些请求，并向金融服务委员会报告协商结果。每一缔约方的财政当局应该作为处理不合格措施的联络点，并促进措施执行。本条不能被用于干扰监管、监督、管理和执行事务的处理。

USMCA第17.21条的争端解决规定，首先，USMCA第31章（争端解决）经本条修改后可用于因本章引起的争议解决；其次，对于解决争议的专家组成员的选取应遵循下列原则：主席应该在金融服务或者管理方面具有专门知识或经验，其他小组成员应该在金融服务法律或实践中具有专门知识或经验，并且符合USMCA第31章第8.2条所规定的资格，如果有缔约方想要暂停金融服务行业的承诺，那么此时需要重新召集小组，就拟议的暂停承诺做出裁定。

USMCA第17.21条使金融服务争端解决从CPTPP项下的双轨制变为了单轨制。涉及金融服务的所有争端，不论当事国政府是否援引金融审慎例外，均只能诉诸国家—国家争端解决机制。然而，本章的附件17－C对美国与墨西哥的金融服务投资争端解决机制予以特殊安排，美、墨之间的金融服务投资争端仍可像CPTPP那样适用被调整过的特殊ISDS机制。因此，USMCA项下，美国与加拿大之间、加拿大与墨西哥之间的金融服务争端解决遵循单轨制，即只能适用国家—国家争端解决机制；而美国与墨西哥之间的金融服务争端则沿用了 CPTPP 项下的附条件双轨制，即国家—国家争端解决机制之外，还可诉诸被调整过的特殊 ISDS 机制。

此外，USMCA 还对金融服务争端的诉因类型加以限定。与 WTO 争端解决机制类似，USMCA 的国家—国家争端解决机制也包含"违反之诉"（violation claims）与"非违反之诉"（non-violation claims）两类诉因。根据 USMCA 第 31.2 条的规定，当一缔约方认为另一缔约方实际或拟议的措施与本协定项下的义务不一致，可提起"违反之诉"。"本协定项下的义务"是一个概括的涵盖范围，缔约方关于金融服务方面的义务也被包含在内。不同于 WTO 的"违反之诉"条款的概括界定，USMCA 的"非违反之诉"则以正向列举方式严格限定涵盖范围。USMCA 的缔约方只有当其"货物的国民待遇与市场准入""农业""原产地规则""原产地手续""纺织品""海关管理与贸易便利""卫生检疫措施""技术性贸易壁垒""政府采购""跨境服务贸易"和"知识产权"义务项下合理预期的利益受到损害时，才有权提起"非违反之诉"。不难发现，该"非违反之诉"不包括"金融服务"章节。由此可知，在 USMCA 项下，针对影响金融服务的措施只能提起"违反之诉"，而不能发起"非违反之诉"。

综上所述，USMCA 项下金融服务争端原则上只能适用国家—国家争端解决机制，ISDS 机制只有经调整之后才能适用于美国和墨西哥之间的金融服务投资争端。就诉因而言，缔约方只能就影响金融服务的措施提起"违反之诉"。USMCA 进一步强化了国家在金融服务争端解决方面的主动权与控制力。

（二十）跨境贸易的规则

USMCA 附件 17 - A 介绍了不同缔约方跨境贸易中保险和与保险相关服务、银行及其他金融服务两类的规定。下面分国家对此予以说明：

1. 加拿大的相关说明

USMCA 第 17.3 条（国民待遇）以及第 17.5 条（市场准入）适用于定义中界定的金融服务跨境供应或贸易中有关下列风险的保险：第一，海上运输、商业航空和航空发射及货运，运载货物的车辆及其所产生的任何责任；第二，国际过境货物；第三，再保险和转分保；第四，第一条定义中的保险辅助服务和经纪以及代理等保险中介服务。

USMCA 第 17.3 条以及第 17.5 条也适用于定义中"跨境金融服务供应"中所界定的跨境金融服务供应或贸易。具体有以下种类的服务：提供和转让财务信息和财务数据处理，银行和其他金融服务中有关咨询和其他的辅助金融服务，属于定义中的电子支付服务，财务交易处理，企业之间使用的专有网络处理支付交易的服务。另外，投资建议以及投资组合管理服务也包含在跨境金融服务供应或贸易中，但不包括受托人服务及与集体管理投资计划无关的保管服务和执行服务。

2. 墨西哥的相关说明

墨西哥有关跨境贸易中保险和与保险相关服务、银行及其他金融服务的相关规定与加拿大的规定相似，因此本段着重介绍不同的地方。对墨西哥而言，支付卡是指根据墨西哥法律规定的以实物或电子形式存在的信用卡、借记卡和可充卡，而上文提到过的集体投资计划是指根据墨西哥《投资基金法》设立的"投资基金管理公司"，在另一方领土内组织的金融机构，只有在设立方领土内提供相同服务的情况下，才被授权向位于墨西哥的集体投资计划提供投资组合管理服务。

3. 美国的相关说明

美国有关跨境贸易中保险和与保险相关服务、银行及其他金融服务的相关规定与加拿大的规定相似，下面介绍规定中不同的地方。对美国而言，支付卡意味着信用卡、借记卡、检查卡、ATM卡、预付卡以及其他与这些卡功能相似的实物、电子产品或服务。集体投资计划则是指依据1940年《投资公司法》在证券交易委员会注册的投资公司。

总的来看，跨境金融服务贸易的规定有以下三个特点：首先，增加了跨境金融服务开放力度，这尤其体现在墨西哥相关的承诺中。只要投保人可以证明在墨西哥境内没有从事其主营的保险业务，那么投保人就可以开展此项业务。墨西哥就电子支付做出了明确的规定，而美国和加拿大对传递信息服务做出了说明。其次，更强调市场准入。比较而言，NAFTA没有单独的市场准入条款，GATS对市场准入设置了六条限制性措施，USMCA则强调跨境金融服务领域的市场准入。最后，对于跨境金融服务采取了正面清单的方式；所有承诺开放的部门列在附件中，三个缔约方的开放部门有所不同。

（二十一）负责金融服务当局的规定

本章附件17-B明确了负责金融服务的每个缔约方的当局为加拿大财政部、墨西哥财政与公共信贷部以及美国财政部和美国贸易代表办公室。

总的来说，美国、加拿大和墨西哥是重要的贸易伙伴国，签署USMCA对三国意义重大。就金融服务贸易而言，加拿大分别位列美国金融服务出口目的国第二位以及进口来源国第一位；虽然墨西哥位列第十几位，但其发展潜力不可小觑。USMCA的金融服务开放规则的影响不仅体现在北美，也对其他双边或多边贸易协议谈判产生了不可忽视的影响。

## 三、对中国的影响及借鉴

（一）我国金融服务业开放的特点

首先，我国的金融服务业开放是有序的、渐进的和审慎的开放，遵循了先易后难、先增量后存量、先试验后推广的基本原则（戴金平等，2020）[①]。先开放银行业、保险业后证券业，银行业务开放先外汇业务后人民币业务，保险业务开放先财险业务后寿险业务等。

其次，我国金融服务业开放进程与国家重大改革发展进程保持一致。加入世贸组织是我国对外开放的一个里程碑，金融服务业开放进入加速度阶段。2017 年党的十九大报告中强调推动形成全面对外开放新格局，金融服务业开放进入全面深化阶段；2019～2020 年，一系列重大金融服务业开放政策落地，我国资本市场已经成为世界具有吸引力的投资集聚地，金融服务业的市场准入条件大大放松，外资国民待遇基本实现。

最后，我国金融服务业开放已经处于较高水平。经过 40 多年的改革开放，我国金融服务业从基本封闭状态发展到较高开放水平，中国与世界金融体系一体化的程度在不断提高，中国对国际资本的吸引力正在不断提升。

（二）有利影响

2020 年 5 月，中共中央和国务院颁布《关于新时代加快社会主义市场经济体制改革的意见》，明确提出实行更加主动的开放战略，实施更大范围、更宽领域、更深层次的全面开放。2022 年 10 月 16 日召开的党的二十大明确提出了推进高水平对外开放。基于审慎而稳健的原则，合理平衡我国金融服务开放的成本与收益，把握金融服务业开放的节奏，实现与其他改革开放模块的有机配合，是金融服务业改革开放成功的保障。为了促进我国金融服务的发展，适当放开金融服务、保险服务、投资等方面的限制是必然趋势。

USMCA 中部分条款值得我国在签署贸易协议以及建设自贸区时借鉴。首先，USMCA 对国民待遇、市场准入等问题做出了详细的说明，这有利于条款履行。其次，我国可以借鉴 USMCA 中的审慎例外措施，适当地扩大抗辩范围。再次，有关争端解决方式，USMCA 整体上使用国家—国家

---

① 戴金平，范猛，沈文慧. 中国金融开放的测度与评估［J］. 中国外汇，2020（17）：28 - 31.

争端解决机制，扩大了国家控制权，有利于实施监管措施。最后，我国在金融服务贸易中的监管措施有待加强，可以借鉴 USMCA 有关监管措施的规定。

（三）完善负面清单管理模式

1. 我国金融业负面清单的演化过程

我国金融服务业的负面清单的探索始于 2013 年。以上海自贸试验区为依托，2013～2014 年两年内连续发布了两个版本的外资准入负面清单，将金融行业划分为四个类别；2013 年的版本包含 5 条特别管理条目，2014 年的版本则减少了 1 个特别管理条目。到 2015 年，我国金融服务业的负面清单进入推广阶段。负面清单适用范围从上海自贸区试点逐渐辐射到全国的自贸区。2015 年，负面清单由原先的大类划分方式转变为更具结构性的序号编排方式，并采用了多维度的限制类型，如对机构、准入资质及参股比例等设定了要求，管理措施条目增至 26 项。2017 年发布的负面清单覆盖 11 个自贸区，针对不同大类增加了特别管理条目。同时，设置了多种控制手段，条目描述更加详细，如增加了对机构资产、应拨付货币数目或比例、经营范围等的限制。

从 2017 年开始，我国金融服务业的负面清单逐渐步入了专业化阶段，无论是结构设置还是内容都更加科学。在 2018 年公布的负面清单中，针对跨境金融业服务设置了明确的控制条目，指引性增强，且增加了对条目的细化说明及设置依据，与国际金融业负面清单描述方式的差距大大缩小。同时，外资的市场准入限制维度被划分为 7 个大类，管理限制条目 42 个，业务管理维度则被划分为 10 个大类，共 48 个管理限制条目。

2. 存在的不足

我国金融业负面清单的管理方式、类别划分、结构编排及条目设计的合理性都在逐渐增强，与国际上差距越来越小。进一步需要改进之处有：其一，负面清单的布局过于单一；其二，负面清单缺乏最惠国待遇、机构高管及董事会、跨境贸易的相关措施条目，仅在国民待遇及准入条件类别下设置了条目，涵盖范围较小。其三，虽然具备资格约束、参股约束及禁入范围条目，但对准入约束的本地条件和设立条件未做出限制。其四，特殊管理类的条目为空白。

综上所述，虽然我国负面清单的制定取得了进步，但负面清单的全面性有待提升。

3. 负面清单管理的建议

第一，优化负面清单布局，开拓发展空间。参考世界上有代表性的负面清单，增加设置具备采取或维持任何措施的权利等相关条目，为未来发展赢得空间。第二，创新限制方式，完善内容设置。对于涉及国家安全等特殊的行业领域，可设置准入条件条目，如对外资机构在本国设置的方式及数量进行限制，并制定未来保留条款，根据国内金融业发展状况进行优化。第三，设置互利条目及特殊管理条目，把握主动权（闫寒，2020）①。在协议签署中，我方应对协议国的受益点进行研究并准确把握，设置互利条目以实现互惠互利的目的；设置特殊管理条目为本国的金融业及公共服务业创造有利条件。第四，制定相关法律，提供贸易保障。迄今为止，我国公布的负面清单条目在描述依据上不清晰，这就要求配套实施的法律必须完善，保证负面清单更具指向性，提高公平性和透明度。

（四）通过制度建设强化金融稳定

金融服务业开放不必然意味着增加风险。能否有效防范金融风险主要取决于金融监管制度是否完善、金融市场是否有效、市场约束是否刚性、金融机构是否有良好的风险控制水平（陈雨露，2020）②。近年来，中国系统性风险的评估、防范、预警和金融风险处置机制以及金融监管体系不断完善，金融监管制度逐步建立，宏观审慎管理框架日益完备，抵御金融风险的能力大幅增强，更重要的是，我国经济长期向好，国家治理体系和治理能力不断增强，这些都是有效维护金融安全的重要保障。

扩大开放对监管提出新的挑战。这就需要更加注重加强宏观审慎管理水平。在跨境资本流动方面，要建立健全"宏观审慎＋微观监管"两位一体的管理框架，坚持服务实体经济与防范跨境资本流动风险并重，防范短期投机性资本大进大出。同时，还要加强跨境监管和处置合作，全面落实金融领域的关键国际标准和准则，降低跨境监管套利和风险跨境传染，坚决维护好金融稳定和金融安全。

综上所述，中国可以借鉴 USMCA 关于金融服务的规则，从本国金融服务产业利益、发展水平及监管能力出发，坚定不移扩大金融服务业高水平开放。

---

① 闫寒. 金融服务业负面清单的国际经验借鉴［J］. 经济体制改革，2020（6）：172－177.
② 陈雨露. 继续坚定不移扩大金融服务业高水平开放［J］. 中国金融，2020（6）：9－10.

# 第十三章　USMCA 电信服务规则解读及对中国影响的分析

USMCA 的第 18 章电信服务由 27 个条款及 1 个附件构成。本章首先对国际电信服务贸易的相关研究进行梳理；其次，对 USMCA 电信服务规则进行解读；最后，分析对我国电信服务贸易发展的影响和应对措施。

## 一、引　　言

电信业的垄断导致管理上的低效率和寻租行为；与此同时，技术创新推动了对电信业的放松管制。20 世纪 80 年代以来，世界各国引入竞争、开放的电信市场。由于电信服务与国家安全紧密联系，因此，各国对电信市场的开放持谨慎态度。

### （一）电信服务的概念

1994 年国际电信联盟在纽约通过的《国际电信联盟组织法、公约和行政规则》中提出："电信，是指利用有线、无线、光学或其他电磁系统，传送、发射或者接收符号、信号、文字、图像和声音或其他任何形式信息的活动。"电信服务是指通过电信基础设施，为客户提供实时信息（声音、图像等）等电信业务的过程。随着信息技术和互联网的迅速发展，数据和多媒体通信业务取代了"传送、收发符号、信号、文字、图像和声音"等传统业务，成为电信和网络运营商的主营业务。2018 年，为适应数字经济时代的变化，国际电联对电信进行了重新定义。在此，借用王春晖（2020）① 的定义：电信，是指利用有线、无线的电磁系统或者光电系统，传输、发射、接收、储存、处理语音、数据和多媒体或其他形式信息或数据的活动。

电信服务可以分为基础电信服务和增值电信服务。前者是指提供公共

---

① 王春晖. 重新定义"电信"的立法建议 [J]. 中国电信业，2020（1）：64 – 69.

网络基础设施、公共数据传送和基本语音通话的通信服务业务，以电话、电报、电传为主，为消费者提供实时信息传递服务；后者是指凭借公共网络资源和其他通信设备，向用户提供除基本电信业务以外的多样化信息服务。这些服务附加在基本电信网络上，开发新功能、提高使用价值，故称为增值电信服务，以计算机网络为主的非即时性服务，如电子邮件、语音信箱、数据检索、互联网业务等。

由于电信既可以是一种贸易的产品和服务，又可以是促成其他经济活动的重要传输工具，重要性不言而喻。因此，GATS、诸多相关双边与多边自贸协定和 TISA 在制定电信规则时，通过了一系列义务承诺和监管要求，防止电信主要供应商滥用支配地位，促进电信服务贸易自由化。

（二）电信服务规则的演变

下面将遵循"GATS→区域/双边服务贸易自由化谈判→TISA"的谈判进程，梳理全球电信规则建构的核心内容。

WTO 的《服务贸易总协定》（GATS）规定了各成员在所有服务贸易部门中应承担的一般义务（非歧视性和透明度义务）和具体承诺义务（市场准入、国民待遇和附加承诺义务）。同时，根据成员方在电信服务部门的一致意见，达成《GATS 电信附件》，围绕"接入和使用公共传输网络和服务"规定了各成员在电信服务贸易方面应承担的基本义务作为市场准入标准。1997 年 69 个 WTO 成员方（占全球电信市场的 93%）达成《基础电信协议》，承诺逐步向成员方电信服务提供者开放基础电信设施和服务市场，基础电信管理规则形成。《基础电信协议》的六大原则为：公平竞争，互联互通，普遍服务，许可证条件的公开可用性，监管机构的独立性，透明、非歧视地对稀有资源进行分配和使用。上述三个协议和附件构成了国际电信服务规则体系的基石性文件，规定了各成员方在电信服务部门应承担的基础义务和应遵守的规则。

虽然由美国和澳大利亚倡导的 TISA（Trade in Service Agreement）谈判于 2017 年因美国政府搁置陷入僵局，但在电信开放与电信服务贸易自由化上取得了一定程度的突破。例如，欧盟 2017 年通过了取消国际漫游资费法案，只要在欧盟境内，无论打电话还是上网，不再支付漫游费。

（三）电信市场开放与竞争绩效的研究

电信服务贸易的非竞争性与非透明化严重影响了服务贸易的进行。一方面，打破电信垄断可提高电信服务绩效。罗斯和班纳吉（Ros and Banerjee，2000）发现，拉丁美洲的电信私有化与网络扩张间呈显著正相关关系①；博伊罗德和尼科莱蒂（Boylaud and Nicoletti，2001）发现，自由化进入与电信服务部门有效竞争促使服务价格下降②；阿克代米尔（Akdemir，2007）发现，私有投资促进了欧盟和土耳其的电信业技术进步③，巩固了其电信产业的竞争力。另一方面，在电信领域实施更加自由化的政策对经济产生正面溢出效应。中东和北非国家自由化和开放电信市场强化电信行业绩效的同时，也促进了制造业的出口绩效，便利了跨国生产网络的发展（Rossotto and Sekkat，2005）④。

（四）电信市场管制问题的研究

国际电信服务贸易法律可分为全球性、区域性和各国国内法律规范三个部分。王俊豪（2000）认为逐步实行政企分离是我国电信业发展的关键⑤；鲍莫尔和威利格（Baumol and Willig，2001）在可竞争市场理论中说明，即使市场中只有一个企业，但只要进出壁垒足够低，其行为也是竞争性的⑥；所以对于中国电信市场而言，放松管制应该允许大量非国有资本进入市场，可以增强市场的竞争性。RCEP框架下，由于主要成员对电信服务贸易的跨境提供和商业存在有严格的限制，中国只有通过与别国持牌运营商的商业合作来提供电信服务，在商业存在中普遍存有持股比例上限；同时，中国电信国内法规也存在隐性贸易壁垒风险，监管独立性、必要性上尚需进一步完善（方瑞安，2022）⑦。

## 二、USMCA 电信服务规则的解读

USMCA 第 18 章的电信服务规则包含 27 款和一个附件。表 13 - 1 整理出全部条款的主要内容，其中带有※标的条款与《GATS 电信附件》规

① Ros A J，Banerjee A. Telecommunications Privatization and Tariff Rebalancing：Evidence from Latin America ［J］. Telecommunications Policy，2000，24（3）：233 - 252.

② Boylaud O，Nicoletti G. Regulation，Market Structure and Performance in Telecommunications ［J］. OECD Economic Studies，2001（32）：99 - 142.

③ Akdemir E，Basci E，Togan S. Telecommunications Policy Reform in Turkey ［J］. World Economy，2007，30（7）：1114 - 1138.

④ Rossotto C M，Sekkat K，Varoudakis A. Opening up Telecommunications to Competition and MENA Integration in the World Economy ［J］. Journal of International Development，2005，17（7）：931 - 955.

⑤ 王俊豪. 浙江省基础设施产业政府管制体制改革的基本思路 ［J］. 浙江学刊，2000（3）：144 - 146.

⑥ Baumol W J，Panzar J C，Willig R D. Contestable Markets：An Uprising in the Theory of Industry Structure：Reply ［J］. American Economic Review，1983，73（3）：491 - 496.

⑦ 方瑞安. RCEP 电信服务贸易规则析论 ［J］. 广西社会科学，2022（6）：86 - 95.

定的义务和原则基本一致，未带※标的条款则是 USMCA 的新规定。

表 13 – 1 　　　　　USMCA 第 18 章电信服务条款主要内容一览表

| 18.1※ | 定义 | 解释本章涉及的重要名词 |
|---|---|---|
| 18.2※ | 范围 | 限定本章电信规则的适用范围，说明不适用情况* |
| 18.3※ | 接入和使用 | 电信服务的提供者有权在合理和非歧视的基础上接入和使用公共网络和服务，除非影响了公众获得公共网络服务，缔约方在非必要情况下不得对电信服务提供商接入和使用公共网络随意附加条件 |
| 18.4 | 公共电信服务供应商的义务 | 缔约方应保证公共电信服务供应商提供互联互通、携号转网、拨号对等性和转售等服务 |
| 18.5 | 公共电信服务主要供应商给予的待遇 | 缔约方应保证其领土内的主要供应商在相似情况下给予另一缔约方的供应商不低于给予其子公司、关联公司等服务供应商的待遇 |
| 18.6※ | 竞争保障 | 缔约方应采取适当措施防止境内主要公共电信服务供应商单独或共同地从事反竞争行为（如反竞争性交叉补贴、阻碍其他供应商获得必要信息） |
| 18.7 | 转售 | 缔约方应保证其领土内主要供应商不对转售的公共电信服务施加不合理、歧视性条件或限制 |
| 18.8 | 网络元素非捆绑 | 缔约方应授权其电信监管机构要求境内主要供应商以非捆绑条件和成本导向费率，向其他供应商提供网络元素的接入 |
| 18.9※ | 与主要供应商的互联互通 | 本款对与主要供应商互联互通的一般条件、报价和协议的可获得性等方面做出规定 |
| 18.10 | 对专用线路服务的提供和定价 | 缔约方保证领土内主要供应商在合理期限内，以合理、非歧视的条件和费率，根据公开可获得报价，向另一缔约方的供应商提供专用线路服务 |
| 18.11 | 设备共址服务 | 缔约方保证领土内主要供应商在合理期限内，以合理、非歧视的条件和费率，根据公开可获得报价，及时向另一缔约方的供应商提供互联互通所需设备共址服务 |
| 18.12 | 对电杆、管线、管网和路权的接入 | 缔约方应保证领土内主要供应商按照合理、非歧视和透明的条件和费率及时向另一缔约方的电信服务供应商提供拥有的电杆、管线、管网和路权的接入 |
| 18.13 | 通信海缆系统 | 缔约方应保证境内控制国际通信海缆登录站的主要电信供应商为另一缔约方的供应商提供登录站的接入 |
| 18.14 | 提供增值服务的条件 | 缔约方应在考虑公共政策目标、技术可行性和增值服务性质等方面的前提下，对增值服务的供应进行直接监管 |
| 18.15 | 技术选择的灵活性 | 在符合公共利益的前提下，公共电信服务供应商可灵活选用于提供服务的技术 |
| 18.16 | 监管方法 | 缔约方应根据市场实际情况灵活采取直接监管、发挥市场机制作用或者其他监管方法保证电信服务市场的有效竞争，提升消费者的可选择性和福利 |

| 18.17※ | 电信监管机构 | 缔约方应保证其电信监管机构保持独立性和公正性，且有权对主要供应商施加附加的或不同于对其他供应商的要求 |
|---|---|---|
| 18.18 | 国营企业 | 任何缔约方不得因为境内公共电信服务供应商是中央政府所有，就准许它拥有比其他缔约方的供应商更优惠的待遇 |
| 18.19 | 普遍服务 | 缔约方应对其维持的普遍服务义务以透明、非歧视和竞争中立的方式加以管理 |
| 18.20※ | 许可程序 | 缔约方应保证公共电信服务供应商在申请许可时，许可标准、程序、决定期限和许可条件等的公开可获得性。申请人可获知不予许可等特殊情况的理由 |
| 18.21※ | 稀缺资源的划分和使用 | 缔约方应以客观、及时、透明、非歧视的方式，管理对频谱、码号和路权等电信稀缺资源的划分、使用程序。该条款鼓励通过市场机制划分资源来促进竞争、保障公众利益 |
| 18.22 | 执行 | 缔约方应授予其主管机关对执行所列义务条款情况有效裁决的权力，包括罚款、强制救济、修改、中止或撤销许可 |
| 18.23 | 争端解决 | 企业可诉诸缔约方的电信监管机构或其他相关机构，以及通过复议和司法审查解决电信争端 |
| 18.24※ | 透明度 | 缔约方应保证电信监管机构就法规提案征求意见公开透明；保证与公共电信服务相关措施（如许可条件、技术接口规格等）可公开获得 |
| 18.25 | 国际漫游服务 | 缔约方应努力提高国际漫游服务费率的透明度和合理性，如促进费率的公开可获得性、降低漫游替代技术的使用障碍以增加消费者福利、促进缔约方间的贸易往来 |
| 18.26 | 与其他章的关系 | 本章与其他章节规定不一致处以本章为准 |
| 18.27 | 电信委员会 | 电信委员会由每一缔约方政府代表构成，执行审议、监督、报告等职能。缔约方可要求具有专门知识的代表出席会议 |
| 附件 | 农村电话供应商——美国 | 农村本地交换运营商和农村电话公司可免除部分承诺义务，如携号转网、转售 |

注：＊本章使用（a）与进入和使用公共电信网络或服务有关的措施。（b）与公共电信服务提供者的义务有关的措施。（c）与提供增值服务有关的措施；以及与公共电信网络或服务有关的任何其他措施。

本章不适用于与广播或有线电视节目分配有关的措施，除非是为了确保经营广播电台或有线电视系统的企业能够继续接入和使用公共电信网络和服务，如第18.3条（接入和使用）所规定。

本章中的任何内容都不应被解释为要求缔约方：（a）建立、建设、获取、租赁、运营或提供不向公众普遍提供的电信网络或服务，或要求缔约方迫使企业这样做；或（b）迫使专门从事广播或有线电视节目传播的企业将其广播或有线电视设施作为公共电信网络提供。

资料来源：根据 USMCA 协议内容整理。

USMCA 电信服务规则深化了 GATS 的核心内容，其宗旨是降低电信服务贸易壁垒，便利供应商接入、使用公共电信网络服务，促进互联互通，遏制垄断牟利，加强市场竞争，提升公共电信网络服务的普遍获得性，保障消费者权益。结合 USMCA 与 CPTPP、RCEP 的电信服务规则，对比分析如表 13 - 2 所示。

表 13 - 2　　USMCA 与 CPTPP、RCEP 在电信服务条款上的比较

| 序号 | USMCA（27 + 1 条） | CPTPP（26 条） | RCEP（23 条） |
|---|---|---|---|
| 1 | 定义 | 定义 | 定义 |
| 2 | 范围 | 范围 | 范围 |
| 3 | 接入和使用 | 接入和使用 | 接入和使用 |
| 4 | 公共电信服务供应商的义务 | 公共电信服务供应商的义务 | **只提供号码携带** |
| 5 | 公共电信服务主要供应商给予的待遇 | 公共电信服务主要供应商给予的待遇 | 公共电信服务主要供应商给予的待遇 |
| 6 | 竞争保障 | 竞争保障 | 竞争保障 |
| 7 | **转售** | 转售 | 转售 |
| 8 | 网络元素非捆绑 | 网络元素非捆绑 | 网络元素的非捆绑 |
| 9 | 与主要供应商的互联互通 | 与主要供应商的互联互通 | 互联互通 |
| 10 | 对专用线路服务的提供和定价 | 对专用线路服务的提供和定价 | 专用线路服务的提供和定价 |
| 11 | 共址服务 | 共址服务 | 共址服务 |
| 12 | 对电杆、管线、管网和路权的接入 | 对电杆、管线、管网和路权的接入 | 对电杆、管线、管网和路权的接入 |
| 13 | 通信海缆系统 | 国际通信海缆系统 | 国际海底电缆系统 |
| 14 | **提供增值服务的条件** | 无 | 无 |
| 15 | 技术选择的灵活性 | 技术选择的灵活性 | 技术选择的灵活性 |
| 16 | 监管方法 | 监管方法 | 监管方法 |
| 17 | **电信监管机构** | 独立监管机构和政府所有权 | 独立电信监管机构 |
| 18 | **国营企业规定** | 无 | 无 |
| 19 | 普遍服务 | 普遍服务 | 普遍服务 |
| 20 | 许可程序 | 许可程序 | 许可程序 |
| 21 | 稀缺资源的划分和使用 | 稀缺资源的划分和使用 | 稀缺资源分配和使用 |
| 22 | 执行 | 执行 | 无 |
| 23 | 争端解决 | 争端解决 | **电信争端解决机制** |
| 24 | 透明度 | 透明度 | 透明度 |
| 25 | **国际漫游服务** | 国际漫游服务 | 国际漫游服务 |

| 序号 | USMCA (27 + 1 条) | CPTPP (26 条) | RCEP (23 条) |
|------|------------------|--------------|--------------|
| 26 | 与其他章的关系 | 与其他章的关系 | 无 |
| 27 | 电信委员会 | 电信委员会 | 无 |
| 28 | 无 | 与国际组织的关系 | 与国际组织的关系 |
| 附件 | 农村电话供应商——美国 | 农村电话供应商——美国 | 无 |

注：黑色加粗部分下划线处是 USMCA 与 CPTPP、RCEP 的不同点。根据相关协议内容整理。

从表 13 - 2 中可以看出，与 USMCA 相比，RCEP 缺乏提供增值服务的条件规定、国营企业、电信委员会、监管机构执行等内容，对电信争端解决机制的规定也不够全面。RCEP 只规定了企业可以诉诸缔约方电信监管机构或申请复议来解决争端。USMCA 救济方式包括向电信监管机构求助，申请复议和司法审查，争端解决的程序更加完备。这体现了透明度的原则，公共电信服务供应商有权援引特定条款，就相关争议诉诸电信监管机构；如果电信监管机构拒绝采取行动，则应当在合理期限内，对决定做出书面说明。

### 三、对中国的影响

USMCA 电信服务规则将对世界电信服务产生重大影响。中国所承诺的电信服务开放程度（以 RCEP 为代表）与美国主导推行的电信开放标准有一定距离。中国电信服务业在国际电信服务自由化大背景下，需稳步有序推进。

（一）挑战

随着全球电信市场逐步自由化，各国电信市场的垄断将被打破。

首先，关于市场准入的挑战。我国电信市场准入方面有严格的外资股权比例限制和国有股份比例要求，尤其在基础电信业务上。我国目前实行准入前国民待遇加负面清单的外资管理模式，但在电信产业仍然设置了一定的外资持股比例限制。2022 年生效的 RCEP 中，中国承诺在寻呼服务以外的基础电信服务上，允许外国的服务提供者设立企业，外资占股不得超过 49%；在基础电信服务上，允许外国的服务提供者设立企业，外资占股不得超过 50%。中国和其他 8 个成员以正面清单方式对电信服务贸易进行管理，承诺 RCEP 协定生效 6 年后改为负面清单管理方式。在 USMCA 框架下，任何成员方不得在其境内要求服务提供者以特定法律实体的形式提供服务，这与我国的规定相冲突。另外，USMCA 中规定不得禁止电信服务的转售，而我国将转售与基础电信业务绑定，如果外商想要通过转售租用营运商的基础设施，就要获得基础电信服务牌照，造成国外电信营运商不能有效进入中国市场。

其次，关于电信监管的挑战。USMCA 第 18.17 条规定了电信监管机构的独立性与公正性，应与任何公共电信服务商分离，以及在市场充分竞争的情况下否认监管的必然性。在我国，电信部门必须在国家的监管之下，三大电信央企提供基础电信服务，而其内部高管的调整纳入国有资产管理部门的管辖范畴。在 USMCA 框架下对电信监管的高要求和高标准，与我国电信监管形成对比。

最后，关于透明度的挑战。USMCA 关于透明度的要求较高，如及时公布相关法律法规的一般义务以及向利害关系人提供评议的合理机会等。相比之下，我国现行电信法律主要是行政法规、部门规章及部门规范性文件等。外资在进入中国时难以清晰地了解我国立法框架从而对外资进入产生阻碍。此外，我国电信监管部门（工信部）没有明文规定要公开征求意见和相关利害人的相关程序性规定。

USMCA 协议生效会对我国电信市场透明度要求带来挑战。

（二）机遇

USMCA 第 18.3 条"公共电信服务的接入和使用"中注明并不禁止任何缔约方关于获得许可证后才可以在境内开展电信服务的要求。关于电信经营牌照，2020 年 4 月，美国以中国电信在美国经营授权对美国构成国家安全与执法风险为由，欲吊销中国电信在美国经营国际电信业务的牌照，这会导致中、美两国之间网络访问速度变慢。

USMCA 电信章节涵盖数字贸易规则的第 18.15 条要求各缔约方不得剥夺公共电信服务提供商选择技术的自由。数字贸易基础设施如海底与陆地电缆、卫星与无线网络、互联网交换点和其他设备均属于电信行业。USMCA 关于电信部门市场准入限制大大降低。上述规定对中国电信市场开放带来挑战的同时，也为加快我国电信市场改革带来了机遇。

（三）以主权安全为基本原则开放电信市场

第一，电信服务涉及国家主权安全以及经济发展问题。因此，国家要保证电信行业不能为外商控制，制定电信服务贸易相关法律法规要以国家主权安全为基本原则。

第二，电信行业要通过有效竞争，提高服务质量。中国电信行业竞争力不足，主要是依靠国家政策形成垄断，企业缺乏提高核心竞争力、寻求技术进步的动力；因此需要建立经营许可证制度，允许合规企业进入电信行业参与竞争，建立经营许可证审核制度，保证电信服务发展的安全。

第三，建立互联互通相关法律制度。我国电信市场内的基础电信网络由主要的运营商垄断整个电信市场。新的电信运营商想要提供电信服务，自建基础网络设施的成本太高，与主要运营商进行谈判时处于被支配的地位，无法获得合理的价格。因此，国家需要建立互联互通相关的法律法规，规范电信市场，提高电信市场的竞争力。

（四）完善电信监管公开透明的机制

电信监管的核心是保证监管机构的独立性、公正性，因此电信监管机构要完善公开、透明的管理机制。电信监管机构要及时公开电信服务贸易相关的法律法规，公开进行电信管理的程序，设置公众参与管理的通道，设置公众获取信息的渠道。法律法规和执行程序的公开透明是建立良好的营商环境不可缺少的手段，可以帮助其他国家更好地了解中国电信服务贸易的状况，树立良好的国际形象，为中国加入其他高标准的电信服务协议打下良好的基础。

（五）以 RCEP 为契机、推进"一带一路"共建国家电信服务合作

中国在 RCEP 中就电信服务开放采用正面清单管理，并承诺在协议生效 6 年后改为负面清单管理模式。这些规则的制定和探索势必为"一带一路"共建国家电信服务领域合作提供参考。通过不断推进电信服务贸易的发展，建立具有中国特色的、为合作伙伴所能接受的电信服务规则，可以促进"一带一路"共建国家电信服务标准与中国的对接，统一电信服务贸易中涉及的各种标准和规范，建立完善的电信服务贸易体系。

# 第十四章 USMCA 数字贸易规则的解读及对中国影响的分析

USMCA 第 19 章的数字贸易规则是在 TPP 第 14 条电子商务条款基础上协商而成的。本章将 USMCA 的数字贸易条款分成与 TPP 无差别的条款、对 TPP 中原有条款的补充、TPP 中未提及的新条款三部分进行解读，并分析了对我国产生的影响。

## 一、引　言

起始于 1998 年的 WTO 电子商务谈判议题伴随数字经济的迅猛发展引起高度关注。经济活动的日益数字化带来了贸易规则和监管等新问题，为此 WTO 各成员方开始重视并强化电子商务/数字贸易新规则的制定。2019 年 1 月 25 日，WTO 的 76 个成员方签署了《电子商务的联合声明》旨在更新贸易规则以推动数字经济发展。从 WTO 成员方现有的提案看，在电子商务便利化和消费者权益维护方面多持一致性的意见；在跨境数据流动、数据本地化、计算机设施本地化、源代码保护、网络安全等议题上存在较多的分歧。

WTO 关于数字贸易领域框架的缺失无法为全球数字贸易高效安全运行提供保障制度（李墨丝，2017）[①]。这源于发展中国家的信息收集、技术发展远不如发达国家，比如跨境信息自由流动、数据存储本地化、个人信息保护、知识产权等问题，使得发展中国家在数字贸易规则谈判上的动力不足（陈超凡等，2018）[②]。由于在多边贸易体制下难以对数字贸易规则达成共识，美国转而寻求区域层面开展数字贸易合作。

数字贸易规则具有高度国际化特性。数字贸易使企业能获得更多的信

---

① 李墨丝．超大型自由贸易协定中数字贸易规则及谈判的新趋势［J］．上海师范大学学报（哲学社会科学版），2017，46（1）：100 – 107．
② 陈超凡，刘浩．全球数字贸易发展态势、限制因素及中国对策［J］．理论学刊，2018（5）：48 – 55．

息来满足消费者，提升了企业的研发创新能力；数字贸易对出口企业质量升级的影响大于非出口企业（袁其刚和王敏哲，2022）①。由于美、墨、加三国的经济发展水平不同，谈判的相互依赖程度也不同。相对墨西哥而言，加拿大对美国的依赖度要低，且加拿大与美国有诸多数字贸易上的往来，所以，USMCA 关于数字贸易谈判的分歧主要是在美、加之间展开的。例如，在关于"数字产品的非歧视性待遇"的范围、"跨境信息自由流动"等议题上双方多次陷入谈判僵局。在 USMCA 协定之前，TPP 形成了一套基本的数字贸易规则框架，如在"电子签名""无纸贸易""跨境信息的自由流动"等议题上已达成共识。USMCA 的数字贸易新规则除直接引用 TPP 的一些条款外，也进行了修正，同时还增加了新内容。

## 二、USMCA 数字贸易规则的解读

（一）USMCA 与 TPP 无差别的数字贸易规则

1. 关于定义的界定

USMCA 第 19.1 条规定：

"算法"是指一个确定的步骤序列，用来解决一个问题或获得一个结果。

"计算设施"是用来处理或储存资料作商业用途的电脑服务器或储存装置。

"覆盖的人"是指：（a）第 1.5 条（一般定义）所界定的担保投资；（b）第 14.1 条（定义）中的一方投资者；或（c）第 15.1 条（定义）中一方的服务供应商，但不包括第 17.1 条（定义）所定义的受保护人员。②

"数字产品"是指数字编码的计算机程序、文本、视频、图像、录音或其他产品，它是为商业销售或发行而生产的，并且可以电子方式传输的。准确来讲，数字产品不包括金融工具（包括货币）的数字化形式。

"电子认证"是指核实电子通信或交易当事人的身份，确保电子通信完整性的过程或行为。

"电子签名"是指数据以电子印章或逻辑上相关的电子文档或消息来表示的签名信息，这可以用来确定签署电子文档或消息并显示签署批准的电子文档或消息中包含的信息。

---

① 袁其刚，王敏哲. 数字贸易赋能制造业质量变革机制与效应——来自跨境电子商务综合试验区的准自然实验 [J]. 工业技术经济，2022，41（1）：62-70.
② USMCA 的第 14 章投资；第 15 章跨境服务贸易；第 17 章金融服务。

"政府信息"是指由中央政府持有的非专有信息，包括数据。

"个人信息"是指关于已识别或可识别的自然人的信息，包括数据。

"信息内容提供者"是指全部或部分创建或开发通过互联网或其他交互式计算机服务提供的信息的个人或实体；交互式计算机服务是指提供或允许电子存取的系统或服务，由多个用户连接到一台计算机服务器。

"贸易管理文件"是指由一方签发或控制的、必须由进出口商填写的与货物进出口有关的表格。

"未经请求的电子商业通信"是指未经收件人同意或在收件人明确拒绝的情况下，将未经收件人同意的用于商业或营销目的的电子信息发送到收件人的电子地址。

2. 关于范围和一般规定

USMCA 第 19.2 条说明了缔约方的一般义务和例外情况。各缔约方应认识到数字贸易带来的经济增长和机遇，以及促进消费者对数字贸易的信心和避免对数字贸易的使用和发展设置不必要障碍的重要性。本章不适用于：（1）政府采购；（2）除第 19.18 条（公开政府数据）外，向由一方或其代表持有或处理的信息，或与该信息有关的措施，包括与其收集有关的措施开放。同时规定了缔约方须遵守 USMCA 投资（第 14 章）、跨境服务（第 15 章）、金融服务（第 17 章）所规定的义务。

3. 关于关税的规则

USMCA 第 19.3 条规定不得向通过电子方式传输的数字产品贸易收取关税、费用或其他费用，当然并不排除一方对通过电子方式传输的数字产品征收国内的税款、费用或其他费用。

4. 关于电子认证和电子签名的规则

USMCA 第 19.6 条承认电子形式签名的法律效力，各缔约方为促进数字贸易发展，应该尽最大可能保证减少数字贸易企业在使用电子认证和电子签名时所受到的限制。任何一缔约方都可要求，就某一类交易而言，电子签字或鉴定方法应符合某些执行标准，或由依照其法律认可的当局核证；同时各缔约方应鼓励使用可互相认可的电子认证。

5. 关于在线消费者保护的规则

USMCA 第 19.7 条规定，为保护消费者的权益，各缔约方意识到采取和保持透明和有效措施的重要性，以保护消费者在从事数字贸易时免受第 21.4.2 款（消费者保护）所述的欺诈或欺骗性商业活动的影响；每一方应通过或维持消费者保护法，禁止对从事网上商业行为的消费者造成损害或潜在损害的欺诈性和欺骗性商业活动；各方认识到各自国家消费者保护机构或其他相关机构就与跨境数字贸易有关的活动开展合作以增进消费者福祉的重要性和公众利益。为此，各方确认，第 21.4.3 ~ 第 21.4.5 条（消费者保护）下的合作包括在线商业方面的合作。

6. 关于无纸化交易的规则

USMCA 第 19.9 条规定，各缔约方应努力接受以电子方式提交的贸易管理文件，该文件应具有与该文件的纸质版本同等的法律效力。该条精简了数字贸易的程序，减少了交易成本，推动了数字贸易的发展。

7. 关于利用互联网进行数字贸易的原则

USMCA 第 19.10 条规定，各缔约方保障领土内的消费者可以在合法范围内使用互联网来查阅和使用消费者选择的服务和应用程序；但须符合合理的网络管理，使用的设备不得损害互联网络。

8. 关于非应邀商业电子通信的规则

USMCA 第 19.13 条是对消费者权益的保护：（1）该条第 1 款要求各方采取或维持措施，限制未经请求的商业电子通信；（2）第 2 款要求提高接受人阻止继续接受此类信息的能力；（3）第 3 款要求各方努力采取或维持措施，使消费者能够减少或防止发送到电子邮件地址以外的未经请求的商业电子通信；（4）第 4 款规定应在其法律中明确对不遵守根据第 2 款或第 3 款采取或维持的措施的、未经请求的商业电子通信的供应商保留追索权；（5）第 5 款规定各缔约方加强合作。

（二）USMCA 对 TPP 补充的数字贸易规则

1. 将"数字产品的非歧视性待遇"范围扩展到广播产品的规定

为提升本国数字产品的竞争力，美国添加了缔约各方需对数字产品给予非歧视待遇的条款。如美国—新加坡 FTA 的第 14.3 条（2003）①、美国—澳大利亚 FTA 的第 16.4 条（2004）② 等；值得注意的是，这些条款无一例外地规定了广播服务产品并不适用非歧视待遇。USMCA 的第 19.4 条对广播产品享受非歧视待遇做出了新的规定。加拿大一直采取措施抵御外来文化产品的输入以保护本国文化产品。比如加拿大规定"外国广播必须插播加拿大本土广告""在收视黄金时段加拿大的电视内容必须占到一半以上"以及"外来广播许可证要求"等。USMCA 的第 19.4 条将广播产品享受非歧视待遇的"例外"废除，无疑是大的突破。

---

① USTR. Singapore FTA［EB/OL］. https：//ustr. gov/sites/default/files/uploads/agreements/fta/singapore/asset_upload_file708_4036. pdf.

② USTR. Australian FTA［EB/OL］. https：//ustr. gov/sites/default/files/uploads/agreements/fta/australia/asset_upload_file148_5168. pdf.

2. USMCA 第 19.5 条对"国内电子交易框架"条款更具体的规定

USMCA 第 19.5 条规定每一缔约方应根据《贸易法委员会 1996 年电子商务示范法》的原则，维持适用于电子交易的法律框架。

3. USMCA 第 19.8 条对"个人信息保护"条款更具体的规定

如果各国无法对数字贸易用户的个人信息进行有效的保护，势必打击数字贸易消费者的信心。TPP 在第 14.8 条中虽然引入了"个人信息保护"条款，但局限于要求各缔约方认识到保护个人信息的重要性并呼吁建立保护消费者的法律框架，而对如何解决"侵权问题"并没有做出规定。USMCA 在第 19.8 条中有了更具体的补充规定：

（1）该条第 2 款中规定通过建立法律框架来保护数字贸易消费者的个人信息安全。在制定法律框架时，各方应考虑相关国际机构的原则和准则，如《亚太经合组织隐私框架》和《经济合作与发展组织理事会关于保护隐私和个人数据跨境流动准则的建议》（2013）。

（2）第 3 款规定应遵守的基本原则包括：限制收集、选择、数据质量、目的规范、使用限制、安全保障措施、透明度、个人的参与和问责制。

（3）第 5 款规定各方应公布其向数字贸易用户提供的个人信息保护，包括：（a）自然人如何寻求补救；（b）企业如何遵守法律规定。

（4）第 6 款规定，由于各方可能采取不同的法律方法保护个人信息，各方应鼓励建立机制，促进这些不同制度之间的兼容性。各缔约方应努力就其管辖范围内适用的机制交换信息，并探讨如何扩展这些或其他适当安排，以促进彼此之间的兼容性。各方可借鉴亚太经合组织跨境隐私规则体系，以此建立促进跨境信息传输和保护个人信息的有效机制。

4. USMCA 第 19.11 条删除"跨境信息传输"条中"各自监管需求"的规定

美国首次在美国—韩国 FTA（2007）第 15.8 条中提出要促进跨境信息的自由流动，但该条款局限于承认跨境信息流动的重要性，并没有实质性的要求。在 TPP 的第 14.11 条中明确提出了要促进跨境信息的自由流动，但同时也有一个"各缔约方应认识到缔约各方在促进跨境信息自由流动的同时有各自的监管要求"的规定[1]；不过"各自的监管要求"并没有明确的界定，各缔约方对此理解不一。由于该条的"例外规定"使用的对

---

[1] USTR. KORUS FTA［EB/OL］. https：//ustr. gov/sites/default/files/uploads/agreements/fta/korus/asset_upload_file816_12714. pdf.

象没有明确的规定，所以美国经常会遇到数据流动的阻碍和限制，因此想废除该项"例外规定"；而加拿大则认为废除后会侵犯到个人信息保护问题，因此想继续保留。USMCA 的第 19.11 条删除了"各自的监管要求"这一例外条例。

5. USMCA 第 19.12 条删除"计算设施的位置"中一些例外条例

TPP 在第 19.14.13 条中规定"任何一缔约方均不得要求自身在其领土内使用或设置计算设施，以此作为在该领土内开展业务的条件"。但同时允许存在例外条例，比如"缔约方监管例外"以及"合法公共政策目标例外"。美国拥有领先的云存储设备，它的企业可以为境外消费者提供数据存储以及处理服务，而该条款的例外条例无疑会使其他缔约方采取保护本国产业的措施，从而损害美国企业的利益，甚至威胁到计算机运行效率以及安全性能（Propp，2017）①。为此，美国在 USMCA 的第 19.12 条提出了新的方案，删除了"缔约方监管例外"和"合法公共政策目标例外"。

6. USMCA 第 19.14 条对"合作"条款的补充

在 TPP 中，各缔约方认识到数字贸易合作的重要性。USMCA 第 19.14 条对"合作"条款进行了扩展：（1）第 19.14.1.a 条规定，认识到数字贸易的全球性质，各缔约方应努力就有关数码贸易的规例、政策、执法和遵从事宜交换资料和分享经验，要重视个人信息的保护，特别是为了加强现有的国际合作机制，以执行保护隐私的法律；（2）第 19.14.1.b 条规定，各缔约方就促进和发展机制进行合作并保持对话，以促进全球隐私制度的互操作性；（3）第 19.14.1.e 条规定，各缔约方应合作帮助那些获取信息和技术能力欠缺的企业；（4）第 19.14.1.f 条规定，各缔约方通过国际跨界合作倡议，建立机制，方便协助用户就个人信息保护问题提出跨界申诉。

7. USMCA 第 19.15 条对"网络安全"条款的补充

如果安全问题得不到保障，无疑会影响数字贸易用户的信任度。TPP 的第 19.14.16 条意识到网络安全的重要性，各缔约方应建立各自国家实体，提高网络安全事故响应的能力以及加强现有协作机制。鉴于网络安全威胁的不断演变，USMCA 在第 19.15.2 条做了补充：在应对这些威胁方面，基于风险的方法可能比规范性法规更有效；因此，各方应努力采用并鼓励其企业采用基于共识标准和最佳风险管理实践的方法，以识别风险和保护网络安全。

---

① Kenneth Propp. Digital Trade is a NAFTA "Must – Win" ［EB/OL］. ［2017 – 09 – 12］. https：//morningconsult. com/opinions/.

8. USMCA 第 19.16 条对"源代码"条款的补充

源代码是一种知识产权。TPP 的第 14.17 条中做出了"任何缔约方均不得要求以转让或获取另一缔约方个人拥有的软件的源代码，作为其境内进口、分销、销售或使用该软件或含有该软件的产品的条件"的规定，而这些软件并不包括关键基础设施的软件。USMCA 的第 19.16 条对于该款将"源代码的算法"也补充到了禁止范畴，同时删除了"不包括基础设施的软件"的规定，这意味着基础设施软件的源代码及其算法也被禁止转让。

（三）USMCA 新增的数字贸易规则

1. USMCA 第 19.17 条"交互式计算机服务"的规定

各缔约方认识到交互式计算机服务对数字贸易增长至关重要，所以第 19.17 条中首次提出了"交互式计算机服务"的内容：任何缔约方在确定与本服务存储、处理、传输、分发或提供的信息相关的损害责任时，除非供应商或用户已全部或部分创建或开发了该信息，否则均不得采取将交互式计算机服务的供应商或用户视为信息内容提供商。也就是指恶意第三方在网络平台发布违法信息或者侵犯他人除知识产权之外的权利，网络平台并不需要为此承担责任，交互式计算机服务的提供商和信息内容的供应商是分离开的。欧盟对于网络平台服务商的责任界定十分重视，早在《欧盟电子商务法令》的第 12 ~ 第 14 条就有关于网络平台服务商免责的规定，并在第 15 条规定了网络平台没有负责监督的义务。随着数字贸易的深入发展，欧盟对于数字贸易的相关规定也有了新的理解，欧盟各国与欧洲法院认为若有第三方在网络平台发布消息侵犯了他人知识产权等利益，网络平台需要为此负责，并需要调查网络平台是否积极参与了侵犯行为。数字贸易的发展很大程度上得益于网络平台提供的优质服务，如果让网络平台提供商对恶意第三方的侵权承担过重的责任，也会影响网络平台的发展。在 TPP 及之前相关谈判对此没有明确的界定（工信国际法苑，2018）①，USMCA 对此有了突破。

2. USMCA 第 19.18 条"公开政府数据"的规定

USMCA 是第一个要求"公开政府数据"的贸易协定，第 19.18 条规定：（1）当事人选择向社会公开政府信息（包括数据）的，应采用计算机可读、开放的格式，能够被检索、使用、重用和重新发布。（2）各方应努力开展合作，确定各方可以通过何种方式扩大对政府信息（包括数据）

---

① 工信国际法苑. 美国数字贸易工作组关注新兴数字贸易壁垒？［EB/OL］.［2018 - 04 - 10］. https：// mp. weixin. qq. com/s/a7ju13OHwoMDP9TnpiEMKQ.

的获取和使用，以增强和创造商机。公开政府的信息数据有很大的经济价值和社会价值，不仅可以督促提升政府的治理能力，还可以推动数字贸易并带动其他产业的发展。美国是世界上最先提出要开放数据的国家，也是最早实施该项措施的国家（Castro，2017）①。自从美国政府颁布《开放政府指令》并实行 Data. gov 项目以来，在世界上掀起了公开政府信息的浪潮。USMCA 制定"公开政府数据"规则将产生深远的影响。

## 三、对中国的影响

### （一）中国数字经济发展的结构分析

中国数字经济发展增速快、内部结构持续优化。近年来，作为我国国民经济高质量发展的新动能，数字经济规模从 2005 年的 2.6 万亿元增长至 2020 年的 39.2 万亿元。同时，数字经济在 GDP 中占比逐年上升，由 2005 年的 14.2% 上升至 2020 年的 38.6%。2016~2020 年间三大产业数字经济渗透率逐年上升，其中 2020 年第一、第二、第三产业数字经济占行业增加值比重分别为 8.9%、21.0% 和 40.7%，数字经济对中国经济发展的作用日益重要。②

数字产业化、产业数字化、数字化治理和数据价值化是数字经济的四大领域。数字产业化表现为对互联网数据中心与服务等数字产业链和产业集群的建设；2020 年数字产业化规模达到 7.5 万亿元，占 GDP 比重为 7.3%，同比增长 5.3%。产业数字化旨在使用数字化的技术、商品与服务向传统产业进行渗透，目前产业数字化转型由单点应用向连续协同演进。据资料显示，2020 年产业数字化规模约为 31.7 万亿元，占 GDP 比重为 31.2%，同比名义增长 10.3%，成为支撑国民经济发展的重要支柱。此外，数字化治理能力和数据价值化也不断强化。③

从数字经济的内部结构来看，产业数字化在数字经济中的占比逐年上升，占比由 2015 年的 74.3% 上升至 2020 年的 80.9%。近年来，产业数字化在数字经济中的占比逐渐超越数字产业化的占比，产业数字化逐步成为数字经济的主要战场。而产业数字化领域又以制造业和工业的发展为主。据《人民日报》数据显示，2019 年工业企业的生产设备数字化率、关键工序数控化率、数字化设备联网率分别达到 47.1%、49.5%、41.0%，制

---

① Daniel Castro. Joshua New，and Matt Beckwith，10 Steps Congress Can Take to Accelerate Data Innovation ［EB／OL］. ［2018－06－11］. http：／／www2. datainnovation. org ／2017-dat-innovation-a-genda. pdf.

② ③ 资料来源：《中国数字经济发展指数白皮书（2021）》。

造企业数字化研发设计工具普及率达到 69.3%。① 制造业数字化的基础稳步提高，制造设备数字化率和数字化设备联网率也在不断攀升。

中国数字经济区域发展格局不断优化。从表 14-1 可以得出前六名的省份分别为广东、北京、江苏、浙江、上海、山东，第七～第十名的省份分别为福建、四川、河南、湖北；且中国数字经济发展指数均值为 29.6。② 从地域发展看，东部地区的数字经济发展指数总体上高于西部地区，沿海地区的数字经济发展指数整体上高于内陆地区，基本符合"胡焕庸线"的分布规律。③ 东部地区交通便利，交流密切，经济发展水平较高。

表 14-1　　　　　　　　2020 年中国数字经济发展指数

| 排名 | 省份 | 指数值 | 排名 | 省份 | 指数值 |
|------|------|--------|------|------|--------|
| 1 | 广东 | 65.3 | 17 | 广西 | 26.2 |
| 2 | 北京 | 55.0 | 18 | 天津 | 24.9 |
| 3 | 江苏 | 52.2 | 19 | 贵州 | 24.7 |
| 4 | 浙江 | 51.5 | 20 | 辽宁 | 23.5 |
| 5 | 上海 | 45.5 | 21 | 云南 | 21.3 |
| 6 | 山东 | 42.8 | 22 | 山西 | 21.1 |
| 7 | 福建 | 38.6 | 23 | 黑龙江 | 20.5 |
| 8 | 四川 | 35.6 | 24 | 甘肃 | 19.3 |
| 9 | 河南 | 35.0 | 25 | 内蒙古 | 18.9 |
| 10 | 湖北 | 32.5 | 26 | 新疆 | 18.1 |
| 11 | 河北 | 29.4 | 27 | 海南 | 17.8 |
| 12 | 湖南 | 29.4 | 28 | 吉林 | 17.4 |
| 13 | 安徽 | 29.3 | 29 | 宁夏 | 17.1 |
| 14 | 重庆 | 28.8 | 30 | 青海 | 13.3 |
| 15 | 江西 | 28.5 | 31 | 西藏 | 8.0 |
| 16 | 陕西 | 26.3 | | | |

资料来源：《中国数字经济发展指数白皮书（2020）》。

---

① ② 资料来源：《中国数字经济发展指数白皮书（2020）》。
③ 中国地理学家胡焕庸（1901～1998 年）在 1935 年提出的划分我国人口密度的对比线，先后改称"爱辉—腾冲—线""黑河—腾冲—线"。

（二）数字贸易发展现状

随着互联网技术的发展和消费者对数字产品的需求，我国数字贸易飞速发展。美国等国家的数字贸易以促进跨境数据信息自由流动为主，注重对知识产权、源代码的保护；与之相比，我国的数字贸易以促进货物流动的电子商务为主，注重对消费者权益的保护。数据统计，2021 年，全国电子商务交易额达到 42.3 万亿元，同比增长 19.6%，其中商品类交易额 31.3 万亿元，服务类交易额达到 11 万亿元；跨境电商进出口总额达到 1.92 万亿元，同比增长 18.6%，占进出口总额的 4.9%，其中出口是 1.39 万亿元，进口是 0.53 万亿元；电子商务服务业营收规模达到了 6.4 万亿元，同比增长 17.4%；电子商务从业人数达到了 6727.8 万人，同比增长 11.8%。

电子商务是我国数字贸易中的重点，交易的对象多集中于货物方面，知识产权和数字信息等方面与美国等国家相比还是较为落后。目前，中国数字贸易规模世界第一，但是贸易的质量与美国相比仍有较大差距。

（三）对中国的影响

1. 对中、美经贸关系的影响

USMCA 数字贸易规则为中、美两国的数字贸易合作提供了新思路。

一方面，加强与美国在我国国情相符的规则上的合作，促进数字贸易的发展。例如，USMCA 的第 19.17 条中规定的互联网中介在关于非知识产权侵权违法事件中的免责规定，与我国国内相关法律基本一致；承认数字贸易的重要地位以及要求国家之间合作、构建国内电子交易框架、要求公开政府数据的做法虽然并不是强制性行为，但符合我国社会主义市场经济改革的方向。

另一方面，对中美经贸关系带来的挑战需要积极应对。例如，USMCA 规定了禁止开放源代码及其算法以达到加强对知识产权保护的目的、将广播产品列入非歧视待遇的范围、促进跨境信息的自由流动等。关于对跨境信息流动的管理，我国在 2017 年实施的《网络安全法》中第 37 条规定，关键信息基础设施的运营方在境内所收集信息数据要在境内存储，确实需要向境外传输的，必须经过相关部门评估后方可放行。对于国家重要行业的信息数据，禁止跨境自由流通。例如，我国 2014 年实施的《保守国家秘密法》中规定严禁将有关国家机密的数据信息带到境外。

2. 可能影响我国数字贸易产业的竞争力

USMCA 数字贸易规则完善的过程也是美国强化自身数字贸易优势的过程。协议对知识产权的保护将使美国垄断先进技术，而对于跨境信息自由流动的推动将有利于扩大本国的数字贸易市场，美国在数字贸易产业上的竞争力也会随之提升。近年来，我国数字贸易虽飞速发展，但数字贸易产业缺乏实力强的主导企业，大多企业提供的产品和服务是对原来的传统贸易的数字化改造，核心技术能力欠缺，核心装备等方面受制于人。

3. 将会促进我国对数字贸易监管能力的提升

USMCA 协定对数字贸易新规则的明确无疑为我国监管数字贸易提供了借鉴。例如，我国对云储备、电子邮件、文件传输的监管力度低，会带来经济损失以及知识产权执法风险。USMCA 对于知识产权的重视，势必会完善数字贸易方面的法律法规，加大对数字贸易方面的监管力度。

4. 推动我国数字贸易的对外开放

我国要扩大数字贸易的对外开放。为构建符合我国国情的电子交易框架，积极参与国际数字贸易规则的构建，积极申请加入 CPTPP 和数字经济伙伴关系协定（DEPA）。

（四）对策

USMCA 关于数字贸易规则代表 21 世纪数字贸易规则的高范本，有借鉴价值。我国是世界上最大的发展中国家，需要积极改善自身数字产业存在的问题，科学合理地规划数字贸易的发展路线，加大监管力度，完善相关法律法规。积极与"一带一路"沿线国家合作，就数据跨境流动、知识产权保护、消费者权益保护、属地原则、平台经济垄断和国内数字税收等方面边实践边完善相关规则。通过与"一带一路"沿线国家的经贸合作和经验分享交流来扩大自身的影响力，增加全球数字贸易规则制定的话语权。

# 第十五章　USMCA 知识产权规则解读及对中国影响的分析

USMCA 的第 20 章知识产权规则由 89 个条款及 2 个附件构成，89 个条款分为 A、B、C、D、E、F、G、H、I、J、K 共 11 个部分。本章首先结合《中华人民共和国政府和美利坚合众国政府经济贸易协议》（以下简称《中美经贸协议》）对知识产权相关研究进行梳理；其次，对其条款进行重点解读；最后，分析 USMCA 知识产权规则对我国的影响及对策。

## 一、引　　言

随着经济全球化的不断深入，对知识产权的保护日益得到重视。王衡和肖震宇（2019）[①] 研究发现，美式知识产权规则强调超越 TRIPs 协议的义务，一般维持与美国国内法相似的标准，在执行机制方面比较严格。近年来，欧盟知识产权保护水平呈整体上升趋势，并向美国标准靠拢。中国重视知识产权保护规则。中国已签署的自由贸易协定多以 TRIPs 协定为基础，强调权利人与公共利益的平衡，注重规则的更新，但很少涉及 TRIPs 以外的规则。

近年来，中美围绕"数字版权保护不足""专利申请和多重保护中歧视外资的做法""强制开放源代码""非法网络攻击"等问题产生了分歧。以数字知识产权方面的规定为例，USMCA 要求将"开源禁令"扩大到大众软件以外的基础设施软件，在"开放禁令"名单中增加"算法""密钥""商业秘密"等内容。周念利和李玉昊（2019）[②] 认为，美国的核心利益诉求主要有两点：一是保护依靠信息通信技术实现跨境传输的数字内容产品的版权；二是保护云计算、人工智能等新兴产业（产品）所依赖的

---

① 王衡，肖震宇. 比较视域下的中美欧自贸协定知识产权规则——兼论"一带一路"背景下中国规则的发展 [J]. 法学，2019（2）：107 - 128.

② 周念利，李玉昊. 数字知识产权保护问题上中美的矛盾分歧、升级趋向及应对策略 [J]. 理论学刊，2019（4）：58 - 66.

关键技术的非强制性转让。张乃根（2020）① 将 2020 年 1 月 15 日签署的《中美经贸协议》和 USMCA 在专利、商标、地理标志和商业秘密等方面比较发现，USMCA 包含了全面超越 TRIPs 内容的知识产权新规则，这些规则也超过了《中美经贸协议》有关知识产权的规定。推动我国知识产权保护的国际化是应对知识产权新挑战的必然选择（管荣齐，2019）②。

## 二、USMCA 知识产权规则的解读

（一）A 节：关于知识产权总则的规定（第 20.1～第 20.11 条）

1. 关于目标和义务规定

保护知识产权，有利于加快技术与知识的升级和创新，并且促进技术转让与传播，提升社会整体福利水平。考虑到国家的基本公共政策目标，缔约方认识到完善各自的知识产权制度，应按照透明度原则和秉持正当的程序原则，并应考虑利益相关者，包括权利持有人、服务提供者、用户和公众的利益。缔约方在制定和修改相关的法律和法规时，考虑到为保护群众生命健康安全和营养可采取必要的措施。缔约方可采取恰当的措施防止滥用知识产权行为以及不合理的限制贸易行为的发生。

2. 对某些公共卫生措施的理解

缔约方承认根据 2003 年 WTO 总理事会实施《关于 TRIPs 协议与公共卫生的多哈宣言》第六段的决定，对获得药品的承诺（WT/L/540）和世贸组织总理事会主席的声明，本条款并不，也不应妨碍有效利用 TRIPs 协议的健康解决方案。就上述事项而言，如果对 TRIPs 协议规定的任何放弃或修正，则对当事方生效，并且当事方有根据该免责事例采取措施或修改违反本章规定的义务。

3. 遵守国际协定的要求

各方声明已批准或加入下列协定：在 1979 年 9 月 28 日修改的《专利合作条约》（PCT）、《保护工业产权巴黎公约》、《伯尔尼公约》、《WIPO 版权条约》、《WIPO 表演和录音制品条约》。每一缔约方均应适当考虑批准或加入 2000 年通过的《专利法条约》（PLT），或采用与 PLT 一致的程序标准。

4. 国民待遇的规定

对于本章涵盖的所有类别的知识产权，各方应在知识产权保护方面给

---

① 张乃根. 非多边经贸协定下的知识产权新规则 [J]. 武大国际法评论, 2020, 4 (1): 1 - 19.

② 管荣齐. 新时代中国知识产权保护国际化对策 [J]. 学术论坛, 2019, 42 (4): 36 - 44.

予另一方国民不低于其本国国民的待遇。依据国民待遇的规定，在司法和行政程序上有所变通，例如，一方当事人可以要求另一方当事人的国民在其境内指定送达传票的地址，或在其境内指定代理人，前提是：（a）确保遵守与本章不相抵触的法律或法规所必需的；（b）不以构成变相贸易限制的方式实施的。

上述规定不适用于在知识产权组织主持下缔结的与知识产权的获取或维护有关的多边协议中所规定的程序。

5. 透明度的要求

除第 20.80 条（与知识产权有关的执法实践）外，各方应努力在网上公布其关于知识产权保护和执法适用的法律、法规、程序和行政裁决。各方应在符合其法律的情况下，努力在网上发布其公开的有关商标、地理标志、工业设计、专利和植物品种权申请的信息，使公众了解这些申请注册或授予的权利。

6. 对现有标的物和先前行为的适用

除非本章另有规定，包括第 20.63 条［《伯尔尼公约》第 18 条和《TRIPs 协定》第 14.6 条适用］，本章规定了在本协议生效之日已存在的所有标的物的义务。这些标的物在该日、在要求保护的一方领土内应受到保护，或者满足或随后达到本章所规定的保护标准。

7. 知识产权用尽

本协议中的任何规定均不妨碍一方确定在其法律制度下是否或在何种条件下适用知识产权用尽的权力。

（二）B 节：关于合作的规则（第 20.12～第 20.16 条）

1. 合作及联络点的要求

缔约方应努力合作，提供有关商业秘密保护的技术援助，并寻找适当的机会以增进彼此的合作。在进行合作时，缔约方应努力就本章的主题，例如通过各自的知识产权办公室或各方确定的其他机构进行协调和信息交流。每一缔约方可以指定一个或多个联络点以达到本节下的合作目的，并通知另一缔约方。

2. 成立知识产权委员会

建立一个由每个缔约方的政府代表组成的知识产权委员会（IPR 委员会）。IPR 委员会应和海关一同协作，共同提高边境的执法力度。IPR 委员会应在本协议生效之日起一年内举行会议，此后有必要时随时举行会议。

3. 专利合作与工作共享

双方认识到，简化和精简各自专利管理局的程序，能够提高办事的效率，从而造福于专利制度的所有使用者和公众。此外，各方应努力使各自的专利局相互配合，以实现检索和审查工作的信息共享，并降低专利授权的复杂性和成本。

资源的可得性与否决定了本章合作活动的开展效果。缔约方申明，本节下的合作是对缔约方诸多合作活动的有益补充。

（三）C节：关于商标的规则（第20.17~第20.27条）

WTO的TRIPs协议规定，任何能够将一企业的商品或者服务与其他企业的商品或者服务区分开的标记或者标记组合，均可构成商标。我国《商标法》（2019年修正）认为商标是将自己的商品或服务与他人相区分的标记，这种标记包括文字、图形、字母、数字、三维标志、颜色组合和声音等，以及上述要素的组合。

C节的商标规则有11条，包括注册商标的条件，商品和服务的分类，商标侵权的判定标准及例外，集体商标和证明商标，对驰名商标的认定及保护措施，商标的审查、异议和撤销事项，商标相关电子系统的提供，商标的保护期，商标许可的非备案规定，域名的相关规定。下面从两个维度进行对比解读。

1. 与NAFTA、TPP协定对比

（1）可注册为商标的标识类型。USMCA规定缔约方不得将标识的可视性作为商标注册的条件；保护声音商标的注册；允许注册气味商标。TPP协定第18.18条与该规定相同；NAFTA仅规定缔约方可要求标识具有可视性，对于声音商标、气味商标未作规定。

（2）集体商标和证明商标。USMCA第20.18条规定商标包括集体商标和证明商标。地理标识受商标制度的保护。TPP协定第18.19条的规定与之相同。

（3）商标侵权的判定标准及例外。USMCA规定了侵犯商标专用权的"混淆可能性标准"及例外条款。对此，TPP和NAFTA协定与之相同。

（4）驰名商标。USMCA在认定驰名商标时，不得将已在缔约方或其他管辖区域内注册、列入驰名商标名单或已获得驰名商标的认可作为前提条件；无论商标是否注册，均提供跨类保护；若商标使用可能造成与在先驰名商标发生混淆或与在后商标有欺骗的情形下，应当驳回或撤销商标注册。该条规定保留了TPP协定第18.22条的内容。NAFTA规定，确定商标是否驰名应考虑相关公众对该商标的了解情况。

（5）商标的审查、异议和撤销事项。USMCA要求缔约方应规定商标审查和注册、异议和撤销的事宜。TPP第18.23条规定与之相同。NAFTA

中未做出"对最终驳回注册提起诉讼"的规定。

（6）商标注册的电子系统。USMCA 规定缔约方应提供商标的电子申请、维持系统，以及公开可用的电子信息系统。这与 TPP 第 18.24 条规定一致，在 NAFTA 中未规定。

（7）商品和服务的分类。USMCA 第 20.24 条规定缔约方应采用或维持与《尼斯分类》① 一致的商标分类系统。该条保留了 TPP 第 18.24 条的内容，NAFTA 协定并未要求强制性按照尼斯协定分类。

（8）商标的保护期。USMCA 规定商标的保护期为 10 年并且可以续展。该规定与 TPP 协定和 NAFTA 协定内容一致。

（9）商标许可的非备案规定。USMCA 第 20.26 条主要规定了商标许可备案与否不影响许可的有效性，也不影响作为将被许可人视为商标权人使用商标的条件。该条与 TPP 规定一致，而 NAFTA 对该条未规定。

（10）域名。USMCA 第 20.27 条规定了根据一些原则确定适当的争端解决程序、联系信息数据库的公开、救济措施。该条保留了 TPP 的规定，NAFTA 协定对此没有规定。

可以看出，USMCA 协定 C 节的商标规定与 TPP 协定 C 节商标的内容基本一致，较 NAFTA 规定了更高的保护水平。

2. 与我国相关法规对比

（1）可注册商标的范围不同。USMCA 的范围更加广泛，包含了气味商标，而我国《商标法》并不包含气味商标。

（2）对于驰名商标的保护力度不同。USMCA 比我国《商标法》保护水平更高。USMCA 中规定不论驰名商标是否注册，提供同等力度的保护，即均提供"跨类保护"。而我国《商标法》根据驰名商标是否注册提供不同力度的保护。

（3）商标许可的非备案规定不同。USMCA 淡化和削弱了商标使用许可备案制度的效力，规定商标许可有没有备案不影响许可的有效性，也不影响作为将被许可人视为商标权人使用商标的条件。虽然我国《商标法》中并未规定许可备案是否会影响作为商标权人使用商标的证据，但在司法实践上却与 USMCA 第 20.26 条的规定保持一致。

（4）有关域名的信息公开度不同。USMCA 要求缔约方在线公开访问

---

① 1961 年生效的《商标注册用商品和服务国际分类尼斯协定》（简称"尼斯协定"）的分类表包括两部分：一部分是按照类别排列的商品和服务分类表；另一部分是按照字母顺序排列的商品和服务分类表。

有关域名注册人联系信息的可靠准确的数据库。而我国《中国互联网域名管理办法》（2017 年）中并未提及公布联系信息数据库。

（四）D 节：关于国家名称的规则（第 20.28 条）

每一缔约方均应向有关当事方提供法律手段，以防止国家名称用于商业目的，以使消费者不会被该商品的来源所误导。

（五）E 节：关于地理标志的规则（第 20.29～第 20.35 条）

USMCA 第 20 章的 E 节对地理标志（Geographical Indications）的权利内容、权利限制、保护期、侵权判断等做了规定。

1. 地理标志概念

我国《商标法》（2019 年修正）规定，地理标志是标示某商品来源于某地区，该商品的特定质量、信誉或者其他特征，主要由该地区的自然因素或者人文因素所决定的标志。

2. 地理标志与相关术语比较

（1）地理标志与原产地标记（Marks of Origin）。地理标志的外延要比原产地标记宽泛。根据《里斯本协定》，原产地标记用来标示某产品的来源地。而地理标志不仅表明产品产自何地，还表明该产品独特的质量信息。

（2）地理标志与商标。地理标志和商标同为知识产权，二者在法律设定的功能和权利上是有区别的。从权利角度分析，商标可以通过法定方式进行许可和转让，而地理标志不得转让；同时，商标可以由个人所有或集体组织所有（如商品商标、服务商标、集体商标和证明商标），而地理标志则以某特定地理区域组织共有的形式存在。

3. E 节地理标志的规定与中国相关法律对比

USMCA 第 20 章 E 节第 29 条规定了对地理标志给予保护的两种方式，一种是通过商标，另一种是根据其他特别法律制度来给予保护。我国地理标志保护制度具有"商标法和专门法两种法律模式并行、三套保护制度同在"的特征。所谓"三套保护制度同在"体现为以《商标法》、2008 年实施的《农产品地理标志管理办法》①、2005 年生效的《地理标志产品保护规定》等为依据的地理标志产品保护制度等。上述保护制度推动了我国地理标志保护事业的发展；但也面临着商标法与两种专门法律保护模式的冲突问题。

根据 USMCA 第 20 章 E 节第 30 条的规定，缔约方应设立行政程序用

---

① 2008 年 2 月 1 日实施。

以保护或认定地理标志。其中，行政程序必须按照透明度原则实施。在我国，地理标志的注册由三个部门分别管理：地理标志注册由商标局来管理；地理标志产品专用标志的登记注册由质监总局依据《地理标志产品保护规定》进行管理；农产品地理标志则由农业农村部依据《农业法》和《农产品地理标志管理办法》进行管理登记。这三套地理标志的确权制度导致实践中诸多的不协调。2018 年 3 月国家机构改革把国家工商总局和国家质检总局的地理标志（包括地理标志商标和地理标志产品）管理职能统一到重新组建的国家知识产权局来管理。但此次机构改革只涉及对地理标志行政管理职能职责的部分整合，尚不彻底。

第 20 章 E 节第 31 条要求缔约方应设立撤销或第三人异议机制，规定了不予承认对地理标志保护的理由：可能与境内在先善意的未决申请或未注册商标混淆；也可能与境内既存商标规定相混淆；通用名称存在被滥用可能。我国《商标法》关于商标注册的相关规定与 USMCA 的内容一致，但在商品质检以及农业法体系内，尚缺乏此类规定。

第 20 章 E 节第 32 条涉及通用名称的认定标准，认为在确定某一名称是否为通用语言或习惯用语时，要从以下因素考虑消费者如何理解用语：词典、报纸及相关网站等权威来源中该名称的含义；该名称所指代商品在境内贸易中如何销售使用；该名称是否参照适用于缔约方所承认的国际标准；该产品是否大量进口，进口产品是否以该名称命名的。我国 2017 年实施的《最高人民法院关于审理商标授权确权行政案件若干问题的规定》（以下简称《授权确权规定》）第 10 条规定了"商品通用名称"判断的三个层次与 E 节第 32 条的规定类似。

第 20 章 E 节第 34 条涉及地理标志保护的起始时间规定，不得早于该方的备案日期或开始注册日期。

（六）F 节：关于专利和未公开测试或其他数据的规则（第 20.36 ~ 第 20.51 条）

1. 一般专利的规定（USMCA 第 20.36 ~ 第 20.44 条）

USMCA 第 20.36 条规定，在可授予专利上，除非在第 2 款和第 3 款中另有规定；否则，每一缔约方应在所有技术领域中为每项发明授予专利，只要该发明是新颖的，包括创造性的步骤并且在工业上得以应用。缔约方可以将除微生物以外的其他植物排除在可授予专利的范围之外。

USMCA 第 20.37 条关于专利申请宽限期的规定，每一缔约方应在提交申请日期前 12 个月内在缔约方的领土公开披露用于确定一项发明是新颖的还是具有创造性的信息。

USMCA 第 20.38 条关于专利撤销的规定，欺诈、虚假陈述或不正当行为可以用作撤销的理由。专利可以被撤销，但前提是必须以符合《巴黎工业产权保护公约》和 TRIPs 协议第 5A 条的方式进行。

USMCA 第 20.39 条关于例外的规定，缔约方可以提供由专利限制的例外赋予的排他性权利。

USMCA 第 20.40 条关于未经权利人授权的其他使用的规定，本章的任何规定均不限制一方在 TRIPs 第 31 条下的权利和义务，以及双方接受的对该条的任何弃权或修正。

USMCA 第 20.41 条关于修正、更正和意见的规定，每一缔约方应为专利申请人提供机会对其申请进行修改和更正。

USMCA 第 20.42 条关于专利申请的公布，认识到专利制度透明的好处，每一缔约方应努力在自申请日起 18 个月或（如果要求优先权的话）最早的优先权日期届满后立即发布正在申请的专利信息。

USMCA 第 20.43 条关于公布专利申请和授予的信息规定，专利申请和授予的专利，以及按照缔约方考虑这些申请和专利要求的信息，各方应向公众予以公开。

USMCA 第 20.44 条因不合理的延误而调整专利期限的规定，每一缔约方应尽最大努力及时有效地处理专利申请，以避免不合理或不必要的延误。缔约方可以加速审查专利申请的程序。如果一方在专利的发布方面存在不合理的延迟，该方应专利权人的请求，调整专利的保护期限，以便补偿这些延迟。专利权期限延长（Patent Term Extension，PTE）制度旨在补偿专利申请过程中不合理的迟延而造成的损失，此处所指的不合理迟延为（1）专利申请案的核准自申请日起算超过 5 年，或（2）专利申请案的核准自提出实体审查请求之日起算超过 3 年，以两者中较晚的为准。计算迟延期间时扣除下列期间：（1）非因专利局处理专利申请而造成的迟延；（2）不可直接归咎于专利局的迟延；（3）应归咎于申请人的迟延。

2. 与农用化学产品有关的措施①

USMCA 第 20.45 条规定了对未披露检测或其他数据的农用化学产品保护。该条第 1 款要求缔约方，一种新的农用化学产品上市的前提条件是必须提交关于安全性和安全性未披露的测试数据和产品功效的信息；并且未经信息提交人的同意，不允许批准授权有相同或相似产品的市场销售。

①　就本条而言，新的用化学产品是一种含有事先未在该缔约方领土内批准用于农业化学产品的化学品。

第 2 款针对对象与第 1 款不同。如果一个缔约方允许提交该产品先前在另一地区获得上市批准的证据作为在该地区批准新的农业化学产品上市的条件，则该缔约方自该新农用化学品在其领土上获得上市批准之日起至少 10 年内不得允许第三人使用，未经先前提交未披露测试或有关产品安全性和有效性的其他数据以支持该先前上市批准的人的同意，或未经在其他地区获得先前上市许可的其他证据的人的同意，基于该未披露的测试或其他数据销售相同或类似的产品。

3. 与药品相关的措施（USMCA 第 20.46 ~ 第 20.51 条）

USMCA 第 20.46 条规定，各方应尽最大努力及时有效地处理药品上市申请的批准，避免造成不必要的延误。对实施专利的药品，各方应当对专利期限做出调整，以补偿专利权人因批准上市而不合理地缩短了的专利有效期。

USMCA 第 20.47 条监管审查例外的规定，在不损害第 20.39 条（例外）的范围并与之相一致的情况下，每一缔约方均应采用或保持针对药品监管复审的例外，该例外允许第三方在其领土内就受现行专利保护的产品进行制造、使用、出售、销售或进口。该例外仅用于获取信息以满足该产品获得营销批准的要求。

USMCA 第 20.48 条保护未公开的测试或其他数据的规定，如果一方要求提交未披露的试验或其他有关该产品安全性和有效性的数据，作为批准新药品上市的条件①；那么，该缔约方不得在未经先前提交该信息人同意的情况下，在批准销售的 5 年内允许第三方销售相同或相似的产品。

USMCA 第 20.50 条与某些药品销售有关措施的规定，如果一方允许除最初提交安全性和有效性信息的人员外的其他人员依赖先前批准的产品的安全性和疗效相关的证据或信息，作为批准药品上市的条件，例如，该方或其他地区事先批准上市的证据；则该方应提供：（1）向专利持有人提供通知的系统；（2）该专利持有人有足够的时间和机会在销售涉嫌侵权产品之前寻求可用的补救措施及程序（如司法或行政诉讼程序），以及迅速的补救措施，如初步禁令或同等有效的临时措施，以及时解决与申请批准的药品或其批准的使用方法的适用专利的有效性或侵权有关的争议。

USMCA 第 20.51 条保护期变更的规定，在不违反第 20.48.3 款（未公开测试或其他数据的保护）的前提下，如果某产品根据第 20.45 条或第

---

① USMCA 第 20.49 条对新药品的定义规定，就第 20.48.1 条（保护未披露的试验或其他数据）而言，新药品指不含该缔约方先前批准的化学药品。

20.48 条的规定，在缔约方领土内获得了销售授权，并且该专利在该缔约方领土内有效；如果该专利保护的终止日期早于第 20.45 条或第 20.48 条规定的保护期，该缔约方不得更改其根据第 20.45 条或第 20.48 条规定的保护期限。

（七）G 节：关于工业设计的规则（第 20.52～第 20.55 条）

为确保与 TRIPs 协议第 25、第 26 条相符的工业品外观设计得到充分和有效的保护，各方应提供工业品外观设计的电子申请系统和公开可用的包含受保护的工业品外观设计的在线数据库。每一方应为工业外观设计提供从申请之日起或授予或注册之日起至少 15 年的保护期。

关于非歧视性披露、宽期限的规定。每一缔约方应公开披露如下信息，在提交申请日期前 12 个月内直接或间接从设计申请人那里获得的信息；这些信息用于确定工业品外观设计是新的、原创的。

（八）H 节：关于版权及邻接权的规则（第 20.56～第 20.68 条）

USMCA 第 20.56～第 20.68 条是该章的重点和新增条款，主要包括：版权保护期至少到作者去世后的 70 年内；提高精准打击盗版行为；通过建立版权安全港来保护知识产权免受侵害；强化执法人员的职权能力及范围（如执法人员可以在任何时间对侵害知识产权的物品进行取缔）；将盗取卫星与线缆信号的行为列入刑法；对盗取商业机密的行为进行取缔和预防。下面介绍重点内容。

1. 关于著作权和相关权利保护期限的规定

USMCA 第 20.62 条规定了计算作品、演出或录音制品的保护期限：（a）以自然人寿命为基础者，保护期限不得少于作者的寿命和作者死亡后 70 年；（b）不以寿命为基础者，（i）从第一次授权发表作品、表演或录音制品的日历年结束之日起不少于 75 年，（ii）未在作品、表演或录音制品创作之日起 25 年内获得授权者，应给予不少于自作品、表演或录音制品创作之日起 70 年的保护期。

2. 关于技术保护措施的规定

（1）USMCA 第 20.66 条提供了充分的法律保护和有效的补救措施，以防止版权及邻接权所有者在行使其权利时受到侵害。每一缔约方应对盗版行为及非法所得收益，追究其法律责任，并须遵守 USMCA 第 20.81 条第 18 款（民事和行政程序及补救）所规定的补救办法。对盗版行为进行处罚时，可参考第 20.84 条第 6 款（刑事程序和处罚）中（a）、（c）和（f）项下所列的方式。

（2）每一缔约方应规定，违反 USMCA 第 20.66 条规定的措施都可成为单独的诉因；这不同于版权和邻接权所发生的侵权行为。

（3）每一缔约方应将实施 USMCA 第 20.66 条第 1 款措施的例外限制在以下范围，并应与第 5 款的规定相统一：

（a）与合法获得计算机程序副本有关的非侵权逆向工程活动，该行为是为了对该计算机程序的特定善意改进，改进目的是实现计算机程序与其他程序的互操作性；

（b）为了研究目的，合法取得了作品、表演或录音制品的复制品及其展示的授权，包括为了识别和分析信息加密和解密技术的缺陷和漏洞；

（c）为防止未成年人不适当的在线访问技术所使用产品、服务或设备的组件或部件，而该技术、产品、服务或设备本身并未被上述（b）款所禁止；

（d）由计算机、计算机系统或计算机网络的所有者授权进行的仅用于安全测试所采取的行为；

（e）对反映自然人在线活动的个人识别信息所进行秘密收集或传播没有造成侵权；

（f）政府公务人员或其代理人为执法、获取情报、基于安全或类似的目的进行的合法授权活动；

（g）非营利性图书馆、档案馆或教育机构对作品、表演或录音制品等进行的访问；

（h）当有实质性证据证明某类作品、表演或录音制品的非侵权使用产生了实际或可能的不利影响时，该缔约方可以依照相关法律法规或行政程序为非侵权使用者提供额外的例外，或者提起行政诉讼。

3. 有效的技术措施是指在正常运行过程中①，控制获取受保护作品、表演或录音制品，或保护版权或与版权有关的权利的技术、装置或部件。

（九）Ｉ节：关于商业秘密的规则（第 20.69 ~ 第 20.79 条）

USMCA 第 20.69 条关于商业秘密的规定，为确保《巴黎公约》第 10 条之二规定的防止不正当竞争得到有效实施，各缔约方应确保可采用法律手段，防止商业秘密未经同意被他人（包括国有企业）所披露、获取或使用，从而违反诚实的商业惯例。

USMCA 第 20.70 条关于民事保护和执行的规定，在履行 TRIPs 协议第 39 条第 1 款和第 2 款规定的义务时，每一缔约方应：（a）为权利人提供法律保护以防止他人盗用商业秘密，并获得补救；（b）第 20.72 条规定

---

① 在通常情况下可以意外规避的技术措施并不是一种"有效的"技术措施。

的条件存在时，不限制商业秘密的保护期限。

USMCA 第 20.71 条关于刑事执法的规定，在不违反第 2 款的情况下，各方应对未经授权和故意盗用商业秘密的行为规定刑事程序和处罚。关于第 1 款所述行为，缔约方可酌情将其程序的可用性或处罚的程度限制在以下情况：（a）以谋取商业利益为目的；（b）与国内外商业中的产品或服务有关；（c）意图损害商业秘密的拥有者。

USMCA 第 20.72 条的商业秘密是指：（a）在某种意义上说它是秘密的，作为一个整体或作为其组成部分，不被通常从事该类信息的人所普遍知晓或者容易获得；（b）具有实际或潜在的商业价值；（c）所有人采取了合理的保密措施。

以违反诚实商业惯例的方式取得、使用或披露商业秘密的行为被指为盗用。包括第三方以违反诚实商业惯例的方式取得、使用或披露商业秘密：（a）对依法取得的产品进行逆向工程；（b）发现被称为商业秘密的信息；（c）在没有履行保密义务或已知悉该资料属商业秘密情况下，取得核心资料。违反诚实商业惯例的行为，至少包括违约、违反保密及诱使他人违反商业惯例等行为，包括从第三方取得未披露的信息，而该第三者明知该信息涉及商业或经济利益。

USMCA 第 20.73 条关于临时措施的规定，在第 20.70 条（民事保护和执行）所述的民事司法程序中，各缔约方应规定其司法当局有权采取临时救济措施，例如下令防止商业秘密被盗用并保存相关证据等。

USMCA 第 20.74 条关于保密的规定，关于第 20.70 条（民事保护和执行）所述的民事司法程序，各方应规定其民事司法当局有权：（a）订立具体程序，以保障商业秘密或其他机密性资料；（b）对涉及违反者实施制裁；（c）在利害关系方声称信息为商业秘密的情况下，其司法当局不得披露该信息。

USMCA 第 20.75 条关于民事救济的规定，关于第 20.70 条的内容，每一缔约方应规定其司法当局至少有权命令：（a）根据 TRIPs 第 44 条，对侵犯商业秘密的人实行禁令救济；（b）对侵权者的罚金足以补偿商业秘密所有人的损失及因提起诉讼而遭受的损害。

USMCA 第 20.76 条关于商业秘密的许可和转让的规定，任何缔约方均不得通过减损商业秘密的价值或施加过度的和歧视性的条件来妨碍商业秘密的自愿许可和转让。

USMCA 第 20.77 条规定政府人员不得在公务范围之外擅自披露或使用商业秘密：在向法院或政府提交的涉及商业秘密民事、刑事和行政程序的过程中不得擅自泄露商业秘密；对违规者给予有威慑力的处罚，包括罚款、停职或解雇和监禁。

（十）J 节：实施的规定（第 20.78 ~ 第 20.88 条）

USMCA 第 20.78 条一般义务规定：（1）各方应确保本节规定的执行程序能对本章所涵盖的知识产权侵权行为采取有效行动，包括防止侵权的快速补救措施，以及对可能的侵权构成威慑的补救措施。这些程序的适用应避免形成贸易壁垒，并提供防止滥用权利的保障措施。（2）各方确认，第 20.81 条（民事和行政程序及救济）、第 20.82 条（临时措施）和第 20.84 条（刑事程序及处罚）中规定适用于商标及与数字版权相关的侵权行为。（3）各方应确保其知识产权执法程序公平公正。（4）本节规定无义务：（a）建立一个有别于缔约方知识产权执法和司法的制度；或（b）在知识产权执法和一般法律执法之间进行资源分配。（5）在实施过程中，各方应考虑知识产权的侵权程度与补救措施和处罚之间的相称性，以及第三方的利益。

USMCA 第 20.79 条关于推定的规定：（1）在涉及版权及邻接权的民事、刑事和行政诉讼中，各方应规定一项推定，即在没有相反证据的情况下：（a）以惯常方式表明该版权及邻接权的持有人是合法的；（b）该版权和邻接权存在于该标的物中。（2）在涉及商标的民事、行政或刑事执法程序中，各方应规定该商标被视为表面有效的。（3）涉及专利权的民事、行政强制执行程序的，缔约方应规定专利中的每项权利要求均被视为初步符合其领土内适用的可授予专利的标准。

USMCA 第 20.80 条关于知识产权执法方面的实践规定，对与知识产权执法有关的普遍适用的司法判决和行政裁决，应说明相关事实调查结果以及判决和裁决所依据的理由或依据，并以合适方式公布，以使利益相关方所知晓。

USMCA 第 20.81 条关于民事和行政程序及补救措施的规定：（1）各方司法机构有权下令实施符合 TRIPs 协定第 44 条规定的禁令救济，包括提供法律救济，防止涉及侵权的货物进入商业渠道。（2）有权命令侵权人向权利持有人支付侵权而获得的利润。（3）在涉及侵犯版权及邻接权、商标的民事司法程序中，各方应做出规定：（a）预先确定的损害赔偿；或（b）额外损害赔偿。（4）败诉方应向胜诉方支付法庭费用、适当的律师费或任何其他费用。（5）对民事诉讼中支付指定的技术专家或其他专家费用时，应确保这些费用的合理性。（6）在不影响其管辖权、信息或个人数据保护的情况下，各方应该保障权利持有人的正当请求，命令侵权人或被指控的侵权人提供相关信息。

USMCA 第 20.82 条关于临时措施的规定：（1）应迅速对另一方的知识产权救济请求采取行动。（2）请求采取救济措施方应提供合理的证据，证明其权利正在受到侵犯或即将受到侵犯。（3）在涉及侵犯版权及邻接权和假冒商标的民事诉讼程序中，应规定其司法机关有权下令扣押或以其他方式扣押与侵权有关的货物、材料和工具，以及提供与假冒商标侵权相关的书面证据。

USMCA 第 20.83 条关于与边境措施特殊要求规则的规定：

（1）每一缔约方应对涉嫌假冒或假冒商标或盗版进口品，做出暂停放行或扣押的规定。①

（2）权利持有人在提交上述第 1 款所述申请时，必须：（a）提供存在侵犯权利持有人知识产权的初步证据；（b）提供可疑货物的充分信息，使其主管当局得以识别。

（3）各缔约方应规定，其主管当局有权要求提交第 1 款所述申请的权利持有人提供合理担保或同等保证。一方当事人可以规定，如果主管当局确定该物品不是侵权物品，该担保可使被告免受因暂停放行货物而造成的损害。

（4）在不影响缔约方有关隐私或信息保密法律的情况下：（a）如果主管当局扣留或暂停放行涉嫌伪造商标或盗版物品，则主管当局有权立即通知权利持有人以下信息——发货人、进出口商人的姓名和地址、货物描述、货物数量、货物原产国；（b）如果没有提供上述信息；那么应在实施措施的 30 个工作日内向权利持有人提供该项所述的信息。

（5）各缔约方规定，其主管当局可依职权对海关监管下的涉嫌假冒商标或盗版的产品采取边境措施：（a）进口；（b）预出口；（c）过境；（d）进出自由贸易区或保税仓库。

（6）本条的任何规定均不妨碍为消除假冒商标货物或盗版的国际贸易，在没有当地收货人的情况下检查过境物品并通知有关缔约方，以便在货物抵达其领土时进行查验。

（7）每一缔约方应采用或维持一种程序在合理时间内对侵权行为进行

① （a）"假冒商标商品"是指未经授权携带与该商品有效注册商标相同的商品，包括包装在内的商品，或者在其基本方面不能与该商标区分开来，从而侵犯了根据本节规定程序的缔约方的法律规定的有关商标所有人的权利的商品；（b）"盗版物品"是指未经权利持有人或权利持有人在生产国正式授权的人同意而制作的复制品，以及直接或间接从某一物品制作的复制品，根据缔约方的法律，该复制品构成对版权或相关权利的侵犯。

认定，并授权其当局实施行政处罚或制裁。

（8）每一缔约方应规定，其主管当局有权对侵权货物下令销毁。在货物未被销毁的情况下，应确保权利持有人的利益；除特殊情况外，货物应在商业渠道之外处置。对于假冒商标的商品而言，仅删除非法商标不足以阻止商品进入流通渠道。

（9）根据本条所述程序所确定的申请费、储存费或销毁费应在合理范围内。

（10）本条适用于小额托运的商业性货物。① 一方当事人可以将旅行者个人行李中少量非商业性质的货物排除在本条适用范围之外。

USMCA 第 20.85 条关于保护加密的载有程序的卫星和电缆信号的规定：

（1）各方应将下列行为定为刑事犯罪：（a）制造、装配、修改、进口、出口、销售或以其他方式分发有形或无形的装置或系统，用来协助或帮助未经载有加密程式卫星信号的合法分发者授权而对该信号进行解码。（b）在未经卫星信号加密程序的合法发布者授权情况下：（i）接收信号；（ii）解码并传播信号。

（2）每一缔约方应为在载有卫星信号或其内容的加密程序中拥有利益的个人以及因本条第 1 款所述活动而受到损害的个人规定民事补救的办法。

（3）任何一方均应对以下故意行为规定刑事处罚和民事补救措施：（a）制造或分配设备用于未经授权接收载有加密程序的电缆信号；（b）未经该信号的合法分销商的授权，接收或协助他人接收携带加密程序的电缆信号。

USMCA 第 20.88 条关于法律补救和安全港规则的规定②：

（1）缔约方认识到促进在线服务中介机构持续发展的重要性，允许权

---

① 就本条而言，"海关控制下的货物"是指需要经过一方海关手续的货物。"过境"货物系指 1973 年 5 月 18 日在京都订立、1999 年 6 月 26 日在布鲁塞尔修订的《关于简化和协调海关手续的国际公约》所界定的"海关过境"或"转运"货物。缔约方还可以将小批量运送的少量非商业性质的货物排除在本条的适用范围之外。

② 安全港规则（Safe Harbor Rule）是指有助于保护公民不受不利法律行为影响的法规和法律，假设这些公民遵守各种法律法规的要求。具体到网络侵权行为而言，如果网络服务提供者不知晓网络用户利用网络实施侵权行为，被侵权者可以向网络服务提供商进行提示并要求其采取必要措施。如果网络服务提供商未及时采取必要措施，构成对网络用户实施的侵权行为的放任，视为与侵权人构成共同侵权行为，需承担连带责任。如果网络服务提供商未经提示或经提示后采取了必要措施，则可不承担责任，即为"避风港"规则。

利持有人对本章所涵盖的网络盗版采取有效行动，包括：（a）鼓励网络服务商与版权拥有人合作来阻止盗版行为发生；（b）按照"安全港"规则给予网络服务商免责，并不要求其做出经济补偿。

（2）上述第1款（b）项所述的免责还应包括：（a）在不更改目标内容的情况下进行网络传输、发送或提供链接，或对该目标材料进行暂存；（b）通过程序进行的自动缓存；（c）在用户指示下，在网络服务商控制或操作的系统或网络上储存资料；（d）通过信息定位技术，包括超链接和程序，将用户链接到一定位置。

（3）为便利采取有效行动处理侵权行为，各缔约方应做出规定使网络服务商有资格享受或不能享受第1款（b）项所述的免责：（a）关于第2款（c）项和第2款（d）项中提到的功能，这些条件应包括要求网络服务商在实际了解盗版行为后，例如从权利持有人或其授权代表人处收到指称侵权的通知，迅速移除或禁止访问网络或系统中的资料。（b）网络服务商根据（a）项善意删除或禁止访问材料的，应免除因这样做而承担的赔偿责任，条件是在事先或者事后迅速采取合理措施给材料被删除或被禁用的人以充分的通知。

（4）为了第2款（c）项和（d）项所述的目的，每一缔约方应在其法律或条例中规定适当的程序，以便有效发出关于所称侵权行为的通知，以及由于错误或错误识别材料而被删除或无效的反通知。如果材料被删除或根据第3款禁止访问，该缔约方应要求网络服务提供商恢复作为反通知标的材料，除非发出原始通知的人在该缔约方法律或条例规定的合理时间内寻求通过民事程序予以救济。①

（5）任何一方均应确保在其法律制度中，对于因网络服务提供商采取不正当手段在通知或反通知中提供材料，对任何利害关系方造成损害的，可以要求采取经济补偿措施。

（6）符合上述第1款限制条件的网络服务提供商需：（a）采取措施终止重复侵权者的账户；（b）接受并实施保护和识别受版权保护材料的技术措施，这些措施是由版权所有者和服务提供者协商一致制定的，并且

---

① a. 缔约方理解，尚未履行第3款和第4款义务的缔约方将以有效且符合该缔约方法律规定的方式履行义务。b. 缔约方法律规定的指称侵权通知须包含以下信息：（a）是否足以让网络服务供应商识别声称侵权的作品、表演或录音制品，声称侵权的材料，以及声称侵权的网上地点；（b）给予发出通知的人足够的权力。c. 关于第2款（b）项中的功能，缔约方可将第3款的要求限制在互联网服务提供商知道或接到通知说缓存的材料已被移除或原网站已禁止访问这些材料的情况下，即网络服务提供商取消或禁止访问这些材料。

不会给服务提供者带来巨大负担；在第 2 款（c）和（d）所规定的职能方面，如果其有权利或能力管控该活动，应未获得侵权活动的经济利益。

（7）除非与第（6）（b）段中确定的技术措施相一致，否则第（1）段中确定的限制内容不得以网络服务提供商对其服务进行监视或为寻找侵权活动的事实为条件。

（8）为了保护版权，每一方应提供司法或行政程序，使版权所有人可迅速获得网络服务提供商拥有的信息，以识别侵权行为。

（9）双方应理解，如果网络服务提供商没有符合第 1 款（b）项规定的条件本身并不导致负有赔偿责任。此外，本条不妨碍对版权的其他限制和例外，或缔约方法律制度下的任何其他抗辩。

（10）在履行本条规定义务时，各缔约方必须考虑到对权利持有人和网络服务提供商所造成的影响。

（十一）K 节：最后条款（第 20.89 条）

USMCA 第 20.89 条主要规定了美、墨、加三方实施本章条款的期限。

### 三、对中国的影响及对策

USMCA 知识产权章节规则内容多，下面选取几个主要部分进行分析。

（一）关于 C 节商标方面

1. 促进我国《商标法》等相关法规的完善

第一，我国可引入气味商标等非传统商标形式，扩大可注册商标的范围。我国《商标法》（2019 年修正）写入了对声音商标的保护，对气味商标仍未规定。气味可以成为企业身份的一种象征。比如"Stefan Floridian Waters"，是一种针对新加坡航空形象特别设计的香味，已经被其注册为商标。

第二，可以对非注册驰名商标实施与注册驰名商标相同的跨类保护。USMCA、CPTPP 协定等都对驰名商标提供了高于我国的保护水平。我国《商标法》明确规定，商标专用权以核准注册的商标、核定使用的商品为限，这是注册原则的直接体现。对于商标是否实行跨类保护应该取决于商标是否驰名而不是有没有注册。王莲峰等（2021）[1] 认为驰名商标可以根据知名程度细分为"相关公众熟知"与"社会公众熟知"两种类型。对"相关公众熟知"的未注册驰名商标提供防止混淆的同类保护，对"社会

---

① 王莲峰，曾涛. 国际视角下我国未注册驰名商标保护制度的完善［J］. 知识产权，2021（3）：54－68.

公众熟知"的驰名商标提供防止驰名商标持有人利益受损的跨类保护。

第三，给我国国内司法体系带来挑战。USMCA 和中国商标法关于"商标许可的备案规定"的差异会给国内商标权纠纷带来一定的挑战。依据我国《最高人民法院关于诉前停止侵犯注册商标专用权行为和保全证据适用法律问题的解释》和《集体商标、证明商标注册和管理办法》等有关规定，在司法、行政程序中，当事人需要提交备案材料作为商标权人允许他人使用商标的证据。这一规定与 USMCA 存在差异。

2. USMCA 会增加我国相关企业商标侵权的风险

第一，我国有部分代加工企业缺乏知识产权意识，对于委托方货物是否侵权没有足够的认识，甚至会在委托方已经存在商标侵权的情况下承接代加工业务，使得自身成为侵权主体。USMCA 对于未注册驰名商标提供的"跨类保护"会使这些企业面临更高的商标侵权风险，可能会遭到严厉的法律惩罚。

第二，USMCA 高水平的商标保护使成员方的商标权人受益良多，但不利于我国中小企业开拓海外市场，不利于我国企业在美国、欧洲等地区商标的注册。

（二）关于 F 节专利和未公开测试或其他数据方面

F 节规则与中国《专利法》中相关内容的区别：

1. USMCA 第 20.36 条规定可以给微生物和从动植物中衍生的发明授予专利权。我国《专利法》规定动植物的品种不允许被授予专利，可以授予动植物生产方法的专利。我国《植物新品种保护条例》规定提供类似的专利保护给新品种的植物；植物新品种，是指经过人工培育的或者对发现的野生植物加以开发，具备新颖性、特异性、一致性和稳定性并有适当命名的植物品种。

2. 建议以立法的形式引进专利延长制度

USMCA 第 20.46 条规定专利保护期的延长。USMCA 要求调整药品专利保护的期限，以此补偿因上市审批程序不合理而缩短权利保护期的问题。关于延长专利保护期的相关规定和相似的内容，也载于中美签署的《中美经贸协议》第一阶段第 1.12 条中。根据《中美经贸协议》规定，在提交申请之日起 4 年内或者在审查申请之日起 3 年内给予不合理延期者的延长；而 USMCA 规定，专利权是在提交申请之日起 5 年内或者在审查申请之日起 3 年内授予的。可见《中美经贸协议》的规定更为严格。

对于新药品的专利以及制造和使用方法的专利，建议可以将这种调整限制在 5 年内，并且规定专利自在中国上市批准之日起总有效期不得超过

14 年。

（三）关于 H 节版权及邻接权与中国版权法律的对比

我国版权法自 1991 年 6 月 1 日实施以来，就不断推进完善版权法律。截至 2021 年，《中华人民共和国著作权法》已经过了三次完善，与世界版权法律逐步接轨。USMCA 高标准的版权条款可为中国的版权法律改革提供借鉴。表 15 - 1 为 USMCA 在版权及邻接权方面与中国法律的比较。

表 15 - 1　　　　　　USMCA 和中国在版权规定上的区别

| USMCA 协定 | 我国法律法规 |
|---|---|
| 第 20.57 条规定普通作品作者享有复制权；第 58 条规定了向公众进行传播的权利；第 59 条规定了发行的权利 | 《著作权法》第 10 条同样规定作者享有复制权、广播权和发行权 |
| 第 20.60 条规定了录音制品在需要作者和表演者双授权下的情形，每一方的授权都是独立存在的，一方的授权都不会因另一方的授权状态而终止 | 《著作权法》没有特定的条款规定需要双授权的情形，但有类似的条款① |
| 第 20.61 条规定了首次出版的规定以及表演者和录音制品作者享有的权利（现场直播权、表演首次固定权、传播权等相关权利） | 《著作权法》以财产权的方式对相关权利做出规定，第 39 条第 1 款 1~3 项对表演者的财产权做出规定，第 42 条对录音制品作者的财产权做出规定 |
| 第 20.62 条规定了版权及相关权利的期限：作者终生及作者去世后 70 年；作品、表演或录音制品首次获授权起不少于 75 年，若在 25 年内未授权发行的，保护期限为作品创作年年底起不少于 70 年 | 《著作权法》第 21 条明确了作者财产权为作者终生及去世后 50 年；第 39 条和第 40 条规定表演及录音制品作者财产权保护期限为截至作品发生或完成后的第 50 年的年底 |
| 第 20.64 条规定了限制与例外的情况：在特殊情况下（新闻报道、教学等）可以不经版权人许可使用作品，这些限制与例外不与 TRIPs、《伯尔尼公约》、WCT、WPPT 冲突 | 《著作权法实施条例》第 21 条也采取了相同的章程，但在特殊情况的范畴上比较宽泛② |
| 第 20.65 条规定了版权的合同转让：权利人可以通过合同自由独立地转让版权，并可以通过创业等方式，通过合同充分享有从该权利中所获得的收益 | 《著作权法》对版权的限制较强，第 16 条中规定了职务作者的版权限制，作者的版权受工作单位的限制，不能充分享有版权带来的收益 |

---

① 《著作权法》第 13 条规定，改编、翻译、注释、整理已有作品而产生的作品，其著作权由改编人、翻译人、注释人、整理人享有，但行使著作权时不得侵犯原作品的著作权。

② 《著作权法实施条例》第 21 条规定，依照著作权法有关规定，使用可以不经著作权人许可的已经发表的作品的，不得影响该作品的正常使用，也不得不合理地损害著作权人的合法利益。

| USMCA 协定 | 我国法律法规 |
|---|---|
| 第20.66条规定了技术保护措施（TPMs），在技术方面保护作者权利并限制未经授权的作品的使用，规定了有效 TMPs 的详细细节（与版权有关的任何技术、设备或组件） | 《信息网络传播权保护条例》第26条对技术保护措施也做出了相应的规定，但在何为有效①的细节上并未做出规定 |
| 第20.67条权利管理信息（RMI），规定以充分的法律标准来保障 RMI，规定了适用的刑事诉讼处罚方式和适用性，明确了 RMI 的具体定义 | 我国法律关于 RMI 的定义②与之相似，但与 USMCA 相比，在关于 RMI 的内容上的规定并不详尽；在责任承担上，尽管有依法追究刑事责任的规定，但在《刑法》中并没有规定具体的刑事责任是哪些 |

可以看出，我国版权法律与 USMCA 相比存在一定差距。在版权及邻接权保护期限方面，我国版权保护期限较短，仅有 50 年；在版权转让方面，职务作者的版权权利受到一定限制；在违法行为认定方面，虽有比较完善的刑事处罚规定，但在法律执行方面存在认定标准不清晰、法律责任不健全等不足。

（四）关于商业秘密保护方面

1. 完善对诉讼参与人失密责任的规定

USMCA 商业秘密规则会促进中国民事诉讼法相关规定的完善。建议针对诉讼当事人、律师、专家等诉讼参与人的保密义务以及失密责任进行明确规定，将违约责任上升为法律责任。

2. 加快商业秘密法的出台

加快出台专门的商业秘密法，逐步形成较为全面的商业秘密保护体系。在立法层面，中国的商业秘密保护规定过于分散，不同的法律法规保护的侧重点有所不同，制定出台一部专门的商业秘密保护法规显得尤为必要。

3. 促进技术的创新与竞争

商业秘密保护条款能在一定程度上促进中国高新技术的创新与竞争。

---

① 《信息网络传播权》第26条规定，技术措施，是指用于防止、限制未经权利人许可浏览、欣赏作品、表演、录音录像制品的或者通过信息网络向公众提供作品、表演、录音录像制品的有效技术、装置或者部件。

② 《信息网络传播权保护条例》第26条规定，权利管理电子信息，是指说明作品及其作者、表演及其表演者、录音录像制品及其制作者的信息，作品、表演、录音录像制品权利人的信息和使用条件的信息，以及表示上述信息的数字或者代码。

# 第十六章 USMCA 竞争政策、国有企业规则的解读及对中国影响的分析

USMCA 第 21 章和第 22 章分别对竞争政策、国有企业规则做了规定，反映出国际经贸规则变化的新趋势。由于竞争政策、国有企业议题之间具有高的联系性，因此，下面将两个规则合并一起进行研究。

## 一、引　言

### (一) 关于竞争政策的研究

随着全球一体化进程的深入，传统的贸易壁垒在逐步取消，人们认识到"边境后措施"的反竞争行为会降低自由贸易所带来的好处。为维护市场竞争环境，一是需要对反竞争商业行为进行规制；二是单纯依靠本国国内的竞争法难以维护竞争秩序，需要多方联合制定共同的竞争政策；三是在多边谈判中难以达成共识的竞争政策开始被接纳。如 WTO 的 GTAS 协议第 17 条规定国营企业要按照非歧视原则行事，GTAS 协议的第 8 条、第 9 条对垄断和专营服务提供者和有关限制竞争的商业行为做了规定，以及 WTO 的 TRIPs 协议第 8 条、第 40 条中规定各成员方不得滥用知识产权来扰乱竞争，以及第 31 条的竞争条款。贸易政策和竞争政策之间既有一致性，又存在差异。国际经贸规则的竞争政策包括限制竞争行为、竞争中立以及执法程序性等方面的要求。王晓晔 (2011[①]，2020[②]) 分析了 NAFTA 的竞争规则，指出其竞争政策由于缺乏统一的执法机构，减损了其作用的发挥。崔浩然和李本 (2022)[③] 提出竞争中性原则是国有企业规则的核心内容。

---

① 王晓晔. 自由贸易区竞争政策的合作 [J]. 国际贸易, 2011 (10): 58 - 60.
② 王晓晔. 我国《反垄断法》修订的几点思考 [J]. 法学评论, 2020, 38 (2): 11 - 21.
③ 崔浩然, 李本. 应对 CPTPP 国企规则的挑战: 越南国内法的调适及其借鉴 [J]. 国际贸易, 2022 (8): 61 - 69.

（二）关于国有企业相关文献

同 NAFTA、TPP 的比较发现，USMCA 的国有企业条款规定最为严苛，不仅扩大了国有企业的认定范围，也在非商业援助、透明度等规则上做了细致的规定（李思琦和金铭，2019）①。沈伟（2019）② 将 WTO 的 SCM 协议同 USMCA 国有企业条款下的"非商业援助"对比后发现，补贴与非商业援助在形式上具有高度重合性；USMCA 将控股权作为界定非商业援助提供者的标准；从构成条件上，USMCA 的标准与 SCM 协议相比明显较低。可以看出，SCM 协议侧重于控制政府的权力，限制政府干预，而非直接针对国有企业。

尽管，国际经贸规则中的国企条款有利于约束"扭曲市场的补贴"，完善竞争政策，消除国有企业的不公平竞争地位，矫正政府对市场的不当干预（沈伟和方荔，2022）③；但是，美国主导的国企条款也被用作遏制中国的工具（Sanchita Basu Das，2013）④。

## 二、USMCA 竞争政策规则的解读

USMCA 第 21 章的竞争政策规则由程序义务、执法程序、合作、消费者保护、透明度、协商以及不适用争端解决七个部分组成。其中，通知、磋商以及合作等属于程序义务，执法程序公正主要是执法过程中对正当、公平、透明度等的要求；实体义务涉及国际卡特尔等内容。

（一）关于竞争法和主管部门的规则

USMCA 第 21.1 条对竞争法的性质、适用范围以及豁免、竞争法的主管部门等做出规定，具体包括：

（1）缔约方的竞争法适用范围包括所有商业活动及相关境外商业活动。

（2）每一缔约方可规定的豁免应是基于公共利益或公共政策的理由制定的，且必须是透明的。

---

① 李思琦，金铭. 美式国有企业规则分析及启示——以 NAFTA、TPP、USMCA 为例 [J]. 国际贸易，2019（8）：88 – 96.

② 沈伟. "竞争中性"原则下的国有企业竞争中性偏离和竞争中性化之困 [J]. 上海经济研究，2019（5）：11 – 28.

③ 沈伟，方荔. 从接受到"接合"：国有企业国际规制的中国话语转变 [J]. 国际经济法学刊，2022（1）：34 – 50.

④ Sanchita Basu Das. The Trans Pacific Partnership as a Tool to Contain China: Myth or Reality, ISEAS PERSP.（May 17, 2013）, at https://www.iseas.edu.sg/images/pdf/ISEAS_Perspective2013_31.pdf, July 20, 2021.

（3）每一缔约方应设立一个或多个主管机构负责执行其国家竞争法。

（4）各缔约方应确保其竞争主管部门的执法政策：（a）要体现出非歧视原则；（b）考虑对相关执法活动的影响；（c）缔约方可对其领土外相关的行为或资产采取补救措施。

为了保障各缔约方所制定的竞争法能够有效地执行，USMCA 第 21.1 条的第 4 款和第 5 款规定缔约方应当设立一个或多个国家竞争主管机构，专门负责相关的决策和执法。欧盟的竞争政策规定，当欧盟的竞争法与成员方的国内法发生冲突时要优先适用欧盟竞争法，欧盟竞争政策的主管机构是欧盟委员会。USMCA 的第 21.1 条中明确规定各成员方应该有各自的竞争法，如果签订协定时还没有制定国内竞争法，那么应予制定；如果签订时各国已经都制定了竞争法，那么就应该确保竞争法能够得到有效的执行。考虑到美国、墨西哥和加拿大在经济发展程度以及社会文化等方面的差异，因此，USMCA 没有设立一个区域性的竞争主管机构。

在竞争政策条款执行上，缺乏统一的竞争执法机构使得争端解决变得复杂。以美国联邦快递公司（UPS）诉讼加拿大皇家邮政公司案为例，20 世纪 90 年代，UPS 认为皇家邮政公司利用垄断收入补贴其经营活动，采用掠夺性定价的方式来排挤 UPS；因此 UPS 向加拿大政府进行投诉，但没有得到解决。UPS 先后以加拿大政府违反非歧视原则向 NAFTA 以及国际投资争端解决中心进行投诉，但最终因 NAFTA 的竞争政策没有设置统一的竞争主管机构，导致 UPS 的权益无法得到维护（王晓晔，2017）①。

（二）关于竞争法执行中的程序公平规则

1. 执法程序定义

USMCA 第 21.2 条第 1 款规定，"执行程序"是指在对涉嫌违反国家竞争法的行为进行调查之后的司法或行政程序。该条第 2 款对透明度、调查期限、当事人以及合并交易等方面做出具体规定。该款要求各缔约方确保其国家竞争主管部门：

（a）遵循透明度要求提供有关适用的竞争法、法规和程序规则。

（b）在确定期限内或在合理期限内进行调查。

（c）为某人提供合理机会，包括：（i）应当事人的请求，允许律师参加竞争主管机构与当事人之间的会议或诉讼。本款不适用于在大陪审团、

---

① 王晓晔. 自由贸易区竞争政策的合作 [J]. 国际贸易，2011 (10)：58 - 60.

单方面诉讼或根据司法令进行搜查前发生的事项。（ii）在涉及征求或提供法律意见的情况下，承认律师与当事人之间的合法沟通享有保密的特权。

（d）关于兼并交易的审查，允许国家竞争主管机构和当事方进行协商，就交易可能包括的问题提出意见。

2. 透明度的规定

透明度原则要求缔约方所制定的竞争政策应及时公开和更新。本条第2款涉及信息披露的要求，各缔约方的竞争主管部门在执法时要保证适用透明的法律，而且对任何违反国内竞争法的当事人做出符合国内法律的要求。第2条第6款是对竞争主管机构最终决定披露的规定，要求各缔约方以书面形式做出最终决定并公布调查结果；依据第2条第9款规定，每一缔约方应确保处罚的计算是透明的。

3. 程序公正的规定

程序公正原则要求各成员方给违反竞争法进行调查的当事人提供合理的机会，保证调查过程符合竞争法的程序。第21.2条第7款规定各缔约方应确保在对违反其竞争法的人实施制裁或补救措施前，为其提供合理的机会，除非当事人在采取临时措施后的合理时间内提供了这些机会，包括：

（a）获取有关竞争管理部门的相关信息，包括被指控违反的具体竞争法规。

（b）在重要的法律、事实和程序问题上与竞争主管部门进行沟通。

（c）如果当事人在执行程序中对指控提出异议，则有权获得必要的信息以备辩护；但是，竞争主管机构没有义务提供其尚未掌握的信息。如果一方竞争主管部门在执行程序中引入或将引入保密信息，该方应在其法律允许的情况下，允许被调查人或其法律顾问及时获取该信息。

（d）在辩护过程中听取并提供证据，包括反驳证据，以及在相关情况下，由合格的专家进行分析。

（e）盘问作证的任何证人。

（f）在司法或行政当局面前对某人违反竞争法的指控提出质疑。

第21.2条第8款规定每一缔约方应向因违反本国竞争法而受到罚款、制裁或补救的人提供机会，要求法院或独立法庭进行司法审查，包括对实质性或程序性错误进行审查，除非该人接受罚款、制裁或他人已获得了补救。

第21.2条第3款规定每一缔约方应该确保其竞争主管部门在调查和

审查期间获得的、受法律明确保护的信息不被披露。第2条第4款规定竞争主管机构在发布公告时应对当事人予以保护，在调查过程中不应披露当事人违反竞争法的信息。

第21.2条第10款规定各缔约方的国家竞争主管机构应采取措施，保存其作为执行程序的所有相关证据，包括开脱罪责的证据，直至审查结束。

在没有协调实体竞争法的情况下，确保各缔约方能够公正地执行各自国内的竞争法成为该条款的主要内容。因此，本条对竞争主管机构在执法过程中的执法程序做出详细规定，主要涉及透明度、信息披露以及在执法过程中给予当事人合理的机会和保护，以保证执法的公正。

4. 举证责任

竞争主管机构负责为被指控的反竞争行为提供举证责任。第21.2条第5款规定了在执法过程中被指控的行为由竞争主管机构来负责举证的责任，每一缔约方应确保该国的竞争主管机构承担最终责任。

（三）关于合作的规则

USMCA第21.3条是关于竞争政策合作方面的规定。

1. 执法过程合作

认识到竞争主管部门之间进行合作和协调的重要性，缔约方的义务之一就是在执法过程中进行合作。与第21.4条的消费者保护原则性的规定有所不同，本条规定了缔约方在进行合作时可以采取的方式，包括通过调查协助、通知、协商和信息交流等，特别是在妨碍市场效率和减少消费者福利的商业惯例方面加强合作。本条第3款规定各方要采取允许就合作文书进行谈判的措施，包括加强信息共享和司法协助等。本条第4款竞争主管机构应在竞争政策和各自国家竞争法方面进行合作，对于那些引起各方共同关注的调查也包括在合作范围内，这种合作应符合各方的法律和利益，符合其管辖商业秘密和其他机密信息的特权。

2. 技术合作

本条第5款属于技术合作的共识性条款，认识到缔约方可通过分享其在制定、实施和执行国家竞争法和竞争政策方面的经验，缔约方的竞争主管部门应考虑开展双方技术合作。

3. 肯定多边组织的作用

各缔约方承认国际合作与协调的重要性以及包括OECD的竞争委员会

和国际竞争网络（ICN）① 在内的国际组织在这一领域的工作。作为一项多边协定，竞争政策的有效执行离不开各缔约方的共同努力和合作，因此该条是竞争政策的一个基本性条款。

（四）关于消费者保护的规则

随着市场经济的发展，各国对消费者的保护日益重视。USMCA 第 21.4 条主要从两个方面规定了缔约方的义务：一是要求各缔约方制定消费者保护法或相关法律；二是在执法上要加强合作和协调，特别是在与欺诈性商业活动有关的共同利益事项上进行合作。

1. 各方共识

USMCA 第 21.4 条第 3 款是各方关于处理欺诈性商业活动达成的共识，认为当前欺诈性和欺骗性的商业活动超越了国界，缔约方就处理这些活动进行的合作与协调是必要的，符合公众的利益。

2. 通过或维持消费者保护法

本条第 2 款明确规定各缔约方应通过或维持消费者保护法或其他禁止欺诈性和欺骗性商业活动的法律或法规，承认这些法律和法规的执行符合公共利益。缔约方采取或者维持、禁止这些活动的法律法规可以是民事的，也可以是刑事的。

3. 各方的合作协调

本条第 4 款规定缔约方应酌情在与欺诈性和欺骗性商业活动有关的共同利益事项上开展合作与协调，包括通过交流消费者投诉和其他执法信息等活动，执行消费者保护法。

本条第 5 款规定，负责消费者保护的公共机构或官员应依据各自的法规，在合理范围内就本条规定的事项进行合作和协调。

（五）关于透明度的规则

USMCA 第 21.5 条对竞争政策透明度做出规定。该条第 1 款规定缔约方应认识到竞争政策执法过程和宣传政策透明度的重要性。第 2 款规定了缔约方在透明度方面的义务：一方应向请求方提供本国的竞争法规政策和

---

① 2001 年 10 月来自 14 个国家或地区的高官共同发起成立了国际竞争网络（International Competition Network，ICN），致力于为竞争当局提供一个保持日常联络和解决实践中竞争问题的专业而非正式的场所，其主要任务是通过对话加强国际合作和促进统一化。ICN 每年召开年会，各国竞争主管机关就其面临的问题进行交流并就竞争执法的国际合作问题进行对话。ICN 目前已有 77 个成员国，86 个成员方。ICN 下设合并、资金、成员、能力建设与竞争政策、垄断行业中的反垄断、运作框架六个工作组。此外，ICN 与 OECD、WTO、UNCTAD 等国际组织、反垄断经济和法律事务工作者、消费者协会以及学界保持密切合作。转载自商务部网站，国际竞争网络（mof-com. gov. cn）。

做法及豁免，条件是请求方应该具体说明其所关注的特定货物或服务和市场，以及解释豁免可能妨碍当事方之间贸易投资的资料。

（六）关于协商的规则

USMCA 第 21.6 条是关于缔约方之间对相关事项进行协商的要求。被请求方应对提出磋商的请求方给予充分和同情的考虑。各成员方应努力向另一方提供相关的非机密信息。该条明确了出现争端时可以采取的解决方式，结合第 21.7 条不适用争端的解决，可以看出关于竞争政策的争端只能采用磋商方式解决。

（七）关于不适用争端解决的规则

USMCA 第 21.7 条规定，任何一方不得就本章下产生的任何事项诉诸第 14 章（投资）或第 31 章（争端解决）所规定的争端解决措施。在USMCA 第 21.6 条中规定了各缔约方可以通过磋商来解决竞争政策涉及的争端。其主要有两个原因：一是竞争政策条款的规定不够完善，因此各缔约方不愿为此承担约束性的义务；二是关于竞争政策条款的规定不具体，有的条款只是原则性的规定。

### 三、USMCA 国有企业规则的解读

USMCA 第 22 章认定国有企业标准满足四个条件之一即可："国有企业是指从事商业活动的企业，其中缔约方：（a）直接或间接地拥有超过50% 的股本；（b）通过直接或间接的所有者权益，控制超过 50% 的投票权；（c）拥有通过任何其他所有权利益控制企业的权力，包括间接或少数股权；（d）有权任命大多数董事会成员或企业内管理人员。"简言之，国有企业的标准是"国家决策与企业的密切度"，在满足从事商业活动的前提条件下，只要满足中央政府所持有的股权、投票权、任命权、决策权四者之一，就可被认定为国有企业。相比于 TPP 有关国有企业的规定，决策权是新增加的内容。

USMCA 国有企业条款包括定义及范围、非歧视性待遇和商业考虑、法院和行政机构、非商业援助、不利影响和伤害、透明度、技术合作、国有企业、指定垄断委员会等内容。另外，规定了例外情况、门槛计算、制定有关国有企业和指定垄断信息的过程、进一步谈判等情况。其中，最重要的是非歧视性待遇和商业考虑、非商业援助、透明度三项条款。

（一）关于非歧视性待遇和商业考虑的规则

首先，对于非歧视性待遇规定，不论是优惠政策还是禁止性规定，对待国有企业都一视同仁。其次，国有企业进行的销售、服务、投资等活动

应当是纯粹的商业行为，而不应与政府有太多瓜葛。条款规定各缔约方应确保其指定的垄断企业在购买或出售相关产品或服务时按照商业考虑行事。

非歧视待遇不仅针对缔约方的企业，还包括非缔约方的企业。USMCA对国有企业经营的要求更高，只要没有遵守商业考虑，就意味着会受到相应处罚。

### （二）关于非商业援助的规则

在该项规定中，非商业援助的禁止情形值得重点关注。"以下形式的非商业性援助，提供给主要从事生产或销售电力以外商品的国有企业，则禁止：（a）缔约一方国有企业向该缔约方的其他国有企业提供的贷款或贷款担保；（b）缔约方的一方或国有企业向该缔约方的国有企业提供的非商业性援助，特别是在破产的情况下或者处于破产边缘者，旨在使其在合理的时间内恢复生存能力；要么（c）在不符合私人投资惯例情况下，由缔约方的一方或国有企业将该缔约方国有企业的未偿债务转为权益。"这三条禁止性条款与SCM协议的禁止性补贴的相关规定基本一致。

### （三）关于透明度的规则

USMCA规定，在协定生效后一段时间内，缔约方需以各种形式公布其国有企业名单，让其他缔约方知晓；如果一方提出书面请求，那么另一方应当也以书面形式提供对方想要获知的信息，包括提供可能影响到双方间贸易实体的活动，或者政策和计划，最大限度保持信息的透明度，使得对方对自己国有企业的行为有所了解，以免在不知情的情况下影响三国间的贸易往来。

USMCA要求企业披露的内容应当全面且准确，对于股权变动、人事变动、经营、财务状况、非商业援助等内容都应进行披露，以保证信息的公开透明。

### （四）其他规定

关于技术合作的规定有两点：第一，交流国有企业管理和运作的经验方法；第二，彼此通过协商来保证国企和私企的公平竞争，设定了国有企业和指定垄断委员会来处理相关事宜。

## 四、对中国的影响及对策

### （一）完善我国竞争法规

我国反垄断法于2008年正式实施。随着我国的反垄断立法不断完善，相继出台了行政法规、反垄断委员会指南以及各种司法解释和规范性文件，中国相关的竞争法律体系已基本形成。2016 年国务院第 34 号文件明确提出竞争政策是市场经济的基本原则，竞争政策已经成为我国的一个基本经济政策。当前，国际上的区域经贸协定的竞争政策条款反映出竞争规则的最新发展，我国应该借鉴 FTA 中的竞争政策理念和制度安排，完善我国的竞争法律体系。

（二）制定竞争政策谈判的策略

在进行经贸协定竞争政策谈判时不应过度集中在程序性义务上，多增加实体性义务内容。

1. 在国家选择上

经贸协定竞争政策议题的谈判就是竞争规则国际化的过程。竞争规则国际化的主要目的是对企业垄断等反竞争行为进行规制，维护本国企业的合法利益；因此在与我国贸易投资比较密切的国家开展谈判时应将竞争规则纳入考虑的范围。

2. 特殊待遇条款

经贸协定的竞争政策涉及的特殊待遇主要有技术支持条款、过渡期条款以及例外条款。USMCA 第 21.1 条第 3 款规定了某些豁免不适用竞争法。针对这些特殊待遇条款，中国应争取获得发达国家的技术支持，借鉴发达国家体系建设的方法、体系构成等；在过渡期条款上尽量在竞争执法机构的设立、国有企业、产业限制上获得更多的时间；在例外条款上考虑将重要产业排除在外，防止造成过大的冲击。

3. 关于争端解决机制

中国在执法机构、执法程序等方面有需要完善的地方，在制定竞争政策时需要考虑对本国经济社会发展可能带来的不利影响；依靠争端解决机制来解决纠纷是比较合适的。

（三）以市场化为核心的国有企业改革进入新阶段

我国国有企业改革一直在路上。其改革历程大致分为以下阶段：1978～1984 年通过放权让利来扩大企业自主权；1985～1992 年通过承包经营责任制和价格、流通和投融资领域改革为标志的政企分开阶段；1993～2002 年以股份制和公司制改革为标志的现代企业制度建立阶段；2003～2013 年以"抓大放小"为标志的国有经济结构调整阶段；2014 年至今进入到以全面市场化为核心的国有企业改革新阶段。特别是 2020 年 6 月 30 日通过的《国企改革三年行动方案（2020—2022 年）》标志着国企混改、重组整合、国资监管体制改革等方面进入新阶段。国企改革的重心体现在企业股权结构的"混"和公司治理的"改"上；国资委由管人向管资产转变，企业的资本、股权、人员、业务等核心要素全面市场化。

2022 年 2 月 28 日中央全面深化改革委员会第二十四次会议强调，要坚持党的全面领导，发展更高水平的社会主义市场经济，毫不动摇地巩固和发展公有制经济，毫不动摇地鼓励、支持和引导非公有制经济发展，加快建设一批产品卓越、品牌卓著、创新领先、治理现代的世界一流企业，在全面建设社会主义现代化国家、实现第二个百年奋斗目标进程中实现更大发展、发挥更大作用。该次会议审议通过了《关于加快建设世界一流企业的指导意见》《推进普惠金融高质量发展的实施意见》《关于加强基础学科人才培养的意见》《关于推进国有企业打造原创技术策源地的指导意见》文件。

（四）非歧视和商业考虑规则对国企的影响

USMCA 的非歧视和商业考虑规则不仅涉及货物和服务的购销，还涵盖了投资活动。USMCA 规定国有企业要遵循商业考虑，即国有企业应当与私营企业的商业行为保持一致，否则就会被视为违反规则。我国的国有企业兼有公益性和商业性特点。中央企业分为商业类和公益类两个类别，实施分类改革、考核、发展、监管。商业类又分为主业处于充分竞争行业的企业（简称"商业一类"）和主业涉及国家安全和国民经济命脉的行业的企业（简称"商业二类"）；公益类企业重在保障民生、服务社会和提供公共产品与服务企业。分类改革的指导思想既符合国际经贸规则的新发展趋势，又兼顾了国情。

（五）非商业援助条款对国企的影响

长期以来，美西方视中国为非市场经济国家。在中国企业"走出去"的过程中，很多措施会被认定为非商业援助而遭到禁止。国企国际化的经营环境将面临一定困难。对此，需要把中国国企改革的内容和方向同贸易伙伴讲清楚；有必要提高"商业一类"和"商业二类"国企的透明度，提高企业信息披露的真实性和完整性；完善相关法律法规、加快市场改革步伐、坚持改革开放，使得我国国有企业能够公平地参与国际竞争。

# 第十七章　USMCA 劳工规则解读及对中国影响的分析

在国际经贸规则中纳入劳工标准已成为发展趋势。本章首先对 USMCA 第 23 章劳工权益保护的背景进行分析，包括 WTO 多边贸易以及 USMCA 在劳工规则制定上考虑的因素；其次分析了 USMCA 协议中的劳工标准，比较 USMCA 与其他协议的差异；最后对我国影响及应对策略进行了阐述。

## 一、引　言

一方面，发展中国家为了获得经济发展存在牺牲劳工权利的社会现象；另一方面，国际贸易带来的要素价格趋同化趋势，影响了发达国家的劳工利益。如何解决上述问题是当前国际贸易再平衡的热点之一。NAFTA 成立后，美国对加、墨贸易逆差显著增长，大量劳动密集行业向墨西哥转移，冲击了美国工人就业。USMCA 在发展中国家和发达国家的成员内签订统一劳工标准是一种新尝试。①

近年来，国内学者对国际经贸协定的劳工规定展开了研究。李佳鹤（2016）通过分析 TPP 的劳工条款，阐述了对中国法律方面所产生的影响以及应对策略。② 李西霞（2015）论述了 USMCA 劳工标准与 NAFTA、TPP、CPTPP 等其他自贸协定的区别，分析了劳工标准的发展动向及其潜在影响，可为我国有关劳工问题谈判，提供借鉴。③

---

① 万军.《美墨加协定》对北美三国投资的影响［J］. 拉丁美洲研究，2019，41（2）：1－24，154.

② 李佳鹤. 论 TPP 劳工条款及其对中国法律的影响［J］. 法制博览，2016（22）：115－116.

③ 李西霞. 自由贸易协定中劳工标准的发展态势［J］. 环球法律评论，2015，37（1）：165－175.

## 二、USMCA 劳工规则的解读

USMCA 第 23 章主要有核心内容和其他条款两个部分。

（一）关于劳工权利的规则

USMCA 第 23.1 条是关于劳工法的定义。劳工法是缔约方之间签订的和劳工权益相关的法律法规，这里的法律和法规主要包括《墨西哥合众国宪法》和《美国宪法》。

劳工权益包括五条：（1）劳动者有权依照法定程序组织或者参加社会团体活动即结社自由，并且劳工法承认劳动者有权利通过选举代表和用人单位或者团体就劳工标准和劳动条件、集体福利等方面进行谈判，即有效承认集体谈判权；（2）消除所有强迫或者强制的劳动，这一点强调劳动者有参与或者不参与工作的权利以及参与什么工作的权利，任何人任何组织不得强制要求；（3）禁止使用童工；（4）消除就业与职业歧视；（5）劳工法应规定最低工资、最长工作时间以及其他与工作相关的条件（健康的工作环境)①，保证劳动者的身心健康，使其提供的劳动有对等的回报。

USMCA 第 23.2 条规定了保护劳工权益的义务，包括国际劳工组织《工作中权利宣言》和国际劳工组织《关于争取公平全球化的社会正义宣言》（2008 年）中所述的义务。工人组织和雇主组织在保护国际公认的劳工权利中有重要作用。USMCA 的缔约方认识到，劳工权利仅指本章所涉及的相关权利。

USMCA 第 23.3 条规定，劳工权利是各国劳工法定义中规定的权利。国际劳工组织《工作中权利宣言》所述权利共 5 条，即核心劳工标准（结社自由和有效承认集体谈判权利、消除一切形式的强迫或强制劳动、有效废除劳工、禁止有害的童工形式、消除就业与职业歧视），以及经济劳工标准（与最低工资、工资时长、职业安全及健康相关的工作条件）。

USMCA 第 23.6 条关于强迫或强制劳动的规定，各缔约方不仅要消除自己国家内的强迫或者强制劳动；还应采取一些措施不从其他国家进口通过强制劳动生产的产品。

USMCA 第 23.7 条对工人的暴力行为的规定，各缔约方不得对工人进行暴力、恐吓、威胁，政府必须保证使工人有效行使第 23.3 条劳工权利，以免影响当事方之间的贸易或投资的进行。

---

① 我国劳动法规定每日工作时长不超过 8 小时，平均每周工作时长不超过 44 小时，每周至少休息一天。

USMCA 第 23.8 条关于外来务工的规定。缔约方认识到外来务工者面临劳动保护方面的脆弱性，因此，在执行第 23.3 条（劳工权利）时，每一缔约方均应确保外来务工者无论是本国国民还是非本国国民，都受劳动法的保护。

USMCA 第 23.9 条关于工作场所歧视的规定，缔约方认识到消除就业和职业歧视的目标，并支持促进妇女平等的目标，包括推动妇女权益、消除对妇女的歧视。因此，每一缔约方均应执行其认为适当的政策，以保护工人免受基于性别（包括性骚扰）、怀孕、性取向、性别认同和护理责任等的就业歧视，提供受工作保护的产假或收养子女假以及照顾家庭成员，并防止工资歧视。

（二）实施的规则

USMCA 第 23.4 条规定，各缔约方不能以改变本国劳动法来保护本国贸易，比如降低最低工资、增加工作时长等提高劳动力优势以吸引外商投资；也不得以放弃或者减损其劳工法律的方式影响各方之间的贸易和投资；各方不得为了贸易或者投资的目的而降低国内劳动法律的使用，即使在出口加工区或关税区，只要其做法涉及劳动者的人权、尊严或者与健康相关的权利受到侵犯，即视为违反了不得减损的规则。

USMCA 第 23.5 条关于劳工法执行的规定：（1）任何缔约方都要努力保证该协定的有效执行，不能将劳动法作为影响国际贸易的工具。（2）每一缔约方对自己国内与核心劳工标准以及经济劳工标准有关的安排，比如监管以及检查安排，包括人力、物力、财力的安排，各缔约方有权合理分配资源，做出善意决定，只要此类行为不违反缔约方关于本章的规定。（3）不能以缔约方国内相关执法资源（比如警力、法律、制度等）不足为借口，妨碍本协定的有效执行。（4）各缔约方在各自国土领域内执法，在其他国家不具备相关执法权。

（三）进口限制的规则

缔约方承诺必须对强迫劳动或使用童工生产的进口商品予以限制。

（四）公众意识与程序保证

USMCA 第 23.10 条的公众意识与程序保证规定了缔约方应提升公众的劳工意识，同时规定了司法的裁决程序。（1）缔约方要提高公民的劳工法律意识，使得和劳工权益相关的劳工法，以及劳工法的执行和相关的合规程序信息能够为公众所容易获得。（2）当劳动者的相关劳工权益受到侵犯时，他们能够有途径、方法、地点去保护自己的权益，也就是说缔约方要建立相关组织机构让劳工法得以执行。（3）在劳工法的执行过程中，遵循法律面前人人平等的原则。除非有特别要求规定，争议审理时应举行听证会或者向公众公开。（4）缔约方要保证，劳工权益案件涉及各方都有权利提交证据为自己辩护。（5）缔约方要规定，如果案件各方对判定结果不满意，有权利申请裁判机构重新审查，并在必要时更正这些程序中发布的决定。（6）每一当事方应确保进行或审查这些程序的法庭是公正和独立的。（7）缔约方要保证，案件各方有获得恢复和补救的法律制度，也就是救济的权利。（8）缔约方要规定相关裁定程序以供审判庭审判案件。（9）如果裁判庭的裁定结果或者过程没有违反本章的规定，就不能要求裁判庭重新审理案件。由此条规定可知，如果相关各方对处理结果不满意，想要复审必须指出审判庭审判时做出的不合本章规定的行为。（10）缔约方保证在劳工法诉讼中要满足公平公正，不收取不合理费用或延误时间，并将诉讼决定告知相关人。

案件的最终裁定结果是根据各方提供的证据做出的；裁判机构做出裁定时要陈述所依据的法律条款；裁定的结果要以书面的形式向所涉及的各方提供，并且在合法条件下向公众公开。

（五）公众意见的规定

USMCA 第 23.11 条规定了缔约方就公众意见的沟通程序。（1）每一缔约方通过第 23.15 条指定的联络点，依照一定程序接收并审理公众提交的和本章有关的书面意见；当事方应随时准备公开此程序。（2）缔约方应该就公众提出的问题及时进行审议，并适时提供审议结果。（3）缔约方可要求提供补充信息。

USMCA 第 23.16 条的公众参与规定了公众参与的途径。对每一缔约方而言，要建立全国性的劳工咨询机构或者类似的机制，以供劳工代表以及工商界代表提出意见。

（六）关于合作的规定

USMCA 第 23.12 条关于合作的规定：

（1）缔约方应该承认合作对于增加劳工标准、推进劳工问题的承诺（每一缔约方都有义务维护劳工权益；不把劳工标准用于贸易保护目的）、改善工人生活质量的重要作用。

（2）合作可以采取研讨会、论坛、对话、考察、访问、合作研究和开发、技术专项交流和援助等方式。

（3）合作时要充分调动缔约方的积极性，注重各缔约方的能力，充分利用各缔约方的优势，尽可能开展多方合作。

（4）在某领域开展合作时，可以邀请该领域的劳工代表参与，以提出具有实践性的意见，也可以邀请雇主代表发表意见，或者视情况邀请他们参加合作活动。

（5）缔约方可以合作的领域包括：①劳工法律和惯例，包括国际劳工组织宣言所述的原则和权利。②遵守国际劳工组织有关消除童工的劳工法律和惯例。③识别和运送强迫劳动生产的货物。④打击强迫劳动和人口贩运。⑤处理针对工人的暴力行为。⑥职业安全与卫生，包括预防职业伤害和疾病。⑦劳动行政和司法机构的能力。⑧劳动监察和检查制度，包括提高劳动执法水平和效率，加强劳动监察制度并帮助确保遵守劳动法的方法和培训。⑨工资制度方面，遵守与工作时间、最低工资和加班以及就业条件有关的劳动法的薪酬制度和机制。⑩处理劳动和就业领域中与性别有关的问题，包括：第一，消除在就业、职业和工资方面基于性别的歧视。第二，开发与同工同酬工作有关的分析和执法工具。第三，促进将妇女纳入和保留在劳动力市场中的劳动惯例，并提高女工的能力和技能，包括应对工作场所的挑战和集体谈判，消除对外来工人的就业和职业歧视，推动妇女权益保护，消除对妇女的歧视，保护弱势工人方面的合作。第四，审议与职业安全和卫生以及其他工作场所惯例有关的性别问题，包括提高幼儿保育、哺乳母亲以及相关的政策和计划，以及预防职业伤害和疾病。第五，预防基于性别的暴力和骚扰。⑪促进创新、竞争力、培训和人力资本的发展，特别是应给予中小企业关注。⑫应对多样化劳动力的机会，包括：第一，在年龄、残疾、种族、宗教、性取向、性别认同和其他与择优或聘用要求无关的特征方面促进平等和消除就业歧视。第二，促进平等，消除就业歧视，包括低薪或临时工人。⑬收集和使用劳动统计数据、指标、方法和程序，包括基于性别的统计数据。⑭社会保护问题，包括因工伤或患病而应给予工人的赔偿、养老金制度和就业援助计划。⑮劳资关系，包括合作和争端解决形式，以改善工人、雇主和政府之间的劳资关系。⑯实施学徒计划。⑰加强三方协商和伙伴关系的社会对话。⑱关于跨国企业的劳资关系，促进在两个或以上缔约方中经营的企业与每个缔约方中的工人组织进行信息共享和与就业有关的对话。⑲双方可能决定的其他领域等。

（6）缔约方可与国际劳工组织或其他国际和区域组织建立合作安排。

（七）合作性劳工对话的规定

USMCA 第 23.13 条规定了缔约方之间就劳工协议沟通的程序和步骤。（1）当一缔约方有问题需要与另一缔约方进行合作对话时，应通过缔约方设置的联络点递交书面请求。（2）请求方提出的问题应该充分具体，使得接收方能够理解其意思，以便做出回应。（3）除非请求方与接收方另行决定，否则善意的对话应在接收方收到请求的 30 天之内进行，对话是为了真实地解决问题而进行的。对话双方应该设立渠道以便接收相关利益方提交的与该问题有关的意见。（4）对话方式可以是面对面，也可以是双方决定的任何方式。（5）对话双方应处理所提出的所有问题；如果问题被解决，对话双方应将结果书面化，包括商定的解决步骤和流程；除非另有规定，否则应将结果告知公众。（6）对话双方考虑所有的解决方案，并共同讨论决定执行该解决方案的步骤。

（八）争端解决机制的规则

USMCA 要求各缔约方通过合作和磋商等多种措施解决争议，具体包括纠纷解决机构和处理纠纷的方式以及程序。USMCA 第 23.14 条规定了理事会的义务以及工作流程。

第一，成立由缔约方代表组成的劳工理事会。

第二，理事会的义务包括：审议和本章有关的事项，并履行双方决定的其他职能；遵守合作中的相关原则，设定和审议劳工领域应该优先发展的事情。

第三，劳工理事会在进行包括会议在内的活动时，应提供理事会成员与公众见面的方式，来接受和考虑有关人员对本章有关事项的看法。

第四，在协定生效的第五年或者共同决定的时间内，理事会要审议本章内容的执行情况，保证本章内容能够有效执行。

第五，除非另行决定，理事会的决定或者报告应该是所有缔约方协商一致的结果，并且要向公众公开。

第六，每次会议后，理事会都要形成一份联合报告或声明。

（九）联络点的规定

USMCA 第 23.15 条的联络点规定：（1）每一缔约方都要指定联络点处理和本章有关的事情。（2）联络点的职责是促进缔约方之间沟通协调；协助劳工理事会处理相关事项；视情况向劳工理事会报告；该联络点在各缔约方国内作为和公众沟通的渠道；按照理事会确定的优先发展的领域或者优先解决的问题以及合作中规定的合作领域和缔约方的需求，开展合作，也包括和各缔约方国内政府部门共同拟订和实施合作。（3）联络的方式可以是面对面交流，也可以通过其他手段。

（十）劳工磋商

USMCA 第 23.17 条规定了劳工磋商所采取的形式以及程序。（1）缔约方应该在相互尊重的基础上进行合作磋商，以尽最大努力解决问题。（2）一个缔约方可以随时通过另一缔约方的联络点递交书面请求来寻求磋商。请求的这一方要充分具体陈述所提的问题以及该问题在本章的法律依据，使回应方能够给出回应。（3）与该事项有重大利益的第三方可在不迟于交货日期的 7 日内，通过其各自的联系点以书面形式通知其他当事方，以参加劳动协商。第三方应在其通知中就此事项的重大利益做出解释。

以上几条说明不论是提出请求还是做出回应，不仅要向磋商方发送请求和回应，还要向其他缔约方发送通知，以便其他成员方知晓该磋商；确认该事项是否与自己有关，是否参与磋商。

（4）除非协商双方另有决定，否则应在提出要求之日起 30 天之内进行劳资协商。（5）磋商各方尽力解决问题。（6）如果双方没有就问题提出解决方案，磋商方才可以请求理事会审理该事项。除非另有规定，理事会代表要在收到请求后迅速召集会议，解决问题。包括请求独立的专业人员进行帮助，或者从中调停。（7）问题解决的结果要书面化，包括具体的解决步骤和时间表。结果要向其他缔约方和公众公布。（8）如果磋商各方在请求方递交请求 30 天内还没有解决问题，可以要求设立专家组。（9）劳工磋商要保密，不能影响缔约方的其他权利。（10）劳工磋商方式可以是面对面，也可以通过其他技术手段实施。除非另有规定，否则面对面的举行地点一定要在提出劳工协商请求的首都举行。

关于劳工磋商的解决程序概括而言是先进行双方磋商，若不能解决问题，请求劳工理事会协助解决，若劳工理事会在规定时间没有解决，方可引用争端解决机制，设立专家组解决问题。即先在本章框架下解决，然后才能在第 31 章争端解决框架下解决。

### 三、USMCA 劳工标准与 NAFTA、CPTPP 相关标准的比较①

（一）与 NAFTA 的比较

第一，就劳工标准而言，NAFTA 劳工标准在制定时并未参照国际劳工组织（ILO）的相关内容。USMCA 改变了这一情况，这使得 USMCA 的劳工标准和 ILO 核心标准相一致。不仅如此，USMCA 劳工标准发展了 ILO 标准的内容，使其可在更广的范围内适用。其中最为重要的一点就是 USMCA 劳工标准要求各缔约方施行具有可行性的劳工标准，要求各缔约方对保护劳工的权利做出承诺，并制定和完善相关法律。USMCA 通过对劳工标准的细致规定，使得美、墨、加三国在劳动标准以及工作条件方面

---

① 李西霞.《美墨加协定》劳工标准的发展动向及潜在影响［J］. 法学，2020（1）：183 - 192.

缩小了差距，并逐步实现更为公平的竞争环境。

第二，USMCA 劳工标准增加了要求解决强迫劳动、暴力侵害工人以及性别歧视移民工人等问题的条款。

第三，就 NAFTA 而言，其劳动争端解决的途径是通过独立的劳动争端解决程序，以附件方式出现；而 USMCA 将劳动争端解决程序写到正文中，从而使劳动争端在 USMCA 中解决更有效。

（二）与 CPTPP 的比较

CPTPP 中关于劳工标准的内容主要在第 19 章。CPTPP 与 USMCA 在相关议题上的异同为：第一，二者都要求以法律的形式切实保障劳工的合法权利。第二，二者都和国际劳工核心标准一致。第三，二者都在协定正文中明确了劳动争端的解决机制。第四，针对违反劳工标准的行为，二者的惩罚措施中都包含了贸易制裁选项。第五，USMCA 覆盖权力内容更广，相较于 CPTPP 多出了对于暴力侵害工人、工作场所性别歧视的预防性条款。

## 四、对中国的影响及对策

（一）对我国的影响

我国在 2021 年 9 月 16 日正式提出申请加入《全面与进步跨太平洋伙伴关系协定》（CPTPP）。CPTPP 的劳工条款与 USMCA 高度重合。

（二）对策

第一，在法律层面，我国应根据国际劳工标准相关条约，完善国内劳动领域立法。自 1994 年《劳动法》实施以来，我国劳动法律建设取得显著成效。对 USMCA 的相关规则，我们要批判式吸收，将最低工资、最低工时以及职业安全卫生领域纳入立法考虑的范围，扩大国内劳动法立法范围，完善配套的劳动法律体系建设。同时，推出多种形式的社会对话，保障集体协商和三方协商的有效实施。

第二，在产业结构方面，加快产业转型。随着我国人口结构的变迁，劳动力优势在发生变化。所以我国需要改变劳动密集型产业的经济发展模式，进行科技创新，使劳动密集型产业转向技术创新型产业。

第三，截至目前，我国已签署的自贸协定中没有规定劳工条款，在处理相关问题时多为签署备忘录的形式。刘小鸽（2022）[①] 认为存在的主要

---

① 刘小鸽. 我国劳工标准对接 CPTPP 规则的挑战与举措［J］. 全球化，2022（4）：85 - 92，134 - 135.

问题是，"我国工会制度安排与 CPTPP 要求不一致，仍存在与劳动教养性质相关的法律内容，关于禁止歧视的立法方式缺乏弹性，职业安全与卫生方面仍存在差距等"。这表明，我国需要结合国情，加快在劳工条款上与国际接轨的步伐。

# 第十八章　USMCA 环境规制的解读及对中国影响的分析

USMCA 第 24 章环境规制代表了贸易与环境规则的新标准。本章将其分为原则性条款、实体性条款和程序性条款三部分进行解读，探究环境规则中成员方的责任及义务、保护程度、保护方式和目标以及争端解决机制方面的特征，并结合我国实际分析其影响。

## 一、引　　言

USMCA 签署后，国内外学者对环境条款进行了解读和分析。USMCA 环境规制将给全球的环境治理格局及发展中国家的环境体系带来深远影响。USMCA 的环境规则内容与 TPP 环境规制内容大体相似。万怡挺和马建平（2011）① 回顾了 WTO 多哈回合谈判的历程与进展，认为多哈回合谈判未达成的主要分歧是在环境产品的谈判上。周亚敏（2015）② 研究发现，通过在自由贸易协定谈判和多边环境协议内容上不断完善、强化环境条款，已经在国际范围内形成了有利于美国话语权的环境标准和条款范式。边永民（2019）③ 通过比较 USMCA、TPP 协定的环境规制，多哈回合谈判环境议题后发现，USMCA 协定具有高度综合性、高标准和注重实施的特征。对渔业而言，补贴会造成过度捕捞以及 IUU 问题（非法捕捞被称为非法、未报告和无管制捕捞，简称 IUU），渔业资源匮乏，对渔业可持续发展造成威胁，更深层次是背后关于海域主权的纷争（赵又琳，2020）④。

---

① 万怡挺，马建平. WTO 多哈回合贸易与环境谈判回顾与展望［J］. 环境与可持续发展，2011，36（3）：41－43.

② 周亚敏. 美国强化自由贸易协定中的环境条款及其影响［J］. 现代国际关系，2015（4）：1－7.

③ 边永民.《美墨加协定》构建的贸易与环境保护规则［J］. 经贸法律评论，2019（4）.

④ 赵又琳. 渔业资源衰退背景下渔业补贴规制问题研究［J］. 农业经济问题，2020（8）：91－102.

自党的十八大胜利召开以来，我国在环境保护的认知和实践上已取得显著成效。

## 二、USMCA 环境规制条款的解读

（一）原则性条款

USMCA 第 24 章的环境法定义（24.1）、范围与目标（24.2）、保护等级（24.3）和执行环境法（24.4）四条属于原则性条款。

USMCA 第 24.1 条规定，美、墨、加三国政府应履行多边环境协议中规定的义务，通过采取减少环境污染物的排放、控制对环境有害物质材料等的使用及保护野生动植物等措施，达到保护环境或防止对人类生命产生危害的目标。

USMCA 第 24.2 条规定环境规则的目标是，促进相互支持的贸易和环境政策与做法；促进高水平的环境保护和有效执行环境法律；通过合作加强缔约方解决与贸易有关的环境问题的能力，以促进可持续发展。

USMCA 第 24.3 条规定，各成员方应努力继续提高各自的环境保护水平、努力确保实现高水平的环境保护，与此同时，各国构建国内环境保护水平和环境优先事项。

USMCA 第 24.4 条规定，各成员方在执行本章的环境规制时具有独立自主权。

（二）实体性条款规则

实体性条款分为五个方面的内容：三个公众参与条款；有关多边环境协定的六节；渔业和海洋生物保护相关的五个条款；三个新增的议题；企业社会责任和其他三个具体安排的内容。

1. 公众参与条款

USMCA 第 24.5 条的新闻与参与规则特别规定，各缔约方国内的公众有权参与环境规则的实施，有权就执行本章规则提出书面问题和评论，各成员方应及时按照国内程序对这些问题或评论通过合适的网站做出回复。成员方在就本章内容征求公众意见时，可参照有相关经验人员的合理建议。

USMCA 第 24.6 条的程序性事项规定了当有违反本章环境规则或各成员方国内环境法律和法规的行为时，各缔约方应采取公平、公正、公开的合法程序进行调查并给予相应的法律制裁。

USMCA 第 24.7 条的环境影响评估，明确了各缔约方应维持适当的程序来评估拟议项目可能会对环境造成的影响，以减轻或避免不利影响，公

众有权知晓并参与此类评估程序。

2. 有关多边环境协定①条款的规定

USMCA 第 24.8 条的多边环境协定明确，USMCA 环境规则与成员方签订的其他国际环境条约具有同等效力。

USMCA 第 24.9 条规定，每一缔约方应重视对臭氧层的保护，采取措施控制《蒙特利尔议定书》所管制物质的生产、消费和贸易以达到对臭氧层的保护目的。在执行保护措施时，各成员方应通力合作来解决相关的共同利益问题。

在 USMCA 第 24.10 条保护海洋环境免受船舶污染的规则方面，三国各自国内法的相关规定就能够满足该条款的要求②③④，在采取相关措施时应进行密切的合作。

USMCA 第 24.15 条规定，各缔约方应根据其法律或政策来促进和鼓励保护可持续利用生物的多样性，维持生态系统的稳定，并且在遇到共同关心的问题时加强合作。

USMCA 第 24.16 条的外来入侵物种中规定，根据本章条款设立的环境委员会以及卫生和植物检疫措施委员会要在防止外来物种入侵的实践中进行协调与合作。

USMCA 第 24.22 条的保护与贸易规定，各缔约方不仅应该打击对野生动植物群的非法获取和非法贸易，也应在国内促进对野生动植物的保护，并将野生动植物的非法跨国交易视为《联合国跨国有组织犯罪公约》所定义的严重犯罪，在执行相关措施时，应加强信息共享和合作。

3. 渔业和海洋生物保护的规制

USMCA 第 24.17 条规定，各缔约方应采取措施来保护和管理渔产品的合理捕捞以及渔产品贸易不受不合理贸易壁垒的影响，在采取相关措施时应符合"可持续"的要求。

USMCA 第 24.18 条的可持续渔业管理规定，各缔约方建立并运行海洋野生捕捞的渔业管理系统，以促进可持续管理目标的实现。具体包括：采取限制措施以防止过度捕捞和产能过剩；减少非目标物种及未成年的兼捕（bycatch）；促进所有过度捕捞种群的恢复；防止商务捕捞中毒药和爆炸物的使用；禁止食用鲨鱼鳍。

---

① 参见《美墨加协定》第 24.8.1 条及注释 6、注释 7。
② 美国《防止船舶污染法》，33 U. S. C. §§1901－1915。
③ 墨西哥《生物平衡和环境保护总法》第 132 条。
④ 加拿大《船舶运输法》（2001）。

USMCA 第 24.19 条的保护海洋生物规定，各缔约方应通过执行有效的养护和管理措施，促进对鲨鱼、海龟、海鸟和海洋哺乳动物的养护，并且在未得到加入的多边公约授权的情况下，各缔约方不得因商业目的捕杀大鲸鱼。①

USMCA 第 24.20 条的渔业补贴规定，各缔约方应控制、减少并最终消除过度捕捞和过度补贴，各缔约方应建立渔业补贴报告制度，增加渔业补贴透明度。本款不仅顺应了 WTO 的 SCM 中所禁止和限制的补贴；而且强调各缔约方在 WTO 中努力加强关于向渔业部门提供补贴的国际规则，并增加渔业补贴的透明度。

USMCA 第 24.21 条的非法、未报告和未受管制（IUU）的捕鱼活动规定，各缔约方应加强国际合作，支持国际上为打击 IUU 活动而做出的努力，并帮助制止相应产品的贸易。例如，加强港口措施，加强对由 IUU 方式获得的渔产品的管理。

4. 新增加的议题

在 USMCA 中，将空气质量（24.11）、海洋垃圾（24.12）与可持续森林管理和贸易（24.23）作为新增议题单独列出。三国认为大气污染会对公共健康、生态系统完整性、可持续发展造成严重危害，因而承诺通过合作来减轻大气污染、改善空气质量，包括统一空气质量监测方法和交换大气污染治理信息及经验。各缔约方在实施治理措施时要重视公众参与及空气质量数据和信息的透明度，要使公众容易获得和理解这些信息与数据。

在本章中，三方认为有必要采取措施预防和减少包括塑料垃圾和微塑料②在内的海洋垃圾，防止生物多样性的丧失，并减轻海洋垃圾的成本和影响。具体措施包括：解决陆地和海洋问题、促进废物处理基础设施的管理、管理废弃的渔具。

三国政府不仅在空气质量和海洋垃圾两个新的环境议题上达成了共识，还在可持续森林管理和贸易方面达成了合作，承诺维持或加强促进可持续森林管理的能力和建立相应的体制框架，促进合法采伐的林产品贸易，打击非法采伐和相关贸易，实现"可持续发展、资源的保护和可持续

---

① 大鲸鱼有以下 16 种：Balaena mysticetus, Eubalaena glacialis, Eubalaena japonica, Eubalaena australis, Eschrichtius robustus, Balaenoptera musculus, Balaenoptera physalus, Balaenoptera borealis, Balaenoptera edeni, Balaenoptera acutorostrata, Balaenoptera bonaerensis, Balaenoptera omurai, Megaptera novaeangliae, Caperea marginata, Physeter macrocephalus, and Hyperoodon ampullatus.

② 微塑料指的是小于 5 毫米的微小塑料颗粒。

利用、绿色增长"的全球环境目标。

5. 企业社会责任和其他具体安排

USMCA第24.13条的企业社会责任和负责任的商业行为规定，鼓励成员方根据其法律成立的或者在其境内经营的企业采用和实施与环境相关的企业社会责任的做法，例如国际公认的准则。企业履行社会责任不但有益于社会，还有利于企业绩效的提升。

USMCA第24.14条的提高环境绩效自愿机制规定，承认灵活的自愿机制有助于实现和维持高水平的环境保护并对成员方国内的环境规制进行补充，此处灵活的自愿机制包括自愿的环境审计、报告及市场机制，自愿分享信息和专门知识。

USMCA第24.24条的环境商品和服务明确了环境与贸易并非对立关系，要求各缔约方解决可能发现的任何潜在的环境贸易壁垒，以通过环境规制来提高贸易质量，鼓励环境技术国际合作，共同应对全球环境挑战。

USMCA第24.25条将环境合作单独列出，体现了三国致力于扩大在环境问题上的合作关系，认识到这将有助于实现包括改善保护环境做法和改进环境保护技术在内的共同环境目标，并且各缔约方据此协定所开展的活动将依据北美洲环境合作协定（North American Agreement on Environmental Cooperation，NAAEC）的规定进行协调和审查。

（三）程序性条款的规则

USMCA环境章节的程序性条款包含四个方面内容：环境委员会和联络点（24.26）、有关执法事项的意见（24.27）、事实记录与相关合作（24.28）以及争端解决机制（24.29）四个条款。

1. 环境委员会及联络点的责任条款

USMCA第24.26条的环境联络点为常设机构，负责三国政府在执行本章方面的沟通工作。

2. 有关执法事项的意见、事实记录与相关合作

USMCA第24.27条和第24.28条的有关执法事项的意见和事实记录与相关合作这两个条款指明了环境委员会（CEC）秘书处的责任与义务。协定中规定各缔约方可就有效执行环境法律事项向环境委员会秘书处提交相关材料，环境委员会秘书处据此给予合理的指导及做出回复。

与此同时，若CEC秘书处认为，该缔约方提供的任何答复有必要建立事实记录，则应通知理事会和环境委员会并说明理由。任何缔约方若向CEC秘书处就草案的准确性提出意见和事实记录草案，CEC秘书处应将这些评论纳入最终的事实记录中，并提交理事会。最终事实记录提交环境委

员会之后，环境委员会应根据本章和 NAAEC 的目标对记录进行审议，并就事实记录中的事项提出相关建议。

3. 争端解决条款

USMCA 和 TPP 协定中也都为环境争端的解决设立了专门的机制。大多数国家认为环境价值高于贸易利益，因为环境损害在很大程度上是不可逆转的。

USMCA 第 24.29 条的环境磋商是缔约方之间解决环境争端的第一步。如果各缔约方之间出现环境争端，应该努力通过对话协商和信息交流达成协议。

USMCA 第 24.30 条规定，如果成员方之间未能通过协商解决相关环境争端，将争议提交给各自在环境委员会的高级代表进行协商。对争端有实质利益的第三方也可以加入磋商。

USMCA 第 24.31 条规定，如果通过上述两轮磋商尚未解决问题，则磋商方可将该问题转交有关部长，启动部长级磋商机制。上述的三轮磋商可采取面对面或同意的任何技术方式进行。

USMCA 第 24.32 条规定，如果相关问题仍不能得到解决，则需要启动本章节争端解决机制——成立专家组。专家组在调查或解决环境争议时，应根据性质及地位考虑通过有关多边环境协定授权下的机构寻求技术咨询意见或建议，以解决双方之间的争端。

## 三、对中国的影响及启示

（一）影响

USMCA 环境规则体现了美、墨、加三国政府对于环境保护与贸易之间关系的考虑。协定中的大部分条款是为了保障和促进环境质量的改善与生态的稳定，实现可持续发展而设立的，例如公众参与、环境与贸易、争端解决机制等。"绿水青山就是金山银山"的发展理念已深入人心，中国政府出台了很多政策来平衡经济发展与环境保护之间的关系，比如高质量发展、产业结构升级等。因此 USMCA 中制定高标准环境规则的目的与宗旨同我国对环境保护的目标是一致的。

环境规制有利于促进企业提高环境产品的质量和竞争力。一方面，该协定中所设立的高标准的环境规则不仅体现了美、墨、加三国对于环境保护的重视，在一定程度上也代表了未来国际经贸协定环境规则的发展趋势，企业应该科学统筹环境与贸易之间的关系；另一方面，这样的高标准会对我国的进出口企业及其产品带来新的挑战，比如会增加我国产品和服务的成本、影响产品出口竞争力。

（二）启示

中共中央十九届五中全会提出的"加快推动绿色低碳发展"与国务院（2021）发布的《"十四五"节能减排综合工作方案》中提出"实现节能降碳减污协同增效"等要求。为此，我国需要完善环境立法，加强环境执法的力度，在贸易协定谈判中重视对环境议题标准的设立及争端解决机制的建立。USMCA 协定中关于环境的标准符合国际贸易与环境规则的发展趋势、符合可持续发展理念，具有借鉴意义。首先，积极参与关于环境议题的谈判，加强协定中环境保护问题的制度建设。其次，提升我国在环境规则制定上的话语权。近年来，新兴经济体参与全球治理的意愿和能力在不断提升。我国积极推动与新兴经济体之间的环境合作，包括环境保护技术与环境保护经验的协作；引导国际贸易与环境规则向公平合理的方向发展。

欧盟共同渔业政策（Common Fisheries Policy，CFP）下规定渔获量（Total Allowable Catch，TAC）根据鱼类情况制定不同鱼类的可打捞额度，然后渔业部长根据情况分配给各个成员方，成员方根据国内相关情况再分给相关渔业的从业组织或人员；这样层层分配以不超出欧盟整个配额为限。我国是渔业大国。虽然，2022 年 1 月 1 日生效的 RCEP 协定没有对海洋野生捕捞做出规定，但是可以《中欧全面投资协定》（CAI）为契机，借鉴欧盟关于渔业捕捞的规定，未雨绸缪做出合理的规划。

# 第十九章　USMCA 中小企业可持续发展规则解读及对中国影响的分析

中小企业在我国经济社会发展中扮演重要作用。总体看，中小企业贡献了中国 50% 的税收，60% 以上的 GDP，70% 以上的技术创新，80% 以上的城镇人口就业和 90% 以上的企业数量。USMCA 第 25 章对中小企业可持续发展规则做了规定。本章首先分析了中小企业可持续发展议题的背景；其次对 USMCA 第 25 章的中小企业条款进行解读；最后针对 USMCA 促进中小企业发展的各项措施进行借鉴。

## 一、引　言

### (一) 中小企业的界定

中小企业划分依据在一国的不同时期以及不同发展阶段有不同的标准。通常而言，中小企业具有规模小、经营灵活、适应性强以及带有区域性色彩等特点。

美国对中小企业的划分标准为：一是企业自主经营；二是企业的所有权高度集中；三是雇员人数及经营规模较小（如制造业的雇员人数不高于 1500 人，年营业额低于 500 万美元，农业的年营业额低于 100 万美元，零售和建筑业的营业额低于 950 万美元以及批发业的年营业额低于 2200 万美元）；四是企业经营区域多在当地。

墨西哥中小企业的划分标准为①，除了要自主独立经营外，重点是在资金和人数上的界定。1979 年墨西哥政府对中小企业在资本方面界定为 1100 ~ 150 万美元之间；小型企业的就业人数是 24 人，中型企业大约是 82 人，共计 106 人。

---

① 王绪苓. 墨西哥政府对中小工业的政策和措施 [J]. 拉丁美洲研究, 1987 (6): 17, 24 – 27.

加拿大对中小企业的划分标准为①，除了独立所有、无明显的大公司结构特征以及在所发展行业中不占垄断地位外，中小企业的销售额不高于100万美元。根据不同的行业，雇佣人数在100~500人。

俄罗斯的中小企业的统计分类标准为②，中型企业平均从业人员为101~250人，其上一年度的商品（工程、服务）销售收入额（不含增值税）不超过10亿卢布；小企业其平均从业人数不超过100人（含），上一年度的商品（工程、服务）销售收入额（不含增值税）不超过4亿卢布。

中小企业被喻为"经济发展的火车头"。然而，随着全球化的不断加深，各国更多关注大型跨国公司的发展，而忽视了中小企业的发展。为此，USMCA明确规定了对中小企业的扶持政策，要求为中小企业提供全面的信息支持，优化中小企业的发展环境，改善发展状况，增强中小企业参与国际市场的竞争力。

（二）相关文献研究

1. 在营商环境方面给予中小企业扶持

国内外学者研究认为，中小企业在推动经济发展中的作用不可估量，但由于自身力量的局限性，在发展过程中面临的问题在所难免。王珮琪（2019）③ 认为当前中小企业发展困难的原因有四点：一是国际金融市场低迷，发达国家为保护本国中小企业实施各种禁令，导致外需市场受阻；二是由于信息不对称，中小企业融资难；三是缺乏现代企业管理体系；四是人才管理机制不合理，面临招不到人才或留不住人才的困境。截至2022年4月8日，为应对新冠疫情带来的影响，中国支持中小企业的政策指引涵盖八个方面：加大财税支持力度、提高金融可获得性、畅通要素市场流通、支持企业复工稳岗、支持企业创新发展、构建优良营商环境、推动参与国际市场、持续优化公共服务。

欧盟在1997年成立的营商环境简化力量（Business Environment Simplification Task Force）组织规定，中小企业在发展过程中的合法权益要得到有效保障，适当地对中小企业进行财税政策支持，减少政府的过度干预，为中小企业的发展提供自由的环境。巴特拉和马哈茂德（Batra and

---

① 刘众，宋蔚蔚. 加拿大中小企业的融资支持 [J]. 特区经济，2005 (11)：256-257.

② 郭连成. 俄罗斯中小企业改革发展历程与政府扶持政策 [J]. 俄罗斯东欧中亚研究，2021 (6)：97-115，154-155.

③ 王珮琪. 我国中小企业发展的影响因素分析 [J]. 山西农经，2019 (16)：122，124.

Mahmood，2003）① 研究发现，如果企业的发展环境欠佳，政府给予中小企业的资金供应、技术援助、R&D 支持等作用的影响较小；没有直接的证据显示，政府通过财政补贴会加快中小企业的发展。有学者通过对 30 个国家政府贷款支持的研究发现，虽然政府信贷支持可以促进企业发展，但当中小企业投资环境较差时，信贷支持效果也较差，同样的技术援助也受到限制（Demirguk – Kunt and Maksimovie，1996）②。

2. 在中小企业技术创新和融资方面给予扶持

有学者认为世界各国对中小企业创新的扶持政策几乎是一致的，包括财政支持、税收减免、技术供给以及科技园区建设等方式。在知识产权方面，全球产业格局不断调整，能否获得知识产权成为中小企业立足市场的关键。中小企业若想获得长远发展，需要加强对知识产权的保护；社会要关注中小企业的知识产权问题，培养中小企业的产权意识，制定合理的产权战略来规范中小企业知识产权的管理，引进富有经验的优秀人才，同时加强保护中小企业的知识产权（Mustar and Larédo，2002）③。

莫塔和沙玛（Motta and Sharma，2020）④ 认为，中小企业融资难的原因可能是缺乏充足的融资渠道，借贷双方存在信息不对称导致了信贷配给的失衡。有学者研究了信用卡融资对英国中小企业的作用，以及这一作用如何因地点和业务定位而变化；利用英国中小企业的大规模数据集，基于回归分析的结果表明，与位于"核心"地区的同行相比，位于外围地理区域的企业使用信用卡的比例更高；创新型、成长型和出口型中小企业也更倾向于使用信用卡融资（Brown and Liñares – Zegarra，2019）⑤。

3. 在提升中小企业竞争力方面给予扶持

李珂（2020）⑥ 认为新冠疫情冲击下，中小企业的生存和发展面临严

① Geeta Batra，Syed Mahmood. Direct Support to Private Firms：Evidence on Effectiveness ［R/OL］. Word Bank Policy Research Working Paper 3170，2003. ［2006 – 06 – 4］.

② Demirguk – Kunt，Vojislav Maksimovic. Financial Constraints，Uses of Funds and Firm Growth：An International Comparison. ［R/OL］. World Bank Policy Research Working Paper No. 1671. 1996. ［2006 – 04 – 29］.

③ Mustar，Philippe Larédo. Innovation and research policy in France（1980 – 2000）or the disappearance of the Colbertist state ［J］. Research Policy，2002，31（1）：55 – 72.

④ Victor Motta，Amit Sharma. Lending technologies and access to finance for SMEs in the hospitality industry ［J］. International Journal of Hospitality Management，2020（86）.

⑤ Ross Brown，José Liñares – Zegarra，John O. S. Wilson. Sticking it on plastic：Credit card finance and small and medium – sized enterprises in the UK ［J］. Regional Studies，2019，53（5）.

⑥ 李珂. 加大财税政策支持 提高中小企业核心竞争力 ［N］. 湖南日报，2020 – 04 – 28 （8）.

重的挑战：一方面，可以通过政府拨款，对中小企业进行财政资助或者发放地方债券，促进中小企业转型升级；另一方面，可以对中小企业进行税收减免。与此同时，可设立专项的财政资金，鼓励中小企业创新，提升中小企业的创新水平，打造自身的品牌优势。数字经济快速发展为中小企业成长提供了新的机遇。中小企业可以利用平台经济，如世界电子商务平台（EWTP）参与国际分工。

综上所述，依据 USMCA 关于中小企业条款所涉及的方面，从政府对中小企业的政策扶持、技术和创新、融资困境及融资方式、提升中小企业的竞争力、中小企业参与数字贸易等角度进行了综述。世界各国政府均采取合理有效的措施来提升中小企业的竞争力，为中小企业可持续发展营造良好的环境。

## 二、USMCA 中小企业可持续发展规则的解读

USMCA 第 25 章分别为一般原则、为中小企业增加贸易和投资机会的合作、信息共享、中小企业问题委员会及中小企业对话、协定中有利于中小企业的义务、不适用争端解决共 6 项内容。

（一）一般原则的规定

USMCA 第 25.1 条的一般原则要求各缔约方要充分认识到中小企业在维持其各自经济的活力和提高其竞争力方面的根本作用，应该促进各方中小企业之间的密切合作，尤其在促进中小企业就业和增长方面开展合作。

（二）为中小企业增加贸易和投资机会

USMCA 第 25.2 条规定加强各方合作，增加中小企业贸易和投资机会，包括：

（1）促进合作各方对小型商业基础设施的支持，例如设置专门的中小企业服务中心、出口援助中心等以便中小企业参与国际贸易，扩展市场业务。

（2）关注代表性不足群体（包括妇女、土著人民、青年和少数民族）拥有的中小企业，以及农村中小企业，加强合作，积极参与国际分工。

（3）加强与其他方面的合作，包括改善中小企业获得资金和信贷的渠道，让中小企业参与政府采购，帮助中小企业适应不断变化的市场环境等。

（4）鼓励企业家和咨询师通过网络等平台分享信息和经验，帮助中小企业与国际供应商、买家和其他潜在商业伙伴建立联系。

针对第（3）点中小企业的融资困境，美国①主要通过加强立法来解决。1953 年，美国联邦政府为解决中小企业融资难的问题通过了《小企业法》，随后又颁布了一系列法规条例；同时，还成立了小企业委员会、白宫总统小企业会议和联邦小企业管理局，为中小企业提供贷款、信息服务、管理培训以及协助中小企业与政府签订合同。其中，联邦小企业管理局不仅为有发展前景、技术发展水平高的企业提供直接贷款，还对遭受自然灾害或者不可预见等灾害的企业提供援助。1958 年成立的小企业投资公司，不仅促进中小企业参与对外贸易，也为其提供风险投资，促进中小企业的可持续发展。

总体而言，美国政府为中小企业提供了完善的服务体系。此外，政府还为中小企业设立了全国、地方政府以及社区三个层级的信用担保体系。其中美国联邦小企业管理局提供四种形式的担保：一为担保；二为妇女或少数民族的企业所承办的贷款担保；三为中小企业所急需的贷款提供50%的资金额度担保；四为提供进出口贸易的担保。

加拿大通过立法的形式对中小企业提供融资支持。在担保方面，加拿大非常重视信用评级制度的建立，最大程度上减少信息不对称。加拿大联邦小企业管理局可作为在中小企业贷款的最后保证人，帮助中小企业获得银行贷款；促进中小企业出口信用保障体系的建设。

（三）关于信息共享的规则

USMCA 第 25.3 条的信息共享规定：（1）各缔约方应建立可公开访问的网站提供有关的信息，包括协定文本、摘要、缔约方与中小企业有关条款的说明，以及对希望从本协议提供机会中受益的中小企业有价值的相关信息。（2）各缔约方应在本国政府机构和其他适当实体的网站，通过电子传输方式向在该方领土内从事贸易、投资或经营者提供有价值的信息。这些信息包括海关条例、程序或查询地点；有关知识产权的法规或程序；技术法规、标准或合格评定程序；与进出口有关的动植物检疫措施；外国投资法规；商业登记手续；贸易促进计划；中小企业融资计划；就业条例；税务信息以及与业务人员临时入境有关的信息；等等。值得注意的是，对于商务人员临时入境的相关信息，各缔约方应在网上公布或以其他方式公开提供所要求的临时入境材料，使另一方的商务人员能够熟悉这些材料；如果可能的话，提供每一职业、专业或活动的具体数据。

---

① 刘锦虹，刘静，徐洁．西方发达国家中小企业融资支持体系的实践与启示［J］．金融与经济，2012（12）：33－35.

墨西哥和加拿大采取有效措施促进中小企业信息便利化。例如墨西哥政府 2001 年成立的 NAFIN 银行为中小企业提供了信息交流平台。加拿大政府①设立联邦、省级和地方三个层次的创业服务系统为中小企业的发展提供信息、技术和金融方面强大的创业服务支持。加拿大政府还和地方政府合作，共同设立了"加拿大商业服务中心"，以保证加拿大企业及时准确地获得政府部门的相关信息。另外，政府提供前沿信息以满足中小企业的需求。

（四）成立中小企业委员会及加强对话的规定

USMCA 第 25.4 条规定，各方设立的中小企业委员会应在本协议生效之日起一年内召开会议，此后每年举行一次会议。

中小企业委员会应：（1）确定如何协助企业利用本协定带来的商业机会来增强中小企业的竞争力；（2）确定并建议进一步合作的方式，例如可以通过战略联盟、企业集团等方式建立和加强各方中小企业的合作伙伴关系；（3）交流和讨论每一缔约方在支持和协助中小企业出口方面的经验，特别是在培训方案、贸易融资、贸易便利化、数字贸易等方面建立良好的商业信誉；（4）定期开展专题讨论会、网络研讨会或其他活动，以告知中小企业在本协议项下可获得的利益；（5）制定各方在出口咨询、援助和培训方面的具体方案；（6）审查与中小企业有关规定的执行和运作情况，并向委员会报告调查结果和提出建议；（7）制订可行性方案，协助中小企业参与并有效融入区域和全球供应链；（8）促进中小企业参与数字贸易；（9）促进中小企业创业教育方案的信息交流，以改善缔约方领土内的创业环境；（10）促进中小企业对话。

（五）关于对中小企业有利义务的规则

USMCA 第 25.6 条有利于中小企业的义务明确，除本章规定外，其他章节中也有一些条款寻求加强各方在中小企业问题上的合作，包括原产地程序、政府采购、跨境服务贸易、数字贸易、知识产权、劳动、环境、竞争力、反腐败和良好监管惯例十个方面。

（1）原产地程序，具体包括原产地规则和原产地程序委员会审议本章或第 4 章（原产地规则）项下的任何事项。

（2）政府采购，为便利中小企业参与所涉采购，每一缔约方应充分考虑采购的规模、设计和结构，包括中小企业转包的使用，通过电子手段或

---

① 孙瑶，田华，刘思绮. 加拿大中小企业的创业绩效及其支持体系［J］. 科学管理研究，2017，35（6）：113-116.

其他新的信息和通信技术，尽可能为中小企业提供全面的采购相关信息，积极促进中小企业参与政府采购。同时考虑到供应商的规模，特别是中小企业，以及其他相关因素，要预防腐败、欺诈和其他不法行为，以确保采购做法的完备性。

在这方面，美国 1953 年通过的《小企业法》规定政府合同或者转包合同要尽可能地保护中小企业的利益，保证中小企业可以公正地获得政府采购的机会（李希义，2012）①。而且《小企业法》专门规定，在政府每年的采购合同总额中，中小企业要保证其所获得的政府采购金额不得少于总额的23%。另外，为了保证联邦机构真正落实中小企业的采购份额，建立年度汇报和评估制度，促进各联邦机构完成采购目标。在1976 年，美国国会通过了《小企业法》的修订案，规定在小企业内部设立一个独立的宣传机构，评估联邦机构帮助中小企业参与政府采购的实施状况。在 1988 年通过的《小企业竞争力示范计划法》中要求联邦机构按季度汇报支持中小企业参与政府采购的实施情况。由于中小企业申请政府采购比较复杂，成本较高；为了方便中小企业申请政府采购，1994 年颁布的《联邦采购简化法 1994》明确规定，将 2500～10 万美元的政府采购合同只给中小企业。在中小企业的人才管理方面，2010 年出台的《小企业工作法》，对中小企业提供人才培训，增强政府采购人员对中小企业的重视程度，这为中小企业参与政府采购提供了强有力的法律保障。

（3）跨境服务贸易，为增加中小企业服务方面的商业机会，每一缔约方应努力支持发展中小企业服务贸易和中小企业扶持型商业模式，如直销服务，包括采取方便中小企业获得资源的措施或者保护个人免受欺诈行为的侵害。但各缔约方要确保服务部门的授权程序不会对中小企业造成不成比例的负担。

为促进中小企业对外服务贸易的发展，加拿大各省成立了国际贸易中心，并且开设了贸易谈判网站，向社会征求关于服务贸易政策的相关意见，提供加拿大服务贸易的市场信息，以方便发展中国家可以及时准确地查看相关信息，促进发展中国家企业在加拿大开展服务贸易。

（4）数字贸易中涉及便利中小企业的义务主要包括，USMCA 第19.17 条交互式计算机服务和第 19.18 条政府公开数据两方面的内容。

---

① 李希义，邓天佐. 利用政府采购支持我国中小企业快速发展的政策研究——基于美国政府的经验分析［J］. 中国科技论坛，2012（11）：122－126.

交互式计算机服务要求缔约方认识到此服务对促进中小企业数字贸易的增长至关重要，要积极促进交互式计算机服务的发展。对于公开的政府数据而言，各缔约方要努力扩大获取和使用该缔约方公开的政府信息（包括数据）的途径，以增加和创造商业机会，特别是中小企业的商业机会。

加拿大政府信息服务网站提供的内容有：

①服务贸易网：这是专门针对发展中国家建立的联系点网站，主要向其投资商提供加拿大的商业信息，包括加拿大商业和技术贸易的机会、到加拿大工作的职业标准、服务贸易技术。

②商业网：主要向世界各国公开加拿大各地的商业信息，也介绍加拿大服务贸易的发展状况。

③加拿大政府门户网：该网站主要提供加拿大的政府工作报告，包括政府人员的任职任命、人员调动、法律法规以及议会内容，此外还涉及一些民间组织和私营企业的相关信息。

④创新、科学与经济发展部网：旨在培育一个以知识为基础的具有竞争性的经济体系，主要改善各区域的投资环境，培育研发创新能力，促进区域合作，创建一个公平、具有竞争力的市场体系，为市场的有效运作提供相关服务。

（5）知识产权，本协定中涉及的中小企业知识产权问题的规定在USMCA 第 20 章，其做法是通过设立知识产权委员会，讨论解决与中小企业、科技和创新活动以及技术的产生、转让和传播相关的知识产权问题。

（6）劳动，各缔约方可在中小企业的生产力、创新、竞争力、培训和人力资本开发等领域开展合作活动。

（7）环境，本条款的环境主要是指 USMCA 第 24 章中的海洋野生捕捞渔业。

（8）竞争力，通过设立竞争力委员会提供咨询意见和建议。

（9）反腐败，中小企业的腐败问题在所难免，为了尽可能控制腐败的滋生，各缔约方均应制定相应的法律规范，采取合理有效的措施。

不只是美、墨、加三国考虑到中小企业的反腐败问题，其他国际组织也针对跨国企业腐败问题采取了积极有效的措施（如表 19 - 1 所示）。联合国在企业反腐败问题上出台了一系列文件，如《打击跨国有组织犯罪公约》《反腐败公约》《预防贪污促进中小企业发展》《商业与政府反腐败》等防治腐败的法律文件。

表 19 – 1            联合国关于企业反腐败的法律制度的内容举例

| 国际公约 | 条款规定 |
|---|---|
| 《打击跨国有组织犯罪公约》 2000 年 11 月 15 日生效 | 1. 术语的使用<br>2. 适用范围<br>3. 洗钱行为的刑事定罪<br>4. 打击洗钱活动的措施<br>5. 腐败行为的刑事定罪<br>6. 反腐败措施<br>7. 法人责任<br>8. 没收和扣押<br>9. 没收的犯罪所得或财产的处置 |
| 《反腐败公约》2005 年 12 月 14 日生效 | 1. 术语的使用<br>2. 适用范围<br>3. 公共采购和公共财政管理<br>4. 私营部门<br>5. 预防洗钱的措施<br>6. 贿赂本国公职人员<br>7. 贿赂外国公职人员或国际组织官员<br>8. 影响力交易<br>9. 私营部门内的贿赂<br>10. 私营部门内的侵吞财产<br>11. 对犯罪所得的洗钱行为<br>12. 法人责任<br>13. 冻结、扣押和没收<br>14. 腐败行为的后果<br>15. 损害赔偿<br>16. 国家机关与私营部门间的合作<br>17. 司法协助<br>18. 培训和技术援助 |

（10）良好监管惯例，此项体现在 USMCA 第 28 章，缔约方在制定规章时可进行协商、协调和审查内部程序或机制，增加缔约方之间的规章兼容性，并促进贸易。另外，还应考虑监管影响，避免拟议的条例对小企业造成重大负担或产生严重的不利影响。

（六）关于争端解决不适用的规则

USMCA 第 25.7 条规定，任何一方均不得就本章项下产生的任何事项诉诸 USMCA 第 31 章项下的争议解决。

### 三、对中国中小企业发展的借鉴

（一）营造良好的发展环境

（1）制定扶持中小企业完善的法律政策措施。清除阻碍中小企业发展的法规条例，对垄断行业进行改革，降低中小企业市场准入门槛，为中小企业营造一个公平开放的发展环境，促进中小企业积极参与市场竞争。

（2）确立中小企业参与政府采购的相关制度，建立健全法律体系，完善监督机制，增强政府信息的透明度，促进中小企业对政府采购货物、服务及工程项目的知晓度和参与度。

（3）保证中小企业合法权益得到保护。使与中小企业合法权益保护相关的条文规定得以贯彻落实。

（4）对于吸纳困难人员就业的中小企业，在缴纳"五险一金"方面给予补贴。对于受国际形势尤其是受新冠疫情影响大的中小企业，政府继续出台相关政策，帮助中小企业渡过难关。

（二）缓解融资困难

（1）拓宽中小企业融资渠道。为中小企业提供充足的融资信息和渠道。

（2）完善中小企业信贷担保体系。加强对信贷担保体系的监督管理，严格监管政策落实，提升对中小企业的融资担保能力。可对符合信用担保要求的中小企业实施免征营业税等相关政策。

（3）发挥信息服务的作用。为中小企业融资信息查询提供便捷的查询服务。构建中小企业失信惩戒机制，培育中小企业守信意识。

（三）加快技术进步

（1）加强产学研联合，对中小企业进行资源整合，推动中小企业创建自主品牌。加快实施"专精特新"行动计划。

（2）支持中小企业技术升级。中央或地方政府可设立用于中小企业技术改造的专项资金，对缩短折旧年限的设备进行补贴，促进中小企业在新产品、新工艺、新技术方面的技术升级。

（3）加强中小企业对话，积极促进各种类型企业开展经济合作。加快中小企业的技术革新和资金运转，建立稳定的合作关系。

（4）支持建立中小企业集群。按照企业发展规模、产品特点、生产需求等方式，遵循用地集约、节能环保、规模化生产的原则合理布局，改善产业集聚环境，促进中小企业集群的建设，延长产业链，提高产品附加值。

（四）改进服务水平

（1）完善中小企业综合服务网络体系。发挥工商联及行业协会等相关机构的作用，建立完善的综合服务机构，鼓励开展信息服务、技术培训、人才管理、质量检验等服务，增强对中小企业的服务水平。

（2）加快营商环境软件和基础服务设施硬件建设。

（3）减少行政审批事项，简化行政审批程序，进一步提升政府人员的工作效率，为中小企业经营提供便捷的服务。

（五）加强企业人才培训

加强对中小企业人才培训机制的建立。根据中小企业自身发展现状及未来发展目标，有计划、分层次地推进中小企业人才队伍建设。通过鼓励和引导行业组织、社会培训机构与中小企业合作，根据中小企业自身需求"量身定做"培训服务。建立企业内部人才培训数据库和服务平台，形成信息共享，推进中小企业数字化转型。

# 第二十章　USMCA 竞争力规则解读及对中国影响的分析

本章分析了 USMCA 第 26 章竞争力规则成立背景、发展和成效，及对中国的影响和启示。

## 一、引　言

USMCA 第 26 章的竞争力规则是在 TPP 第 22 章"竞争力和商务便利化"基础上修订而来的。竞争力和商务便利化旨在提高缔约方区域竞争力、增强区域经济实力及促进区域经济一体化发展，使缔约各方能够共享信息、共同应对市场变化、做出有效决策。区域经济一体化对区域竞争力的提高有着重要作用。

### （一）区域经济一体化的经济效应

学术界对区域经济一体化的探究主要集中在贸易和投资的经济效应方面。

区域经济一体化会产生显著的贸易效应。希夫和温特斯（Schiff and Winters, 2003）[1] 研究发现，一体化成立促进了区域经济的快速发展，使进出口额占国内生产总值的比重都有所提升，表明区域经济一体化具有贸易创造效应。庄芮（2009）[2] 发现，中国—东盟自由贸易区的建立给双方带来了贸易创造效应，且货物贸易创造效应大于贸易转移效应；但服务贸易效应增长不明显。朱颖和张佳睿（2016）[3] 发现在 NAFTA 签订后二十年间，美、加、墨三国之间的贸易以及与其他非缔约方的贸易额都呈现多倍增长，美国与墨西哥贸易增长了 522%，美国与加拿大贸易增长了 200%，加拿大与墨西哥双边贸易增长了 550%，美、加、墨三国与非 NAFTA 成员国交易增长了 279%。

---

① Schiff M, L. A. Winters. Regional Integration and Development [M]. Word Bank, 2003.

② 庄芮. 中国—东盟自由贸易区的实践效应、现存问题及中国的策略 [J]. 世界经济研究, 2009（4）.

③ 朱颖，张佳睿. 北美自由贸易区运行 20 年的经济效应：国外文献述评 [J]. 上海师范大学学报（哲学社会科学版），2016.

区域经济一体化的投资效应体现在三个方面：东道国的一体化、东道国与母国之间的一体化及母国一体化直接投资效应的影响。鲁晓东和杨子晖（2009）① 分析得出，区域经济一体化对国际直接投资的影响存在门槛效应和市场规模效应，东道国在区域经济一体化中的贸易和投资具有互补性。武娜和王群勇（2010）② 发现，当东道国加入区域经济一体化时，会明显增加非成员的第三国对东道国的投资。有学者通过分析 30 个经合组织国家和 32 个非经合组织国家两组样本后发现，由于发展中国家自身要素禀赋优势及一体化对投资环境的提升，区域经济一体化对"南北型"一体化的投资效应更加突出，而"北北型"区域经济一体化对双边投资有着负面效应（Jang，2011）③。有学者发现，波兰、捷克、斯洛伐克等国家加入欧盟后均扩大了对欧盟内成员国的投资（Wojciechowski，2014）④。有学者通过研究东盟区域一体化对投资变化的影响发现，对外直接投资要么与参与的自由贸易协定无关，要么受到负面影响。区域经济一体化产生的投资效应存在不确定性，这源于自贸协定签署前后贸易壁垒的高低。当贸易壁垒高时，投资效应就高；否则，投资效应低或不明显（Li et al.，2016）⑤。有学者将贸易便利化引入中非合作研究领域得出，中国和毛里求斯签订的自由贸易区不仅改善了两国的贸易条件、GDP 和社会福利，而且还促进了非洲其他国家的经济发展；该效应主要来自贸易便利化的改善，而零关税政策的贡献相对较小。这也表明营商政策改善效应远超过了关税削减的效应（Yuan Qigang et al.，2022）⑥。

（二）区域竞争力的定义和内涵

竞争力是指一个利益主体在国内外市场上相对于其他主体所具有的能够获得收益的能力。研究竞争力不能脱离竞争力的主体，而由于竞争力主

① 鲁晓东，杨子晖. 区域经济一体化的 FDI 效应：基于 FGLS 的估计 [J]. 世界经济文汇，2009.

② 武娜，王群勇. RTA 对 FDI 影响的第三国效应——挤出还是溢出 [J]. 世界经济研究，2010.

③ Jang Y, "The Impact of Bilateral Free Trade Agreements on Bilateral Foreign Direct Investment among Developed Countries". The World Economy, 2011.

④ Wach K, Wojciechowski L. The factors of outward FDI from V4 countries from the perspective of EU and EMU membership：A panel gravity model approach. Acta Universitatis，2014.

⑤ Li Free trade agreements and foreign direct investment：The role of endogeneity and dynamics. Southern Economic Journal，2016.

⑥ Yuan Qigang, Zhai Liangliang, Xu Tongtong. Price Transmission Effect of Establishing FTA with African Countries from the Perspective of Trade Facilitation [J]. Mathmatical Problems in Engineering，Vol. 2022，Article ID 5946679，12 pages，2022.

体的各不相同，对竞争力的研究也存在差异。

1. 区域竞争力的定义

学术界多借助国际竞争力的内涵来给区域竞争力下定义，代表性观点有：第一，财富创造论。区域竞争力大小以其创造财富价值的能力来衡量。第二，资源配置理论。有学者认为区域竞争力表示为区域间的资源配置能力。第三，产品提供论。有学者们认为区域竞争力是区域向其从属的大区域提供产品与服务的能力。樊纲（1998）[①] 认为，城市竞争力是一个城市能够为更加广阔的区域提供产品与服务，同时提高区域生活水平、推动社会可持续发展的能力。可见，区域之间的竞争不仅仅包括商品与服务，还包括各种区域间战略资源的竞争。第四，经济实力论。持此观点的学者认为，区域经济实力等同于区域竞争力。夏智伦（2006）[②] 研究得出，区域竞争力是一个区域与其他区域竞争相同资源时所表现的经济实力的高低。第五，综合论。学者们综合以上四种理论来定义区域竞争力。

2. 区域竞争力指标的构成

区域竞争力衡量指标构建源于 20 世纪 80 年代对国家竞争力的研究。比较有代表性的有世界经济论坛（WEF）和洛桑管理学院（IMD）发布的竞争力指标，如表 20 - 1 所示。此外，迈克尔·波特（1990）[③] 的钻石模型认为，决定一个国家某产业竞争力的四个因素有：生产要素、国内需求、相关支持行业以及企业组织、战略和竞争；在四大要素之外还存在两大变量：政府与机会；机会是无法控制的，政府政策的影响是不可忽视的。

表 20 - 1　　　　　WEF 和 IMD 发布竞争力指标体系对照

| | 维度 | 一级指标 | 二级指标 |
|---|---|---|---|
| WEF[④] | 基础设施 | 制度 | 安全性、社会资本、权力制衡、公共部门效率、透明度、产权、企业治理、政府未来导向 8 方面共 26 个指标 |
| | | 基础设施 | 交通运输设施、公用设施 2 方面共 12 个指标 |
| | | 信息通信技术应用 | 移动电话接入率、宽带互联网接入率等 5 个指标 |
| | | 宏观经济稳定 | 通胀、债务情况 2 个指标 |

---

① 樊纲. 论竞争力 [J]. 管理世界, 1998.

② 夏智伦. 区域经济竞争力研究 [M]. 长沙：湖南大学出版社, 2006.

③ 迈克尔·波特. 《竞争战略》[M]. 陈小悦译, 北京：华夏出版社, 2005.

④ 世界经济论坛（World Economic Forum）在 1979 年首次发布的全球竞争力报告是具有国际影响力的评价经济体竞争力的报告之一。

| | 维度 | 一级指标 | 二级指标 |
|---|---|---|---|
| WEF | 人力资本 | 卫生健康 | 人均寿命 1 个指标 |
| | | 技能 | 现有劳动力数量、劳动力技能、潜在劳动力数量、潜在劳动力技能 4 个指标 |
| | 市场 | 产品市场 | 国内市场竞争、贸易开放 2 方面共 7 个指标 |
| | | 劳动力市场 | 灵活性、高技术人员管理和激励 2 方面共 12 个指标 |
| | | 金融市场 | 金融系统的广度和深度 2 方面共 9 个指标 |
| | | 市场规模 | GDP、外贸依存度 2 个指标 |
| | 创新 | 企业活力 | 管理、创业文化 2 方面共 8 个指标 |
| | | 创新能力 | 互动与多样化、研发、技术商业化 3 方面共 10 个指标 |
| IMD① | | 基础设施 | 人力资源、科技领域的基本投入、卫生设施、教育设施和环境保护设施等 95 个考核指标 |
| | | 政府效率 | 公共财政状况、政府财政政策、社会制度框架等 73 个考核指标 |
| | | 经济运行 | 国内经济宏观评估、国际贸易、国际投资、就业和物价等 77 个考核指标 |
| | | 商务活动效率 | 企业创新活动、劳动力市场、金融市场、商务管理态势和管理效益等 69 个考核指标 |

资料来源：笔者整理。

## （三）区域经济一体化与区域竞争力的关系

通过区域经济一体化提高区域竞争力是理论和实践界关注的热点。通过区域合作来提高企业竞争力，提升地区影响力使得区域内成员取得靠单个国家所不能取得的利益。同时，区域竞争力的提高也能吸引更多的区域外国家加入一体化组织中来，从而扩大区域经济一体化的规模。

USMCA 第 26 章是关于区域经济一体化提升竞争力理论在区域政策上的体现。

---

① 洛桑国际管理学院（IMD）的世界竞争力包含的 314 个考核指标中，有 128 个指标的数据将直接用来作为裁定竞争力高低的主要依据，这部分得分约占总分的 2/3；73 个指标不直接用于裁定经济体的竞争力高低，但会被用作衡量竞争力高低的背景参考；其余的 113 个指标与问卷调查有直接关系，它们来自对全球 4000 多位行政总裁的问卷调查结果。这些问卷调查主要集中在有关竞争力领域的问题，但是每年抽查的问卷题目不尽相同，问题数量也会增删。这 113 个指标将会被用于裁定竞争力高低的参考，在总分中占 1/3 的比例。

## 二、USMCA 竞争力规则的解读

USMCA 第 26 章竞争力规则内容简洁，分为三部分。第 26.1 条北美竞争力委员会；第 26.2 条与有关人士的接触；第 26.3 条争端解决的不适用。

（一）成立北美竞争力委员会

USMCA 第 26.1 条的北美竞争力委员会源自 TPP 的"竞争力和商务便利化委员会"。建立委员会的背景是区域间在加强经济增长、繁荣和竞争力方面具有共同的利益，并且在贸易、地理位置、经济联系上具有共性。USMCA 第 26.1 条第 2 款明确此章的目的是进一步促进各缔约方的经济一体化和提高北美出口产品的竞争力。USMCA 第 26.1 条第 3 款规定，三国分别建立能够互相联系的竞争力委员会联络点，采取全面和协调一致的方法提高北美竞争力。USMCA 第 26.1 条第 4 款规定，竞争力委员会应讨论和开展合作来建设强有力的经济外部环境。该环境鼓励企业在北美的生产，促进区域贸易和投资，加强可预测和透明的监管，鼓励货物在区域内流动，并对市场发展和新兴技术做出反应。

USMCA 第 26.1 条第 5 款是明确委员会的具体职责和任务，包括：

（1）讨论有效方法并开展信息共享活动，以支持北美的竞争环境，促进双方之间的贸易和投资，并促进自由贸易区内的经济一体化和发展。北美竞争力委员会的主要任务是共同营造良好的竞争环境。

（2）缔约方可以通过北美竞争力委员会寻求帮助。

（3）向委员会提供咨询意见和建议，说明如何进一步提高北美经济的竞争力。

（4）确定优先项目和政策，以发展与贸易和投资有关的基础设施，并改善自由贸易区内的货物流动和服务提供。

（5）讨论打击非缔约方扭曲市场做法的集体行动。北美地区非缔约方的扭曲市场行为会影响到美墨加三国的利益，阻碍 USMCA 的区域经济一体化发展。而北美竞争力委员会就是来为如何打击这种情形进行讨论和建议的组织。

（6）促进双方在创新和技术方面的贸易和投资合作活动。

（7）从事双方可能决定的其他活动。USMCA 第 26.1 条第 6 款的主要内容是，规定竞争力委员会应在本协定生效之日起一年内举行会议，此后每年举行一次会议，除非另有决定。

USMCA 第 26.1 条第 7 款的主要内容是，为了履行第 4、第 5 款规定，竞争力委员会每年都应制定工作计划，提交报告及下一步建议。

第 26.1 条第 8 款规定，委员会可以与其他机构合作，还可以征求专家的意见并审议其工作。这赋予了委员会请其他人或组织帮助的权利，同时也注意避免其他机构与委员会的重复活动。

（二）利益相关者参与的规则

USMCA 第 26.2 条是利益相关者的参与，要求各缔约方应建立或保持适当的机制，为有关人员提供机会，就与提高竞争力有关的事项提供建议。此条与 TPP 第 22.4 条内容相同。

（三）争端解决不适用的规则

USMCA 第 26.3 条说明本章不适用于争端解决。竞争力规则的主要任务是提高 USMCA 的整体竞争力，通过建立北美竞争力委员会处理各项工作。USMCA 的第 31 章争端解决规则主要处理与 UAMCA 规定内容不符的行为；因此，USMCA 第 31.2 条的争端解决适用范围不包括本章。

### 三、对中国的影响及启示

（一）影响

USMCA 第 26 章竞争力规则的制定所产生的贸易创造效应使得北美经济活力提高，生产要素配置效率得到提升。从对 USMCA 协定竞争力规则的分析，我们认识到了竞争力对于地区经济发展的重要性。积极借鉴 USMCA 在促进区域经济竞争力方面的经验，可以提升中国的国际竞争力。下面从四个维度阐述提升我国国际经济竞争力的途径。

（二）启示一：完善基础环境

党的十九届四中全会提出了"三步走"的总体目标，到新中国成立 100 年时，全面实现治理体系和治理能力现代化，使中国特色社会主义制度更加巩固、优越性充分体现。完善社会主义市场经济体制，以创新驱动为第一生产力，以扩大开放为法宝来完善基础环境。

（三）启示二：加快企业数字化转型的步伐

总体来看，我国的数字化水平不断提高，企业已由数字化转型的示范阶段进入向行业内拓展的深化期。数字化转型试点、企业数字化转型集成、企业数字化生态系统是企业数字化转型的"三部曲"，数据驱动、技术支撑、模式革新和数字化人才是托起企业数字化转型的"四大基石"。为此，推动企业数字化转型，需要转变观念、加强顶层设计、完善数字基础设施、构建人才培养体系、建设数字产业集聚园区、推动行业数字化协调发展并持续释放政策红利等。

（四）启示三：营造良好的创新生态系统

创新创业是时代的需要。我国创新创业文化出现新的积极变化的同时，我们也看到突破性技术进展缓慢，特别是应对可持续发展方面的技术、卡脖子技术方面发展滞后。为此，"要发挥新型举国体制优势"激励企业接受多样性、公平性、包容性的创新理念，形成良好的创新系统。

# 第二十一章 USMCA 反腐败规则解读及对中国影响的分析

USMCA 第 27 章的反腐败规则借鉴了 TPP 中的"透明度和反腐败"条款，同时参考了美国《反海外腐败法》和《联合国反腐败公约》的相关内容，在对其解读的基础上分析了对我国的影响。

## 一、引　言

### (一) 背景

USMCA 第 27 章的反腐败规则来源于 TPP 第 26 章的透明度和反腐败的规定。它规定，反腐败是指成员国决心减少因贿赂和腐败行为对公平自由贸易的腐蚀，以广泛的法规合作和大众监督，确保投资者和成员国的合法利益。[①] 如葛兰素史克在华贿赂腐败案，不仅严重腐蚀了中国医药品市场的公平竞争，而且对中美两国在医药领域的正常合作产生了不良影响。[②] USMCA 同意以《联合国反腐败公约》和《美洲反腐败公约》等为指导，在其管辖范围内对影响国际贸易与投资的行为采取司法措施，并成立委员会对贪污受贿进行调查；建立诚信责任机制，提升官员行为的透明度，教育人民群众腐败的严重危害，号召个人、企业、社会团体参与监督。此外，缔约方应为公众举报提供途径，对腐败贿赂涉及成员国境外的情况，各方应通力协作共同惩治。

袁其刚等 (2020)[③] 在《腐败与外商直接投资：一个文献综述》一文中对腐败的定义及其对经济的影响作过完整的阐述。自 20 世纪 60 年代以

---

① USTR. TPP Full Text：Chapter 26 Transparency and Anti – Corruption ［EB/OL］. (2015 – 11 – 05) ［2017 – 02 – 24］.

② Andrew Ward. BM Sover Hauls China Practices ［N］. Financial Times，2016 – 03 – 09.

③ 袁其刚，闫世玲，部晨. 腐败与外商直接投资：一个文献综述 ［J］. 重庆交通大学学报（社会科学版），2020，20 (1)：46 – 53.

来，随着莱夫（Leff，1964）①"腐败润滑说"的提出，学术界开始了腐败对经济增长影响的讨论。从经济学的视角看，腐败被定义为政府官员滥用公共权力以谋求私人利益的行为（Tanzi，1998）②，它源于公众和政府官员之间缺乏监督的委托——代理关系。腐败一旦盛行，将会扭曲公共支出结构，增加公共购买（谷成等，2016）③，从而显著提高社会成本，阻碍经济增长，甚至会加重整个国家的贫穷程度。由此可见，腐败不但会对社会稳定带来不利影响，而且还会影响经济发展水平。袁其刚等（2018）④选取2007～2015年间中国企业对非洲37个国家的直接投资数据，利用FGLS模型检验了东道国政府治理水平与治理距离对OFDI的影响，研究发现政府治理水平对投资有正向促进作用；基于投资动机视角考察发现，政府治理水平对市场寻求型和资源寻求型投资均产生抑制作用，而治理距离对资源寻求型投资有抑制作用、市场寻求型投资有促进作用。有学者实证分析发现，中国企业对非洲直接投资更倾向于政府清廉的国家（Yuan et al.，2021）⑤。

综上所述，腐败导致资源配置的低效；反腐败成为市场经济运行的必要前提。

（二）发达国家及国际组织的实践

随着经济全球化进程，全球范围逐渐形成了一种禁止贿赂的国际法律环境，如《禁止在国际商业交易中贿赂外国公职人员公约》（OECD，1997），《美洲国家反腐败公约》（OAS，1996）。2005年12月14日生效的《联合国反腐败公约》对于促进国际合作、打击腐败行为具有重要指导价值。2010年二十国集团组织（以下简称G20）成立反腐败工作组；2016年9月G20峰会在杭州成功召开。通过了《G20反腐败追逃追赃高级原则》、在华设立G20反腐败追逃追赃研究中心、《2017～2018年反腐败行动计划》等重要反腐败文件。2020年11月在沙特利雅得会议上，通

① Leff, Nathaniel H. Economic Development through Bureaucratic Corruption [J]. American Behavioral Scientist，1964，8（3）：8–14.

② Tanzi V. Corruption around the World：Causes，Consequences，Scope and Cures [Z]. IMF Staff Papers，1998，45（4）：559–594.

③ 谷成，曲红宝，王远林. 腐败、经济寻租与公共支出结构——基于2007～2013年中国省级面板数据的分析 [J]. 财贸经济，2016（3）：14–27，77.

④ 袁其刚，郜晨，闫世玲. 非洲政府治理水平与中国企业OFDI的区位选择 [J]. 世界经济研究，2018（10）：121–134，137.

⑤ Shilin Yuan，Haiyang Chen，Wei Zhang. Impact of corruption on Chinese investment in African countries [J]. Chinese Management Studies，2021，Vol ahead-of-print（ahead-of-print）.

过了《G20 应对疫情反腐败行动倡议》《加强国际反腐败执法合作利雅得倡议》《G20 腐败相关经济犯罪追逃追赃国际合作建议》《G20 制定和实施国家反腐败战略高级原则》《G20 运用信息通信技术提高公共部门廉洁建设高级原则》《G20 在私有化和公私伙伴关系过程中促进廉洁建设高级原则》。2021 年 11 月在罗马举办的 G20 峰会确定了 2022～2024 年反腐败工作的优先领域是增强透明度管理，加强私营部门的诚信和问责制。

王文华和魏祎远（2022）① 研究发现日本和韩国在反腐败立法上，重视企业合规文化的内在塑造与培养，侧重于事前预防和过程监督，日本于1998 年修改了《防止不正当竞争法》，韩国于 2001 年制定了《反腐败法》用以提高对腐败的打击力度，日本还于 2006 年制定并在 2020 年修订了《公益举报者保护法》，对企业腐败等行为的举报人进行保护，提供法律支持。

美国是较早订立商业领域反腐败相关法律的国家，20 世纪 30 年代就先后颁布了《证券交易法》《国内税收法》《企业虚假陈述法》等法规。东西方冷战结束后，为适应企业国际化新形势，美国国会于 1977 年通过了《美国海外反腐败法》（FCPA），并经过 1988 年、1994 年和 1998 年三次修改，旨在限制美国公司和个人贿赂国外政府官员的行为，并对在美国上市公司的财会制度做出规定。现在，它已经成为每个在美国以外拓展业务的企业所必须掌握的基本法律之一②。该法部分内容与 USMCA 中反腐败规则相似。

## 二、USMCA 反腐败规则的解读

### （一）关于定义的规定

USMCA 第 27.1 条定义明确了外国公职人员的涵盖范围，对国际公共组织的官员和公共企业给出定义，对美洲反腐败委员会和 G20 反腐败公约的由来做了说明。这些定义明确了"反腐败"条款所涵盖人员以及其约束力的来源。

就本章而言，与履行公务有关的行为或不行为包括利用公职人员的职位，不论是否属于该公职人员的授权职权范围。

国际公共组织的官员是经国际公共组织授权的国际公务员或者个人。

---

① 王文华，魏祎远. 互联网平台企业反腐败、反洗钱合规机制构建初探——以 G20 为视角 [J]. 中国应用法学，2022（1）：167–181.

② 黎宏. 国际商业活动与反腐败——从美国《反海外腐败法》中得到的启示 [J]. 人民检察，2005（11）：42–44.

公共企业是指一个或多个政府可以直接或间接对其施加主导影响的企业。①

公职人员是指担任一方的立法、行政或司法职务的，不论是任命还是选举产生，是长期的还是临时的，是否有报酬，不论其资历如何；为一个缔约方履行公共职能，或提供该缔约方的法律所界定，并适用于该缔约方法律的相关领域的公共服务；凭借某一方的法律被定义为公职人员的个人。

1996 年 3 月在委内瑞拉的加拉加斯签订了《美洲反腐败公约》，并成立了美洲反腐败委员会。《禁止在国际商业交易中贿赂外国公职人员公约》于 1997 年 12 月在法国巴黎签订，是《经合组织反腐败公约》的雏形。

（二）范围

USMCA 第 27.2 条范围明确了本章适用于防止和打击与本协定所涉任何事项有关的贿赂和腐败的措施。② "反腐败"条款旨在防止和打击与本协定所涉任何事项有关的贿赂和腐败的行为，同时还应认识到各方相互合作对于打击腐败的重要性，企业都应该认识到建立诚信的重要性，这样才能有效预防腐败和贿赂行为的产生。此外申明会继续支持或遵守某些已经存在的反腐败原则条款或指南。

（1）各方申明决心防止和打击贿赂和腐败行为。认识到建立诚信的必要性，缔约方申明遵守《经合组织反腐败公约》及其附件、美洲反腐败委员会和《联合国反腐败公约》。

（2）各方重申支持 APEC 和 G20 反腐败论坛制定的，旨在预防和打击腐败的文件中所载并经领导人或相关部长认可的原则，包括 G20 组织反腐败高级别原则；G20 关于腐败和增长的高级别原则；G20《外国贿赂犯罪执法指导原则》（2013 年）；G20 打击教唆的指导原则；G20 法人腐败责任高级别原则；APEC 公职人员行为原则和关于防止贿赂和执行反贿赂法的原则。

（3）各方还重申支持并鼓励私营部门了解现有的反腐败公约指南，包括《亚太经合组织商业行为守则：私营部门的商业诚信和透明度原则》《亚太经合组织有效的自愿公司合规计划的一般要素》《20 国集团关于私营部门透明度和廉正的高级别原则》。

---

① 就本定义而言，如果政府持有企业的大部分认缴资本，控制企业发行的股份的多数投票权，或能任命企业行政或管理机构或监事会的多数成员，则应认为存在主导影响。

② 对美国来说，本章不适用于联邦刑法管辖范围以外的行为，如果一项义务涉及预防性措施，则只适用于联邦法律管辖的联邦、州和地方官员所涉及的措施。

（4）双方认识到，根据本章采取或保留的犯罪行为的描述，以及控制行为合法性的适用法律辩护或原则，应根据每一方的法律进行使用。

（三）关于反腐败措施的规则

USMCA 第 27.3 条的反腐败措施是该章的核心内容。该条可分为以下几部分：首先界定了何种行为是以"腐败或受贿"形式触犯了有关的条款而被定义的"形式犯罪"；其次规定违反该条的不同程度犯罪要有其相应的量刑；最后就有关便利费做出相关规定。便利费是一个比较敏感的问题，很多国家关于它的规定比较模糊；如在美国的《反海外腐败法》中认为是为了达成交易的"润滑费"。

（1）各方应制定反腐败立法和相应措施。

（2）各缔约方应采取或保持必要的立法和措施，将腐败行为定为刑事犯罪。

（3）各方应根据罪行的严重程度，对第 1、第 2 款或第 6 款所述的罪行进行制裁。

（4）各方应采取或保持符合其法律原则的必要措施，以确定法人对第 1 款或第 6 款所述罪行的责任。

（5）每一方应禁止对贿赂进行减税。

（6）为了防止腐败，每一缔约方应保存账簿和记录、财务报表披露以及会计和审计标准，应根据其法律和条例，以禁止为实施第一款所述罪行而实施的下列行为①：（a）设立账外账户；（b）进行账外交易或识别不足的交易；（c）记录不存在的支出；（d）标识不正确的负债分录；（e）使用虚假文件；（f）早于法律规定的时间故意销毁簿记文件。

（7）每一缔约方应采取或保持缔约方认为适当的措施，保护本着诚意向主管当局报告第 1、第 2 款或第 6 款所述犯罪事实的人免受不正当待遇。②

（8）各方认识到便利费的有害影响，应根据其法律和规章③：（a）鼓励企业禁止或劝阻使用便利费；以及（b）采取措施，提高公职人员对其贿赂的认识，以期停止索取和接受便利费。

---

① 就美国而言，本款仅适用于拥有根据《美国法典》第 15 编第 781 节注册的证券类别或根据《美国法典》第 15 编第 780（d）节要求提交报告的证券发行人。

② 对于墨西哥和美国，这一段仅适用于中央政府一级。对加拿大而言，本款适用于经修订的《2005 年 S.C. 公务员披露保护法》第 46 条中的措施。

③ 就加拿大而言，本分段适用于经修订的《2005 年 S.C. 公务员披露保护法》c.46 条范围内的措施。

（四）关于促进公职人员廉政的规则

USMCA 第 27.4 条的促进公职人员的廉正①，涉及的是对公职人员的腐败处置。如何尽最大可能确保选拔出来的公职人员是廉正的，怎样提高公职人员的责任感和诚信；如果公职人员违反了有关条款（反腐败措施）应该如何处理等。该条规定由适当的主管当局予以免职、停职或重新分配，同时铭记《反腐败无罪推定原则》的原则。

各缔约方要在其公职人员中提倡正直和责任感等。为此目的，每一缔约方应根据其法律制度的基本原则，采用或保持：

（a）为容易发生腐败的公职人员提供适当培训；

（b）公职人员行使公共职能行为透明度的措施；

（c）管理公职人员实际或潜在利益冲突的适当政策和程序；

（d）要求高级公职人员和缔约方认为其他公职人员向有关当局申报其外部活动、就业、投资、资产以及与其公职人员职能可能产生利益冲突的重大馈赠或利益的措施；

（e）为便利公职人员向有关当局报告第 27.3.1 条、第 27.3.2 条或第 27.3.6 条（反腐败措施）所述罪行的任何事实而采取的措施。

（五）关于私营部门和社会参与的规则

USMCA 第 27.5 条目的是让其他人员更好地参与到打击腐败的行动中。

（1）各缔约方应根据其法律制度的基本原则采取反腐倡廉。

（2）各方应根据私营企业的结构和规模，努力鼓励私营企业：（a）采取或保持内部审计控制，以协助预防和查明第 27.3.1 条或第 27.3.6 条（反腐败措施）所述的罪行；以及（b）确保其账目和所需财务报表经过适当的审计和核证程序。

（3）各缔约方应采取适当措施，让公众知道其反腐败机构，并使公众有机会接触到这些机构，以便报告被视为构成第 27.3.1 条（反贪污措施）所述的罪行。

（4）各缔约方应鼓励企业制定遵守方案，以预防核查第 27.3.1 条或第 27.3.6 条（反腐败措施）所述的罪行。

（六）关于反腐败法律的适用和执行的规则

USMCA 第 27.6 条明确了反腐败规则一旦生效就不能随意违法或拒不

---

① 对于墨西哥和美国，本条仅适用于中央一级的政府。对加拿大而言，本条适用于经修订的《2005 年 S. C. 公务员披露保护法》第 46 条的范围内的措施。

执行，此外还说明了在适用或执行的过程中与各缔约方当局的权力的大小范围以及如何更好地与缔约方当局的法律和制度相结合。

（1）根据其法律制度的基本原则，任何缔约方均不得在本协定生效之日后不能有效执行第 27.3 条（反腐败措施）而通过的法律或其他措施。①

（2）各方保留在执行其反腐败法律方面行使酌处权的权利。各方保留就其资源分配做出善意决定的权利。

（3）各方申明，根据各自的法律和行政制度相互合作，以提高打击第 27.3 条（反腐败措施）所述犯罪行动的效力。

（七）与其他协定的关系

USMCA 第 27.7 条明确了与其他协定的关系。本协定概不影响缔约方根据 2000 年 11 月 15 日在纽约签订的《美洲国家间反腐败公约》（IACAC）、《经合组织公约》、《联合国反腐败公约》或《联合国打击跨国有组织犯罪公约》享有的权利和承担的义务。

（八）关于争端解决的规则

由于涉及腐败问题时可能与一般的争端解决存在不同，因此 USMCA 第 27.8 条介绍和第 31 章（争端解决）之间的关系。经本条修改的第 31 章（争端解决）适用于与本章下产生的有关的争端解决。换言之，经本条款修改的第 31 章适用于当腐败发生时的争议解决。可见，USMCA 第 27.8 条和 USMCA 第 31 章具有同等地位。

（1）经本条修改的第 31 章适用于与本章下产生的有关的争端解决。

（2）对于根据 USMCA 第 27.6 条（反腐败法的适用和执行）或第 27.9 条（合作）产生的问题，任何一方不得根据本条或第 31 章（争议解决）诉诸争议解决。

（3）根据 USMCA 第 31.4 条（协商）规定，缔约方应确保协商包括负责处理争议中的反腐败问题的政府人员。

（4）根据 USMCA 第 31.5 条（委员会、斡旋、调解和调停）规定，任何讨论应包括负责争议中的反腐败问题的部长或其指定人员。

（5）根据 USMCA 第 31.8 条（专家名册和资格）规定，专家组应在有争议的反腐败领域拥有专门知识。

（九）关于合作的规则

USMCA 第 27.9 条强调了各缔约方之间合作的必要性。各缔约方应在

---

① 为了提高确定性，缔约方承认，与执行反腐败法律有关的个别案件或具体决定须遵守各缔约方的法律和法律程序。

制定、实施和执行反腐败法律和政策上交流经验。

## 三、对中国的影响

（一）USMCA反腐败规则与我国改革方向一致

党的十八大以来，以习近平同志为核心的党中央坚决打击腐败，营造风清气正的政商环境，并取得了巨大成绩。反腐倡廉一直在路上。在反腐败斗争上，国家之间可以相互借鉴，也应该加强合作。USMCA的反腐败规则与我国提高治理能力和治理效率的方向一致。2016年9月G20峰会在杭州成功召开；通过了《G20反腐败追逃追赃高级原则》《2017－2018年反腐败行动计划》等重要反腐败文件；在华设立G20反腐败追逃追赃研究中心。

（二）加强企业合规经营的相关法规

近年来，我国发布多个加强企业海外业务合规管理的办法和文件。例如，2017年国资委颁布实施的《中央企业境外投资监督管理办法》和2022年的《中央企业合规管理办法》，2018年国家发改委发布的《企业境外投资管理办法》，2017年商务部和国家外管局等发布的《民营企业境外投资经营行为规范》和2018年国家发改委等7部门就合规管理专门发布的《企业境外经营合规管理指引》等。2019年1月银保监会发布了《关于加强中资商业银行境外机构合规管理长效机制建设的指导意见》，要求中资银行境外机构加强合规管理。

（三）提高企业合规经营意识

2006年通过的"世界银行反腐败使用者指南"列举了5种可制裁行为：欺诈行为、腐败行为、串通行为、胁迫行为、阻碍行为。据张文和（2022）研究①，因违反反腐败规定而受到世界银行制裁的中资企业约为200家，其中包括2011～2018年违规的中资企业55家，2019～2022年违规的中资企业145家；2019年以来，受制裁中资企业逐年增加，由2019年的15家增加到2021年的39家。2022年1～5月仅5个月时间受制裁中资企业就达到64家，形势依然严峻。可见，建立相关合规经营法规，提高企业合规经营意识迫在眉睫。

（四）完善企业合规经营组织机构建设

完善企业合规经营的组织机构和制度框架建设，加强企业合规经营的

---

① 张文合.“一带一路”建设中企业合规风险与管理［J］.国际工程与劳务，2022（7）：41－44.

审计监督，是提高企业合规经营管理水平、防范各类腐败风险的切实保障。

（五）积极维护自身合法利益

陈泗梨等（2022）① 研究发现，近两年美国的《反海外腐败法》呈现出执法力度趋严、案件指向性明显的特征。例如，FCPA 执法案件频频发生在巴西、中国、委内瑞拉、印度、俄罗斯等国。其中 1977～2021 年，涉及中国的 FCPA 执法行贿案件以 68 件高居榜首。为此，中国企业应在筑好合规篱笆的同时，也有必要敢于积极应诉。

① 陈泗梨，侯建鹏，王浩. 合规相伴，稳健远行——新形势下中国对外承包工程企业的合规发展 [J]. 国际工程与劳务，2022（7）：33－36.

# 第二十二章 USMCA 中的良好规制实践、公布与实施规则及对中国的启示

随着区域经济一体化进程的加快，在国际经贸协定签订过程中，国内规制自主权与协定所需的主权让渡之间的分歧凸显。为了更好地实现规制一致性，USMCA 第 28 章的良好规制实践给出了原则性制度框架。USMCA 第 29 章的公布与实施规则和我国市场经济规则要求趋同。

## 一、引　言

### （一）USMCA 与良好规制实践

全球价值链不断深化，意味着产品内分工的过程不断精细化；这体现出国家间的经贸联系更加紧密。各个国家希望通过区域间的合作，促进国际贸易发展与投资的发展。值得注意的是，各国签订的双边、多边优惠贸易协议中规制问题逐渐显现，表现为，协议中的某些规定对国内规制提出了挑战，原因是国内规制对外国货物、服务或投资者存在一定程度的歧视。为寻求更深入的经济一体化，需要协调或减轻不明确、效率低下的国内规制对国际贸易和投资造成的扭曲。而促进"规制一致性"与"规制合作"是解决问题的途径，通过制定规制的标准化来实现规制一致或规制合作，其核心便是良好规制实践。USMCA 良好规制实践的目的是实现高效高质量的规制一致（胡枚玲和张军旗，2019）[①]。

### （二）良好规制实践的相关文献

良好规制实践与各缔约方内部的规制自主权有着重要的关系，特别是基于非经济目的而制定的措施。规制一致性实践表明，贸易规则已从货物贸易和服务贸易方面转到对一国国内规制的约束上。

---

[①] 胡枚玲，张军旗. 论 CPTPP 规制合作的新范式及中国应对 [J]. 国际贸易，2019（10）：35－41.

良好规制实践的目的是规制合作，而规制合作是为了减少国际经贸协定与国内规制的分歧，在规制方面的分歧会增加贸易的成本。在多数情况下，分歧表现出的并不是公共政策目标上的分歧，而是在具体的规则章程方面存在的分歧。目前，贸易政策制定者已经转向良好规制实践，将其作为限制不必要的规制分歧和贸易成本的一种好方法。

WTO 通过 GATS 第 6 款来约束各成员方的国内规制的自主权力以实现服务贸易自由化（韩龙，2005）①。APEC 致力于推动规制合作与规制一致性；APEC 政策支援组对非经济目的所必需的或可取的货物和服务良好规制实践的研究认为，解决各缔约方的边境措施是必要的，但要认识到解决边境或规制障碍背后的问题（APEC，2009）②。OECD 曾经将良好实践解释为引进和实现规制评估制度的合理途径。TPP 将规制一致性定义为在计划、设计、公布、实施以及审议规制措施的过程中运用良好规制实践，以促进国内政策目标的实现；同时促进政府间的规制合作，以深化上述目标并促进国际贸易和投资、经济增长与就业。

（三）透明度是 GATT 的基本原则之一

GATT1994 的第 10 条贸易条例的公布和实施（Publication and Administration of Trade Regulations）集中体现了透明度的原则。USMCA 协议的内容及修改等也需要先公布才能实施。

## 二、USMCA 良好规制实践的原则与目的的解读

（一）定义

USMCA 第 28 章良好规制实践③定义了规制、监管机构与规制一致性等概念。

规制是指由监管机构采用、发布或维护的强制性遵守的一般适用措施。④

监管机构是指各个缔约方的中央政府中制定、提出或通过法规的行政机构，这些机构并不包括立法机关或法院。

---

① 韩龙. WTO 服务贸易中的规制纪律与规制自由——对 GATS 国内规制问题与发展趋势的透视［J］. 法商研究，2003（3）：129 – 135.

② APEC Secretariat. Study on Good Regulatory Practices for Goods and Services Necessary or Desirable for Climate Change Mitigation and Adaptation. Asia Pacific Economic Cooperation，2009.

③ "国内规制"译为 domestic regulation，其中的 regulation 意为通过使对象遵守规则或标准等实现系统的管理和控制，既具有管理管制的含义，也包含有法律条例的内涵。本书也采用规制的译法。

④ 附件 28 – A（关于范围的其他规定）中规定的除外。

规制一致性是指两个或多个缔约方之间旨在防止、减少或消除不必要的内部规制与国际贸易协定中的差异。

（二）良好规制实践透明度的原则

良好规制实践的透明度原则要求，在良好规制实践的过程中需要对协定的制定、发布与修改等进行公开，换言之，通过官方权威机构公布信息。USMCA 良好规制实践的规则制定可以分为提议、审议、公布、修改与审查五个阶段；严格而言，每个阶段的具体内容都应该进行及时公开。

（三）良好规制实践"民主性"的原则

在 USMCA 规则的审议、拟定等阶段，本章规定允许并鼓励公众提出意见与评论，以此来更好地明晰规则制定过程中可能发生的影响。USMCA 第 28.8 条规定，各缔约方在对外公开相关规则制定的过程中，使用的文字语言应通俗易懂、简洁清晰，以便于公众容易理解。

基于透明度原则与 USMCA 第 28.8 条的规定，公众参与的条款主要有第 28.5 条、第 28.9 条、第 28.10 条、第 28.13 条、第 28.17 条。经过对条款的分类梳理，可以将公众参与的内容分为四个部分，第一是在规则制定的信息收集时，制定机构应该通过调查问卷等形式从公众手中收集信息，且应保持信息的可靠与高质量。为了保证信息的质量，在进行问卷调查时需要从公众角度出发，减少公众不必要的负担。第二是在制定机构向专家咨询小组咨询意见时，每一缔约方要使公众了解专家咨询小组和机构的宗旨，同时，缔约方要认识到，专家咨询小组的意见是对公众意见的补充而非替代。换言之，公众意见的重要程度要大于专家组的意见，这体现出民主性的精神。第三是在对规则进行回顾性审查时，各缔约方应该酌情听取公众对某些规则表达出的任何意见。第四是在良好规制实践上，缔约方为了更好地实现规制的一致，应鼓励公众的参与。

在公众参与中，本章特别强调了利益相关者的参与。缔约方赋予利益相关者在对缔约方制定的规则提出书面评论的权利，还规定各缔约方给予利益相关者可以通过电子方式参与评论规则的权利。对利益相关者提出的评论与意见，每一缔约方应该进行审议。总体来看，在规则制定的不同阶段，鼓励公众对规则进行评论。

（四）良好规制实践目的——规制一致

"规制一致"，也可译为"规制协调"，其核心是平衡经贸协定与缔约方之间规制的差异。提倡良好规制实践的目的就是实现规制一致性，主要体现在三个方面：第一，鼓励缔约方应完善对自身内部规制的建设。在良好规制实践的过程中，缔约方规制建设应注重自身追求的公共政策目标，例如健康、安全和环境等；并且规制应在自身的法律和框架之下。换言之，各缔约方保证自身的规制自主权。第二，在规制一致或规制协调过程中，规制协调机构具有重要作用。第三，在缔约方内部机构进行规制建设时，应通过磋商、协调等方式开展合作，并追求以下目标：促进其自身政府遵循良好规制实践；改进规制程序；国内的主管部门之间以及国内法规之间的一致；考虑监管的影响；避免不必要的市场竞争；等等。

总结来看，良好规制实践注重缔约方自身内部规制的一致，也希望通过规制协调机构实现 USMCA 区域的规制一致，而规制一致的最终目的是解决规制阻碍导致贸易成本增加的问题，促进区域间贸易和投资的增长。

（五）规制影响评估、规制审查与争端解决的规则

1. 规制影响评估

在法规最终公布之前，需要对法规可能产生的影响进行评估。其原因在于，通过规制影响分析可以提升政府规制的质量和效率，进而促进经济的增长（Kirkpatrick and Parker，2007）①。同时，规制影响评估分析作为一种事前评估，与第 28.13 条的回顾性审查相结合，可以更好地促进规制的建设。在 USMCA 中，要求每一缔约方将规制影响评估作为一种工具，协助规制机构对制定的法规存在的影响进行分析。

规制影响评估的设计有以下步骤：描述对拟定法规的必要性或重要性，即法规旨在解决问题的性质；所解决问题的可行和适当的规制和非规制替代方案；对规制和非规制替代方案进行成本收益分析，包括相关影响，例如经济、社会、环境等。缔约方要考虑随时间变化，规制的影响是否发生了变化；最后需要根据规制影响评估得出结论，并就规制与非规制的替代方案进行选取。

此处，缔约方应采取措施消除对中小企业产生不利影响的规制。

2. 规制审查

规制审查是一种回顾性审查，即事后审查。每一缔约方在公布或实施某项规制时，应该按照程序对其进行回顾性审查。其主要内容是，在缔约方采用某项规定时，应考虑此项规制可能产生的影响，并就此影响进行审查。如果审查的过程中发现问题，要进行及时的修正。发起回顾性审查的条件是，可以根据缔约方的法律，也可以根据改进建议进行（参照

---

① Hossein Jalilian, Colin Kirkpatrick, David Parker. The Impact of Regulation on Economic Growth in Developing Countries: A Cross – Country Analysis [J]. World Development, 2007 (1): 87 – 103.

USMCA 第 28.14 条规定的内容）。在进行回顾性审查时，应考虑以下方面：规制对社会或经济产生的影响；规制制定以来的任何变化；解决可能对缔约方之间产生的不利于贸易的规制差异；公众提出的相关意见。

3. 争端解决问题

USMCA 第 28 章规定，除解决与本章规定不一致的问题时，不得采用本协定第 31 章（争端与解决）中的争端解决机制。

### 三、USMCA 公布与实施规则的解读

USMCA 第 29 章"公布与实施"（Publication and Administration）主要包括两部分：公布与实施规则、药品和医疗器械的透明度和程序公平性（Transparency and Procedural Fairness for Pharmaceutical Products and Medical Devices）。

（一）关于公布与实施的规则

USMCA 第 29.1 条解释了该条的适用范围以及不适用情况。行政裁决具有法律约束力，不具有法律约束力的解释或裁决不能叫行政裁决。

USMCA 第 29.2 条规定，各方确保其关于本协议所涉任何事项一般适用的法律、法规、程序和行政裁决应迅速公布或以其他方式提供，以使有关各方能够了解这些内容。在可能的范围内，各方应在网上提供这些信息。这一条与中国的政务公开相类似。这保障了各缔约方的知情权，使缔约各方可以及时获取相关信息，保障自己的权利。

USMCA 第 29.3 条"行政诉讼"规定，为了以一致、公正和合理的方式管理与本协定所涵盖的有关措施，每一方应确保在其行政诉讼中，对另一方的特定人员、货物或服务实施第 29.2.1 款（公布）所述规定。

USMCA 第 29.4 条"复议和上诉"规定，当当事人对所颁布的最终行政行为不满时，当事人可以提出复议或上诉，为了使当事方更好地行使该项权利，各方应建立或维持司法、准司法或行政法庭或程序，以便迅速审查并在必要时纠正。各成员方也应确保，就以上所述的法庭或程序而言，当事方有权捍卫自己的立场，不能被不公平地对待，并且可以根据证据和提交的记录做出决定，或者如果法律要求，根据有关当局汇编的记录做出决定。

（二）关于药品和医疗器械的透明度和程序公平性的规则

该规则要确保各方有关药品和医疗器械适用制度的透明度和程序公平性。

USMCA 第 29.5 条"定义"解释了国家医疗保健机构和国家医疗保健计划的含义，国家医疗保健机构是指定的一个或多个相关实体，而对于任

何其他缔约方，则属于国家卫生保健计划的实体，例如在附件中说明的加拿大的联邦药品福利委员会。国家卫生保健计划是指国家卫生保健机构就药品或医疗器械的报销清单或报销金额的设定做出的计划。

USMCA 第 29.6 条"原则"规定，各缔约方要致力于为其国民提供高质量的卫生保健并持续改善其公共卫生条件。缔约方在追求这些目标时要遵守如下原则：要意识到保护和促进公众健康的重要性以及药品和医疗器械在提供高质量医疗保健方面发挥的作用，意识到研究和开发的重要性；各缔约方有必要通过透明、公正、迅速和负责的程序促进药品和医疗器械的使用；各缔约方还要通过竞争性市场的运作或评估确认药品和医疗器械的价值。为增加透明度，缔约各方应根据其法律法规确定其境内药品和医疗器械的产品范围，并公开该信息。

认识到上述原则的重要性，保证各项程序的公正性是必不可少的。USMCA 第 29.7 条"程序公正"规定了有关各缔约方应采取的行动。如果一缔约方的国家卫生保健机构根据国家卫生保健计划，为报销目的而维持新药品或医疗器械上市程序，或确定报销的金额，则该缔约方应确保在规定时间内完成对药品或医疗器械报销清单的正式提案和拟定提案的审议；如果一缔约方的国家卫生保健机构无法在规定的时间内完成对提案的审议，则应向申请人披露延误的原因，并应为完成对提案的审议设定合理的时间。各缔约方还要披露用于评估此类提案的程序规则、方法、原则和指南；在适当情况下，向申请人和公众提供提出合理化建议的机会；向申请人提供信息，以保证申请人理解国家卫生保健机构就新药品或医疗器械上市报销所做决定的依据。各缔约方应给予申请人公平、透明的权利，各缔约方要在规定时间内完成对医用品提案的审议，向公众披露各项程序的规则方法等，接受公众的监督。在程序方面各缔约方可同时提供独立审查程序或内部审查程序，如由提出建议或决定的同一专家或专家组进行的内部审查。该项规定实质上并不要求缔约方对一项关于某一具体提案的请求提供一次以上的审查，也不要求缔约方结合该请求对其他提案或有关的评估进行审查。

本节不适用于政府采购的药品和医疗器械。本节也不适用于公共卫生保健实体采购的药品或医疗器械上市后的补贴程序。

USMCA 第 29.8 条向医疗专家和消费者传播信息的规定体现了透明度原则。每个缔约方应允许药品制造商通过网站以及在该缔约方注册的能链接到这个地址的其他网站向医疗专家和消费者传递信息；不得提供误导性信息。该条保障了缔约方内医疗专家和消费者获取相关信息的权利。

USMCA 第 29.9 条规定缔约方应出于善意的考虑接受其他缔约方的磋商请求。各缔约方享有进行平等磋商的机会，但本款的任何规定均不得解释为要求某一缔约方审查或更改有关决定。除非在特殊情况下或磋商各方另有安排，磋商应在请求提出后三个月内进行。磋商应包括负责监督国家卫生保健或负责国家卫生保健计划的官员。

USMCA 第 29.10 条"不适用争端解决"规定，本章产生的任何问题不适用第 31 章的内容。

## 四、对中国的启示

### (一) 良好规制实践具有重要价值

良好规制实践的目的是规制一致性。为了实现北美地区的贸易发展，USMCA 从规制制度层面提出了良好规制实践。遵循良好规制实践的透明度原则与民众参与原则，可以使美国、墨西哥和加拿大在制定规制的过程中吸收各方意见和建议，从而促进经济的增长。

在推动"一带一路"倡议的进程中，规制的矛盾更多样且复杂。在繁多且复杂的规制矛盾中，规制一致性是我国需要重视的问题。借鉴 USMCA 的良好规制实践，可为我国探索形成规制一致性的可行办法。

### (二) 良好规制实践成为国际经贸协定的重要规则

在国际经贸协定谈判中，良好规制实践是实现规制一致性的做法。根据规制实践的设定，能够兼容各方规制的措施，保证各国的规制分歧对贸易投资的影响最小化。未来在签订国际经贸协定的过程中，各个国家和地区将会对良好规制实践进行不断改进，以期实现更好的利益诉求。

### (三) 完善国内规制

一是在内部规制方面，要保证国内自身规制的协调和规整。二是确保在制定的过程中保证透明度与公众参与度。三是在规制的制定过程中，明晰国内协调机构责任与义务，重视事前事后审查的结合，对规制的成本效益进行合理分析。同时积极与国际规制协调机构开展磋商，保证我国规制改进的方向。四是在与其他国家签订经贸协定时，也应该明确良好规制实践的重要作用，积极发展良好规制实践，在谈判中确立良好规制实践条款。

### (四) 提高行政透明度

USMCA 第 29 章"公布与实施"与药品和医疗器械的透明度和程序公平性等规则，为我国市场化改革提供了积极的借鉴价值。首先，政府的相关文件应先公布再实施，以期给相关利益者留出足够的调整时间；其次，在实体和程序性规定上，我国已经加快了改革步伐；最后，我国是人口大国，公民的医疗健康服务亟须得到高质量的提升，如何在药品采购等环节加强监督管理，正确处理医患关系，坚持药品采购透明度和程序公平性（谢金平等，2022）①，对建立有中国特色的医疗保健体系意义重大。

---

① 谢金平，张雪瑞，张赫，等．典型发达国家药品采购模式研究及启示［J］．卫生经济研究，2022，39（1）：64－68．

# 第二十三章　USMCA 行政与制度性规则解读及对中国影响的分析

USMCA 第 30 章行政与制度性规则作为纲领性条款,符合国际经贸区域性组织管理的基本原则;该章共分为 6 条:自由贸易委员会的建立、委员会的职能、委员会的决策、委员会和附属机构的议事规则、协调员和联络点以及秘书处。

## 一、引　言

USMCA 第 30 章行政与制度性条款与 NAFTA 的有关内容有很多相似之处,也有不同。哈佛大学丹尼·罗德里克(Dani Rodrik)教授提出了全球化不可能三角,即高度全球化、国内民主决策机制、国家主权三者难以同时存在(葛浩阳,2019)[①]。针对这一问题,USMCA 尝试由国家组成的自由贸易委员会和秘书处来协调全球化、国家主权、民主决策三者间的冲突。在治理机制上,USMCA 属于"政府间主义的一体化",这是对 WTO 所倡导的"功能主义一体化"的颠覆;USMCA 尽最大可能减少主权的让渡,不倡导建立超越国家主权的管理机构来行使司法权和立法权以及行政权,而是由每一缔约方的部长或者指定人员或代表来组成自由贸易委员会及秘书处来协调管理,坚持契约自治,不寻求通过第三方来提供争端解决机制。该协议体现了国家优先的原则,命名为《美墨加协定》而不是《新北美自由贸易协定》,其国际法的地位弱化为国家间的协定。由部长级政府代表组成常规部门,缔约方负责支付本国人员或者事务发生的费用,体现了国家至上原则。

在人员安排和预算安排上,USMCA 的自由贸易委员会的工作人员与其他国际组织不同,他们都只对其母国负责,他们的决策与行动完全服从

---

①　葛浩阳. 全球经济的"不可能三角"真的不可能吗——对丹尼·罗德里克全球化理论的批判性考察 [J]. 社会科学文摘,2019 (9):23 – 25.

母国的利益、遵守母国的指令。钟英通（2019）① 认为国际经贸规则适用的差异化具体表现在范围、议题领域、实体内容、适用对象等方面。差异化现象在 USMCA 中有三大特征：大国是差异化现象的重要动力源泉，差异化呈现出显著的辅助性，差异化的安排赋予了成员方较高的自主选择权。

USMCA 的参与方少，通过协商一致原则可以很好地兼顾差异化原则和国家利益。USMCA 规定对决议的反对只需要不出席会议即可，摒弃了协商一致决策机制的弊端，是协商一致原则的进步；同时规定在做出肯定决议时必须全体缔约方都出席。一个成员在国际组织大会上可用口头或书面声明方式表示立场。书面声明可以被记录在案并成为会议的正式文件。所以 USMCA 中规定了联络点等的变更必须在规定时间内以书面通知的方式送达其他缔约方。

## 二、USMCA 行政与制度性条款的解读

（一）设立自由贸易委员会及其职能

USMCA 第 30.1 条规定，缔约方特此设立自由贸易委员会（委员会），由每一缔约方的部长或其指定人员代表组成。该委员会是国家级政府间的国际组织，自由贸易委员会所做的决议可以代表参与国的国家立场。

USMCA 第 30.2 条规定了委员会的职能。

第一，委员会应：

（1）考虑与本协议的实施或运作有关的事项。

（2）考虑修改或者修改本协议的建议。

（3）监督根据本协议设立的委员会、工作组和其他附属机构的工作；委员会需要考虑与 USMCA 的实施和运作有关的事项，监督委员会、工作组和附属机构。这是一个组织的管理部门应该具备的基本职能。

（4）考虑如何进一步加强缔约方之间的贸易和投资。

（5）通过更新适用于争端解决程序的《议事规则》和《行为守则》。

（6）每三年审查根据 USMCA 第 31.8 条（小组成员名册和资格）设立的名册，酌情组成新的人员名册。

第二，委员会可：

（1）提交或审议特设或常务委员会、工作组或其他附属机构提出的事项。

---

① 钟英通. 国际经贸规则适用的差异化现象及其法律应对 [J]. 环球法律评论，2019，41 (3)：179 – 192.

（2）合并或解散根据本协议设立的委员会、工作组或其他附属机构，以改善本协议的运作。以上两点也是一个组织管理部门的常规职能。

（3）在每一缔约方完成协定适用的法律程序情况下，考虑并通过对本协议附件的修改，包括以下内容：①附件 2 - B 附表（关税承诺），通过取消关税或改善市场准入条件，该条加强了区域一体化的程度。②USMCA 第 6 章（纺织品和服装）规定的关税优惠水平的调整，在协议的第 6 章附件 A 部分的第二部分提到了某些纺织品和服装产品的关税待遇。

（4）制定执行本协议的安排。

（5）寻求解决在本协议的解释或适用方面可能出现的分歧。

（6）发布对本协议条款的解释。

（7）寻求非政府人士或团体的意见；该条体现了很大的包容性，说明该协议不是政府一家独大，吸收非政府人士的意见尤其是国际贸易从业者的意见，会增强协定的可操作性。

（8）在遵守法律程序的前提下，修改根据第 5.16 条（统一条例）共同商定的内容；协议第 5.16 条规定在本协议生效时，通过其有关解释、应用和本章、第 4 章（原产地规则）、第 6 章（纺织品和服装的管理）、第 7 章（海关管理和贸易便利化）和其他事项。

（9）采取缔约方可能决定的任何其他行动。

第三，该条款规定解决缔约方之间的问题需由当事方出席决议，这在很大程度上保障了缔约方的利益，防止其正当的贸易权利和国家安全受到他国操纵。

（二）关于决策的规则

USMCA 第 30.3 条规定，委员会和根据本协定设立的附属机构应以协商一致方式做出决定，除非本协定另有规定、缔约方另有决定或第 30.2.3 条（委员会的职能）另有规定。本条最重要的内容是规定了协商一致的决策方式。在做出肯定决议时，需要所有的缔约方都出席会议，但是对拟议的决议做出反对决定时如果没有缔约方出席，就应视为大家都不愿意参加此项议题的决议，那就是都反对此项议题或者此项决议；同时在注释中规定了委员会所发布的解释对投资章节和争端解决章节有效，更加树立了自由贸易委员会的公信力。涉及争议比较频发的投资和争端解决章节，不出席决议视为反对的规定不仅节约了谈判时间，也给予了自由贸易委员会更多的权利。

（三）关于委员会和附属机构的议事规则

USMCA 第 30.4 条规定：

（1）委员会应在本协定生效之日起一年内举行会议，此后由双方决定，包括在必要时履行第30.2条（委员会职能）下的职能。委员会会议应由每一缔约方轮流主持。

（2）主持委员会会议的缔约方应该为会议提供必要的行政支持。

（3）除非本协议另有规定，委员会和根据本协议设立的附属机构可通过适当手段，如电子邮件或视频会议开展工作。本条款规定适应了数字经济快速发展带来的变革。

（4）委员会和根据本协定设立的附属机构可制定工作程序规则。

（四）关于协调员和联络点的规定

USMCA第30.5条规定：

（1）各方应指定一名协议协调员，以便就本协议涵盖的任何事项以及本协议要求的其他联络点进行沟通。

（2）除非另有规定，否则每一方应在本协议生效之日起60天内以书面形式通知其他各方其协议协调员和本协议规定的联络点。

（3）应另一缔约方的请求，协议协调员应该确定负责某一事项的官员，并在必要时协助与请求方沟通。

在USMCA中不仅对联络点进行了规定，并且规定了协议协调员，用来与联络点沟通，这一规定有利于缔约方之间减少歧义。如果有联络点的变更，变更联络点的缔约方应该在规定时间内书面通知其他缔约方，这确保了消息的准确性。应另一缔约方请求，协调员应协调当地或者某一办公室官员进行沟通，本条款进一步便利了委员会和缔约方之间的活动，强化了区域一体化的内涵。

（五）关于秘书处的规定

USMCA第30.6条规定：

（1）委员会应设立由国家组成的秘书处。

（2）每一缔约方应：①设立并维持其常设办事处，并负责其运作和费用；②指定个人担任秘书，负责其行政和管理；和③将办公室的联系信息通知其他缔约方。

本条款不仅规定了秘书处的设立，并且对费用的摊销做出规定，发生的费用由各个缔约方承担，这与其他机构不同，说明自由贸易委员会的工作人员不是USMCA协议的雇员，而是由缔约方派遣的代表。

（3）秘书处应：①向委员会提供援助；②向a.根据第10章D节（反倾销和反补贴税事项的审查和争端解决）设立的小组和委员会，以及b.根据第31章（争端解决）设立的小组，包括附件31－A（快速反应劳工机制）下设立的小组；③负责支付根据第 10 章 D 节（反倾销和反补贴税事项的审查和争议解决）设立的小组和委员会的报酬和费用，以及根据第 31 章（争端解决）参与争端解决程序的小组成员、助理和专家，包括附件 31 - A（快速反应劳工机制）；④委员会可能指示：a. 支持根据本协议设立的其他委员会和小组的工作，以及 b. 促进本协议的运营。

本款提到的秘书处向其他附属机构支付报酬，表现了其他机构对秘书处负责，秘书处对自由贸易委员会负责，工作人员对自己所属国家负责的原则。①

## 三、对中国的影响

从 USMCA 第 30 章内容可以看到，在国际协定组织的治理上，该章规则可借鉴于 WTO 等国际组织的改革。我国应该通过进一步的合作来发展多边主义，坚决遵循国际法制，共同解决单边主义以及非法的双边主义所带来的威胁。

USMCA 第 30 章的规定对我国组建和制定有关国际组织运作机制有积极的参考价值，无论是协商一致条款还是秘书处等附属机构的设置，都为我国参与国际组织的治理提供了借鉴。

---

① 钟英通. 国际经贸规则适用的差异化现象及其法律应对 ［J］. 环球法律评论，2019，41 （3）：179 - 192.

# 第二十四章　USMCA 争端解决机制规则解读及对中国影响的分析

USMCA 关于争端解决机制的规则是维持其运行的基石。本章分析 USMCA 第 31 章中关于争端解决的内容、程序机制，并对比与 WTO 争端解决机制（DSM）的不同。

## 一、引　言

关于 WTO 及区域经贸组织的争端解决机制的研究文献已很丰富；但专门针对 USMCA 的研究尚不充分。

### （一）全球争端解决机制的研究

奥康耐尔（O'Connell，2003）① 指出，全球经济组织的争端解决方式发生了明显变化，不同区域组织的争端解决机制具有不同特征，国际争端解决迈入新的阶段。有学者以国际经济组织与争端解决机制之间的关系视角进行研究，认为解决争端的明显趋势是通过区域经济组织的争端解决机制加以解决，这将扮演日益重要的作用（Bosisson de Chazorunes，2002）②。梅里尔斯（Merrills，2005）③ 阐述了各种具体的争端解决方式异同。

### （二）WTO 争端解决机制的研究

在对 NAFTA 争端解决机制的研究上，塔克曼（Trakman，1997）④

---

① Mary Ellen O'Connell. ed. , International Dispute Settlement. Ashagate Publishing Company, 2003.

② Laurence Bosisson de Chazorunes ed. , International Organizations and International Dispute Settlement：Trends and Prospects, Transnational Publishers, Inc. , 2002.

③ J. G. Merrills, International Dispute Settlement. 4<sup>th</sup> edition, Cambridge University Press, 2005.

④ Leon E. Trakman, Dispute Settlement under the NAFTA：Manual and Source Book, Transnational Publishers, Inc. , 1997.

介绍了争端解决机制的内容。菲奇（Fitch，1992）[①] 从社会政治、经济文化、法律法规等角度阐述了美国与墨西哥加入 NAFTA 的不同态度，认为 NAFTA 争端解决机制是各成员方、各种因素相互融合冲突的结果。

法拉萨瓦特（Furasawat，2003）[②] 分析了 WTO 争端解决机制在国际贸易合作中的重要作用；赵骏（2013）[③] 从国际经济环境、WTO 的 DSM 和成员方三个角度阐述了 DSM 利用率低的原因，并提出针对性建议。于鹏（2019）[④] 阐述了 WTO 争端解决机制的现状、改革方向，美国挑起危机的起因，并展望了其未来的发展前景。经济基础决定上层建筑。作为管辖全球多边贸易体系的 WTO 需要根据形势变化做出改革。高效地解决成员间的贸易纠纷是 WTO 的三大功能之一，面临美国的严峻威胁，争端解决机制亟须挽救已陷瘫痪的困境。中国可充分利用 WTO 的临时仲裁机制提议有望被通过的缓冲期，与 WTO 成员方在对市场经济导向的认知上取得共识，加快国内改革步伐，借助 2022 年 6 月在日内瓦世贸组织第 12 届部长级会议（以下简称 MC12）上取得的成果，营造宽松的外部环境。

## 二、USMCA 争端解决机制规则的解读

### （一）主要规则

USMCA 关于争端解决机制的规则分布在三个章节：第 10 章；第 14 章附件 D；第 31 章除上述内容外的其他争端解决规则。本章阐述 USMCA 第 31 章争端解决规则的主要内容。

1. 适用范围的规定

根据 USMCA 第 31.2 条（适用范围）规定，除非本协议另有规定，本章的争议解决条款适用于：（a）双方就本协议的解释或适用避免或解决争议；（b）当一方认为另一方的实际或拟议措施与本协议的义务不符或

---

① Sharon D. Fitch. Dispute Settlement under the North American Free Trade Agreement：Will the Political，Cultural and Legal Differences between the United States and Mexico Inhibit the Establishment of Fair Dispute Settlement Procedures？［J］. California Western International Law Journal，1992，22（2）.

② Furasawat. The Role of the WTO Dispute Settlement Procedure on International Cooperation ［G］//Working Payper，2003.

③ 赵骏．"皇冠上明珠"的黯然失色 WTO 争端解决机制利用率减少的原因探究［J］. 中外法学，2013，25（6）：1242 - 1255.

④ 于鹏．WTO 争端解决机制危机：原因、进展与前景［J］. 国际贸易，2019（5）：10 - 18.

另一方未履行本协议的义务时；或（c）当一缔约方认为其本可合理预期将根据第2章（货物的国民待遇和市场准入）、第3章（农业）、第4章（原产地规则）、第5章（原产地程序）、第6章（纺织品和服装货物）、第7章（海关管理和贸易便利）、第9章（卫生和植物检疫措施）、第11章（贸易技术壁垒）、第13章（政府采购）、第15章（服务的跨国界贸易）或第20章（知识产权）获得的利益由于另一缔约方采取与本协议不一致的措施而被取消或减损。

USMCA第31.2条（c）阐明其范围的适用是一种"选择性的适用"，而不是"全部适用"。该条款的适用范围采用"正面清单"的列举方式，USMCA争端解决条款并不适用于本协定所涵盖的全部事项，只适用于（c）中所列举的问题。这与NAFTA不同。根据NAFTA第2004条规定，NAFTA第20章（机构安排与争端解决程序）的适用范围是各缔约方根据本协议的解释或者适用所发生的所有的争议解决，适用于协定所涵盖的全部事项。

例如，USMCA第14章附件D关于投资者—国家之间的争端解决，在解决相关的投资争端时，就给出了不同于第31章争端解决的方式。当缔约双方就协定规定的范围内发生投资争端时，可以采取协商的方式；如果协商失败，可以向国际争端解决中心（以下简称ICSID）提起诉讼，或者采取其他约定的途径来维护自身权益。最后仲裁结果依据ICSID、《纽约公约》或《美洲公约》来执行，而非采用USMCA第31章的执行程序。①

对在USMCA第31章适用范围没有提及的领域，缔约方如果发生冲突，可以采取：（1）如果本协定的其他条款中，有关于该领域的争端解决机制，那么就采用该机制解决争端，如USMCA的第10章和第14章。（2）如果本协定没有涉及该领域的争端解决机制，当缔约方双方签署了其他协定，可依据其他协定争端解决条款的解释或适用解决争端。②

2. 争端解决方式

USMCA第31.3条（场所的选择）规定，发生争端的缔约方可以灵活地选择争端解决的场所。如果争端各方就某一事项发生争端时，申诉方可

---

① 《USMCA协定》第14章D节附件。
② 胡加祥. TPP争端解决机制研究——以WTO争端解决机制为比较视角［J］. 上海交通大学学报（哲学社会科学版），2017，25（2）：47-56.

以选择争端解决的场所，包括诉诸世界贸易组织。在争端解决的场所选定后，后续的争端解决只能由该机构管辖，其他机构不能再涉入。

（1）磋商。USMCA 第 31.4 条规定，缔约方可要求就第 31.2 条（范围）所述事项与另一缔约方进行磋商。申诉方在提出磋商的请求时应以书面形式提出，在书面内容中应包括提起请求的原因，磋商的事项以及所依据的协定内容。

磋商有时间限制，缔约方就有关易腐货物的事项提出请求之日起 15 天内进行磋商，或者所有其他事项提出请求之日起 30 天内进行磋商。

通常，磋商应在提出请求的缔约方的首都举行，除非磋商缔约方另有决定。

磋商应保密，参加磋商的缔约方应将磋商过程中所交流的信息视为机密信息；并不得损害缔约方在另一程序中的权利。

在磋商过程中，缔约各方应该尽最大努力进行磋商，设法避免对另一当事方利益产生不利影响的决定，争取就磋商内容达成双方满意的结果。

磋商过程中允许第三方参与。对此事有重大利害关系的第三方可参加磋商，可在磋商请求发出之日起 7 天内，通过秘书处以书面形式通知其他缔约方，包括向其部门提供一份副本。缔约方应在其通知中说明其对该事项的重大利益。

（2）斡旋、调解和调停。USMCA 第 31.5 条规定，各方可随时决定自愿采取其他解决争端的方法，如斡旋、调解或调停。在本条款中，缔约方在解决争端时可以随时选择斡旋、调解和调停的手段，没有时间限制。如果争端各方做出决定根据 USMCA 第 31.6 条设立的小组解决争端时，斡旋、调解或调停可继续进行。

涉及斡旋、调解或调停的程序应保密，不得损害双方在另一程序中的权利。参加本条规定的程序的缔约方可中止或终止该程序。

（3）设立专家组。USMCA 第 31.6 条规定，设立专家组的时间应该为：在一缔约方根据第 31.4 条（磋商）就易腐货物问题提出磋商请求后 30 天内或就其他事项提出磋商请求后 75 天内未能解决此事；当事方可通过秘书处向被请求磋商的缔约方发出书面通知，请求设立一个小组，该请求一旦提交，小组即可成立。

专家小组应在任命最后一名小组成员之日起 150 天内（与易腐货物有关的紧急情况在 120 天内）向争议当事各方提交初次报告。如果在特殊情况下需要延期，则应书面告知争议当事方延迟的原因，延迟不得超过 30

天的额外期限，除非争议各方另有决定。

争议当事方可在提交初次报告后 15 天内就其初次报告向小组提出书面意见，小组可在审议这些意见后重新考虑该报告。

除非争议各方另有决定，小组应在提交初次报告后 30 天内提交一份最后报告，包括对未经争议各方一致同意的事项的意见。争议各方应在提交最后报告后的 15 天内向公众公开。[①]

在收到最后报告的 45 天内，各方应努力就争议的解决达成协议。争端的解决可以包括消除不符合的规定或补偿损害。如果可能的话，提供相互可接受的赔偿，或争端各方同意的补救办法。[②]

如果争议各方在收到最后报告的 45 天内无法就第 31.18 条（最后报告的执行情况）下的争议达成协议，则提出申诉的缔约方可中止同等效力的减让，直至争议当事各方商定出解决争议的办法。[③]

在设立小组程序中允许第三方参与。对此事有重大利害关系的第三方有权作为投诉方加入，通过秘书处的各个部门向争议缔约方发出书面通知。第三方应在一缔约方提出设立小组的请求之日起 7 天内提交其参加的通知。

除非争议当事各方另有决定，小组应以符合本章和议事规则的方式设立和履行其职能。

（4）专家小组成员名册。USMCA 第 31.8 条规定，双方应在本协定生效之日起建立专家成员名册，名册上最多有 30 名成员，每一缔约方应指定最多 10 人人选。双方应努力就小组成员的任命达成共识。名册应至少保持 3 年有效，或直至缔约方构成新的名册。

小组成员具有以下特质：一是在国际法、国际贸易争端方面具有丰富的知识或经验；二是成员独立于任一缔约方，不附属于或接受任何缔约方的指示[④]。

（5）小组成员组成。USMCA 第 31.9 条规定，小组应由五名成员组成（除非争议当事各方同意由三名成员组成的小组）。争议当事方应努力在提交设立小组的请求后 15 天内决定小组主席的人选。每一争议方在选出主席后 15 天内，应选出两名属于另一争议方公民的小组成员。

如果争议当事方认为小组成员违反了《行为守则》，经协商可以删除

---

[①] 《USMCA 协定》第 31 章 A 节第 31.17 条（小组报告）。
[②] 《USMCA 协定》第 31 章 A 节第 31.18 条（最后报告的执行情况）。
[③] 《USMCA 协定》第 31.19 条（不执行—中止福利）。
[④] 《USMCA 协定》第 31 章 A 节第 31.8 条（小组成员名册和资格）。

该小组成员，并选出一名新的成员。

（6）小组议事规则。USMCA 第 31.11 条小组的议事规则为，争议当事各方有权在小组提出意见前举行听讯，小组的听讯应向公众开放。每一争议当事方都有机会提交一份初步书面意见和一份反驳书面意见；对其的书面答复在提交文件后尽快公布；除非争议当事各方另有决定，听讯应在响应方的首都举行。①

（二）USMCA 争端解决机制与 WTO 的比较

1. 适用范围

不同于 WTO 争端解决机制，USMCA 的争端解决机制适用主体只包括签署了的美、墨、加三国。在适用范围上 USMCA 比 WTO 争端解决机制更广。USMCA 适用范围除传统贸易外还涵盖金融服务、数字贸易、知识产权、劳动保护、环境、中小企业、反腐败、宏观经济政策与汇率等诸多方面。② 与 USMCA 协定争端解决的适用范围（采用"正面清单"的列举方式，并不适用于 USMCA 所涵盖的全部事项）不同的是，WTO 的《争端解决谅解协议》（Dispute Settlement Understanding，DSU）适用于 WTO 协定所涉及的全部事项。

2. 程序机制

在 USMCA 争端解决机制中，没有上诉程序，采用"一审终裁"。而 WTO 的争端解决机制中存在上诉程序，实行"二审终裁"。

"一审终裁"可以加快争端解决流程，在小组出具最终报告后，可以省略上诉过程，使最终报告更快地进入执行阶段（如图 24-1 和图 24-2 所示）。但是在追求效率的同时，其公正性可能会被削弱。为了保障裁决的公正性，USMCA 争端解决机制高度强调了专家小组成员的专业素质。例如根据 USMCA 第 23 章（劳工规则）引起的争端中，主席以外的小组成员应具有劳动法或惯例方面的专门知识或经验；在根据第 24 章（环境规制）引起的争端中，主席以外的小组成员应具有环境法或惯例方面的专门知识或经验。③

---

① 《USMCA 协定》第 31 章 A 节第 31.11 条（小组议事规则）。

② 何蓉，连增，郭正琪. 美墨加协定（USMCA）对原产地规则的修订及其影响分析 [J]. 区域与全球发展，2019, 3 (6): 48-64, 155-156.

③ 《USMCA 协定》第 31 章 A 节第 31.8 条（小组成员名册和资格）。

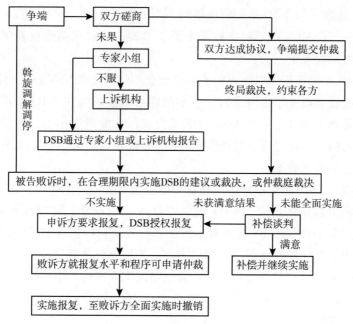

图 24 –1　WTO 争端解决流程

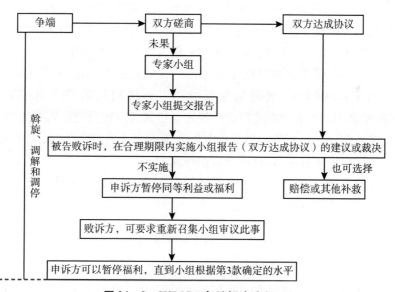

图 24 – 2　USMCA 争端解决流程

3. 时效

为了使程序更加规范，保证争端解决流程畅通进行，USMCA 和 WTO 对争端解决程序的各个环节都制定了严格的时间表。但在时间限制上，

USMCA 选取了与 WTO 争端解决机制不同的模式。

首先，USMCA 争端解决机制取消了斡旋、调解和调停过程中所要求的强制性时限规定。

USMCA 争端解决机制缩短了小组设立的时间。在 USMCA 争端解决机制中，在提交设立小组请求时，该小组即可成立。而在 WTO 争端解决程序中，要求至少经过一次 DSB 的正式会议，才能设立小组，设立过程是一个时间段。相比之下，USMCA 争端解决机制通过减少设立小组所花费的时间，提高了效率。

其次，USMCA 争端解决机制对小组提交报告的时间做出了细致划分。关于专家组程序的期限，WTO 规定"从专家组设立到通过报告的时间，不应超过 9 个月"①。USMCA 对小组设立后提交初次报告和最终报告的期限都给出了具体的时间限制。如"专家小组应在任命最后一名小组成员之日起 150 天内（与易腐货物有关的紧急情况 120 天内）向争议当事各方提交初次报告，在提交初次报告后 30 天内提交一份最终报告"②。

4. 透明度

USMCA 争端解决机制对透明度的要求高于 WTO 的 DSU。社会公众在 USMCA 争端解决程序中具有更多的参与权，对争端解决程序各个方面的了解更深，相关文件和信息更易获得。社会公众在争端解决的过程中发挥的作用更大。例如，USMCA 第 31.11 条（小组议事规则）规定争议当事各方有权在小组提出意见前至少举行一次听讯；小组的听讯应向公众开放。而 WTO 的 DSU 则规定专家组和上诉机构的听证会不予公开。③ USMCA 第 31.17 条（小组报告）规定，争议各方在提交最后报告的 15 天内，应该向社会公众公布最后报告的内容。而 DSU 规定专家组和上诉机构报告做出后至散发 WTO 成员方前应保密。

比较发现，USMCA 协定争端解决机制更加公开、透明，对争端解决公正性的提高有一定帮助。

## 三、对中国的启示

### （一）对 WTO 争端解决机制改革的启示

WTO 争端解决机制在国际贸易争端解决中发挥了重要作用，但也存

---

① DSU 第 20 条（DSB 做出决定的时间框架）第 1 款。
② 《USMCA 协定》第 31 章 A 节第 31.17 条（小组报告）。
③ DSU 第 14 条第 1 款、第 17 条第 10 款。

在一些问题。目前，其改革重点聚焦在争端解决机制的效率和透明度问题上。① USMCA 在争端解决方法上也延续了 WTO 的磋商，斡旋、调解和调停，设立小组的方式；但通过缩短不必要的时间、取消上诉机构等方式提高了运行效率。在争端解决透明度的问题上，通过加大社会公众的参与，公开部分审议流程，使程序更加公开。这些措施为今后 WTO 改革提供了一定的借鉴和参考。

全面改革 WTO 争端解决机制并适当制定新规则势在必行。以 USMCA 争端解决机制为参考，DSM 的改革可以从以下方面入手。

（1）加强争端解决机制的效率，大幅缩短争端解决的期限。WTO 的 DSM 规定的 60 天的磋商期过长，不尽合理，应该缩短为 15 ~ 30 天。另外，DSM 中规定专家组的设立在提出设立专家组的请求后，必须经过一次 DSB 的正式会议才可以设立，从而导致设立小组增加不必要的时长。在专家小组设立上，建议采用 USMCA 的模式。

（2）加强争端解决机制的透明度，公开争端解决的部分程序。DSM 应当增设庭审公开程序规则，建立旁听制度安排，保障公众和非政府组织参与案件审理环节并了解争端解决的运作过程，有助于监督专家组成员履职。②

（3）细化原则性条款。对关于发展中国家特殊和差别待遇的条款，可以采用"正面清单"列举具体内容。

（二）对构建区域经贸组织争端解决机制的启示

争端解决机制是解决区域经济冲突的有效途径。WTO 的争端解决机制运行存在一些问题亟须改革。我国在维护多边贸易体制运行的前提下，积极参与了 WTO 的争端解决机制改革。通过借鉴 USMCA 协议关于争端解决机制的内容，可以为我国参与亚太自贸区建设、"一带一路"沿线国家经济合作、中国—东盟自贸区的争端解决机制、RECP 争端解决机制等提供参考。

---

① 龚柏华. 中国入世十年主动参与 WTO 争端解决机制实践述评［J］. 世界贸易组织动态与研究，2011，18（5）：9 – 18.
② 许多. TPP 协定争端解决机制文本评析——以 WTO 争端解决机制改革为视角［J］. 南京社会科学，2016（8）：145 – 150，156.

# 第二十五章　USMCA 例外与一般规定的解读及对中国影响的分析

本章首先对 USMCA 下 "非市场经济国家" 的相关文献进行梳理；其次对 USMCA 第 32 章例外与一般规定的条款进行解读，特别将重点放在第 32.10 条 "毒丸条款" 的详细探讨上；最后分析 "毒丸条款" 可能对中国造成的影响。

## 一、引　　言

作为高标准的国际经贸规则，USMCA 很大程度上是对 WTO 倡导的功能主义一体化规则的颠覆，这体现为：在组织目标上，USMCA 强调遵循一视同仁原则对待所有缔约方的利益诉求，重视环境与劳工保护，强调市场经济规则的一体化；在原则上，强调对等成为其基本遵循，最惠国待遇原则和国民待遇原则的基石地位得到进一步强化，公平竞争原则得以重视；在治理机制上，USMCA 不像 WTO 那样涉及主权让渡，不建立超越主权的机构来行使行政权、立法权和司法权，坚持契约自治，不寻求第三方提供争端解决的方案（刘岁涵，2017）①。在涉及非市场经济的问题上，WTO 对非市场经济和市场经济的概念采取了模糊处理的方法；WTO 协定中反倾销反补贴的第 6 条第 1 款 "注释和补充规定" 中涉及非市场经济的贸易：该条指出 "完全垄断或实质性完全垄断、所有国内价格为政府所控制的国家" 通常被视为非市场经济国家，这表明 WTO 从系统中全方位地排除了对非市场经济体的讨论；而 USMCA 则对非市场经济做出了明确规定。此外，从协议文本看，USMCA 增加了一系列带有强烈贸易保护主义色彩的专有条款。

关于 USMCA 下 "非市场经济国家" 的相关问题，国内已有不少学者

---

① 刘岁涵. WTO《反倾销协定》的适用及实例研究 [J]. 法制博览，2017（23）：168，169.

对此做了研究。沈伟（2019）指出"非市场经济国家"条款的真正意图是想通过双边和多边经贸协定，以规则的方式对中国形成合围和遏制之势。[①] 廖凡（2019）从规则和法治的视角分析"美式单边主义"在 USMCA 中的具体表现，认为"非市场经济国家"条款充分体现了美国政府的单边主义倾向和企图重塑全球经贸规则的意图，其想要孤立和"规锁"中国的目的昭然若揭。[②] 孙南翔（2019）从国际法的视角，指出"非市场经济国家"条款违反了国际法的规范，违背了 WTO 多边贸易体系中非歧视性待遇的原则。[③] 长期以来，美国不仅在多边层面要求对新加入的缔约方实施区别对待，而且在国内法和双边谈判层面建立排除"非市场经济国家"的特殊规则体系。

世界是多元化和多极化的。美国排除异己的做法背道而驰、不会成功。

## 二、USMCA 例外与一般规定的解读

### （一）一般例外的规定

USMCA 第 32.1 规定，把 1994 年 GATT 第 20 条及其解释性说明和 WTO 的 GATS 第 14 条的 a 款、b 款、c 款，经修改后并入本协议；1994 年 GATT 第 20 条 g 款适用于与保护有生命和非有生命的可耗竭自然资源有关的措施：本协定的任何规定不得解释为阻止一当事方采取由 WTO 争端解决机构授权的行动，或因争端解决机构做出的裁决而采取的行动。

### （二）安全例外的规定

USMCA 第 32.2 条针对基本安全问题的例外规定，本协议不得解释为要求一方提供或允许获取其认为有违其基本安全的信息，或阻止一方为履行其安全方面的义务或保护其基本安全利益而采取的必要措施。如武器、化学品、原子弹等裂变产品是不允许进出口的。

### （三）税收措施的规定

USMCA 第 32.3 条的税收措施规定：（1）"税收协定"是指避免双重征税的公约或其他国际税收协定或安排。税收措施包括消费税，但不包括

---

① 沈伟．"修昔底德"逻辑和规则遏制与反遏制——中美贸易摩擦背后的深层次动因 [J]．人民论坛·学术前沿，2019．

② 廖凡．从《美墨加协定》看美式单边主义及其应对 [J]．拉丁美洲研究，2019，41 (1)：43 – 59，156．

③ 孙南翔．《美墨加协定》对非市场经济国的约束及其合法性研判 [J]．拉丁美洲研究，2019，41 (1)：60 – 77，156，157．

第1.4条（一般定义）中定义的"关税"和该定义 b 项、c 项和 d 项所列的措施；（2）除本条规定外，USMCA 不适用于税收措施；（3）本协议不影响一方在税收协定下的权利和义务，如果本协议与税收协定之间存在任何不一致，则以该协定为准；（4）对 USMCA 与税收协定发生冲突时的解决做了具体规定。第 32 条第 5～第 8 款针对适用于税收的措施作了明确规定。

（四）临时保障措施的规定

USMCA 第 32.4 条的临时保障措施针对国际收支和资本流动等问题做了规定。外国直接投资是指一方投资者为在另一方境内行使其所有权或控制权，并建立持久关系而进行的一种投资。同时，对发生严重国际收支和财政困难或威胁时的特殊情况做出规定，主要包括：允许其对经常账户交易的付款或转账采取限制性措施；不妨碍一方对与资本流动有关的付款或转让采取限制性措施。

需要注意的是，该条第 4 款和第 6 款指出这种不妨碍的特殊待遇是有附加条件的，包括：要符合 USMCA 中关于国民待遇、最惠国待遇的相关规定；要符合 IMF 的协定条款；其行为要避免对另一方的商业、经济和金融利益造成不必要的损害；不能超过上面所述情形所必需的条件；其行为应是临时性的，并随着上面所述情况的改善而逐步取消，期限不得超过 12 个月，在特殊情况下，一方可在延期后 30 天内书面通知另一方再延长一年；不与 USMCA 第 14.8 条（征收和补偿）相抵触；在限制资本外流的情况下，不得干扰投资者在限制方境内获得市场回报的能力，不可限制投资的资产转让出限制方境内；不能影响必要的宏观经济调整；上述特殊待遇不适用于与外国直接投资有关的付款或转让事宜。

USMCA 第 32.4 条第 5 款和第 9 款，则针对在一方根据上述情形采取措施后的义务做了具体的要求。第 7 款强调其采取的措施要以价格为基础。最后一款，是针对货物贸易而言的，它指出 GATT1994 第 12 条和附件 1A 所载的《关于 1994 年国际收支的谅解》经必要修改后并入本协定并成为其一部分。同时，根据本协定给予其缔约方的优惠条件不能低于其给予非缔约方的优惠条件。

（五）土著居民权利的规定

USMCA 第 32.5 条针对土著居民的权利做了规定。该条款指出这些措施不是任意或不合理地歧视其他当事方，也不是变相限制货物、服务和投资贸易，本协定不会妨碍一方采取或维持其认为必要的措施来履行其对土著人民的法律义务。

（六）关于加拿大文化产业的规定

USMCA 第32.6 条对加拿大文化产业进行特殊保护。文化产业是指从事出版、发行或销售书籍类、电影类、音乐唱片类或广播类的经营性行业。该条款指出除了 USMCA 第2.4 条（关税待遇）和其附件 15 – D（程序服务）中特殊规定的之外，本协定并不会对加拿大针对其文化产业采取的措施施加限制。一方当事人可以对另一方当事人的行为采取具有同等商业效力的措施。

（七）关于信息披露的规定

USMCA 第32.7 条指出本协议不要求任何一方提供或允许获取信息，其披露将违反其法律或妨碍执法，或以其他方式违反公共利益，或将损害特定公私企业的合法商业利益。

（八）关于个人信息保护的规定

USMCA 第32.8 条针对个人信息保护问题做了说明，为保护隐私或进行某种数据本地化提供了可能性，该条为各国提供了通过法律措施来保护隐私的途径或方法。各方应采用或维持一个法律框架用以对个人信息的保护。但需要注意的是，在制定这一法律框架时，各方应考虑到有关国际机构的原则和准则。这一法律框架的主要原则包括限制收集、选择、数据质量、目的说明、使用限制、安全保障、透明度、个人参与以及问责制。此外还强调，各方应努力采取非歧视性做法，保护自然人免受其管辖范围内发生的侵犯个人信息保护的行为。双方应努力促进有关政府机构在涉及个人信息保护事项调查方面的合作，并建立机制协助用户提交有关个人信息保护的跨境投诉。

（九）关于获取信息的规定

USMCA 第32.9 条关于信息的获取问题，该条指出每一缔约方都应维持一个法律框架，允许其领土内的自然人查阅中央一级政府保存的记录，但须遵守缔约方法律所规定的限制。

（十）"非市场经济国家"的规定

USMCA 第32.10 条的"非市场经济国家"也被称为"毒丸条款"。该条款指出非市场经济国家是指在本协议签署之日，一方根据其贸易救济法已确定为非市场经济体以及没有与 USMCA 的任何一方签署贸易协定的非市场经济体；一方应至少在谈判开始前 3 个月通知另一方，该方具有与非市场经济国家进行贸易协定谈判的意向，应另一缔约方的请求，打算与非市场经济国家开始自由贸易谈判的缔约方应尽可能提供关于这些谈判的信息；有意与非市场经济国家签署自由贸易协定的一方应尽早且不迟于签署之日前30天，向另一方提供审查协定的机会，包括附件和附属文本，以便双方能够审查协议并评估其潜在影响，当事人要求保密的，其他当事人应当保守秘密；一方与非市场经济国家签订贸易协定将允许另一方提前六个月通知终止USMCA协定，并以双方之间的协定（双边协定）取代本协定；双边协议应包括本协议的所有条款，除非不适用双方的条款；有关各方应利用六个月的通知期审查本协议，并决定是否应做出修改，以确保双边协议的正常运行；双边协议自协议最后一方通知另一方其已完成其适用的法律程序之日起60天内生效。

"毒丸条款"的制定，意味着如果中国想要与墨、加两国进行贸易谈判或是签署经贸协定，需要得到美国的批准，否则谈判不能达成。

（十一）关于墨西哥服务、投资和国有企业及指定垄断企业跨境贸易的规定

USMCA第32.11条是专门针对墨西哥跨境贸易问题做的规定。主要内容有：对于USMCA第14章（投资）、第15章（跨境服务贸易）和第22章（国有企业和指定垄断企业）中的义务，墨西哥保留对其在USMCA附件一、附件二和附件四中未作具体保留的部门或子部门采取或维持措施的权利。

（十二）排除争端解决的规定

USMCA第32.12条是关于加拿大投资决定的一个例外条款。该条指出，加拿大根据《加拿大投资法》，R. S. C. 1985和C. 28（第1补充）做出的关于是否允许接受审查的投资的决定，不受第31章争端解决条款的约束。

## 三、USMCA"毒丸条款"规则的评析

"毒丸条款"原指在资本市场上以股权摊薄防范敌意收购的术语。作为资产重组高手的美国商务部部长罗斯却将该术语用于USMCA的条款中，于是便出现了"毒丸条款"这一说法。本质上，它是一个排他性条款。

美国设置"毒丸条款"的目的真的能达成吗？深入分析后会发现，这一条款是站不住脚的。

首先，"非市场经济国家"概念是一个"伪命题"。所谓的"市场经济国家"和"非市场经济国家"的分类并无统一的标准，这种分类方式是美国杜撰编造出来的，其目的就是推卸责任。市场经济是一个交易体系，市场和政府之间是有明确边界的，如果没有明确边界，就没有市场经济。从逻辑上讲，国家是制定法律、厘定市场边界、维护市场交易秩序的

"第三方";所以,以市场经济和非市场经济对国家进行类型学分类是不科学的(孙兴杰,2018)①。

其次,"毒丸条款"违反了WTO的基本宗旨和多边贸易体系中的非歧视性待遇的原则,与GATT1994第24条的要求背道而驰,"毒丸条款"限制了缔约方与"非市场经济国家"自由贸易协定的签订,给缔约方和非缔约方之间造成了贸易壁垒,违反了区域贸易协定应自由化的要求。

总而言之,"毒丸条款"带有强烈的美国价值导向。"毒丸条款"的意义不仅在于美国对墨、加两国缔约自主权的约束,还在于未来对其他更多贸易伙伴国,或者正在与之进行磋商协议的更多贸易伙伴国的约束。

## 四、对中国的影响及对策

### (一)影响

从短期来看,"毒丸条款"并不会对中国造成很大影响。

加拿大和墨西哥两国基于自身经济利益的考虑不会放弃中国市场。在全球经贸往来中,维护自身经济利益是一个国家优先考虑的因素。根据加拿大政府网站2022年3月30日发布的数据②,2021年加拿大与中国货物进出口贸易额为916.4亿美元,同比增长20.8%。其中,加对华出口229.9亿美元,同比增长21.9%;自华进口686.5亿美元,同比增长20.3%。2021年中国继续保持加拿大第二大贸易伙伴、第二大进口来源地、第二大出口市场地位。

据中国海关统计③,2021年,中墨贸易额达866.0亿美元,同比增长41.9%,其中中方出口674.4亿美元,同比增长50.4%,中方进口191.6亿美元,同比增长18.1%。中方对墨主要出口液晶显示板、电话机、机动车零部件等,自墨西哥主要进口铜矿砂、集成电路、医疗仪器等产品。在双向投资方面,据《中国对外直接投资统计公报》,截至2020年底,中国对墨直接投资存量约11.7亿美元。截至2021年底,墨西哥在华实际投资1.7亿美元。中国已成为墨西哥在全球的第二大贸易伙伴。

加拿大和墨西哥与中国有着密切的国际经贸往来,中国分别是加拿大和墨西哥的第二大贸易伙伴,在其对外贸易中占据着举足轻重的地位。其实,在三国达成USMCA协定后,加拿大总理和墨西哥总统很快就与中国

---

① 孙兴杰.毒丸条款、彭斯演讲与冷战陷阱[N].中国经营报,2018.

② 2021年中加货物贸易创历史新高,来源:驻温哥华总领事馆经贸之窗2022-03-30。(mofcom.gov.cn)

③ 中国与墨西哥经贸关系简况(mofcom.gov.cn),来源:美大司2022-02-14。

外交部部长王毅通了电话，表明了他们两国的态度和立场，宣称会继续与中国开展正常的经贸往来，其相互之间的关系不会受到任何其他因素的影响（吴正龙，2018）①。

从长期看，中国需要警惕美国采取"合纵"排华的可能性。美国未来可能会以 USMCA 为谈判新标杆，将其新标准复制到其他的贸易谈判中去，借此来"规锁"中国，而这将会对中国在未来的经贸谈判中带来不可忽视的影响，妨碍中国正常贸易协定的达成。

（二）应对措施

从国家层面，积极促进与其他国家的经贸往来，尽快与其他国家达成自贸协定，加快加入 CPTPP 的谈判进程。进一步加强与金砖国家、上合组织经济体的贸易往来，以"一带一路"倡议为依托加强中国与其他国家的经贸往来和紧密联系，以此来遏制美国的单边主义。中国进一步深化改革开放，不断推动经济与产业结构升级，强化自身经济实力，在发挥政府作用的同时，让市场在资源配置中发挥决定性的作用。事实胜于雄辩，让事实说话，用事实来反驳美国不切实际且毫无根据的说辞，用事实来证明中国就是一个市场经济国家，而不是所谓的"非市场经济国家"。

从企业层面，在开展国际经贸合作时要学会打出"三张名片"。

第一张名片要旗帜鲜明地宣传中国特色社会主义市场经济的本质内涵。党的十九届四中全会审议通过的《中共中央关于坚持和完善中国特色社会主义制度、推进国家治理体系和治理能力现代化若干重大问题的决定》（以下简称《决定》）明确指出②，公有制为主体、多种所有制经济共同发展，按劳分配为主体、多种分配方式并存，社会主义市场经济体制等社会主义基本经济制度，既体现了社会主义制度的优越性，又同我国社会主义初级阶段的社会生产力发展水平相适应，是党和人民的伟大创造。

第二张名片要把企业所在行业的市场导向性特征讲清楚。

第三张名片是把所在企业是中国特色社会主义市场经济导向性的企业特点论证清楚。

"青山遮不住，毕竟东流去。"我们有坚定的信念战胜单边主义，突破重重围堵和"规锁"，走向更广阔的世界。

---

① 吴正龙. 美国"毒丸"条款不会得逞［N］. 北京日报，2018.
② 党的十九届四中全会《决定》学习辅导百问［M］. 北京：党建读物出版社，2019：77.

# 第二十六章 USMCA 宏观经济政策与汇率问题规则解读及对中国影响的分析

与 TPP 内容相比，下面所探讨的宏观政策与汇率问题是 USMCA 第 33 章规定的新内容。

## 一、引　言

宏观经济政策与汇率问题是 USMCA 在 NAFTA 基础上的新增条款，在全球范围内的区域经贸协定规则制定上尚属首例。下面主要从汇率干预、竞争性贬值与国际贸易以及自贸区内汇率稳定机制建立等角度展开分析。

有学者从竞争性贬值的角度分析汇率干预对国际贸易的影响。陈学彬（1999）[①] 研究得出一个国家的货币第一次贬值将不可避免地导致其他国家的货币连续贬值；反过来，这将导致人们期望本国的货币继续贬值，从而形成恶性循环。张军生等（2014）[②] 认为货币的竞争性贬值是全球政策宽松的产物，货币贬值带来短期贸易条件的改善，长期影响不确定；而解决问题的方法就是进行汇率干预。随着全球生产链中国际劳动分工的不断加深，贬值对出口的刺激作用有所减少。科斯塔马尼亚（Costamagna，2013）[③] 发现较不发达国家的政策制定者通常支持竞争性贬值的外汇政策以改善贸易收支。特瓦拉（Tervala，2013）[④] 研究表明，干中学效应对货

---

① 陈学彬. 金融危机扩散中的示范效应和竞争性贬值效应分析 [J]. 金融研究，1999（5）：41－47.

② 张军生，李计广，郝治军. 全球货币竞争性贬值的潜在风险及应对策略 [J]. 财经科学，2014（5）：1－10.

③ Rodrigo Costamagna. Competitive devaluations and the trade balance in less developed countries：An empirical study of Latin American countries [J]. International Review of Economics & Finance，2013，27（6）：275－290.

④ Juha Tervala. Learning by devaluating：A supply-side effect of competitive devaluation [J]. Economic Analysis and Policy，2014，44（3）：266－278.

币政策的国际传导具有重要影响。干中学效应意味着一个国家可以通过竞争性贬值来提高其生产力和技能水平，如果"马歇尔—勒纳条件"得到满足，这种贬值将以牺牲邻国经济利益为代价。由于货币贬值存在负的溢出效应，在货币及汇率问题上达成一致，可以有效避免不同国之间的竞争性贬值。

USMCA 第 33 章囊括了总体规则、汇率惯例、透明度与报告、宏观经济委员会、主要代表磋商、争端解决等多方面的问题。

## 二、USMCA 宏观经济政策与汇率问题规则的解读

USMCA 第 33 章规定了宏观经济政策与汇率的相关问题。USMCA 第 33.2 条一般原则规定，各成员国以市场决定汇率为基础，不主动单向推升汇率，以避免过度竞相贬值，从而造成影响进出口的结果。各成员国仅在必要的情况下可进行市场干预，比如采用稳定宏观经济基本面的财政和货币政策。成员国的政策操作和数据公开的透明度要较过去有所提高。USMCA 第 33 章不适用于一方的监管或监督活动、货币和相关信贷政策以及汇率、财政或货币当局的相关行为。换言之，各方的财政货币政策是独立的。

（一）定义

USMCA 第 33.1 条主要介绍了竞争性贬值、官方外汇储备的货币构成、汇率、进口和出口、外汇、外汇市场、外汇储备、远期外汇合同、远期头寸、干预、组合资本流动、即期外汇市场等术语的定义。就本章而言：

（1）第 4 条工作人员报告是指国际货币基金组织（IMF）工作人员小组编写的报告，供 IMF 执行理事会在一国遵守《国际货币基金组织协定条款》第 4 条第 3 款（b）项的情况下审议；

（2）竞争性贬值是指一方的汇率当局为阻止国际收支的有效调整或在贸易中取得不公平的竞争优势而采取的行动；

（3）官方外汇储备（COFER）数据库的货币组成是指基于 IMF 成员国自愿和保密参与的 IMF 数据库，它区分了货币当局对以美元、欧元、英镑、日元、瑞士法郎和其他货币计价的非居民的债权；

（4）汇率是指一种货币对另一种货币的价格；

（5）汇率评估是指 IMF 工作人员根据 2011 年规定的三年期监督审查——概览文件中的建议，对作为缔约方第 4 条磋商的一部分提交给 IMF 执行董事会或在年度部门报告中公布的一国汇率进行的评估，该文件编制于 2011 年 8 月 29 日；

（6）执行董事会的讨论是指 IMF 执行董事会对缔约方第 4 条工作人员报告的讨论，从而得出第四条磋商的结论，如《监督法律框架现代化——综合监督决定》第三部分 A 节第 27 段所界定，经修订的拟议决定于 2012 年 7 月 17 日编制；

（7）出口是指通过离开一国的经济领土而从该国物质存量中减去的所有货物；

（8）外汇是指另一方或非己方的官方货币；

（9）外汇市场是指参与者可以在任何地点买卖外汇的市场；

（10）外汇储备是指汇率管理局或货币管理局对非居民的债权，其形式为外币、银行存款、国库券、长短期政府证券，以及 IMF 国际收支平衡表中规定的在国际收支需要时可使用的其他债权投资头寸；

（11）远期外汇合同是指在指定的未来日期，按照商定的汇率，以指定的外汇金额进行交易的承诺（金融衍生品，IMF《国际收支和国际投资头寸手册》第五版（1993 年）的补编）；

（12）远期头寸是指 IMF《国际储备和外币流动性：数据模板指南》（2013 年）储备数据模板第 II.2 项中定义的以远期、期货和掉期形式的外币资产的预定短期净消耗量；

（13）进口是指通过进入一国经济领土而增加该国物质存量的所有货物；

（14）干预是指在汇率当局的指导下，购买或出售涉及干预方货币和至少一种其他货币的外汇储备，或购买或出售远期头寸；

（15）组合资本流动是指涉及债务或股权的跨境交易和头寸，包括 IMF《国际收支和国际投资头寸手册》第六版（BPM6）第 6.54~第 6.57 段界定的直接投资或储备资产以外的证券；

（16）一方的主要代表是指一方的汇率、财政或货币当局的高级官员（墨西哥的代表包括财政和公共信贷部的一名高级官员和中央银行的一名高级官员）；

（17）即期外汇市场，是指办理即期交割的外汇市场。

（二）关于汇率的总体原则

USMCA 第 33.2 条认为美、墨、加各成员国进行经济宏观调控和贸易可持续发展的重要基础是实行市场决定的汇率机制。宏观经济稳定对于北美地区十分重要，强有力的经济基本面和稳健的财政货币政策是实现宏观经济稳定的重要武器。稳定各自经济基本面、促进经济增长、提升财政货币政策和数据透明度、避免竞争性贬值的刺激出口政策是各缔约方共同奋斗的目标。美、墨、加的金融监管、货币及信贷政策以及外汇管理局、央行、财政部的相关行为不受 USMCA 的控制，可以自由进行，以保持各缔约方宏观经济政策的独立性。

（三）对于汇率惯例的规则

USMCA 第 33.4 条规定，各缔约方要在坚持市场机制的前提下，不搞竞争性贬值以刺激出口，但是各缔约方可以通过采取干预外汇市场等必要措施来稳定经济基本面。各缔约方要全面加强经济基础，从而达到宏观经济和汇率稳定的必要条件。而且，如果美国开展与人民币有关的行动，必须要告诉墨西哥和加拿大；并在必要时讨论墨西哥、加拿大对美元进行干预的时间。

（四）对于透明度与报告的规则

USMCA 第 33.5 条规定：（a）成员国应当把月度外汇储备与远期头寸的披露工作放在月末之后一个月内完成；（b）各缔约方必须在月末一周之内公开披露进行干预外汇现货和期货市场的活动；（c）各缔约方应在季度结束之后三个月内提交国际收支中的证券投资组合资本流动季度数据；（d）各缔约方必须在每季度结束后 90 天之前公布季度进出口数据。除此之外，三方应同意按照 IMF 的要求公开披露汇率评估报告和参加 IMF 的 COFER 数据库。

（五）成立宏观经济委员会

USMCA 第 33.6 条规定，成立宏观经济委员会，由每一缔约方的主要代表参加并在协定生效之日后一年内举行会议①，此后至少每年举行一次；主要代表监督各缔约方的执行情况，并在宏观经济委员会的年度会议上进行审议。审议的内容包括美国、墨西哥、加拿大的财政货币和汇率政策对国内外需求、进出口等所造成的影响，各缔约方为增强透明度所做出的行动以及各成员国面临的问题与挑战等。在每次年度会议上，可在必要时考虑是否应修订本章除第 33.3 条（范围）外的任何规定。此外，委员会不得做出任何修改或解释本章规定的决定。

（六）关于首席代表磋商原则的规定

USMCA 第 33.7 条规定，美国代表可以要求与墨西哥首席代表就竞争性贬值的政策措施进行双边磋商，美国和墨西哥可以邀请加拿大代表参与并提供意见。首席代表进行高级别磋商来确定各成员国的汇率目标以避免竞争性贬值，各成员国要认真履行透明度原则，公开披露汇率评估等报告和

---

① 一方的主要代表是指一方的汇率或财政或货币当局的高级官员。

数据。当收到高级别的磋商请求时，缔约方应在一个月内举行会议，并于两个月内达成解决方案。如果协商不成，可请求 IMF 监督被要求方的宏观经济与汇率政策及数据和其相关的报告，同时缔约方也可发起正式协商。

（七）关于争端解决的原则

USMCA 第 33.8 条规定，一方可根据本条修改的第 31 章（争端解决）诉诸争端解决。该项争端解决仅限于当某一缔约方未能履行 USMCA 第 33.5 条透明度和报告规定的义务，并且在磋商规定的期间内未能纠正该项未履行的义务。每一争议方应选择争端解决的小组成员①，以确定某一缔约方是否未履行透明度和报告规定的义务。如果专家组认定某一缔约方未能履行相关义务，并且在磋商过程中未能纠正该项过失，则申诉方可中止减让。在中止减让时，投诉方仅考虑未能履行透明度和报告规定的义务，而不考虑任何其他行动或被诉方声称的未履行义务。

USMCA 第 33 章规范的"宏观经济政策和汇率问题"是美国首次将汇率以及财政和货币政策的内容纳入经贸协定的文本中。该部分重申了关于 IMF 协定第 4 条第 1 款的要求。根据 IMF 协定，美国货币政策委员会对美国、墨西哥和加拿大提出了具体要求，以建立和维持市场确定的汇率制度。其内容包括通过外汇干预和其他手段刺激出口而没有竞争性的贬值，加强宏观经济、行业发展、就业率和其他经济指标等经济基础，为汇率稳定创造更好的条件。此外，本章还规定了双方提供汇率和货币政策的透明度及报告的义务，以及与高级首席代表的双边磋商机制。如果一方违反规定，另一方可以按照 USMCA 第 31 章规定的争议解决机制解决争端。

## 三、USMCA 与中美经贸协议关于汇率议题的比较

（一）中美经贸协议关于汇率条款的规定

2020 年 1 月 15 日中美双方正式签署《中华人民共和国政府和美利坚合众国政府经济贸易协议》（以下简称《中美经贸协议》）。该协议文本共包含八章条款，其中，汇率条款的内容解读如下：

（1）宏观经济与汇率政策的总体原则是加强各项基本经济指标的达成，促进经济基本面长期稳定向好，推动经济增长和加强货币政策透明度以及避免采取竞争性贬值等不可持续措施而导致外部失衡的政策。经济长期稳定健康发展、健全的财政货币政策和有弹性的国际货币体系是汇率稳

---

① 担任一方或国际货币基金组织的汇率或财政或货币当局的高级官员；符合专家名册和资格等。

定的重要保障，而稳定汇率有助于实现强劲而可持续的增长和投资。中美双方应在遵守其国内法和货币政策以及自治权的基础上遵守各自在 G20 公报中做出的与货币有关的承诺，包括避免竞争性贬值和设立以竞争为目的的汇率目标。

（2）关于汇率惯例的规定。中美各方应遵循 IMF 协议条款的规定，实行市场决定机制，禁止通过对外汇市场进行大规模、持续和单方面的干预来刺激出口并响应国际市场的竞争，从而避免操纵汇率或国际货币体系，以防止对自己国家有效的国际收支调整或获得不公平的竞争优势。中美双方将会定期交流并就外汇市场活动和宏观经济汇率政策进行磋商。

（3）关于透明度的规定。中美双方应当披露：（a）根据 IMF 现有的国际储备和外汇流动性的数据模板来编排时间上不迟于每月结束后 30 天的月度外汇储备与远期头寸；（b）在每个季度结束后 90 天之内，中美双方必须公布季度国际收支，包括国际投资；（c）中美双方必须在不晚于每个季度结束后的 90 天之内将货物和服务的进出口季度数据进行公布；（d）中美双方同意 IMF 公开披露第四条规定的工作报告，包括汇率评估以及 IMF 的 COFER 数据库。

（4）关于执行机制的问题。中美双方可以基于《双边评估和争端解决安排》来解决与汇率政策或透明度有关的问题。如果争端解决不成功，中美双方代表还可以授权 IMF，然后 IMF 可以对宏观经济和汇率进行严格监督并对被请求方的政策进行评估，监测数据透明度及其报告，或者发起正式协商并提供适当的建议。

中美双方同意在 IMF 的约束下，在尊重彼此货币政策独立的基础上，遵循 G20 的汇率承诺，实行市场决定汇率的机制，不采取通过操控汇率来实现竞争性贬值从而单向推升汇率的措施。中美双方加强彼此之间的沟通，比如外汇市场、外汇活动、货币政策等，并通过协商解决分歧。

（二）关于汇率安排的比较

如表 26 - 1 所示，二者有相同点，但差异也较大。

**表 26 - 1　　USMCA 与中美经贸协议关于汇率条款内容的比较**

| USMCA 第 33 章 | 中美经贸协议第 5 章 |
| --- | --- |
| 33.1：定义 | 5.1：总则 |
| 33.2：总则 | 5.2：汇率惯例 |
| 33.3：范围 | 5.3：透明度 |

| USMCA 第 33 章 | 中美经贸协议第 5 章 |
|---|---|
| 33.4：汇率惯例 | 5.4：执行机制 |
| 33.5：透明度和报告 | |
| 33.6：宏观经济委员会 | |
| 33.7：首席代表协商 | |
| 33.8：争端解决 | |

资料来源：笔者根据资料编撰。

（1）相同点。USMCA 第 33 章与中美经贸协议第 5 章都在汇率的总体原则、汇率惯例、透明度和报告等方面做了相似的描述。

二者关于宏观经济政策与汇率问题的条款都强调汇率问题，都规定任一缔约方都应该确立市场决定的汇率体系，避免人为干预汇率来实现顺差或获取不公平的竞争优势。

二者都强调缔约各方在保持各自货币政策独立的前提下，公开汇率评估等相关报告和数据，来更好地实现市场决定汇率这一机制。

（2）不同点。USMCA 第 33 章增加了宏观经济和汇率方面的术语解释，比如汇率、外汇、进出口、竞争性贬值等，使条款内容更加具体详细。

USMCA 第 33 章增加了首席代表磋商和争端解决，中美经贸协议第 5 章条款没有此规定，而是增加了执行机制，中美双方可以根据《双边评估与争端解决安排》进行解决，如果双方未达成满意的解决方案那么可申请通过 IMF 进行解决。

USMCA 第 33 章设立了宏观经济委员会来监督各成员国的执行情况。并且可以修订除本章范围条款之外的任何规定来适应全球金融市场的变化。这说明 USMCA 的汇率条款更富弹性。

## 四、对中国的影响及对策

### （一）提高中国国际经贸规则的制定标准

USMCA 经贸规则对我国开展双边或多边经贸协定有高的借鉴价值，特别是考虑到数字贸易、金融服务、汇率问题、非市场经济等新议题的谈判。未来双边和区域自贸谈判会涉及宏微观经济及汇率问题。中国始终坚持人民币汇率的稳定，坚持实行以市场供求为基础、采取有管理的浮动汇率制度，坚持对照"一篮子"货币调整我国货币制度。通过深化供给侧结构性改革，促进市场的有效性，争取贸易伙伴对中国特色社会主义市场经济的认同。

（二）坚持在汇率问题上遵循 G20 所承诺的精神

中国应坚持汇率由市场决定，不采取通过竞争性贬值刺激出口来获得无法持续的外部平衡的措施，不主动发起贸易摩擦，不利用汇率工具来解决贸易争端等外部干扰。央行应继续保持人民币汇率在合理均衡水平上的基本稳定。

（三）积极参与 WTO 改革方案

2018 年 7 月 25 日，美国与欧盟达成了"实行零关税、零壁垒，以及对非汽车工业产品零补贴"的自贸协议。2019 年 2 月 1 日，日本与欧盟经济伙伴关系协议开始生效。2019 年 10 月 7 日，美日双方就关税减让等达成贸易协议。美国、日本与欧盟是中国重要的贸易伙伴，目前中国对这些国家和地区的出口贸易额占中国总出口的近 50%（朱启荣和任飞，2019）①。美国希望联合日本、欧盟等国来主导新一轮的国际经贸规则的制定。为此，中国应积极采取多边与双边相结合的策略，支持多边体制建设，拥护 WTO 的权威性，同时也应积极推动区域贸易谈判。

（四）加入 CPTPP 协定，关注 IPEF 的新进展

深入研究代表国际经贸规则新方向的 USMCA、CPTPP 协定文本，积极参与新规则的制定。关注 2022 年 5 月签署的《印太经济框架协议》（IPEF），加强中国与东盟国家的经贸往来。由美国主导的印太经济框架不是传统的经贸协定，而是关注于贸易、有韧性供应链、清洁的经济和反腐败的公平经济四个领域，呈现出国际经济新规则的动向。为此，在深入分析研究 USMCA 经贸规则的同时，需要高度关注 IPEF 在数字经济、供应链等方面经济规则的新进展。无论是应对 USMCA 的影响还是 IPEF 的冲击，中国关键是做好自己的事情，恢复国内经济发展的同时拥抱全球化。

---

① 朱启荣，任飞. 日欧、美欧及美日自贸协议对中国经济的影响——基于 GTAP 模型的模拟分析 [J]. 国际贸易问题，2019（11）：133 – 145.

下篇　定量分析

# 第二十七章 USMCA 协定对中国经济的影响及对策研究[*]

在对 USMCA 规则进行定性解读后，需要展开定量研究。本章先对美国、加拿大、墨西哥以及这些国家与中国的贸易现状进行分析，然后采用 GTAP 模型评估 USMCA 对中国经济的影响，并模拟分析中国采取扩大国内需求与加强国际经济合作来对冲 USMCA 影响的效果，得到如下结论：USMCA 协定可能对我国 GDP、居民收入和消费支出、社会福利水平、资本回流净收益率以及进出口贸易、贸易条件和产出具有负面影响；中国采取扩大国内需求与加强国际合作相结合的方法，可以减少甚至消除 USMCA 协定对中国经济的负面影响。

## 一、引　言

自 NAFTA 成立以来，北美三国之间不断削减关税与非关税壁垒，三国间贸易和投资规模迅速发展；但同时，美国认为 NAFTA 加剧了美国国内实体产业的"空心化"，对美国本土制造业，尤其是对其国内的汽车行业以及与汽车相关的能源产品、汽车零部件、矿产品、钢铁、橡胶与塑料、电子和机械设备等上游产业造成很大冲击，甚至还影响了美国金融和保险等服务业，造成了美国工人大量失业（Robert and Anita，2020；Raúl and Humberto，2018）[①][②]。此外，美国实体产业空心化造成其国内资本纷纷流向金融、信息科技等高资本回报率服务业，使美国获得了巨大的经济

---

* 本章主要内容发表于《亚太经济》2020 年第 6 期。在此对原文做了补充。朱启荣，孙明松，袁其刚. 美墨加协定对中国经济的影响及对策研究［J］. 亚太经济，2020（6）：53 – 62，147 – 148.

① Robert D M, Anita C B. Global Restructuring and U. S. – Mexican Economic Integration：Rhetoric and Reality of Mexican Immigration Five Years after NAFTA［J］. American Studies，2020，41（2 – 3）：183 – 209.

② Raúl D W, Humberto M C. The Reshaping of Mexican Labor Exports under NAFTA：Paradoxes and Challenges［J］. International Migration Review，2018，41（3）：656 – 679.

利益，但也导致美国工业品的大量进口，产生了大量贸易逆差（Zhao et al.，2020）①。因此，美国前总统特朗普在 2016 年竞选期间将重新修改 NAFTA 作为其重要承诺。

与 NAFTA 相比，USMCA 在原产地规则、劳工标准、知识产权保护与服务贸易自由化等方面的标准均有所提高，体现了美国寻求制造业回归其国内的期望（Carneiro and Kovak，2017）②。USMCA 还要求加拿大和墨西哥进一步开放本国的奶制品和肉制品市场，接受备受争议的专门针对非市场国家的"毒丸条款"，这严重违背了 WTO 的非歧视规则，是美国重构以"美国优先"的经贸霸权规则体系之发端（Sánchez and Ricardo，2020）③。丘里亚克等（Ciuriak et al.，2020）④ 和阿吉雷等（Aguirre et al.，2020）⑤ 认为 USMCA 为了照顾美国的利益，牺牲了加拿大、墨西哥两国的利益。布里费舍等（Burfisher et al.，2019）⑥ 研究发现，市场准入条件的改善，使北美三国的福利水平略有提高，但对这些国家的经济增长作用很小，而且 USMCA 严格的原产地规则不利于北美汽车和纺织服装贸易的发展。

一些学者认为 USMCA 对中国经济具有负面影响。孙益武（2019）⑦ 指出，美国主导的 USMCA 中多种贸易规则及其限制措施严重制约了中国等发展中国家经济贸易的发展。王翠文（2020）⑧ 认为以美国为中心的 USMCA 可能导致国际经济合作机制的碎片化，可能对中国维护全球多边

---

① Zhao X, Devadoss S, Luckstead J. Impacts of U. S. Mexican, and Canadian Trade Agreement on Commodity and Labor Markets ［J］. Journal of Agricultural & Applied Economics，2020，52（1）：47 - 63.

② Dix - Carneiro R，Kovak B K. Trade liberalization and regional dynamics ［J］. American Economic Review，2017，107（10）：2908 - 2946.

③ Sánchez J C R，Ricardo M R. Mexico's Energy Regulatory Reform in the Context of a New Trilateral Agreement（NAFTA - USMCA）［J］. The International Trade Journal，2020，34（1）：55 - 73.

④ Ciuriak D，Dadkhah A，Xiao J L. Quantifying CUSMA：The Economic Consequences of the New North American Trade Regime ［R］. C. D. Howe Institute：Trade and International Policy Working Paper ［DB/OL］. https：//ssrn. com/abstract = 3426529，2020 - 2 - 21.

⑤ Aguirre A，Cañas J，Cebreros A，et al. Mexico's Higher Costs under USMCA May Potentially Offset Gains from China - Related Trade Spurt with U. S ［R］. Dallas：Southwest Economy，2020（1）.

⑥ Burfisher M E. ，Lambert F，Matheson T. NAFTA to USMCA：What is Gained？ ［R］. Washington：IMF Working Paper，2019（073）.

⑦ 孙益武. 数字贸易与壁垒：文本解读与规则评析——以 USMCA 为对象 ［J］. 上海对外经贸大学学报，2019（6）：85 - 96.

⑧ 王翠文. 从 NAFTA 到 USMCA：霸权主导北美区域合作进程的政治经济学分析 ［J］. 东北亚论坛，2020，29（2）：19 - 31，127.

自由贸易体系构成严峻的挑战。此外，USMCA 还会强化加拿大和墨西哥等西方国家对中国非市场经济地位的认定，甚至影响中国分别与加拿大、墨西哥有关自由贸易协定的谈判进程。

美墨加三国的经济总量占全球的 1/3，北美地区是中国重要的货物出口市场；墨西哥也是发展中的贸易大国，其与中国的产业结构和贸易结构具有较大的相似性，USMCA 生效势必产生较大的贸易转移效应。在当前逆全球化和外需下滑的大背景下，USMCA 会对中国经济造成进一步的冲击。考虑到新冠疫情的影响，定量研究时间为 2010～2019 年。首先分析美国、墨西哥、加拿大以及中国之间贸易现状与贸易结构、产品竞争力，揭示 USMCA 对中国各类产品出口的影响；其次评估 USMCA 对中国宏观经济和产业经济的影响；再次探寻中国减少 USMCA 负面影响的相关政策，以期为中国制定有效的应对措施提供决策参考。

## 二、USMCA 成员国间贸易及其与中国的贸易关系

（一）USMCA 成员国内部贸易以及中国对北美地区的出口贸易

1. 美墨加三国之间的贸易发展

从贸易规模情况看（见表 27 - 1），2010 年以来美国对加拿大与墨西哥出口规模总体上呈现不断扩大趋势，已从 2010 年的 4129.14 亿美元上升至 2019 年的 5487.56 亿美元，十年间增长了 33%。同期，加拿大对美国和墨西哥两国出口总体上也呈现扩大趋势，从 2010 年的 2942.84 亿美元增加到 2019 年的 3423.49 亿美元，十年间增长了 16%。墨西哥对美国和加拿大两国的合计出口增长更加迅速，从 2010 年的 2495.23 亿美元增加到 2019 年的 3730.04 亿美元，增长了 50%。

表 27 - 1　　　　USMCA 成员国内部贸易以及中国对北美地区出口贸易

| 年份 | 美国出口加墨 | | 加拿大出口美墨 | | 墨西哥出口美加 | | 中国出口美国 | | 中国出口加拿大 | | 中国出口墨西哥 | |
|---|---|---|---|---|---|---|---|---|---|---|---|---|
| | 贸易额（亿美元） | 占比（%） | 贸易额（亿美元） | 占比（%） | 贸易额（亿美元） | 占比（%） | 贸易额（亿美元） | 占比（%） | 贸易额（亿美元） | 占比（%） | 贸易额（亿美元） | 占比（%） |
| 2010 | 4129.14 | 32.31 | 2942.84 | 76.13 | 2495.23 | 83.65 | 2837.80 | 17.99 | 222.16 | 1.41 | 178.73 | 1.13 |
| 2011 | 4795.26 | 32.36 | 3372.85 | 74.88 | 2854.14 | 81.70 | 3250.11 | 17.12 | 252.67 | 1.33 | 239.76 | 1.26 |
| 2012 | 5084.43 | 32.91 | 3436.51 | 75.68 | 2991.03 | 80.68 | 3524.38 | 17.20 | 281.25 | 1.37 | 275.18 | 1.34 |
| 2013 | 5267.56 | 33.39 | 3513.13 | 76.94 | 3099.01 | 81.56 | 3690.64 | 16.71 | 292.17 | 1.32 | 289.66 | 1.31 |
| 2014 | 5526.18 | 34.12 | 3700.70 | 77.88 | 3293.43 | 82.98 | 3970.99 | 16.95 | 300.04 | 1.28 | 322.55 | 1.38 |

| 年份 | 美国出口加墨 | | 加拿大出口美墨 | | 墨西哥出口美加 | | 中国出口美国 | | 中国出口加拿大 | | 中国出口墨西哥 | |
|---|---|---|---|---|---|---|---|---|---|---|---|---|
| | 贸易额(亿美元) | 占比(%) | 贸易额(亿美元) | 占比(%) | 贸易额(亿美元) | 占比(%) | 贸易额(亿美元) | 占比(%) | 贸易额(亿美元) | 占比(%) | 贸易额(亿美元) | 占比(%) |
| 2015 | 5170.59 | 34.40 | 3203.68 | 78.01 | 3197.39 | 83.97 | 4108.05 | 18.00 | 294.26 | 1.29 | 338.10 | 1.48 |
| 2016 | 4969.63 | 34.24 | 3034.00 | 77.76 | 3133.99 | 83.82 | 3881.45 | 18.32 | 276.43 | 1.30 | 324.47 | 1.53 |
| 2017 | 5259.58 | 34.01 | 3255.22 | 77.29 | 3387.52 | 82.73 | 4316.64 | 19.00 | 315.70 | 1.39 | 359.55 | 1.58 |
| 2018 | 5652.12 | 33.93 | 3444.17 | 76.40 | 3590.01 | 79.62 | 4797.02 | 19.23 | 355.33 | 1.42 | 441.29 | 1.77 |
| 2019 | 5487.56 | 33.36 | 3423.49 | 76.66 | 3730.04 | 78.98 | 4185.84 | 16.75 | 368.27 | 1.47 | 463.78 | 1.86 |

资料来源：表中各国出口北美地区贸易额及其占本国总出口比重是根据 UN Comtrade 数据库计算得到的。

从 USMCA 各成员国对其他成员国的市场依存度情况看，近年来美国对加拿大和墨西哥的出口占美国总出口的比重呈现波动性增长，该占比从 2010 年的 32.31% 提高到 2019 年的 33.36%，占美国总出口的 1/3。2022 年中国外贸进出口总额 63096 亿美元，出口 35936 亿美元，进口 27160 亿美元；其中对美国出口 5368 亿美元，从美国进口 1538 亿美元；中国对美出口占我国对外出口的 14.9%、进口的 5.6%，中美贸易总额 6906 亿美元，占我国贸易总额的 10.9%，说明我国对美贸易依存度还是比较高的。2010~2015 年期间，加拿大对美国和墨西哥两国出口占其总出口比重不断提高，此后该比重略有所下降，但仍然高达 76.66%。这说明加拿大对北美其他国家市场的依赖性远高于美国。与美国、加拿大情况相比，墨西哥对北美市场的依赖程度最大。2000 年，墨西哥对美国和加拿大两国合计出口额占其总出口的 83.65%，虽然近年来上述比重出现下降，但 2019 年该比重仍然高达 78.98%。

2. 中国对北美三国的出口贸易

从贸易规模情况看，2010~2019 年中国对北美三国出口贸易总体呈现迅速增长趋势，10 年间中国对美国、加拿大以及对墨西哥的出口额分别增长了 48%、66% 和 160%。这说明中国商品在北美地区具有较大的需求。

从中国出口贸易对北美三国市场依存度情况看，2010~2018 年期间，中国出口美国的贸易额占中国总出口比重不断提高，该比重从 2010 年的 17.99% 上升到 2018 年的 19.23%，这说明美国是中国出口商品十分重要的市场。受中美贸易摩擦等因素的影响，中国对美国出口明显减少，导致

2019 年该比重下降至 16.75%。2021 年中美贸易额为 7557.76 亿美元，同比增长 28.8%，占我国进出口商品总额的 12.5%，其中，对美出口 5760.75 亿美元，进口 1797.01 亿美元。

中国出口商品对加拿大市场依存度不高，2010 年以来中国对加拿大出口占中国总出口比重较为稳定，在 1.28%~1.47% 内波动。虽然中国出口商品对墨西哥市场的依存度也不高，但近年来中国对墨西哥出口增长十分迅速，使得中国对墨西哥出口占中国总出口比重不断提高，已从 2010 年的 1.13% 提高至 2019 年的 1.58%。这种变化有助于减少中美贸易摩擦对中国出口的冲击。

（二）USMCA 成员国以及中国各种出口商品对北美市场的依存度

前面是从贸易规模上分析了 USMCA 各成员国及中国对北美市场的依存度，接下来从出口商品类别上来分析 USMCA 各成员国以及中国对北美市场的依存度。

表 27-1 显示，美国对加拿大和墨西哥市场依赖程度较高的出口产品主要有能源产品、矿产品、汽车及零部件、橡胶和塑料制品、金属及金属制品、纺织服装、纸制品、水产品、加工食品、肉制品、蔬菜和水果及坚果等，美国向加拿大和墨西哥出口这些产品的贸易额占美国总出口的 1/3 以上。加拿大对 USMCA 内部市场依赖程度很大的出口产品分别是汽车及零部件、能源产品、橡胶和塑料制品，加拿大向北美市场出口这三类产品的贸易额分别占其总出口的 94.42%、92.18% 和 91.59%；此外，加拿大的植物纤维、水电与供热服务、饮料和烟草制品、动植物油、加工食品、化工产品、纺织服装、活动物、木制品和水产品等对 USMCA 内部市场的依赖程度也较高，均占加拿大同类产品总出口的七成以上。墨西哥的各种出口产品中有一多半是销往北美市场的。与美国和加拿大相比，墨西哥拥有廉价的劳动力资源优势，其蔬菜和水果及坚果、活动物、木制品、纺织服装、汽车及零部件、电子和机械设备等劳动密集型产品销往美国和加拿大的比重占墨西哥同类产品总出口的八成以上。中国出口产品中对北美市场依赖程度较高的主要有皮革制品、纺织服装、橡胶和塑料制品、木制品、纸制品、加工食品、电子和机械设备、汽车及零部件、金属及金属制品、基本药品、交通运输与物流和通信、金融和保险服务等。

上述情况表明墨西哥和加拿大的汽车零部件、纺织原料、金属及金属制品以及金融服务等大多数出口商品对北美市场依存度很高或较高，但中国的上述出口商品对北美地区依存度也较高。USMCA 在其成员间实施严格的汽车和纺织服装生产及零部件原产地规则以及各成员之间实施金融服务贸易自由化，将有助于进一步增加 USMCA 成员间汽车零部件、纺织原料、金属与金属制品以及金融服务等产品的贸易量，进而对中国向北美地区出口上述产品产生挤出效应。

（三）美国、加拿大、墨西哥和中国的贸易竞争力分析

巴拉萨（Balassa）的显示性比较优势指数（revealed comparative advantage，RCA）被常用于评价一个国家产品或产业的国际竞争力。一般而言，如果 RCA 指数值 > 2.5，则表明该国该产品具有极强的竞争力；如果 1.25 < RCA 指数值 ≤ 2.5，则表明该国该产品具有较强的国际竞争力；如果 0.8 < RCA 指数值 ≤ 1.25，则表明该国该产品具有中度的国际竞争力；如果 RCA 指数值 ≤ 0.8，则表明该国该产品部门竞争力弱。RCA 的计算公式如下：

$$RCA = (X_{ij}/X_j)/(X_{iw}/X_w) \qquad (27-1)$$

式（27-1）中，$X_{ij}$ 表示国家 $j$ 出口产品 $i$ 的出口值，$X_j$ 表示国家 $j$ 的总出口值，$X_{iw}$ 表示世界出口产品 $i$ 的出口值，$X_w$ 表示世界总出口值。

表 27-2 显示，美国教育和卫生及社会工作、油料和糖料作物、纤维作物具有极强的国际竞争力，其金融和保险服务、水电与供暖服务、其他服务、稻米和小麦、其他谷物、肉制品、化工产品、其他制造业、基本药品具有较强的国际竞争力；加拿大的稻米和小麦、木制品、油料和糖料作物、活动物具有极强的竞争力，其纸制品、能源产品、水电与供暖服务、水产品、林产品、肉制品、动植物油、汽车及零部件、金属及金属制品具有较强的国际竞争力；墨西哥蔬菜和水果及坚果、汽车及零部件具有极强的国际竞争力，其饮料和烟草制品、电子和机械设备具有较强的国际竞争力。

表 27-2 表明中国皮革制品和纺织服装具有极强的竞争力，电子和机械设备、橡胶和塑料制品具有很强或较强的国际竞争力，而且这些产品的国际竞争力水平明显高于北美三国，因此，USMCA 对中国这些产品出口的影响可能不大。但是，中国的肉制品与乳制品、汽车及其零部件与金融服务等产品的国际竞争力都明显低于北美三国。USMCA 放宽其成员间的畜产品与乳制品市场准入，将会进一步增强美国和加拿大肉制品在本地区上的竞争力；同时，USMCA 严格汽车及零部件原产地规则以及成员间实施金融服务贸易自由化，将会进一步提高北美三国的汽车零部件与钢铁等汽车行业上游产品以及金融服务业在本地区市场上的竞争力。这将使中国上述产品在北美市场竞争中处于更加不利的地位。

表 27 - 2　　**USMCA 成员国以及中国各类产品对北美出口**

**占本国同类产品总出口比重及其 RCA 值**

| 产品种类 | 美国 | | 加拿大 | | 墨西哥 | | 中国 | |
|---|---|---|---|---|---|---|---|---|
| | 份额（%） | RCA 值 | 份额（%） | RCA 值 | 份额（%） | RCA 值 | 份额（%） | RCA 值 |
| 稻米和小麦 | 14.09 | 1.38 | 17.64 | 3.89 | 1.15 | 0.27 | 5.58 | 0.07 |
| 其他谷物 | 20.95 | 1.41 | 57.52 | 0.83 | 53.81 | 0.35 | 14.45 | 0.21 |
| 蔬菜、水果和坚果 | 34.83 | 1.12 | 34.89 | 1.20 | 91.80 | 3.60 | 7.35 | 0.47 |
| 油料和糖料 | 9.54 | 3.23 | 23.17 | 3.41 | 47.93 | 0.03 | 12.05 | 0.11 |
| 植物纤维 | 9.34 | 2.63 | 83.90 | 0.03 | 2.12 | 0.21 | 1.34 | 0.18 |
| 活动物 | 23.02 | 1.12 | 73.97 | 3.26 | 85.04 | 1.09 | 18.54 | 0.43 |
| 肉制品 | 36.58 | 1.40 | 55.87 | 1.54 | 59.43 | 0.51 | 5.01 | 0.24 |
| 乳制品 | 30.05 | 0.68 | 41.17 | 0.14 | 59.12 | 0.10 | 8.34 | 0.03 |
| 林产品 | 13.02 | 1.17 | 7.61 | 1.85 | 48.14 | 0.20 | 16.76 | 0.08 |
| 木制品 | 33.27 | 0.65 | 72.50 | 3.81 | 89.73 | 0.14 | 29.80 | 1.10 |
| 纸制品 | 39.98 | 1.22 | 62.14 | 2.49 | 66.69 | 0.45 | 25.29 | 0.73 |
| 水产品 | 43.31 | 0.57 | 70.27 | 2.24 | 53.28 | 0.52 | 4.81 | 0.54 |
| 动植物油 | 30.57 | 0.67 | 77.89 | 1.28 | 59.96 | 0.09 | 5.60 | 0.12 |
| 加工食品 | 40.38 | 0.79 | 77.81 | 1.20 | 72.75 | 0.87 | 19.87 | 0.60 |
| 饮料和烟草制品 | 23.98 | 0.74 | 80.05 | 0.32 | 82.16 | 1.79 | 6.17 | 0.18 |
| 纺织服装 | 38.53 | 0.28 | 76.05 | 0.15 | 86.16 | 0.45 | 20.18 | 3.08 |
| 皮革制品 | 22.26 | 0.15 | 54.80 | 0.04 | 71.22 | 0.26 | 31.81 | 3.40 |
| 能源产品 | 65.14 | 0.22 | 92.18 | 2.25 | 74.68 | 1.15 | 0.42 | 0.01 |
| 矿产品 | 45.01 | 0.49 | 26.84 | 1.07 | 39.42 | 0.94 | 17.38 | 0.81 |
| 化工产品 | 27.67 | 1.35 | 76.99 | 0.83 | 49.25 | 0.44 | 11.03 | 0.57 |
| 基本药品 | 9.39 | 1.30 | 56.22 | 0.63 | 15.21 | 0.28 | 19.53 | 0.22 |
| 橡胶和塑料制品 | 54.62 | 0.92 | 91.59 | 0.86 | 77.15 | 0.80 | 30.17 | 1.37 |
| 金属及金属制品 | 39.44 | 0.72 | 62.18 | 1.27 | 73.58 | 0.72 | 16.28 | 1.00 |
| 电子和机械设备 | 31.04 | 0.87 | 64.66 | 0.35 | 83.48 | 1.49 | 28.99 | 2.21 |
| 汽车及零部件 | 57.38 | 1.06 | 94.42 | 1.79 | 85.43 | 3.40 | 26.31 | 0.31 |
| 其他制造业 | 15.44 | 1.64 | 65.39 | 0.90 | 79.05 | 1.06 | 29.89 | 1.26 |
| 水电与供热服务 | 6.59 | 1.28 | 81.48 | 1.97 | 26.38 | 0.19 | 7.18 | 0.16 |
| 建筑施工 | 0.27 | 0.78 | 2.61 | 0.16 | 1.38 | 0.41 | 4.66 | 0.60 |

| 产品种类 | 美国 | | 加拿大 | | 墨西哥 | | 中国 | |
|---|---|---|---|---|---|---|---|---|
| | 份额（%） | RCA 值 | 份额（%） | RCA 值 | 份额（%） | RCA 值 | 份额（%） | RCA 值 |
| 批发和零售 | 8.10 | 0.48 | 18.40 | 0.37 | 29.81 | 0.09 | 3.12 | 0.69 |
| 住宿和餐饮服务 | 8.90 | 0.91 | 23.42 | 0.60 | 34.55 | 0.17 | 5.34 | 0.80 |
| 交通运输、物流和通信 | 5.01 | 1.12 | 19.15 | 0.68 | 33.63 | 0.38 | 22.25 | 0.28 |
| 金融和保险服务 | 7.35 | 2.09 | 38.34 | 0.88 | 26.48 | 0.39 | 18.93 | 0.12 |
| 教育、卫生和社会工作 | 7.44 | 3.56 | 34.34 | 0.79 | 34.90 | 0.14 | 17.97 | 0.39 |
| 其他服务 | 4.52 | 1.49 | 16.37 | 0.90 | 25.17 | 0.17 | 18.14 | 0.29 |

注："份额"列为四个国家对北美出口占本国同类产品总出口比重，是根据 UN Comtrade 数据库上述国家出口额计算得到的；"RCA"列为四个国家各类产品的显示性比较优势指数，是根据 GTAP10 数据库各国及全球各种产品出口贸易数据计算整理而得到的。

## 三、USMCA 协议对中国经济的影响与对策分析

（一）模型选择

约翰森（Johansen，1960）[①] 根据一般均衡理论，创建了可计算的一般均衡模型（computable general equilibrium，CGE），用来分析政策等外部因素变化对一国经济增长、居民收入和消费等的影响。经过 60 年的发展和完善，CGE 模型已经成为学术界和研究机构用于评价经济体内外因素对经济活动影响的常用分析工具。目前被学术界广泛使用的 GTAP 模型是由美国普渡大学托马斯·赫特等学者根据新古典经济理论设计的多个国家、多个部门的全球 CGE 模型。该模型数据库通过全球 140 多个国家和地区的国民经济账户等数据将各国各部门涵盖的生产商、消费者以及政府部门的经济行为联系在一起。GTAP 模型可以计算政治与经济等因素对一国或多国的 GDP、居民收入和消费、社会福利水平、资本收益率、贸易收支等宏观经济指标以及产量等造成冲击，而且在使用该模型时，无须研究人员重新建模。本文采用普渡大学 2019 年 7 月最新发布的 GTAP10 数据库（https：// www. gtap. agecon. purdue. edu/）评估 USMCA 对中国经济的影响，并检验中国前文中各种应对方案的效果。

GTAP 模型中的贸易品种类仅有 65 种，为了使 UN Comtrade 数据库中

---

① Johansen L. A Multisectoral Study of Economic Growth [M]. Amsterdam：North – Holland Press，1960.

的产品数据与 GTAP10 模型数据库中的产品组相匹配，并满足 GTAP 模型运算所需的闭合条件，参考维勒里斯（Villoria，2014）[①] 的方法，用 GTAPAgg 软件将 GTAP10 原有的 65 个产业部门聚合为表 27 – 2 中的 34 个产品部门。下文利用全球贸易分析模型（global trade analysis project，GTAP）定量分析 USMCA 对中国经济的影响程度以及中国各种对策方案的效果。

（二）各种政策变量参数的设定

1. USMCA 中各种条款的冲击力度设定

在使用 GTAP 模型进行计算时需要将 USMCA 中各种政策（非关税壁垒）的影响力折算成关税等值或贸易便利化程度。对 USMCA 中的一些重要条款的冲击力度进行设定。

（1）汽车及零部件原产地规则冲击力度。为了减少美国对加拿大和墨西哥两国的汽车贸易逆差，USMCA 修改了 NAFTA 原产地规则，将汽车零部件来自北美地区的占比由 62.5% 提升至 75%；此外，该协议还规定乘用车、轻型卡车和重型卡车的生产必须使用 70% 以上原产于美墨加三国的钢和铝材料。丘里亚克等（Ciuriak et al.，2020）[②] 研究表明，上述规定使得加拿大和墨西哥的汽车贸易成本增加 0.8%，美国汽车的贸易成本增加 3%。在劳工标准方面，USMCA 要求符合免税条件的车辆中至少有 30% 的产量是由时薪不低于 16 美元的工人生产的。由于墨西哥汽车和零部件行业的平均工资远低于北美平均水平，这相当于美国对从墨西哥进口的汽车又加征了 0.8% 的关税；此外，USMCA 的汽车及零部件原产地规则还使其非成员的非关税变量提高 10.5%。综合上述情况可以设定：USMCA 中的汽车生产及零部件原产地规则相当于使加拿大和墨西哥两国对美国汽车进口加征了 3% 的关税，美国对墨西哥和加拿大进口的汽车分别加征了 1.6% 和 0.8% 的关税，还导致非成员国关税等值提高 10.5%。

（2）严格了纺织服装原产地规则。与 NAFTA 原产地规则相比，USMCA 对美墨加三国纺织品和服装中原材料提出更为严格的原产地要求，而且对纺织品和服装的通关条件也更加严格，实际上加强了 USMCA 非成员国纺织品和服装对北美国家出口的非关税壁垒，不利于非成员国企业通

① Villoria N B. Concordance between ISO Codes（current in 2014）and Regions in GTAP Databases Version 6，Version 8 and Version 8.1［EB/OL］. https：//www. gtap. agecon. pur due. edu/resources/resdisplay. asp？RecordID = 4328，2014.

② Ciuriak D，Dadkhah A，Xiao J L. Quantifying CUSMA：The Economic Consequences of the New North American Trade Regime［R］. C. D. Howe Institute：Trade and International Policy Working Paper［DB/OL］. https：//ssrn. com/abstract = 3426529，2020 – 2 –21.

过在北美地区设立纺织服装加工厂，并将区域外的纺织原料运往北美生产成制成品再销往北美市场，也不利于非成员国向北美出口纺织原料。为此本文设定 USMCA 的纺织服装原产地规则使美墨加对非成员国纺织服装的关税等值提高了 25%（Burfisher et al.，2019）①。

（3）放宽农产品市场准入。USMCA 规定美国给予加拿大 3.6% 的奶制品出口享受免税待遇，作为回报，美国扩大对加拿大的奶制品、家禽和蛋类等产品出口，这可使美国对加拿大的农产品年出口总额提高约 7000万美元，约占加拿大国内市场总量的 3%，这相当于加拿大对美国进口的活动物、乳制品和肉制品的关税等值下降了 15%。据此设定 USMCA 放宽成员间农产品市场准入，使 USMCA 各成员间奶制品、家禽和蛋类的进口关税下降了 15%。

（4）服务贸易自由化。USMCA 为跨境金融服务贸易设计了较为完整的规则，表现为逐步扩大开放金融领域、优化金融审慎例外条款等，使北美三国间金融服务贸易壁垒降低了 50%（Ciuriak et al.，2020）。据此本章设定北美三国间金融服务贸易的关税等值下降了 50%。

（5）加强知识产权保护。USMCA 要求加拿大的版权保护期限从 50 年延长至 70 年，实行与美国同等的标准。丘里亚克等（Ciuriak et al.，2020）根据 OECD 组织 STRI（服务贸易限制性指数）进行分析，其研究表明 USMCA 加强知识产权保护使得美国、加拿大和墨西哥对其他国家的贸易便利化程度平均下降 0.4%。据此设定 USMCA 强化知识产权保护使其区域外国家产品进入北美市场的贸易便利化程度降低了 0.4%。

2. 中国应对 USMCA 方案的政策变量设定

在当前全球经济下行、国际需求锐减的大背景下，USMCA 可能对中国经济贸易产生更加不利的影响。如果中国在扩大内需、疏通内循环的同时，扩大对外开放、促进贸易便利化、减少贸易成本、积极利用国际经济大循环，可能有助于减少 USMCA 的不利影响。

中国与"一带一路"共建许多国家在经济上互补性很强，在当前美国等国家贸易保护主义和单边主义不断抬头的背景下，中国可以通过加强与"一带一路"共建国家合作，通过疏通国际循环来促进彼此间的经济发展。为此，为中国设计了三种应对 USMCA 不利影响的方案：一是扩大国内消费和投资，增加国内需求；二是扩大对外开放，加强与"一带一路"共建

① Burfisher M E, Lambert F, Matheson T. NAFTA to USMCA：What is Gained? ［R］. Washington：IMF Working Paper, 2019（73）.

国家与地区的国际经济合作，提高贸易便利化水平，促进进出口贸易发展；三是将双循环结合起来运用。为了方便计算，对这三种方案的政策力度做如下设定：

方案1：中国将国内投资和消费水平均提升0.5%，通过扩大内需方式来减少USMCA对中国的冲击。

方案2：中国通过加强与"一带一路"共建国家合作，使中国与上述国家间的贸易便利化水平提高5%。

方案3：为应对USMCA冲击，中国将方案1与方案2并用。即中国将国内投资和消费水平均提升0.5%，同时，加强与"一带一路"共建国家合作，促使中国与上述国家的贸易便利化水平提高5%。

（三）对中国经济影响与中国应对政策效果的评价

将上文中各种政策变量参数输入GTAP模型，分别得到表27-3和表27-4中USMCA对中国经济的影响以及各种对策方案的效果。

表27-3 　　USMCA对中国宏观经济影响以及各种对策方案的效果

| 宏观经济指标 | USMCA的影响 | 方案1的效果 | 方案2的效果 | 方案3的效果 |
|---|---|---|---|---|
| GDP（%） | -0.27 | -0.10 | -0.18 | 0.10 |
| 社会福利（亿美元） | -108.87 | -17.04 | 8.18 | 123.46 |
| 居民收入（%） | -0.29 | 0.10 | -0.17 | 0.41 |
| 居民消费支出（%） | -0.28 | 0.50 | -0.17 | 0.80 |
| 资本回流净收益率（%） | -0.23 | 0.83 | 0.07 | 1.15 |
| 贸易条件 | -0.20 | 0.26 | -0.08 | 0.42 |
| 出口额（%） | -0.40 | -2.57 | 0.12 | -2.17 |
| 进口额（%） | -0.61 | -0.32 | -0.10 | 0.42 |
| 贸易收支差额（亿美元） | -108.87 | -17.04 | 8.18 | 123.46 |

资料来源：依据GTAP模型对GTAP10数据库完成对国家、部门的设定后，通过RUNGTAP 3.70软件模拟计算所得。

表27-4 　　USMCA对中国产出影响与各种对策方案效果 　　　　　单位：%

| 产品 | USMCA的影响 | 方案1的效果 | 方案2的效果 | 方案3的效果 |
|---|---|---|---|---|
| 稻米和小麦 | -0.01 | -0.01 | 0.00 | 0.01 |
| 其他谷物 | -0.29 | 0.07 | 0.12 | 0.09 |

| 产品 | USMCA 的影响 | 方案 1 的效果 | 方案 2 的效果 | 方案 3 的效果 |
|---|---|---|---|---|
| 蔬菜、水果和坚果 | -0.09 | 0.02 | 0.03 | 0.02 |
| 油料和糖料 | 0.18 | 0.24 | 0.39 | 0.33 |
| 植物纤维 | -1.03 | 0.00 | 0.24 | 0.27 |
| 活动物 | -0.11 | -0.05 | -0.06 | 0.02 |
| 肉制品 | -0.36 | -0.25 | -0.21 | 0.08 |
| 乳制品 | 0.17 | 0.04 | 0.12 | 0.09 |
| 林产品 | -0.31 | 0.08 | 0.24 | 0.19 |
| 木制品 | -0.54 | 0.05 | 0.11 | 0.02 |
| 纸制品 | -0.95 | -0.33 | -0.24 | 0.15 |
| 水产品 | 0.10 | 0.01 | -0.01 | -0.01 |
| 动植物油 | -0.05 | -0.04 | 0.08 | 0.04 |
| 加工食品 | 0.00 | 0.01 | 0.01 | 0.01 |
| 饮料和烟草制品 | -0.24 | -0.11 | -0.12 | -0.01 |
| 纺织服装 | -0.98 | 0.15 | 0.22 | 0.05 |
| 皮革制品 | -1.34 | 0.06 | 0.33 | 0.10 |
| 能源产品 | -0.20 | -0.08 | 0.16 | 0.12 |
| 矿产品 | -0.19 | 0.07 | 0.04 | 0.02 |
| 化工产品 | -0.56 | 0.15 | 0.18 | 0.11 |
| 基本药品 | -0.30 | 0.08 | 0.12 | 0.07 |
| 橡胶和塑料制品 | -0.92 | -0.09 | 0.04 | -0.01 |
| 金属及金属制品 | -0.81 | 0.06 | 0.11 | 0.05 |
| 电子和机械设备 | -1.43 | 0.00 | 0.15 | -0.06 |
| 汽车及零部件 | -1.25 | -1.26 | -1.19 | 0.07 |
| 其他制造业 | -0.93 | 0.06 | 0.19 | 0.03 |
| 水电与供热服务 | -0.42 | 0.03 | 0.02 | 0.01 |
| 建筑施工 | 0.51 | 0.05 | -0.21 | -0.17 |

| 产品 | USMCA 的影响 | 方案 1 的效果 | 方案 2 的效果 | 方案 3 的效果 |
|---|---|---|---|---|
| 批发和零售 | -0.34 | -0.01 | 0.03 | 0.03 |
| 住宿和餐饮服务 | 0.11 | 0.03 | -0.01 | -0.02 |
| 交通运输、物流和通信 | -0.26 | 0.02 | 0.01 | 0.01 |
| 金融和保险服务 | -0.27 | 0.02 | 0.03 | 0.02 |
| 教育、卫生和社会工作 | -0.06 | 0.01 | -0.08 | -0.06 |
| 其他服务 | -0.15 | 0.01 | -0.03 | -0.03 |
| 总产出 | -0.20 | -0.03 | 0.02 | 0.05 |

资料来源：依据 GTAP 模型对 GTAP10 数据库完成对国家、部门的设定后，通过 RUNGTAP 3.70 软件模拟计算所得。

1. USMCA 对中国经济影响的分析

在宏观经济受到的影响方面，表 27-4 显示 USMCA 可能导致中国 GDP 下降 0.27%，社会福利减少 108.87 亿美元，使中国居民收入和居民消费分别下降 0.29% 和 0.28%，资本回流净收益率下降 0.23%，贸易条件恶化 0.2，造成中国的出口额和进口额分别下降 0.4% 和 0.61%，使中国净出口（外贸顺差）减少 108.87 亿美元。这说明 USMCA 对中国宏观经济具有负面影响，但其影响并不大。

就产业部门产出（产量）受到的冲击而言，表 27-3 显示 USMCA 可能导致中国的总产出水平下降 0.27%，这说明 USMCA 对中国总产出的负面影响不大。从各部门产出受到的影响程度看（如表 27-4 所示），中国有 27 个部门产出水平出现下降，其中电子和机械设备降幅最大，其降幅为 1.43%；同时，皮革制品、汽车及零部件、植物纤维、其他制造业、纺织服装、纸制品、橡胶和塑料制品等部门的产出水平下降也较为明显，其降幅为 0.92% ~ 1.34%。

2. 各种政策方案的效果分析

（1）方案 1 的效果。表 27-3 显示，采用方案 1（中国将国内消费和投资均提高 0.5%）的情况下，中国 GDP 可能出现 0.10% 的降幅，社会福利减少 17.04 亿美元，但中国的居民收入和居民消费支出分别上升 0.1% 和 0.5%，资本回流净收益率上升 0.83%，贸易条件改善了 0.26。此外，中国的出口额和进口额分别下降 2.57% 和 0.32%，中国净出口减少 17.04 亿美元。与上文中 USMCA 对中国各项宏观经济效益的影响相比，方案 1 不但明显减少了 USMCA 对中国 GDP 和社会福利的负面影响，完全消除了 USMCA 对中国的居民收入和消费支出以及资本回流净收益率和贸易条件的不利影响，同时，还大幅减少了中国净出口受到的冲击。表 27－4 显示，在采用方案 1 的情况下，中国产出总水平仅下降了 0.03%。比较上文中 USMCA 对中国总产出的影响程度，可以发现方案 1 使中国总产出的下降幅度大幅减少，这说明方案 1 能够有效减少 USMCA 对中国总产出的负面影响。而且在实施方案 1 的情况下，中国将有 22 个部门产出出现小幅上涨，其中，中国油料和糖料产量的增长幅度最大，为 0.24%，但可能导致中国的汽车及零部件部门产出出现明显下降，其降幅为 1.26%。上述情况说明，中国采用扩大内需的方法能够减轻 USMCA 对中国宏观经济和产业部门产出的负面影响。

（2）方案 2 的效果。表 27－3 显示，在采用方案 2（中国通过加强与"一带一路"沿线国家合作，使中国与这些国家的贸易便利化水平提高 5%）的情况下，中国 GDP 可能下降 0.18%，居民收入及居民消费支出均下降 0.17%，贸易条件恶化 0.08，但社会福利增加了 8.18 亿美元，资本回流净收益率上升 0.07%，中国出口额上升 0.12%，进口额下降 0.1%，中国净出口增加 8.18 亿美元。比较上文中 USMCA 对中国各项宏观经济效益的影响情况可以发现，方案 2 不但能够减轻 USMCA 对中国 GDP、居民收入、居民消费与贸易条件的不利影响，还能够完全消除 USMCA 对中国社会福利、资本回流净收益率以及出口贸易的负面影响，可减少中国进口和贸易收支受到的不利影响。可见，通过加强国际经济合作来应对 USMCA 对中国宏观经济的影响，也能够取得较好的成效。采用方案 2 可使中国产出总水平提高 0.02%。这说明加强国际经济合作能够消除 USMCA 对中国总产出的不利影响。实施方案 2 可能使中国 23 个部门的产出有所上升，其中，油料和糖料产量上升最大，其增幅为 0.39%。但是，可能造成纸制品、肉制品、饮料和烟草制品、活动物、水产品、建筑施工、教育和卫生及社会工作活动、其他服务、住宿和餐饮服务 9 个部门产出下降 0.01% ~ 0.24%。综合上述情况，可以发现中国通过加强国际经济合作不但能够减轻 USMCA 对中国宏观经济的影响，还可以使中国总产出水平有所提高，该方案的效果也比较好。

（3）方案 3 的效果。在采用方案 3（中国将国内消费和投资水平提高 0.5%，同时，通过加强国际经济合作，将贸易便利化水平提高 5%）的情况下，中国 GDP 可能会上升 0.1%，社会福利增加 123.46 亿美元，中国居民收入和居民消费支出分别上升 0.41% 和 0.80%，资本回流净收益率上升 1.15%，贸易条件改善 0.42，进口额增长 0.42%，但造成出口下降 2.17%，净出口增加 123.46 亿美元。采用方案 3 可使中国产出总水平提高 0.05%。该方案可使中国 26 个部门的产出水平出现不同程度的上升，其中，油料和糖料产量增幅最大，上升 0.33%；植物纤维产量增幅次之，为 0.27%。与方案 1、方案 2 这些单一的方案效果相比，方案 3 的总体效果最好。很显然，中国采用扩大国内需求与加强国际合作相结合的方法更能有效应对 USMCA 对我国宏观经济和产业部门的不利影响。

（四）进一步的探讨

上文研究发现 USMCA 对中国经济的总体影响并不大，其原因可能是以下两个方面：一是由于中国具有巨大的国内消费市场，能够缓解 USMCA 的冲击；二是本文只评估了 USMCA 中一些能够量化的重要条款对中国经济的影响，而没有将 USMCA 中的"毒丸条款"等难以量化的条款纳入评估范围，因此对 USMCA 影响的评估结果可能小于实际情况。2020年 1 月生效的"美日贸易协定"也包含了类似"毒丸条款"，这给建立中日韩自贸区增加了难度；此外，美国还试图在与欧盟、英国等国家的经贸协议谈判中也加入这一条款。因此，中国应该高度重视 USMCA 的潜在负面影响。此外，为检验中国"扩大国内消费、促进投资"增强"内循环"、加强同"一带一路"共建国家的经贸合作，促进"外循环"以对冲 USMCA 影响的效果，本文设定了各种应对方案的政策力度，如果中国能够加强这些政策的力度，将能够取得更好的效果。

## 四、结论及建议

（一）结论

第一，中国肉制品与乳制品、汽车及其零部件与金融服务等产品的国际竞争力均明显低于美墨加三国。USMCA 放宽其成员间的畜产品与乳制品市场准入，将会进一步增强美国和加拿大肉制品在本地区的竞争力；同时，USMCA 严格汽车及零部件原产地规则以及在成员间实施金融服务贸易自由化，将会进一步提高美墨加三国汽车零部件与钢铁等汽车行业上游产品以及金融服务产品在本地区市场上的竞争优势，而使中国的同类产品在北美市场竞争中处于更加不利的地位。第二，USMCA 对中国 GDP、居民收入与消费、社会福利、资本回流净收益率、进出口贸易和总产出具有不利影响。第三，中国提高国内消费和投资水平，扩大内需以及加强国际经济合作，提高贸易便利化水平均能够减轻 USMCA 对中国宏观经济和产业部门的冲击。如果中国能够将扩大国内需求同加强国际合作结合起来，将能够更有效地应对 USMCA 对中国经济的不利影响。

（二）建议

第一，采取有效措施，增强中国经济内循环的动力。研究表明 USMCA 对中国 GDP、居民收入与消费、社会福利水平等具有一定的负面影响，该协议可能进一步加大中国由于新冠疫情造成的经济下行压力。中国经济有很强的韧性，增长潜力主要依靠中国经济的内循环（黄奇帆，2020）①。因此，建议从需求（消费）和供给（投资）两个方面来疏通国内经济循环，以减少 USMCA 等外部因素的冲击。一是要做好遭受较大冲击的皮革制品、纺织服装、汽车及零部件、橡胶和塑料制品、电子和机械设备等行业失业人员的救助工作，减少失业者的收入损失和生活困难，同时，加强对下岗人员的就业技能培训，运用就业基金的方式，鼓励和支持下岗人员自主创业，提高他们的收入水平；二是要加大对城乡基础设施、生态环境保护、重大科技进步等项目以及特高压、城际高铁、5G、新能源等"新基础设施"项目的投资，增强投资对国内总需求的促进作用。

第二，优化营商环境，提高资本收益率。研究表明 USMCA 可能会降低我国资本净收益率。在当前美日等发达国家谋求本国产业资本回流的背景下，优化我国的营商环境，切实减轻企业的各种负担，提高资本的收益率，增强我国对外资的吸引力，以减少发达国家对产业资本的争夺以及 USMCA 对我国引进外资的负面影响显得十分必要（朱启荣和孙明松，2020）②。

第三，促进国际合作，不断提高中国经济的开放程度。目前，中国已经同 150 个国家和组织签署了"一带一路"合作协议，我国应进一步推动"一带一路"的机制化建设，改善"一带一路"建设中的具体合作方式，降低和消除不良影响，使其成为一个更加稳定的、更加组织化的合作形式，形成对我国有利的国际经济大循环，以减轻 USMCA 等外部因素对我国经济的冲击。

第四，对于美国政府制定的"毒丸条款"等新规则，要以务实的态度来应对。2020 年 4 月中共中央和国务院发布的《关于构建更加完善要素

---

① 黄奇帆. 丢掉幻想，准备斗争 [EB/OL]. 2020 – 08 – 13. https：//3g. 163. com/dy/article/FJUPNUNS0530NLC9. html.

② 朱启荣，孙明松. 美国 QE4 政策对世界主要经济体的经济影响与中国对策 [J]. 金融经济学研究，2020，35（3）：77 – 89.

市场化配置体制机制的意见》为我国深化改革经济体制提供了重要指导。在促进要素市场化改革进程中，进一步完善市场机制。这既可以防止美国等发达国家以非市场经济国家为借口，将我国孤立在新一轮全球化之外，还可以不断完善社会主义市场经济体制，增强国际社会对我国经济平稳健康发展的长远预期。

# 第二十八章 《中美经贸协议》知识产权规则对中国经济影响效应的分析

分析 USMCA 知识产权新规则对中国的影响，可用的方法之一是借助中美第一阶段经贸协议关于知识产权章节的规定展开研究。中美第一阶段经贸协议将知识产权条款放在首位，这表明双方对知识产权保护议题的高度关注。本章在对中美知识产权条款内容进行定性解读的基础上，分析发现中国知识产权保护强度呈逐年稳步上升的趋势，中美间差距由 1987 年的 30.5 倍缩小至 2019 年的 1.55 倍；中国知识产权的立法差距要小于执法差距；基于此，提出了提高中国知识产权保护的建议。

## 一、中美经济贸易协定关于知识产权条款的解读

中美双方于 2020 年 1 月 15 日签署的《中华人民共和国政府和美利坚合众国政府经济贸易协议》（以下简称《中美经贸协议》）对知识产权的关注点在于商业秘密、药品与专利保护期、电商平台维权、地理标志、打击假冒产品与恶意商标、知识产权诉讼程序等几个方面。

（一）扩大了商业秘密的保护范围

《中美经贸协议》扩大了商业秘密的保护范围，体现为以下三点：第一，将机密性商业信息界定为"保密商务信息"。该条款的内容对政府的披露行为进行了规范约束。《中华人民共和国反不正当竞争法》（2019）和《中华人民共和国外商投资法》（2019）虽对机关行政人员的保密义务做出了规定[1]，但其保密义务仅限于"商业秘密"，并不包括"机密性商业信息"，也就不能有效地保护商业秘密权利人。第二，《中美经贸协议》

---

[1] 《中华人民共和国反不正当竞争法》（2019）规定，监督检查部门及其工作人员对调查过程中知悉的商业秘密负有保密义务，泄露调查过程中知悉的商业秘密的，依法给予处分。《中华人民共和国外商投资法》（2019）规定，行政机关工作人员泄露、非法向他人提供履行职责过程中知悉的商业秘密的，依法给予处分；构成犯罪的，依法追究刑事责任。

扩大了对侵犯商业秘密行为主体的界定。对于侵犯商业秘密行为主体的界定，我国《中华人民共和国反不正当竞争法》（2017）的规定是指从事商品生产、经营或者提供服务（以下所称商品包括服务）的自然人、法人和非法人组织；修改后的《中华人民共和国反不正当竞争法》（2019）规定侵权主体为经营者以外的其他自然人、法人和非法人组织，不再只限于从事商品生产经营或提供服务的领域；这与《中美经贸协议》的规定基本一致。第三，《中美经贸协议》在其他方面也做出了详细规定。在加强商业秘密民事领域的保护上，《中美经贸协议》将电子入侵等手段列入侵权行为；在商业秘密案件纠纷解决上实行举证责任倒置①；在涉及使用或企图使用商业秘密信息标注为"情况紧急"下可以适用诉前保全的措施等。

《中美经贸协议》有关商业秘密保护范围的要求，有的在我国国内法中已得到落实，有的尚在修订中。例如，为降低追究侵犯商业秘密刑事责任的门槛，《中美经贸协议》取消了商业秘密权利人证明"实际损失"的要求，补救成本作为过渡措施支出可被认定为"重大损失"。我国《中华人民共和国刑法》（2015）规定，只有"给商业秘密的权利人造成重大损失的"才构成犯罪。"重大损失"是目前对侵犯商业秘密行为提起刑事诉讼的前提条件，按照《中美经贸协议》规定，现行法律规定的实际损失的前提应予取消。于 2020 年 12 月 26 日通过，并与 2021 年 3 月 1 日施行的《中华人民共和国刑法修正案（十一）》对比进行了修改。

（二）药品与专利保护期的规定

《中美经贸协议》规定药品专利申请人可以在专利申请日后的任何阶段（包括专利审查阶段、无效程序以及法院诉讼程序中）补充数据来满足充分公开或创新性的要求，并要求建立药品专利链接制度②来解决药品专利纠纷事宜，以及专利保护期限延长制度③来补偿专利授权或药品上市审批过程中的不合理延迟。对此，我国 2020 年 2 月 1 日实施的《专利审查指南》仅规定了在专利申请阶段可以进行实验数据的补充，补充的数据仅用于证明技术效果，不能用于证明说明书是否公开且充分的要求，而且所证明的技术效果应是本领域技术人员能够从专利申请公开的内容中得到

---

① 《中华人民共和国反不正当竞争法》（2019）规定，在侵犯商业秘密的民事审判程序中，商业秘密权利人提供初步证据，证明其已经对所主张的商业秘密采取保密措施，且合理表明商业秘密被侵犯，涉嫌侵权人应当证明权利人所主张的商业秘密不属于本法规定的商业秘密。

② 它是由美国创设的一种在仿制药注册与创新药专利期满之间进行衔接的制度，在仿制药上市之前引入专利纠纷解决机制，旨在预防性地避免仿制药的专利侵权行为。

③ 专利保护期限延长制度即根据专利局在专利审查过程中或者申请人在申请过程中的无故延迟而对专利期限进行相应的增加。

的。从我国审查/审判实践标准看，存在对"得到"进行严苛界定的司法倾向。① 我国《关于深化审评审批制度改革鼓励药品医疗器械创新的意见》（2017）中给出了探索建立药品专利链接制度的框架，但该制度尚未立法。目前，我国各种类型的专利保护期是固定的，《中华人民共和国专利法》第四次修正案草案（2020）提到了对境内外同步上市的创新药，可以适当延长其专利保护期，除此之外，对于一般专利而言，目前国内尚无保护期调整的规定。②

（三）电子商务平台维权的规定

《中美经贸协议》要求针对反复售卖或疏于管理而下架侵权产品的电商平台，中方应吊销其营业许可、免除善意提交错误下架通知的责任、恶意反通知③也应受到处罚。《中华人民共和国电子商务法》（2019）第42条规定，电商平台经营者因通知错误造成平台内经营者损害的，依法承担民事责任。恶意发出错误通知，造成平台内经营者损失的，加倍承担赔偿责任；但是，该法没有涉及恶意反通知的处罚规定，且对于电商平台经营者的惩罚手段主要是罚款，并没有提到吊销电商平台经营者的营业许可。可见，我国电子商务法规定应趋于严格。

（四）地理标志的规定④

《中美经贸协议》规定双方在地理标志保护方面尊重在先商标权以及应给予贸易伙伴提出异议的机会；任何地理标志都可能随着时间推移变为通用名称，从而被撤销；受地理标志保护的复合名称中的通用名称部分不受保护，中国应公开列明不受保护的单独部分。

虽然，我国《国外地理标志产品保护办法》（2016）第33条做出了地理标志可以因演变为通用名称后被撤销的规定；但《最高人民法院关于审理商标授权确权行政案件若干问题的规定》（2016）中并未涉及《中美

---

① 在我国，只有在原始申请文件中明确记载某技术效果的原始实验数据的情况下，才考虑专利申请人或专利权人针对该技术效果补交的与现有技术相比的对比实验数据，而对于原始说明书中有明确记载但没有相关实验数据的效果以及可以由原始说明书记载的内容推定但没有相关实验数据的效果，在中国不考虑用于证明这些效果的申请日后补交的实验数据；而在美国，这两种情况下的申请日后补交的实验数据均被考虑。

② 《中华人民共和国专利法》第四次修正案草案第42条规定，为补偿创新药品上市审评审批时间，对在中国获得上市许可的新药相关发明专利，国务院专利行政部门应专利人的请求给予专利权期限补偿，补偿期限不超过5年，新药批准上市后总有效专利权期限不超过14年。

③ 被侵权人享有向网络服务提供者发出通知的权利，侵权网络用户也享有向网络服务提供者发出反通知的权利。

④ 地理标志是指标示某商品来源于某地区，该商品的特定质量、信誉或者其他特征，主要由该地区的自然因素或者人文因素所决定的标志。

经贸协议》通用名称的第四项标准所规定的内容。我国规定，依据法律规定或者国家标准、行业标准属于商品通用名称的，应当认定为通用名称；相关公众普遍认为某一名称能够指代一类商品的，应当认定为约定俗成的通用名称；被专业工具书、辞典等列为商品名称的，可以作为认定约定俗成的通用名称的参考。此外，对于复合名称中的通用名称部分的相关内容，我国立法中尚未做出明确规定。

（五）打击假冒产品与恶意商标的规定

《中美经贸协议》强调，中方应加强边境执法力度，明确销毁假冒商品的强制性，简单地移除非法贴附的假冒商标是不够的，应杜绝该类商品进入商业渠道，且对此类商品的销毁不予任何补偿。该条规定与我国规定内容相符。《中华人民共和国商标法》（以下简称《商标法》）（2019）规定，"假冒注册商标的商品不得在仅去除假冒注册商标后进入商业渠道"。《中美经贸协议》要求打击恶意商标注册行为。我国《商标法》（2019）规定，不以使用为目的的恶意商标注册申请应予以驳回，《规范商标申请注册行为若干规定》（2019）还对恶意注册的商标的类型和惩罚措施进行了细化。

《中美经贸协议》要求打击恶意商标的规定符合我国《商标法》的立法与实践趋势。

（六）知识产权诉讼实践的规定

在知识产权处罚的刑事方面，《中美经贸协议》明确了行政执法向刑事执法的移交和以阻遏为目的加大对侵犯知识产权行为处罚力度的详细规定；在知识产权处罚的民事方面，《中美经贸协议》要求简化作品的权属证明与著作权举证责任的倒置，简化证据的形式[1]、提高证人证言证据的重要性。[2] 2019 年修订的《商标法》及《中华人民共和国反不正当竞争法》已经将法定赔偿额上限从原先的 300 万元人民币提升为 500 万元人民币来达到阻遏目的。《中华人民共和国著作权法》（2010）规定，如无相反证明，在作品上署名的公民、法人或者其他组织为作者，这与《中美经贸协议》的作品权属证明规定相一致。提高证人证言类型证据重要性的趋

---

[1] 协议规定，在民事司法程序中，不再要求对证据的认证手续，包括要求领事官员的印章等，认证的手续可以通过协议免除，或者可以通过证人证言免除。对于不能通过协议或者证人证言来免除认证手续的证据，中方应当简化公证认证程序。

[2] 协议规定，在民事司法程序中，中国应给予当事方在案件中邀请证人或专家、并在庭审中对证人证言进行质询的合理机会。

势在《最高人民法院关于民事诉讼证据的若干规定》（2019）中得到了体现。①

我国由行政执法向刑事执法移交的法律基础是《行政执法机关移送涉嫌犯罪案件的规定》（2001）；实践中，由于行政执法沟通渠道不畅、衔接机制不健全等问题，使得行政执法移送刑事执法存在较大难度，进入刑事诉讼的案件小于实际发生的案件数。

综上所述，中美知识产权的保护强度还存在一定差距。《中美经贸协议》要求建立更高标准知识产权保护制度的规定符合中国改革的方向。

## 二、中美知识产权保护强度的定量分析

（一）知识产权保护强度的测算方法

关于知识产权保护强度的测算方法有多种，例如直接调查法、立法评分法和综合评分法。

（1）调查法。调查法根据调查对象的设计问卷，从而得出基本数据进行评分。这种方法多以企业经管人员和知识产权领域专业律师等相关人员进行的直接调查。该方法需要有足够量的调研对象，如曼斯菲尔德（Mansfield，1995）② 对来自美、日、德的企业经理人和专利律师共 180 人进行问卷调查；研究发现相比于化工和制药业，答卷人认为机械制造业的保护力度更强。国内有学者针对广东省企事业单位对软件保护意识进行的问卷调查（李颖怡，2004）③，也有学者选取产业发展阶段、市场竞争状况、创新能力及专家打分得出不同行业知识产权的保护程度（洪勇和吴勇，2011）④。

（2）立法评分法。它是以国家知识产权正式制度的立法文本为基础进行的评分。拉普和罗泽克（Rapp and Rozek，1990）⑤ 以专利代表知识产权，把知识产权保护水平划分为 5 个等级，并分别用 0~5 之间的整数来定

---

① 《最高人民法院关于民事诉讼证据的若干规定》（2019）第 68 条规定，人民法院应当要求证人出庭作证，接受审判人员和当事人的询问。

② Mansfield E. International Property Protection, Direct Investment, and Technology Transfer: Germany, Japan, and the United States [R]. World Bank, International Finance Corporation, 1995, Discussion Paper 27.

③ 李颖怡. 关于广东省企事业单位计算机软件知识产权保护意识的调查研究 [J]. 南方经济，2004（5）：16-20.

④ 洪勇，吴勇. 发展中国家知识产权保护程度相对评价方法研究 [J]. 科学学与科学技术管理，2011，32（2）：36-42，116.

⑤ Rapp R, Rozek R. Benefits and costs of intellectual property protection in developing countries [J]. Journal of World Trade, 1990（24）：75-102.

量地表示。该方法易于掌握，奥克斯利（Oxley，1999）①、史密斯（Smith，2001）② 也曾使用；但采用阶跃型整数来表示知识产权保护水平，存在的问题是误差较大。在此基础上，有学者提出了更深入的度量方法（GP 法）（Ginarte and Park，1997）③。GP 法的构造思路是首先构建一级指标 5 项，每项一级指标由多个二级指标构成；其次赋予二级指标相同的权重，求得每项一级指标得分；然后将 5 个一级指标得分加总求得知识产权保护总分。钟佳桂（2006）④ 运用 Ginarte - Park 方法选取不同的指标测算了我国的知识产权保护强度。何文韬（2019）⑤ 选择企业备案的"专利权"和"商标权"数量来代表企业海关知识产权保护的强度。郭壬癸和乔永忠（2019）⑥ 基于我国 2000 ~ 2015 年软件产业相关数据，以多元线性回归模型为工具，测量版权保护强度并分析版权保护强度与软件产业发展的关系，认为应当结合提高固定资产投资和公民正版软件消费意识"因地制宜"地加强版权保护。

（3）综合评分法。有学者综合采用调查法和评分法来测算知识产权保护强度。这种方法是将直接调查和间接反应指标进行混合使用，采用主成分分析方法测算。有学者从保护期限、排除条款和范围条款三个方面进行主成分分析进行测算（Kondo，1995）⑦。莱塞（Lesser，2003）⑧ 则从四个方面：保护客体范围、加入国际公约情况、执行机制、行政管理水平测量知识产权保护强度。斯马尔泽尼斯卡（Smarzynska，2004）⑨ 参考特殊

① Oxley J E. Institutional environment and the mechanisms of governance: The impact of intellectual propertyprotection on the structure of inter-firmalliances [J]. Journal of Economic Behavior & Organization, 1999 (38): 283 - 309.

② Smith Pamela J. How do foreign patent rights affect U. S. exports, affiliatesales, andlicenses? [J]. Journal of International Economics, 2001 (55): 411 - 439.

③ Ginarte J C, Park W G. Determinations of patent rights: A cross-national study [J]. Research Policy, 1997 (26): 283 - 301.

④ 钟佳桂. 中美知识产权保护强度测度与比较 [J]. 法学杂志, 2006 (3): 134 - 135.

⑤ 何文韬. 中国知识产权海关保护、企业生产率与出口动态研究 [J]. 国际贸易问题, 2019 (6): 46 - 64.

⑥ 郭壬癸, 乔永忠. 版权保护强度与软件产业发展关系实证研究 [J]. 科学学研究, 2019, 37 (6): 1013 - 1021.

⑦ Kondo E K. The effect of patent protection on foreign direct investment [J]. Journal of World Trade, 1995 (29): 97 - 122.

⑧ Lesser W. The Effects of Trips - Mandated Intellectual Property Rights on Economic Activities in Developing Countries [R]. Prepared under WIPO Special Service Agreements, WIPO, 2003.

⑨ Smarzynska B. The composition of foreign direct investment and protection of intellectual property rights: Evidence from transition economies [J]. European Economic Review, 2004 (48): 39 - 62.

"301"条款的标准来度量各国的执法力度。徐清（2013）① 基于 31 个省（市）面板数据的空间计量研究得出各个省区的知识产权保护强度存在着典型的空间异质性与空间相关性。唐保庆等（2018）② 从知识产权保护（IPR）实际强度与"最适强度"偏离度的视角解读了中国服务业增长区域失衡的理论机制，研究发现中国知识产权保护实际强度尚未达到理论上的"最适强度"。杨君等（2020）③ 采用加拿大弗雷泽研究所（Fraser Institute）发布的全球经济自由度指数中的 Legal System & Property Rights 指标衡量知识产权保护强度，认为知识产权保护通过促进技术创新提升资本回报率，且资本回报率增长存在最优的知识产权保护强度。沈国兵（2019）④ 认为，美国商会全球创新政策中心（GIPC）测算的知识产权指数得分存在高估美国知识产权保护强度的倾向。卜文超和盛丹（2022）⑤ 采用专利代办处的设立与否作为知识产权保护衡量指标也不失为新的尝试。

如何综合使用上述测算方法是解决问题的关键。结合中美两国具体实际，对测算方法进行优化。第一，测量指标的选择有待增加。尤其对中美两国的具体实际需做出相应调整。例如，公众对知识产权的保护意识应作为反映性指标添加到测量方法中。第二，知识产权涵盖范围要广。在指标构建上不仅考察专利保护程度，还应将专利、商标和著作权保护综合考虑，才能客观反映知识产权的保护程度。

（二）中美知识产权保护强度指标体系的建立

下面选取专利、商标和著作权方面来衡量中美知识产权的保护强度。采用综合评分法从专利、商标和著作权三个方面来衡量中美知识产权的立法强度；从经济发展、公众保护意识、国际监督、司法保护、行政保护以及政府服务水平六个方面来衡量中美知识产权的执法强度。知识产权保护强度指标体系结构如表 28-1 所示。

---

① 徐清. 知识产权保护强度的空间分布及其决定因素——基于 31 个省（市）面板数据的空间计量研究 [J]. 世界经济研究, 2013 (9)：23-29, 87.

② 唐保庆, 邱斌, 孙少勤. 中国服务业增长的区域失衡研究——知识产权保护实际强度与最适强度偏离度的视角 [J]. 经济研究, 2018, 53 (8)：147-162.

③ 杨君, 詹舒琴, 肖明月, 等. 资本回报率增长的最优知识产权保护强度研究——基于 82 个国家面板数据的实证 [J/OL]. [2020-11-19]. 科技进步与对策：1-10.

④ 沈国兵. 美国商会发布的国际知识产权指数可信吗 [J]. 当代经济研究, 2019 (1)：85-93.

⑤ 卜文超, 盛丹. 知识产权保护与企业新产品出口强度——以市级专利代办处的设立为例 [J]. 南开经济研究, 2022 (7)：42-60.

| 表 28 - 1 | | 测度知识产权保护强度指标体系 |
|---|---|---|

| 一级指标 | 二级指标 | 三级指标 |
|---|---|---|
| 知识产权立法强度 | 专利立法强度 | 保护范围 |
| | | 执法机制 |
| | | 保护的丧失 |
| | | 保护期限延长机制 |
| | | 惩罚性赔偿制度 |
| | | 国际条约成员 |
| | | 保护期限 |
| | 商标立法强度 | 保护范围 |
| | | 驰名商标保护 |
| | | 地理标志保护 |
| | | 恶意商标注册 |
| | | 惩罚性赔偿制度 |
| | | 国际条约成员 |
| | | 保护期限 |
| | 著作权立法强度 | 保护主体范围 |
| | | 保护客体范围 |
| | | 专有权范围 |
| | | 国际条约成员 |
| | | 版权登记制度 |
| | | 强制许可 |
| | | 惩罚性赔偿制度 |
| | | 执法机制 |
| | | 保护期限 |
| 知识产权执法强度 | 经济发展水平 | 人均 GDP |
| | 社会公众保护意识 | 人均商标申请量 |
| | | 人均专利申请量 |
| | | 人均版权作品自愿登记数 |
| | 国际监督 | 加入 WTO 时间 |
| | 司法保护水平 | 人均律师数 |
| | 行政保护水平 | 立法时间 |
| | 政府服务水平 | 知识产权一审结案率 |

用立法强度和执法强度两者的乘积来衡量一国知识产权保护强度,如式(28-1)所示:

$$P(t) = [W_1 \times L_1(t) + W_2 \times L_2(t) + W_3 \times L_3(t)] \times E(t) \quad (28-1)$$

式（28-1）中，$P(t)$ 是时点变量，表示知识产权保护强度（$t$ 时刻）；$L_1(t)$ 表示专利立法强度（$t$ 时刻）；$L_2(t)$ 表示商标立法强度（$t$ 时刻）；$L_3(t)$ 表示著作权立法强度（$t$ 时刻）；$E(t)$ 表示知识产权执法强度（$t$ 时刻）；$W_1$、$W_2$、$W_3$ 分别表示专利立法强度、商标立法强度和著作权立法强度的权重，并设 $W_1 + W_2 + W_3 = 1$，采用平均权重的方式规定 $W_1 = W_2 = W_3 = \frac{1}{3}$。$E(t)$ 介于 $0 \sim 1$ 之间。法律文本在某一时间段若无改动，则其立法指标相对稳定，以便于观察两国知识产权法立法得分的变化，结合 2020 年 1 月 15 日《中美经贸协议》的签署，以及中美有关知识产权保护谈判情况，选取 1987 年、1992 年、1997 年和 2002 ~ 2019 年作为测算的时间点。

（三）知识产权立法强度测算的指标说明

1. 专利立法强度测算的指标说明

借鉴 Ginarte - Park 方法，选取保护范围、执法机制、保护的丧失、保护期限延长机制、惩罚性赔偿制度、国际条约成员和保护期限 7 个三级指标，每个指标取值 0 ~ 1，将 7 个指标的得分加总即得到专利立法强度的指数。

（1）保护范围。知识产权保护范围包括药品、化学品、食品、动植物品种、医疗器械、微生物、实用新型和软件 8 个方面，专利所涉及的每一个内容计分 1/8。

（2）执法机制。知识产权保护的执法包括诉前禁令①、连带责任②和举证责任倒置③ 3 个方面，每项内容计分 1/3。

（3）保护的丧失。该项通过计算保护带来的三个方面的损失来衡量知识产权的保护强度：实用性条件④、强制许可⑤、专利的回收⑥。如果一

---

① 诉前禁令是审判前的行动，要求个人停止被指控的侵权行为。

② 连带责任是指自己没有侵犯专利权，但是造成他人侵权或者以其他方式造成他人侵权的行为。

③ 举证责任倒置是将专利侵权案件的举证责任由专利权人转移到被指控侵权人的程序。

④ 实用性条件是关于专利的开发利用方面的要求。例如，专利授权组织也许会要求一个专利是否批准取决于是否能以该专利为基础生产出某种产品，如果是一项将授予外国人的专利，则会要求该产品能被进口到本国。有些国家则要求一些发明如果要获得专利，该发明应该在某段时间内能有效地发挥作用。

⑤ 强制许可是指政府专利行政部门依照专利法规定，不经专利权人同意，直接允许其他单位或个人实施其发明创造的一种许可方式，又称非自愿许可。

⑥ 专利的回收是指国家是否在专利不再发挥作用时，完全地收回专利权。

国的法律对知识产权的保护不会因为如上三种情况而丧失，该国在该项的得分为1分，每项计分1/3。

（4）保护期限延长机制。有保护期限延长机制立法取值1，无保护期限延长机制取值0。

（5）惩罚性赔偿制度①。有惩罚性赔偿制度立法取值1，无惩罚性赔偿制度立法取值0。

（6）国际条约成员。与专利有关的国际条约主要包括《巴黎公约》、《专利合作条约》（PCT）、《植物新品种保护公约》（UPOV）、《布达佩斯条约》和TRIPs协议等。中美两国每加入一个国际条约计分1/5。

（7）保护期限。专利保护的开始期限是根据申请日确定的，标准是20年，不足20年按实际保护期除以20年计分取值。

2. 商标立法强度测算的指标说明

选取商标保护范围、驰名商标保护、地理标志商标保护、恶意商标注册、惩罚性赔偿制度、国际条约成员、商标保护期限7个三级指标衡量立法强度。

（1）商标保护范围。商标注册人及使用人的使用权保护是商标保护的主要目的，从可听性②、可视性和可嗅性三个方面设定保护范围，每项内容计分1/3。

（2）驰名商标保护。驰名商标具有良好的示范效应，通过立法对驰名商标给予特殊保护体现了一个国家对商标的保护程度，无驰名商标保护立法的取值为0，有驰名商标保护立法的取值为1。

（3）地理标志商标保护。无地理标志商标保护立法的取值为0，有地理标志商标保护立法的取值为1。

（4）恶意商标注册。不以使用为目的的恶意商标注册申请，应当予以驳回。无恶意商标注册规定的取值为0，有恶意商标注册规定的取值为1。

（5）惩罚性赔偿制度。无惩罚性赔偿制度规定的取值为0，有惩罚性赔偿制度规定的取值为1。

（6）国际条约成员。涉及商标保护的国际条约主要包括《巴黎公

---

① 惩罚性赔偿制度是与补偿性赔偿制度相对应的侵权损害赔偿制度。适用惩罚性赔偿时，法院会判决侵权行为人承担的赔偿金数额超过权利人实际损失金额，或判处"超过补偿性赔偿以外的赔偿"。在知识产权领域，对知识产权侵权行为实行惩罚性赔偿，是指当个人或组织以肆意、故意或放任的方式侵犯知识产权所有者权利而导致其遭受损失时，司法机关判定侵权者需要承担超出实际损害之外的赔偿。

② 商标发音的相似性。

约》、《马德里议定书》、WTO 的 TRIPs 协议、《商标法条约》、《新加坡条约》5 项。中美双方每参加一个国际条约计分 1/5。

（7）商标保护期限。商标保护期限指一个国家法律对商标持有者保护时间的范围，商标保护期限大于等于 10 年取值为 1，不足 10 年的以规定的保护年限除以 10 来计分。

3. 著作权立法强度测算的指标说明

（1）著作权保护主体的范围。选取"本国公民、法人或者非法人单位的作品"等 5 项指标①作为衡量指标，每项内容计分 1/5。

（2）著作权保护客体范围。选取"文字作品""口述作品"等 9 项指标②纳入著作权保护的范围，每项内容计分 1/9。

（3）著作权专有权的范围。选取"修改权""出租权"等 19 项指标③来衡量专有权保护范围，每项内容计分 1/19。

（4）是否为国际条约成员。涉及著作权保护的国际条约有《伯尔尼公约》《世界知识产权组织版权条约》《世界知识产权组织表演和录音制品条约》《保护录音制品制作者防止未经许可复制其录音制品公约》《罗马公约》《世界版权公约》以及 WTO《TRIPs 协议》7 个国际条约，中美双方每参加一个条约计分 1/7。

（5）强制许可。无强制许可规定的取值为 0，有强制许可规定的取值为 1。

（6）版权登记制度。无版权登记制度规定的取值为 0，有版权登记制度规定的取值为 1。

（7）惩罚性赔偿制度。无惩罚性赔偿制度规定的取值为 0，有惩罚性赔偿制度规定的取值为 1。

---

① "本国公民、法人或者非法人单位的作品"、"外国人首先在本国境内发表的作品"、"外国人在境外的作品，依据双边协议或共同参加国际条约"、"外国人在境外的作品，没有双边协议或共同参加国际条约，但在国际公约成员国出版"以及"外国人在境外的作品，没有双边协议或共同参加国际条约，但其惯常住所在国际公约成员国"。

② "文字作品"、"口述作品"、"音乐、戏剧、曲艺、舞蹈作品"、"美术、摄影作品"、"电影、电视、录像作品"、"工程设计、产品设计图纸及其说明"、"地图、示意图等图形作品"、"计算机软件"以及"建筑作品"。

③ "修改权"、"出租权"、"展览权"、"表演权"、"放映权"、"广播权"、"信息网络传播权"、"摄制权"、"改编权"、"翻译权"、"汇编权"、"保护作品完整权"、"复制权"、"发行权"、"发表权"、"署名权"、"表演者的传播权，并获得报酬"、"录音录像制作者的出租权和网络传播权"以及"广播电台、电视台的转播及复制禁止权"。

（8）执法机制。选取"诉前禁令"①、"即发侵权"②、"诉前证据保全"③ 以及"全部赔偿原则"④ 作为衡量著作权执行力度的机制，每项内容计分 1/4。

（9）保护期限。以实际保护期除以 70 来计算本项指标得分，若著作权保护期等于或超过作者有生之年加上其死后 70 年则得 1 分。

（四）中美知识产权执法强度测算的指标说明

1. 经济发展水平测算的指标说明

前文指出，当一国经济发展水平达到一定程度，该国的知识产权保护力度与经济增长之间就会呈现正向关系；因此采用人均 GDP 来衡量经济发展，大于 5000 美元时记为 1，小于 5000 美元时要乘以 1/5000 记为分值。

2. 社会公众保护意识测算的指标说明

社会公众保护意识越高，知识产权执行力度就越大；其最直观的体现就是一国的人均专利、商标和著作权申请量越高，国民知识产权保护的意识越强烈。选取"人均专利申请率""人均商标申请率""人均版权作品自愿登记数"三个方面来度量社会公众保护意识，人均数量超过 10 件，值为 1；小于 10 件，要乘以 1/10 记为分值。三项指标权重都为 1/3。

3. 国际监督测算的指标说明

由于 WTO 对其成员方知识产权的实施设立了强制执行机制，因此把是否为 WTO 成员方作为衡量国际监督的指标，并将是否加入 WTO 取值为 0 或 1，并且根据加入年限，逐步由 0 过渡到 1，如加入 25 年（1995 ~ 2019 年），第 25 年为 1，第一年为 1/25，依次逐年递增。

4. 司法保护水平测算的指标说明

衡量知识产权司法水平的指标为"律师比例"（即律师占总人口的比例），当"律师比例"达到或超过 0.5‰时，指标值为 1，当小于 0.5‰时，司法保护水平指标值为实际的"律师比例"除以 0.5‰的值。

---

① 著作权人或者与著作权有关的权利人有证据证明他人正在实施或者即将实施侵犯其权利的行为，如不及时制止将会使其合法权益受到难以弥补的损害的，可以在起诉前向人民法院申请采取责令停止有关行为和财产保全的措施。

② 即发侵权是指侵权活动开始之前，权利人有证据证明某行为很快就会构成对自己知识产权的侵犯，或该行为的正常延续必然构成侵权行为，权利人可依法予以起诉。

③ 为制止侵权行为，在证据可能灭失或者以后难以取得的情况下，著作权人或者与著作权有关的权利人可以在起诉前向人民法院申请保全证据。

④ 全部赔偿原则是指著作权损害赔偿责任的范围，应当以加害人侵权行为所造成损害的财产损失范围为标准，承担全部责任。

5. 行政保护水平测算的指标说明

知识产权的立法年限反映了一个国家的行政保护管理水平以及法律的成熟度，我们以100年为界限，立法时间为100年以上的取值为1。立法时间不足100年的，以年限数乘以1/100来衡量。

6. 政府服务水平测算的指标说明

政府对于知识产权案件的执法态度决定了政府对于知识产权的重视程度，也影响着社会民众对于知识产权维权的热情。选取知识产权一审结案率作为衡量指标，百分之百结案的取值为1。

（五）中美知识产权保护强度的比较

1. 中美知识产权保护强度对比

由表28-2和图28-1可知，中国知识产权保护强度呈逐年稳步上升的趋势，而美国于2002年后基本维持稳定。1987年中美间差距为30.5倍，至2002年缩小为4.66倍，再缩小至2019年的1.55倍。虽然中国知识产权保护强度呈快速上升趋势，但2019年的保护强度仍比美国低2.62分。中国正从知识产权消费国转变为重要的知识产权生产国，提高对知识产权的保护标准，加强知识产权的执法，对经济发展是有利的。

表28-2　　　　　　　　　中美知识产权保护强度对比结果一览

| 年份 | 专利立法强度 | | 商标立法强度 | | 著作权立法强度 | | 立法强度 | | 执法强度 | | 知识产权保护强度 | |
|---|---|---|---|---|---|---|---|---|---|---|---|---|
| | 中国 | 美国 | 中国 | 美国 | 中国 | 美国 | 中国 | 美国 | 中国 | 美国 | 中国 | 美国 |
| 1987 | 1.41 | 5.93 | 1.53 | 6.20 | 0.00 | 8.17 | 0.98 | 6.77 | 0.18 | 0.77 | 0.17 | 5.20 |
| 1992 | 2.62 | 5.93 | 1.53 | 6.20 | 4.78 | 8.43 | 2.98 | 6.85 | 0.22 | 0.79 | 0.65 | 5.41 |
| 1997 | 3.02 | 6.33 | 1.93 | 6.40 | 4.92 | 8.57 | 3.29 | 7.10 | 0.26 | 0.86 | 0.84 | 6.14 |
| 2002 | 4.08 | 6.33 | 4.13 | 6.60 | 6.09 | 8.86 | 4.77 | 7.26 | 0.29 | 0.89 | 1.38 | 6.43 |
| 2003 | 4.08 | 6.33 | 4.13 | 6.80 | 6.09 | 8.86 | 4.77 | 7.33 | 0.33 | 0.90 | 1.59 | 6.62 |
| 2004 | 4.08 | 6.33 | 4.13 | 6.80 | 6.09 | 8.86 | 4.77 | 7.33 | 0.35 | 0.93 | 1.66 | 6.78 |
| 2005 | 4.08 | 6.33 | 4.13 | 6.80 | 6.09 | 8.86 | 4.77 | 7.33 | 0.40 | 0.94 | 1.91 | 6.92 |
| 2006 | 4.21 | 6.33 | 4.13 | 6.80 | 6.09 | 8.86 | 4.81 | 7.33 | 0.44 | 0.96 | 2.12 | 7.06 |
| 2007 | 4.21 | 6.33 | 4.33 | 6.80 | 6.37 | 8.86 | 4.97 | 7.33 | 0.47 | 0.98 | 2.33 | 7.21 |
| 2008 | 4.21 | 6.33 | 4.33 | 6.80 | 6.37 | 8.86 | 4.97 | 7.33 | 0.55 | 0.99 | 2.75 | 7.22 |
| 2009 | 4.21 | 6.33 | 4.33 | 7.00 | 6.37 | 8.86 | 4.97 | 7.40 | 0.57 | 0.99 | 2.83 | 7.34 |
| 2010 | 4.21 | 6.33 | 4.33 | 7.00 | 6.37 | 8.86 | 4.97 | 7.40 | 0.63 | 1.00 | 3.12 | 7.36 |

| 年份 | 专利立法强度 | | 商标立法强度 | | 著作权立法强度 | | 立法强度 | | 执法强度 | | 知识产权保护强度 | |
|------|------|------|------|------|------|------|------|------|------|------|------|------|
| | 中国 | 美国 | 中国 | 美国 | 中国 | 美国 | 中国 | 美国 | 中国 | 美国 | 中国 | 美国 |
| 2011 | 4.21 | 6.33 | 4.33 | 7.00 | 6.37 | 8.86 | 4.97 | 7.40 | 0.69 | 1.00 | 3.42 | 7.39 |
| 2012 | 4.21 | 6.33 | 4.33 | 7.00 | 6.37 | 8.86 | 4.97 | 7.40 | 0.70 | 1.00 | 3.48 | 7.40 |
| 2013 | 4.21 | 6.33 | 5.67 | 7.00 | 6.37 | 8.86 | 5.42 | 7.40 | 0.73 | 1.00 | 3.95 | 7.40 |
| 2014 | 4.21 | 6.33 | 5.67 | 7.00 | 6.37 | 8.86 | 5.42 | 7.40 | 0.74 | 1.00 | 4.00 | 7.39 |
| 2015 | 4.21 | 6.33 | 5.67 | 7.00 | 6.37 | 8.86 | 5.42 | 7.40 | 0.77 | 1.00 | 4.17 | 7.39 |
| 2016 | 4.21 | 6.33 | 5.67 | 7.00 | 6.37 | 8.86 | 5.42 | 7.40 | 0.79 | 1.00 | 4.27 | 7.38 |
| 2017 | 4.21 | 6.33 | 5.67 | 7.00 | 6.37 | 8.86 | 5.42 | 7.40 | 0.80 | 1.00 | 4.32 | 7.37 |
| 2018 | 4.21 | 6.33 | 5.67 | 7.00 | 6.37 | 8.86 | 5.42 | 7.40 | 0.82 | 1.00 | 4.42 | 7.40 |
| 2019 | 4.21 | 6.33 | 6.67 | 7.00 | 6.37 | 8.86 | 5.75 | 7.40 | 0.83 | 1.00 | 4.77 | 7.39 |

资料来源：中美两国专利法、商标法、著作权法、WIPO、世界银行和联合国网站。

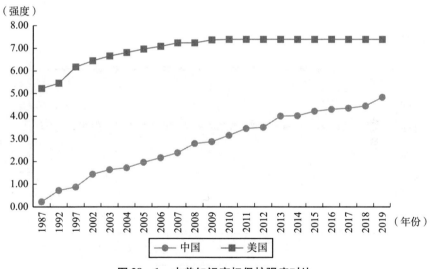

图 28-1　中美知识产权保护强度对比

## 2. 中美专利立法保护的比较

如表 28-2 和图 28-2 所示，中国 1987 年专利立法得分为 1.41 分，同期美国得分为 5.93 分，二者相差 4 倍以上。经过 10 年的发展，到了 1997 年，中国专利立法得分增至 3.02 分，同期美国得分 6.33 分，差距缩小为 2 倍。而 2002 年之后中美两国专利立法得分趋于稳定，双方差距缩小为1.55倍。中国入世后，对《专利法》进行修订并积极加入相关的国际条约，使中国专利立法体系得到完善，得分达到4.21分。2019年双方差距为1.5倍。与美国相比中国专利立法还缺少相应的专利保护期延长机制和惩罚性赔偿制度。中国的各种类型专利的保护期是固定的，《专利法》第四修正案草案（2019）提到了对境内外同步上市的创新药，可以适当延长其专利保护期；此外，国内对于一般专利没有保护期调整的规定。对有关惩罚性赔偿的问题，2015年12月公布的《专利法（修改草案送审稿)》（以下简称《专利法草案》）第68条第1款规定：对于故意侵犯专利权的行为，人民法院可以根据侵权行为的情节、规模、损害后果等因素，在按照上述方法确定数额的1倍以上3倍以下确定赔偿数额。2019年版修正案保留了2015年版关于法院酌定赔偿额调高的内容，将酌定数额范围由现行专利法中的"1万元以上100万元以下"提高到了"10万元以上500万元以下"。此外，2019年版修正案进一步提高了针对故意侵权的惩罚性赔偿倍数，将惩罚性赔偿的最高倍数由3倍提高到了5倍。可见，推行惩罚性赔偿制度是全面提升知识产权保护水平的大势所趋。

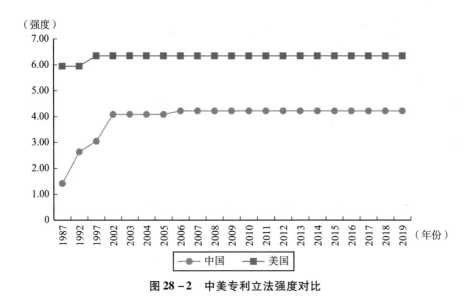

图 28 - 2　中美专利立法强度对比

3. 中美商标立法强度的对比

由表28-2和图28-3可知，1987年中国商标立法得分为1.53分，二者相差4倍以上；1997年商标立法得分仅比1987年高0.4分，说明这10年间未有较大提升。1997~2002年，中国商标立法增长2.2分。这源于入世后，中国政府在第二次修订《商标法》时新增了"驰名商标保护"和"地理标志"的规定。此后商标立法得分缓慢提高，直至2013年第三次修订《商标法》，其第63条第1款规定："对恶意侵犯商标专用权，情节严重的，可以在按照上述方法确定数额的1倍以上3倍以下确定赔偿数额。赔偿数额应当包括权利人为制止侵权行为所支付的合理开支。"此条款确立了中国商标领域的惩罚性赔偿规则，这使得商标立法水平提至5.67分。2019年，中国第四次修订《商标法》规定严厉打击恶意商标注册行为，并将把侵权的损害赔偿标准从1~3倍进一步提高到1~5倍，将法定赔偿额上限从原先的300万元提升为500万元，这使得商标立法强度得分再次提升至6.67分，和美国差0.33分，二者相差1.04倍。总体而言中国商标立法强度已经基本达到发达国家水平了。

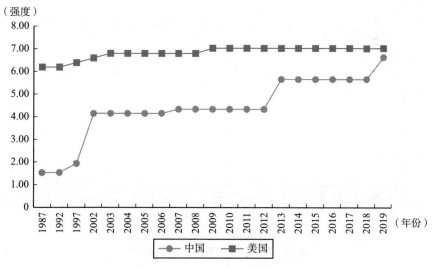

图 28 - 3　中美商标立法强度对比

4. 中美著作权立法强度的对比

由表28 -2和图28 -4可知，1987~1997年中国著作权立法与美国有较大差距。1990年我国著作权法规获得立法。入世后，2002年著作权立法强度快速提升至6.09分。2007年，中国签署《世界知识产权组织表演和录音制品条约》《世界知识产权组织版权条约》，著作权立法得分提至6.37分。自2007年后，中美两国著作权立法得分趋于稳定，差距为2.49分，二者相差1.39倍。与《著作权法》（2010）相比，2020年4月和8月第二次审议的《中华人民共和国著作权法修正案（草案）》（以下简称

《草案》）增加了版权登记制度，对于侵权行为情节严重的，可以适用赔偿数额 1 倍以上 5 倍以下的惩罚性赔偿；法定赔偿额上限由人民币 50 万元提高到 500 万元。另外，这次草案修改使得任何"以有线或者无线方式公开播放或者传播作品"的行为都可以纳入广播权的范围，增加了"广播权"涵盖的范围至网络广播。2020 年 11 月 10 日第三次提请十三届全国人大常委会第二十三次会议审议的《草案》加大了对侵权行为的惩治力度，明确了法定赔偿数额的下限为 500 元，对侵权复制品及其制造材料、工具、设备等责令销毁且不予补偿；简化了其他视听作品著作权归属的规定；明确了保护著作权的技术措施的定义；此外，关于著作权的合理使用，增加了不以营利为目的的限制性规定。

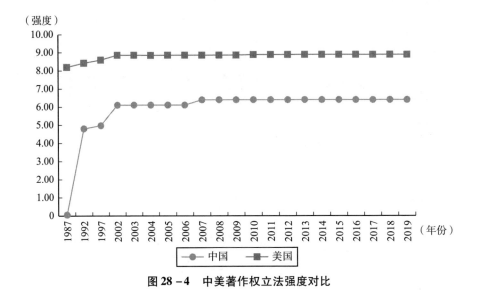

（强度）

图 28 - 4　中美著作权立法强度对比

《草案》的上述规定体现在新的《著作权法》①　中，中国的著作权立法强度提升至发达国家水平。

5. 中美知识产权立法强度的对比

由表 28 - 2 和图 28 - 5 可知，美国作为知识产权出口国，其相关法律法规出台早、完善度高。2019 年中国通过的《商标法》和《反不正当竞争法》，使知识产权立法保护水平得到质的提升。随着《专利法》和《著

---

①　《全国人民代表大会常务委员会关于修改〈中华人民共和国著作权法〉的决定》已由中华人民共和国第十三届全国人民代表大会常务委员会第二十三次会议于 2020 年 11 月 11 日通过，自 2021 年 6 月 1 日起施行。

作权法》的出台，中美双方差距由 2019 年的 1.28 倍缩减至 1.02 倍之内，中国知识产权立法有望达到发达国家水平。

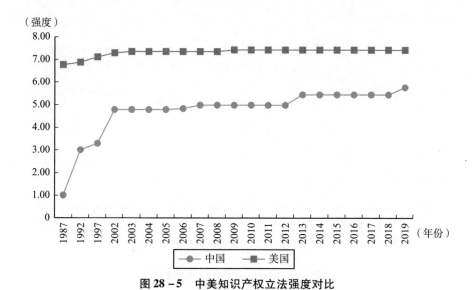

图 28 - 5　中美知识产权立法强度对比

6. 中美知识产权执法强度的对比

由表 28 - 2 和图 28 - 6 可知，中国知识产权执法水平逐年提高，美国则相对稳定。1987 年中国执法得分仅为 0.18 分，同期美国得分为 0.77 分，美方是中方的 4.27 倍；2019 年中美两国知识产权执法水平得分相差 0.17 分，美方是中方的 1.20 倍。存在差距的主要原因有三点：第一，经济发展水平较低、执法水平落后；第二，国民缺乏知识产权保护意识，增大了执法难度；第三，具备处理知识产权案件能力的律师数量少，而美国是拥有律师最多的国家，还拥有完备的司法保护体系。

中国知识产权执法得分增速稳定，表明中国政府根据国情，采取了循序渐进、稳步提升的策略。2019 年中国人均 GDP 为 10261 美元[①]，美国人均 GDP 为 65280 美元[②]。中国以专利、商标申请量以及版权登记数表示的社会公众知识产权保护意识和美国有较大差距。以专利申请量为例，2018 年中国专利申请总量 154.20 万件，美国 59.71 万件；中国人均商标申请量 11.05 件，美国 18.82 件；中国在 2018 年人均专利申请量才超越 10 件，

①　资料来源：《中国统计年鉴 2019》。

②　资料来源：世界银行，https://data.worldbank.org.cn/indicator/NY.GDP.MKTP.CD? locations = US.

而美国 2002 年人均专利申请量就达到 11. 63 件①。2019 年，中国律师占总人口比例为 0. 34‰②，美国律师占总人口比例是 4. 12‰③。

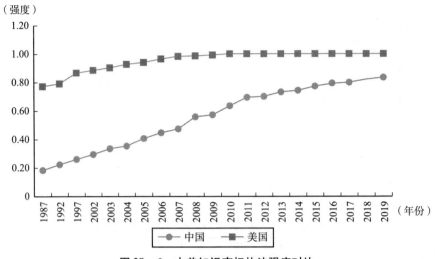

图 28 - 6　中美知识产权执法强度对比

## 三、结论及建议

### （一）结论

（1）中国知识产权立法强度整体经历了 1987 ~ 2002 年的快速上升期以及 2002 ~ 2019 年的发展稳定期。其中商标立法年度变化最大，经历了 2002 年、2013 年、2019 年三次大幅提升。

（2）中国知识产权执法强度得分逐年提高，不难发现在 2008 年和 2011 年有两次快速提升；美国则相对稳定。这说明中国结合国情，采取了循序渐进、稳步提升的策略。随着中国经济水平的提升和国民知识产权保护意识的提高，知识产权执法水平会快速接近美国。

（3）中国知识产权保护强度呈逐年稳步上升的趋势，中美间差距由 1987 年的 30. 5 倍缩小至 2019 年的 1. 55 倍。虽然，中国知识产权立法和执法的发展都与美国有一定差距；但是中国知识产权的立法差距要小于执法差距，这要求在注重完善立法的同时，进一步提升执法的效率和力度。

---

①　资料来源：世界知识产权组织（WIPO），World Intellectual Property Indicators 2019，https：//www. wipo. int/edocs/pubdocs/en/wipo_pub_941_2019. pdf.

②　资料来源：《中国法律年鉴 2019》。

③　资料来源：美国法律协会，https：//www. americanbar. org。

（二）建议

1. 完善知识产权立法，提高知识产权执法水平

上文的测算结果表明，中国的知识产权保护强度还有提升空间。知识产权保护需要相关法律法规为其提供保障，完备的法律环境将进一步推动企业从模仿创新向自主创新转变，加快我国高质量发展的步伐。在不断深化知识产权立法改革、不断丰富相关法律法规的同时，执法机构应该坚持"有法可依，有法必依"的执法理念，重视执法水平的提高，加快案件由行政执法向刑事执法移交的进程。

2. 提高民众的知识产权保护意识

中国社会公众对于知识产权的保护意识有待提高，各级政府和企事业单位应积极地开展普法教育活动，让"知识产权"走进千家万户，提高保护意识。

3. 加快社会主义市场经济法治建设步伐

创新是市场经济发展的根本动力，创新需要完善的知识产权保护体系。《中美经贸协议》的达成，符合我国社会主义市场经济发展的方向。面对全球经济的不确定性，深刻认识错综复杂的国际环境带来的新矛盾新挑战，深刻认识我国社会主要矛盾变化带来的新特征新要求，势必会加快社会主义市场经济法治建设的步伐。

# 第二十九章 《中美经贸协议》金融服务条款对中国经济影响效应的分析
## ——基于关税等值测算

分析 USMCA 金融服务开放新规则对中国的影响，可采取的方法是借助中美第一阶段经贸协议关于金融服务章节的规定展开研究。因此，本章使用 GTAP 模型从宏观经济、进出口变动以及部门产出等层面分析金融服务开放的经济效应，同时在模型中加入中日韩自贸区建设以及 RCEP 签署两大冲击，以检验金融服务开放可能产生的经济影响。结果显示：第一，总体来看，《中美经贸协议》金融服务条款的生效会促进宏观经济与社会福利提升，但同时也减少了两国的贸易收支并使中国的贸易条件恶化。第二，《中美经贸协议》金融服务开放有效提高了两国金融、保险部门的进出口，但减少了中国在这两个部门的产出。第三，《中美经贸协议》不利于中国大部分贸易伙伴国的宏观经济提升；中日韩自贸区金融服务条款谈判成功将有效提升日本与韩国的经济增长，RCEP 金融服务条款的生效将有效提升 RCEP 成员国的经济增长。

## 一、引　言

《中美经贸协议》在金融服务领域展现出了较强的开放度。2020 年 4 月 1 日起，我国已经取消外资股比限制并允许美国独资提供者进入证券、基金和期货领域。2020 年的政府工作报告强调要共同落实《中美经贸协议》内容，表达了我国致力于加强与各国经贸合作，实现互利共赢的意愿。从金融服务开放进程来看，加入 WTO 以来我国按照承诺逐步放开国内金融市场，但金融服务的开放度和竞争力与发达国家相比仍有较大差距，环境变化加快了我国金融服务开放的步伐。在此背景下，本章拟通过拓展后的引力模型进行金融服务贸易壁垒关税等值测算，并在此基础上检验《中美经贸协议》金融服务开放的经济影响。

## 二、《中美经贸协议》金融服务条款的解读

为了促进世界范围内的服务贸易自由化，使国际金融活动有法可依，世贸组织成员于乌拉圭回合做出金融服务的一致承诺，即通过了《服务贸易总协定》（GATS）。GATS附件中对金融服务定义为，"金融服务指世贸组织成员金融服务提供商提供的任何具有金融性质的服务，包括所有保险和相关服务以及所有银行和其他金融服务（保险除外）"。此定义也被《中美经贸协议》在内的诸多贸易协定采用。

一国金融开放包括资本项目开放和金融服务业开放。《中美经贸协议》强调加大金融服务业开放力度，其第四章金融服务章节共包含银行服务、信用评级服务、电子支付服务、保险服务等在内的七条条款，以下是对条款内容的解读。

（一）目标

《中美经贸协议》金融服务章节的目标是提供公平、非歧视性的市场准入。截至2024年2月，我国已签订22个双边自由贸易协定①，其中仅《中韩自贸协定》对金融服务的市场准入做出了明确约定。《中韩自贸协定》第9.3条规定，缔约方不得以数量配额、垄断、专营服务提供者的形式，或以经济需求测试要求的形式限制金融服务活动的开展。但是《中韩自贸协定》并未对不同部门下的开放做出更为具体的规定。作为双边贸易谈判的成果，《中美经贸协议》则在诸多部门取得了实质性的进步，其主要特点为：一是《中美经贸协议》中我国在金融服务领域的承诺是对近年来主动推出的开放措施的细化；二是中美双方的权利义务基本对等，双方均在各个服务部门下做出了承诺。

（二）银行服务

2019年3月我国通过的《外商投资法》第四条规定，我国对外商投资实行准入前国民待遇和负面清单管理制度，银行服务未在负面清单中，因此将对银行服务领域的外商投资给予国民待遇。2019年10月我国对《中华人民共和国外资银行管理条例》进行修订，主要涉及投资准入与业务准入两个方面。在第二章外商银行资质规定上，取消在我国设立外资法人银行的外国银行须有100亿美元总资产的限制、取消在我国设立分行的外国银行须有200亿美元总资产的限制；第三章的外商银行业务范围规定，扩大外资银行业务范围、在业务准入方面基本实现国民待遇。我国在

---

① 中国商务部，http://fta.mofcom.gov.cn/.

银行服务领域的开放力度逐渐加大;《中美经贸协议》聚焦于资质审查与批准申请上,是对上述开放措施的具体细化,表现为:在批准美国金融机构的证券基金托管服务时,应考虑该公司的海外资产;非金融债务融资工具的资格审查也应该考虑其已取得的国际资格;我国对符合条件的美国金融机构的申请做出有效的批准。

(三)信用评级服务

从 2018 年《银行间债券市场信用评级机构注册评价规则》发布以来,我国开始允许境外信用评级机构注册,目前已有美国独资公司在我国开展信用评级业务,2019 年美国三大信用评级公司之一——标普全球公司进入中国市场,银行间市场交易商协会接受标普公司在我国银行间债券市场开展业务的注册。我国《关于进一步扩大金融业开放的有关举措》第一条规定,允许外资机构对银行间以及交易所的所有债券进行评级,同时人民银行、证监会也承诺将进一步扩大信用评级市场开放。在此基础上,我国在《中美经贸协议》中承诺将允许美国信用评级提供商对所有国内债券进行评估,同时对审查许可申请的时间限度做出更为具体的规定。① 以上内容聚焦于业务范围的规定,《中美经贸协议》也就投资准入做了说明,即双方应该允许对方供应商获得合资企业的多数股权。

(四)电子支付服务

我国将第三方支付业务或者非金融机构的运营主体定义为第三方支付机构,第三方支付是建立在现有的银行体系之上的。我国《非金融机构支付服务管理办法》规定,外资机构如果想为境内交易以及跨境交易提供电子支付服务,应该在我国境内设立外商投资企业并取得业务支付许可证,成为支付机构。在这之后,VISA、万事达等仍旧只能通过与银联合作的方式发行双标卡,即信用卡既有中国银联的标志,又有 VISA 或万事达的标志,这是因为 VISA、万事达等仍不具备在我国开展银行卡清算业务的资质。2016 年我国通过的《银行卡清算机构管理办法》对银行卡清算机构的准入条件做出了具体说明②,之后 VISA 按照规定提交申请材料,成为第一家提出申请的境外企业。《中美经贸协议》第 4.4 条第 2 款规定我国应该接受包括 VISA、万事达卡以及美国运通在内的美国供应商的许可申请。基于义务对等的原则,《中美经贸协议》中则规定美国应对中国银联

---

① 《中美经贸协议》生效之日起三个月内,我国应审查并批准美国信用评级服务提供商的所有未决申请。

② 银行卡清算机构的准入分为筹备和开业两个阶段。申请人应根据要求,在各阶段向央行分别提出筹备申请或开业申请,提交真实、完整的申请材料。

在内的电子支付服务提供商给予非歧视性待遇，为我国电子支付服务提供商在美开展业务创造机会。

（五）金融资产管理（不良债务）服务

2018 年《中国银行保险监督管理委员会关于废止和修改部分规章的决定》取消了金融资产管理公司外资持股比例限制，实现内外资股权比例一致。2020 年 4 月 1 日起，中国取消基金公司外资股比不超过 51% 的限制，而美国 JP 摩根资产管理有限公司在增持 2% 的股份后，成功得到中美两国监管部门的批准，成为我国第一家外资绝对控股的基金公司。在对投资准入有所说明后，中美双方在《中美经贸协议》中对业务准入进行了说明，例如允许美国金融服务供应商申请资产管理公司许可证，我国应给予美国金融服务提供商非歧视性待遇。目前我国不良资产①的管理由四大资产管理公司，即华融、长城、东方以及信达资产管理公司按照《金融资产管理公司监管办法》（2015 年 1 月 1 日起实行）主导进行，其主要为处置四大国有银行不良资产而设置，《中美经贸协议》允许美国金融服务供应商从省级许可证开始从中资银行获取不良贷款的管理。

（六）保险服务

美国友邦保险公司为我国境内一家纯外资保险公司。虽然我国也有诸如工银安泰、中意人寿等在内的中外合资企业，中资企业如中国人寿、平安人寿占据约 40% 的市场份额，外资企业发展仍受限。2019 年修订后的《中华人民共和国外资保险公司管理条例》取消新设立外资保险公司应经营保险业务 30 年以上且在中国境内设立代表机构 2 年以上的要求，《中美经贸协议》第 4.6 条有关保险服务的要求不仅延续了以上要求，更对外资股比、业务范围等做了说明。我国在保险服务上的承诺是十分具体的，"在 2020 年 4 月 1 日之前取消寿险、养老金和健康保险领域的外资股权上限"，在这之前，《外商投资法》负面清单中的外资股比有 51% 的最高限额；"到 4 月 1 日，应取消所有保险行业的业务范围限制……" 随着 2020年 4 月 1 日《中美经贸协议》生效，外资企业进入中国的限制放松，国内保险公司将面临更多挑战。

（七）证券、基金管理、期货服务

《外商投资法》规定证券公司、期货公司、寿险公司的外资股比不得超过 51%，并规定于 2021 年取消限制。在基金管理与期货服务领域主要

---

① 银行的不良资产严格意义来讲也称为不良债权，其中最主要的是不良贷款，是指借款人不能按期、按量归还本息的贷款。

强调非歧视性原则，确保另一方可对国内产品进行投资。

## 三、金融服务贸易壁垒关税等值测算

（一）模型建立

目前来看，在已经完成的以及正在进行的双边或多边区域贸易协定谈判中，大多数有关金融服务贸易的措施并未涉及关税，而是通过逐渐消除非关税壁垒的方式进行的。在对非关税措施进行关税等值测算上，帕克（Park，2002）[①]、沃尔什（Walsh，2006）[②]、冯塔内等（Fontagné et al.，2011）[③]利用拓展的引力模型进行估计，该方法不受如何评分以及如何加权对服务贸易限制指数（STPIs）的影响，因此被广泛采用。

借鉴拓展后的引力模型进行金融服务贸易壁垒的关税等值测算步骤如下：第一步，通过回归计算引力模型的残差值，设定的模型中解释变量共包含5个连续变量，2个虚拟变量，计量模型见式（29－1）：

$$\ln M_{ijt} = \alpha_{ij} + \beta_1 \ln GDPpc_{it} + \beta_2 \ln GDPpc_{jt} + \beta_3 \ln Pop_{it} + \beta_4 \ln Pop_{jt} + \beta_5 \ln Distance_{ij}$$
$$+ \beta_6 Adjacency_{ij} + \beta_7 Language_{ij} + \varepsilon_{ijt} \qquad (29-1)$$

其中，$M_{ijt}$表示$i$国对$j$国在时间$t$内的金融服务进口额，$\ln GDPpc_{it}$、$\ln GDPpc_{jt}$分别表示时间$t$时$i$国人均GDP的对数以及$j$国人均GDP的对数，预期人均GDP越高，金融服务进口额也越高；$\ln Pop_{it}$、$\ln Pop_{jt}$分别表示时间$t$时$i$国人口数量的对数以及$j$国人口数量的对数，人口数量越多，潜在消费者越多，会对金融服务进口产生正向影响；$\ln Distance_{ij}$表示$i$国与$j$国之间距离的对数，用两国首都之间的距离进行代替，距离越远，运输成本越高，可能对金融服务进口额产生负向影响；$Adjacency_{ij}$表示$i$国与$j$国是否相邻，如果相邻则此项为1；$Language_{ij}$表示两国是否有相同的通用语言，如果$i$国与$j$国有相同的通用语言，则此项为1（第二语言相同此项也为1）。另外，$\alpha_{ij}$代表常数，$\beta_1 \sim \beta_7$表示待估计系数，$\varepsilon_{ijt}$表示随机扰动项。

第二步，在估算残差值的基础上，估算各国（地区）包括金融服务在内的所有服务贸易的关税等值。计算方法见式（29－2）：

---

① Park S. Measuring Tariff Equivalents in Cross – Border Trade in Services. Working Papers 353, Vol. 2, 2002.

② Walsh K. Trade in service: Does gravity hold? A gravity model approach to estimating barriers to service trade ［C］. The Institute for International Studies Discussion Paper Series, 2006: 183.

③ Fontagné Lionel, Amélie Guillin, Cristina Mitaritonna. Estimation of Tariff Equivalents for the Services Sectors. CEPII Working Paper No. 2011 – 24, 2011.

$$\ln(1+t_j)^{1-\sigma} = \ln\frac{M_i^a}{M_i^p} - \ln\frac{M_b^a}{M_b^p} \qquad (29-2)$$

其中，$t_j$ 代表关税等值，$\sigma$ 表示替代弹性，借鉴帕克（Park，2002）、周念利（2010）[①]、黄满盈（2015）[②] 的做法将其设置为 5.6；$M_i^a$ 与 $M_i^p$ 分别表示 $i$ 国在服务贸易部门的实际进口额与预测进口额，$M_b^a$ 与 $M_b^p$ 分别表示基准国 $b$ 在服务贸易部门的实际进口额与预测进口额，基准国是指两者差距最大的国家，预测进口额可以通过式（29-1）计算得出。

（二）样本选取

我国金融服务贸易伙伴如表 29-1 所示。

表 29-1　　　　　　我国金融服务贸易主要贸易伙伴国（地区）

| 行业名称 | 前五大贸易伙伴国（地区） |
| --- | --- |
| 所有服务 | 美国、中国香港、日本、澳大利亚、新加坡 |
| 金融服务 | 美国、中国香港、新加坡、澳大利亚、卢森堡 |
| 保险服务 | 中国香港、新加坡、美国、瑞典、法国 |

资料来源：根据 UNCTAD 数据库整理得到。

（三）等值关税测度

根据冯塔内等（2016）[③] 的研究，基于经合组织的 2011 年有关服务贸易的 GTAP 数据库对数据进行调整，填补了部分缺失的数据，在此基础上整理了 17 个国家（地区）的六类服务贸易关税等值（见表 29-2）。整体而言，发达国家在六类服务贸易中比发展中国家更加开放。分行业来看，中国内地金融服务关税等值较高，仅次于老挝，贸易壁垒明显高于美国、法国等发达国家，与泰国、越南等发展中国家相比也存在较高的贸易壁垒。中国内地在保险服务业的开放程度相对较高，在选取的国家（地区）中排名第七位，高于日本等部分发达国家。而中国内地在通信服务业、建筑服务业、运输服务业、教育服务业中关税等值都较高，开放力度有待进一步提升。

--------

① 周念利. 基于引力模型的中国双边服务贸易流量与出口潜力研究 [J]. 数量经济技术经济研究，2010，27（12）：67-79.

② 黄满盈. 中国双边金融服务贸易出口潜力及贸易壁垒研究 [J]. 数量经济技术经济研究，2015，32（2）：3-18，82.

③ Fontagné Lionel，Cristina Mitaritonna，José Signoret. Estimated Tariff Equivalents of Services NTMs. CEPII Working Paper No. 2016-20，2016.

表 29 - 2             **各国（地区）分行业服务贸易关税等值**            单位：%

| 国家（地区） | 金融 | 保险 | 通信 | 建筑 | 运输 | 教育 |
|---|---|---|---|---|---|---|
| 中国 | 151.04 | 64.19 | 106.29 | 68.02 | 68.83 | 83.52 |
| 美国 | 64.59 | 40.65 | 58.58 | 84.40 | 30.46 | 53.39 |
| 中国香港 | 31.94 | 47.89 | 24.96 | 40.16 | 0.44 | 27.04 |
| 新加坡 | 39.01 | 23.88 | 19.02 | 51.40 | 0.00 | 11.82 |
| 澳大利亚 | 110.55 | 92.56 | 75.56 | 126.66 | 34.43 | 65.37 |
| 卢森堡 | 0.00 | 10.76 | 0.00 | 7.72 | 11.82 | 8.38 |
| 日本 | 107.15 | 88.01 | 104.77 | 38.43 | 38.82 | 58.82 |
| 瑞典 | 79.19 | 86.14 | 29.89 | 35.90 | 20.06 | 16.99 |
| 法国 | 88.95 | 74.31 | 52.33 | 47.44 | 19.59 | 39.67 |
| 韩国 | 96.53 | 73.66 | 67.18 | 34.63 | 13.98 | 41.29 |
| 马来西亚 | 79.19 | 56.97 | 32.17 | 12.82 | 22.78 | 29.75 |
| 印度尼西亚 | 105.49 | 92.31 | 65.45 | 50.78 | 48.44 | 57.21 |
| 泰国 | 98.12 | — | 71.12 | 31.40 | 19.98 | 26.93 |
| 菲律宾 | 98.55 | 87.92 | 87.88 | 100.72 | 52.06 | 11.82 |
| 越南 | 73.36 | 62.10 | 47.35 | 34.49 | 41.26 | 53.39 |
| 老挝 | 290.55 | 131.79 | 128.39 | 31.20 | 148.00 | 8.38 |
| 柬埔寨 | 120.87 | 80.20 | 52.66 | 24.72 | 54.53 | 141.30 |

## 四、模拟开放的经济效应

（一）模型选择

为全面分析《中美经贸协议》有关金融服务开放对中美两国以及重要贸易伙伴国的影响，采用 GTAP 第 10 版数据库，涵盖 147 个国家（地区）、65 个行业的主要数据，基期为 2014 年，并根据需要完成分类加总以便进行以下预测。

（二）国家（地区）和部门选择

在进行服务贸易部门的等值关税测度时，已经选取了可以服务于GTAP 模拟的共 17 个国家（地区），接下来将对产业部门划分予以说明。GTAP 第 10 版数据库共包含 65 个产业部门，将其合并为 14 个产业部门（见表 29 - 3）。

表 29 - 3                                GTAP 产业部门划分

| 合并后部门 | 合并前部门 | 合并后部门 | 合并前部门 |
|---|---|---|---|
| 粮食作物 | 水稻及制品、小麦、其他谷物 | 水、电、天然气 | 水、电力、天然气 |
| 蔬菜、水果及其他农产品 | 蔬菜、水果、坚果、油料作物、糖料作物、植物纤维、其他农作物 | 金融服务业 | 金融 |
| 牲畜和肉类制品 | 牛羊马牲畜、其他动物、牛羊马肉、其他肉制品 | 保险服务业 | 保险 |
| 食品、饮料及烟草制品 | 食物制品、糖、饮料、烟草制品 | 通信服务业 | 通信 |
| 轻工业 | 纺织、木制品、皮革制品、纸制品、金属制品、机动车及零配件 | 建筑服务业 | 建筑 |
| 重工业 | 石油及煤炭制品、橡胶、塑料、矿产及其制品 | 运输服务业 | 空运、水运、其他运输 |
| 采掘业 | 林业、渔业、矿业 | 教育服务业 | 教育 |

（三）情景设定

2020 年 4 月 1 日起《中美经贸协议》金融服务章节的部分条款开始实施。同时基于上文对金融服务贸易关税等值的测算，设置情景 1：《中美经贸协议》金融服务条款生效，中美之间金融服务以及保险服务的关税等值降为 0。为了检验中日韩自贸区建设以及 RCEP 如期签署对中美之间金融服务开放带来的影响，将外生冲击加入情景设计中，在情景 1 的基础上设置情景 2：中日韩自贸区谈判成功，签署协议并生效，中日韩之间金融服务以及保险服务的关税等值降为 0 以及情景 3：RCEP 生效，RCEP 国家之间金融服务以及保险服务的关税等值降为 0（见表 29 -4）。

表 29 - 4                                政策模拟情景设计

| 情景种类 | 情景内容 | |
|---|---|---|
| | 基准情景 | 其他冲击 |
| 情景 1 | 中美第一阶段贸易协议生效，金融、保险服务关税等值降为 0 | — |
| 情景 2 | 中美第一阶段贸易协议生效，中美金融、保险服务关税等值降为 0 | 中日韩自贸区签署协议并生效，中日韩三国金融、保险服务关税等值降为 0 |
| 情景 3 | 中美第一阶段贸易协议生效，金融、保险服务关税等值降为 0 | RCEP 签署成功并生效，RCEP 成员国之间金融、保险服务关税等值降为 0 |

（四）模拟分析

1. 对中美两国宏观经济的影响

（1）对中国的影响。不同情景对中美两国宏观经济的影响见表29－5。《中美经贸协议》金融服务条款实施（情景1）将会使中国GDP、居民消费支出和资本收益率分别提高0.03%、0.01%和0.03%，社会福利提高25.68亿美元，而贸易条件以及贸易收支在情景1下将分别下降0.00%和3.75亿美元。总体来看，《中美经贸协议》中有关金融服务开放的承诺对我国宏观经济有正向影响，金融服务开放可能通过上文所述的提升资源配置效率、分散风险以及提高全要素生产率等方式促进宏观经济。但贸易条件与贸易收支有不同程度的下降，可能是因为我国金融、保险等服务贸易在国际市场中缺乏竞争力。中日韩自贸区签署协议并生效（情景2）以及RCEP签署生效（情景3）会促进我国社会福利提升，分别提高33.17亿美元和41.88亿美元，而我国外贸逆差在两种情景下分别增加了4.63亿美元和5.61亿美元，其他宏观经济指标与情景1下的变化相似，这两种情景冲击在不改变《中美经贸协议》实施的方向下，有利于我国宏观经济提升，但同时也扩大了外贸逆差。

表29－5　　　　　　不同情景对中美两国宏观经济的影响

| 宏观经济指标 | 情景1 | | 情景2 | | 情景3 | |
|---|---|---|---|---|---|---|
| | 中国 | 美国 | 中国 | 美国 | 中国 | 美国 |
| GDP（%） | 0.03 | 0.01 | 0.03 | 0.01 | 0.04 | 0.01 |
| 社会福利（亿美元） | 25.68 | 25.75 | 33.17 | 24.62 | 41.88 | 28.79 |
| 居民消费支出（%） | 0.01 | 0.06 | 0.02 | 0.06 | 0.02 | 0.05 |
| 贸易条件（%） | －0.00 | 0.05 | －0.00 | 0.05 | －0.01 | 0.04 |
| 资本收益率（%） | 0.03 | 0.03 | 0.04 | 0.03 | 0.04 | 0.04 |
| 贸易收支（亿美元） | －3.75 | －14.82 | －4.63 | －13.65 | －5.61 | －20.81 |

资料来源：上表中的各经济指标通过GTAP10.0数据库计算得出，下表同。

（2）对美国的影响。《中美经贸协议》金融服务条款实施（情景1）会使美国的GDP、居民消费支出、贸易条件和资本收益率分别提升0.01%、0.06%、0.05%和0.03%，社会福利提升25.75亿美元，贸易收支降低14.82亿美元。可见虽然美国金融服务部门的贸易逆差有所扩大，但总体来看《中美经贸协议》中金融服务条款的实施对宏观经济提升有正面影响。中日韩自贸区签署协议并生效（情景2）下各经济指标与情景1基本相似。RCEP签署生效（情景3）使美国社会福利增加28.79亿美元，外贸逆差增加20.81亿美元，影响程度变化较大。不同情景下，尤其是RCEP签署会扩大美国的贸易逆差，但其他宏观经济指标均有所提升。

2. 对中美两国各产业部门的影响

（1）对各部门进口的影响。表29-6显示，情景1、情景2、情景3分别使我国金融服务业进口增加8.95%、9.26%和11.79%，使我国保险服务业分别增加4.29%、4.3%和5.34%，这说明中美第一阶段金融服务的相互开放会明显提升我国该类服务的进口，中日韩自贸区以及RCEP两大冲击对我国金融服务业进口提升显著，对保险服务业也有较小程度的提升。从其他产业部门的变动情况来看，情景1可能导致粮食作物、蔬菜水果及其他农产品、食品饮料及烟草制品、重工业、采掘业、建筑服务业、教育服务业等部门的进口有小幅提升，同时导致轻工业，水、电、天然气，通信服务业，运输服务业，其他服务等部门的进口有小幅下降。而在情景2以及情景3中，轻工业和通信服务业的进口由减少变为增加。

表29-6 不同情景对中美各部门进口的影响 单位：%

| 产业部门 | 情景1 | | 情景2 | | 情景3 | |
|---|---|---|---|---|---|---|
| | 中国 | 美国 | 中国 | 美国 | 中国 | 美国 |
| 粮食作物 | 0.03 | 0.05 | 0.05 | 0.05 | 0.04 | 0.05 |
| 蔬菜、水果及其他农产品 | 0.04 | 0.02 | 0.05 | 0.02 | 0.06 | 0.02 |
| 牲畜和肉类制品 | 0.04 | 0.14 | 0.06 | 0.13 | 0.06 | 0.09 |
| 食品、饮料及烟草制品 | 0.02 | 0.10 | 0.03 | 0.09 | 0.03 | 0.08 |
| 轻工业 | -0.01 | 0.14 | 0.00 | 0.12 | 0.01 | 0.11 |
| 重工业 | 0.01 | 0.08 | 0.01 | 0.07 | -0.00 | 0.07 |
| 采掘业 | 0.04 | -0.16 | 0.04 | -0.15 | 0.06 | -0.11 |
| 水、电、天然气 | -0.02 | 0.15 | -0.00 | 0.14 | -0.00 | 0.13 |
| 金融服务业 | 8.95 | -0.07 | 9.26 | -0.08 | 11.79 | 1.44 |
| 保险服务业 | 4.29 | 0.36 | 4.30 | 0.36 | 5.24 | 1.00 |
| 通信服务业 | -0.01 | 0.13 | 0.01 | 0.13 | 0.01 | 0.11 |
| 建筑服务业 | 0.01 | 0.15 | 0.03 | 0.14 | 0.04 | 0.14 |

| 产业部门 | 情景 1 | | 情景 2 | | 情景 3 | |
|---|---|---|---|---|---|---|
| | 中国 | 美国 | 中国 | 美国 | 中国 | 美国 |
| 运输服务业 | -0.01 | 0.10 | -0.00 | 0.10 | -0.02 | 0.08 |
| 教育服务业 | 0.02 | 0.04 | 0.04 | 0.04 | 0.04 | 0.04 |
| 其他服务 | -0.02 | 0.13 | -0.01 | 0.12 | -0.02 | 0.08 |

情景 1、情景 2、情景 3 分别使美国金融服务业进口减少 0.07%、0.08% 以及增加 1.44%，使美国保险服务业分别增加 0.36%、0.36% 和 1.00%，可见中美之间金融服务开放可能使美国金融服务进口减少，而在 RCEP 冲击下美国金融服务进口则变为有所增加。观察其他产业部门的变动情况，除了采掘业进口有一定程度下降外，其他产业的进口均增加，中美第一阶段贸易协议的实施将提高美国大部分产业部门的进口。

（2）对各部门出口的影响。表 29-7 展示了不同情景对中美各部门出口的影响，情景 1~情景 3 分别使我国金融服务出口增加 29.50%、42.90% 和 55.18%，使我国保险服务分别增加 27.69%、35.28% 和 50.74%。金融服务开放对其他产业部门影响较小，在情景 1 下，除了为轻工业、重工业和运输服务业的出口带来正向影响外，对其余产业部门均带来负面影响。在此基础上，情景 2 使对于运输服务业出口的影响变为负向，情景 3 使对于轻工业、重工业出口的影响变为负向。

表 29-7　　　　　　　　不同情景对中美各部门出口的影响　　　　　　　单位: %

| 产业部门 | 情景 1 | | 情景 2 | | 情景 3 | |
|---|---|---|---|---|---|---|
| | 中国 | 美国 | 中国 | 美国 | 中国 | 美国 |
| 粮食作物 | -0.07 | -0.11 | -0.09 | -0.11 | -0.14 | -0.10 |
| 蔬菜、水果及其他农产品 | -0.06 | -0.07 | -0.08 | -0.07 | -0.13 | -0.06 |
| 牲畜和肉类制品 | -0.08 | -0.29 | -0.11 | -0.27 | -0.15 | -0.22 |
| 食品、饮料及烟草制品 | -0.02 | -0.19 | -0.04 | -0.18 | -0.03 | -0.15 |
| 轻工业 | 0.02 | -0.32 | 0.00 | -0.30 | -0.02 | -0.25 |
| 重工业 | 0.02 | -0.27 | 0.01 | -0.25 | -0.00 | -0.21 |
| 采掘业 | -0.06 | 0.17 | -0.08 | 0.16 | -0.17 | 0.11 |
| 水、电、天然气 | -0.00 | -0.26 | -0.03 | -0.26 | -0.05 | -0.22 |

| 产业部门 | 情景1 | | 情景2 | | 情景3 | |
|---|---|---|---|---|---|---|
| | 中国 | 美国 | 中国 | 美国 | 中国 | 美国 |
| 金融服务业 | 29.50 | 3.36 | 42.90 | 3.08 | 55.18 | 2.17 |
| 保险服务业 | 27.69 | 18.28 | 35.28 | 17.33 | 50.74 | 15.44 |
| 通信服务业 | −0.00 | −0.22 | −0.02 | −0.21 | −0.03 | −0.19 |
| 建筑服务业 | −0.03 | −0.20 | −0.04 | −0.18 | −0.06 | −0.14 |
| 运输服务业 | 0.00 | −0.15 | −0.00 | −0.14 | 0.01 | −0.11 |
| 教育服务业 | −0.00 | −0.16 | −0.02 | −0.15 | −0.02 | −0.11 |
| 其他服务 | 0.00 | −0.20 | −0.01 | −0.19 | −0.01 | −0.15 |

金融服务开放对美国金融、保险服务部门的出口提升幅度小于我国。情景1～情景3分别使美国金融服务部门出口增加3.36%、3.08%和2.17%，使保险服务部门出口分别增加18.28%、17.33%和15.44%。除了采掘业外，对其余产业部门均为负向影响。

（3）对各部门产出的影响。表29－8显示，情景1～情景3下我国金融服务业、保险服务业产出均下降，对比进口与出口的比重变化情况，这种变化可能是由于提供给国内的金融、保险服务减少，而出口的金融、保险服务增加。三种情景除了对通信服务业的产出表现为负面影响，对其他部门的产出均表现为正面影响。美国在不同情景下部门产出的变化几乎与中国相反。情景1和情景2使美国金融服务部门产出增加0.07%，而RCEP成员国之间的开放使得美国金融服务部门产出下降0.02%。情景1～情景3则分别使美国保险服务部门产出增加0.64%、0.61%和0.47%。另外，不同情景除了提升通信服务业、建筑服务业以及其他服务部门的产出，其余部门的产出均表现为下降。

**表29－8**        **不同情景对中美各部门产出的影响**     单位：%

| 产业部门 | 情景1 | | 情景2 | | 情景3 | |
|---|---|---|---|---|---|---|
| | 中国 | 美国 | 中国 | 美国 | 中国 | 美国 |
| 粮食作物 | 0.01 | −0.07 | 0.01 | −0.06 | 0.02 | −0.05 |
| 蔬菜、水果及其他农产品 | 0.01 | −0.05 | 0.01 | −0.05 | 0.01 | −0.04 |
| 牲畜和肉类制品 | 0.01 | −0.03 | 0.01 | −0.03 | 0.02 | −0.02 |
| 食品、饮料及烟草制品 | 0.01 | −0.02 | 0.01 | −0.02 | 0.02 | −0.02 |

| 产业部门 | 情景1 | | 情景2 | | 情景3 | |
|---|---|---|---|---|---|---|
| | 中国 | 美国 | 中国 | 美国 | 中国 | 美国 |
| 轻工业 | 0.02 | − 0.10 | 0.02 | − 0.10 | 0.02 | − 0.07 |
| 重工业 | 0.02 | − 0.12 | 0.02 | − 0.11 | 0.02 | − 0.08 |
| 采掘业 | 0.01 | − 0.04 | 0.01 | − 0.04 | 0.01 | − 0.03 |
| 水、电、天然气 | 0.02 | − 0.01 | 0.02 | − 0.01 | 0.03 | − 0.00 |
| 金融服务业 | − 0.14 | 0.07 | − 0.14 | 0.07 | − 0.18 | − 0.02 |
| 保险服务业 | − 1.50 | 0.64 | − 1.83 | 0.61 | − 2.11 | 0.47 |
| 通信服务业 | − 0.00 | 0.01 | − 0.00 | 0.01 | − 0.00 | 0.00 |
| 建筑服务业 | 0.02 | 0.03 | 0.03 | 0.03 | 0.03 | 0.05 |
| 运输服务业 | 0.02 | − 0.02 | 0.02 | 0.02 | 0.02 | − 0.00 |
| 教育服务业 | 0.02 | − 0.00 | 0.02 | − 0.00 | 0.03 | 0.00 |
| 其他服务 | 0.01 | 0.00 | 0.02 | 0.00 | 0.02 | 0.01 |

3. 对我国主要贸易伙伴的经济影响

表 29 - 9 展示了不同情景对我国主要贸易伙伴在 GDP、进出口方面的影响。在情景 1 下，除中国及美国的 GDP 和进口表现为增加，中国香港、卢森堡、瑞典以及 RCEP 成员等国家（地区）的 GDP 和进口均表现为减少；同时，情景 1 可能导致中国、美国、日本、法国、印度尼西亚、菲律宾的出口减少，而使本书国家（地区）分组中的其他国家（地区）的出口增加。

表 29 - 9　　　　　不同情景对我国主要贸易伙伴的经济影响　　　　　单位：%

| 国家（地区） | 情景1 | | | 情景2 | | | 情景3 | | |
|---|---|---|---|---|---|---|---|---|---|
| | GDP | 进口 | 出口 | GDP | 进口 | 出口 | GDP | 进口 | 出口 |
| 中国 | 0.03 | 0.08 | 0.05 | 0.03 | 0.09 | 0.06 | 0.04 | 0.11 | 0.06 |
| 美国 | 0.01 | 0.07 | 0.02 | 0.01 | 0.07 | 0.02 | 0.01 | 0.10 | 0.02 |
| 中国香港 | − 0.00 | − 0.02 | − 0.01 | − 0.00 | − 0.03 | − 0.01 | − 0.00 | − 0.05 | − 0.02 |
| 新加坡 | − 0.01 | − 0.00 | − 0.01 | − 0.01 | 0.00 | − 0.00 | 0.32 | − 0.25 | − 0.13 |
| 澳大利亚 | − 0.00 | − 0.02 | − 0.00 | − 0.00 | − 0.02 | − 0.00 | 0.02 | 0.14 | 0.07 |
| 卢森堡 | − 0.07 | − 0.23 | − 0.25 | − 0.09 | − 0.29 | − 0.32 | − 0.19 | − 0.67 | − 0.77 |
| 日本 | − 0.00 | − 0.01 | 0.00 | 0.01 | 0.01 | − 0.00 | 0.01 | 0.04 | 0.01 |

| 国家（地区） | 情景1 | | | 情景2 | | | 情景3 | | |
|---|---|---|---|---|---|---|---|---|---|
| | GDP | 进口 | 出口 | GDP | 进口 | 出口 | GDP | 进口 | 出口 |
| 瑞典 | -0.00 | -0.01 | -0.00 | -0.00 | -0.01 | -0.00 | -0.00 | -0.01 | -0.00 |
| 法国 | -0.00 | -0.01 | 0.00 | -0.00 | -0.01 | 0.00 | -0.00 | -0.01 | 0.00 |
| 韩国 | -0.00 | -0.01 | -0.00 | 0.02 | -0.01 | -0.01 | 0.03 | 0.00 | -0.01 |
| 马来西亚 | -0.00 | -0.00 | -0.00 | -0.00 | -0.00 | -0.00 | 0.03 | -0.02 | -0.01 |
| 印度尼西亚 | -0.00 | -0.01 | -0.00 | -0.00 | -0.01 | -0.00 | 0.01 | -0.01 | 0.01 |
| 泰国 | -0.00 | -0.01 | -0.00 | -0.00 | -0.01 | -0.00 | 0.03 | 0.01 | 0.01 |
| 菲律宾 | -0.00 | -0.01 | 0.00 | -0.00 | -0.01 | 0.01 | 0.03 | 0.02 | -0.01 |
| 越南 | 0.00 | -0.00 | -0.00 | -0.00 | -0.00 | -0.00 | 0.06 | -0.01 | -0.06 |
| 老挝 | -0.00 | -0.01 | -0.01 | -0.00 | -0.01 | -0.00 | 0.08 | 0.04 | -0.05 |
| 柬埔寨 | -0.00 | -0.00 | -0.00 | -0.00 | -0.00 | -0.00 | 0.02 | -0.00 | 0.00 |
| 其余国家 | -0.00 | -0.02 | -0.00 | -0.00 | -0.01 | -0.00 | -0.00 | -0.03 | -0.01 |

在此基础上，中日韩自贸区建设达成金融服务贸易条款的一致（情景 2）可能会提高日本、韩国的 GDP 比重。情景 2 使中国、美国、新加坡、日本的进口提升，其他国家（地区）的进口下降；情景 2 还使中国、美国、法国、印度尼西亚、泰国、菲律宾、越南的出口提升，其他国家（地区）的出口下降。可见，中日韩自贸区在《中美经贸协议》生效后可以提升缔约方的宏观经济，但反而降低了缔约方的出口。

情景 3 对我国及主要贸易伙伴的经济影响见表 29-9。美国及 RCEP 成员国的 GDP 有不同比例的提升，而其他非 RCEP 国家（地区）的 GDP 则有不同比例的下降。卢森堡、新加坡的进出口贸易出现较明显的下降。

# 五、结论及建议

## （一）结论

《中美经贸协议》金融服务条款的生效虽然会减少两国的贸易收支，但总体而言，促进了两国宏观经济与福利提升。若在此基础上中日韩自贸区就金融、保险服务贸易自由化达成一致，那么我国的社会福利进一步提升，美国的各项经济指标变化不大。考虑到 RCEP 谈判成功使得成员国之间金融、保险服务关税等值降为 0 的情景，我国社会福利、GDP 有不同程度的提升，而美国的贸易收支则有明显的下降。RCEP 签署将减少成员国与美国的贸易。

《中美经贸协议》金融服务条款的生效对中国的出口促进明显；我国金融、保险部门产出下降，美国金融、保险部门产出提高。中美两国在粮食、蔬菜、轻工业、重工业等其他部门的进出口变化基本一致，而部门产出变化则相反。加入中日韩自贸区以及 RCEP 的冲击后，各部门进出口、产出有小幅度变化。

《中美经贸协议》金融服务条款的生效虽然对中美两国的经济增长与进出口总量提升起到促进作用，但韩国、新加坡、澳大利亚、卢森堡、泰国等国家的 GDP 与进出口在这种情景下均减少。如果中日韩自贸区金融服务条款谈判成功将有效提升日本与韩国的 GDP，而 RCEP 金融服务条款的生效将有效提升成员国的经济增长。

（二）建议

根据实证结果，提出以下建议：

适当加快金融服务开放力度，创新引进外资方式。积极开放金融服务部门会使资源配置效率提高，全要素生产率提升，进而促进经济增长。但考虑到发展中国家普遍存在的金融部门相对比较脆弱，市场监管机制不够完善等问题，在开放过程中，应该合理安排开放顺序，审慎地实行金融服务开放政策，避免外源性风险产生。另外，不同情景均会带来资本收益率提升说明在金融服务部门引进外资是有利的。建议进一步放开合格境外有限合伙人（QFLP）试点范围，并降低进入门槛，鼓励外资参与我国未公开企业的股权投资。

提高金融服务产品竞争力，改善贸易条件。《中美经贸协议》金融服务条款生效后我国贸易条件下降，贸易收支减少 3.75 亿美元，虽然金融、保险服务进出口均增加，但产出下降。我国应该提高金融、保险服务产品的质量，提升竞争优势，尽可能降低他国产品对本国产品的替代，减少外国产品进入带来的负面影响以改善贸易条件。另外，金融服务贸易开放应该保持部门协同发展，提高国内企业国际适应力。

积极推进中日韩自贸区建设以及落实 RCEP 协议。中日韩自贸区以及 RCEP 成员国间金融服务开放促进了我国 GDP、社会福利、资本收益率等的提升，东亚经济合作带来的贸易创造效应有利于我国的贸易发展。我国应该和其他成员一起加快中日韩自贸区建设、积极落实 RCEP 协议。

# 第三十章 研究结语——对 USMCA 四个重要条款的再认识

马克思曾说①："我们仅仅知道一门唯一的科学，即历史科学。历史可以从两方面来考察，可以把它划分为自然史和人类史。但这两方面是不可分割的；只要有人存在，自然史和人类史就彼此相互制约。"针对历史唯物主义中的"历史"概念理解，马克思进一步提到②，"没有蒸汽机和珍妮走锭精纺机就不能消灭奴隶制；没有改良的农业就不能消灭农奴制；当人们还不能使自己的吃喝穿住在质和量方面得到充分保证的时候，人们就根本不能获得解放。'解放'是一种历史活动，不是思想活动，'解放'是由历史的关系，是由工业状况、商业状况、农业状况、交往状况促成的"。经济基础决定上层建筑的产生和性质，上层建筑又对经济基础起到促进和阻碍作用。历史不是线性发展的，而是现实社会形态的统一性和多样性的具体统一。

在此引用马克思的两段话，旨在从相对长的视野来分析 USMCA 的前世今生，以此加深对其了解。

## 一、从 NAFTA 到 USMCA 的政治经济学分析③

20 世纪 80 年代初期开始，世界经济秩序进入快速调整进程。一方面，东西方冷战进入尾声，苏联解体迹象显露；另一方面，欧洲经济一体化进程加快，美英开启了新自由主义市场经济的政策，日本历经战后恢复企业国际竞争力进入鼎盛时期；此外，以互联网发明应用为代表的新科技出

---

① 马克思恩格斯选集（第 1 卷）[M]. 北京：人民出版社，1995：66.
② 马克思恩格斯选集（第 1 卷）[M]. 北京：人民出版社，1995：74－75.
③ Gustavo A. Flores－Macías, Mariano Sánchez－Talanquer. The Political Economy of NAFTA/USMCA, International Political Economy, Political Economy, Political Institutions Online Publication Date：Aug 2019 DOI：10. 1093/acrefore/9780190228637. 013. 1662. 该文献的数据为本部分内容提供了支撑。特此说明。

世。为应对日本、欧洲企业的竞争，1980年竞选美国总统的里根提出了建立"北美共同市场"的设想，随后的1983年加拿大提出建立"美加自由贸易区"的设想；经过谈判，美加于1988年6月2日签署了双边自由贸易协定。1992年8月12日美、加、墨三国签署NAFTA，并于1994年1月1日生效。2018年12月，美国、墨西哥与加拿大领导人签署取代NAFTA的协议《美国—墨西哥—加拿大协定》（USMCA）。

从NAFTA实施的积极面分析。总体上看，NFTA促进了三国经济增长。然而，持续长达26年的NAFTA，自其谈判开始就遭到了不同方面的反对。首先引起了加拿大的怀疑和墨西哥的恐慌；因为墨西哥为发展中国家，历史上美西战争以及文化差异也阻碍了彼此的交往。1990年NAFTA谈判开始时，墨西哥经济规模是美国的1/20，是加拿大的1/10；墨西哥的人均收入是美国的1/8（Pastor，2001）①。因此，准确评估NFTA的影响不仅要考虑其总体贸易和投资收益，还必须考虑协定的收入分配效应在国家间、国家内、行业间、行业内、区域间的差异。

对加拿大而言，尽管农业产业获得了收益，但加拿大的劳动生产率与美国的差距在26年间大致保持不变（McBride and Aly Sergie，2018）②。加拿大的汽车工业却受到了冲击。自2009年以来，加拿大的汽车生产线转移到墨西哥和美国，在北美汽车产量中所占的份额一直在下降。

对墨西哥而言，NAFTA协定为其经济和社会带来了重大的结构性变化。墨西哥由内向型发展模式转变成为世界上最开放的经济体之一。墨西哥外贸依存度从NAFTA协定前的约30%增加到2017年的78%。2013～2017年期间，对美国年出口平均占墨西哥出口总值的80%。出口导向性在经济中的比重增加且出口市场主要集中在美国，导致其经济极易受到美国经济波动的影响（Hernandez – Trillo，2018）③，并出现同频现象。墨西哥经济整体增长的表面掩盖了地区和行业之间的严重不平等（Aguilar – Retureta，2016）④。靠近美国的北部地区从经济一体化中获得了大部分收益，而墨西哥南部较贫穷和偏远的州所获收益极小。

---

① Pastor Robert. Toward a North American community. Washington，DC：Peterson Institute for International Economics，2001：63.

② Canada's labor productivity has remained at 72% of that of the United States（McBride & Aly Sergie，2018）.

③ Hernandez – Trillo Fausto. Mexico，NAFTA，and beyond［J］. The International Trade Journal，2018，32（1）：5 – 20.

④ Aguilar – Retureta José. Regional income distribution in Mexico：New long-term evidence，1895 – 2010［J］. Economic History of Developing Regions，2016，31（2 – 3）：225 – 252.

美国国际贸易委员会 2016 年的一份研究报告得出，NAFTA 协定导致三国贸易量大幅增加，而美国福利略有增加，美国总就业率几乎无变化；NAFTA 协定对美国经济的净影响相对较小，最多约占 GDP 总额的 5%（Villarreal and Fergusson，2017）①。该研究还表明，与墨西哥的贸易抑制了美国某些行业的工资水平，而提升了其他行业的工资；NAFTA 协定对美国易受墨西哥进口影响的行业和地区的工资产生了负面影响，损失超过了平均福利水平（Hakobyan and McLaren，2016）②。2008 年全球金融危机进一步拉大了美国国内的贫富差距，引发的民族撕裂唤起了对 NAFTA 自由贸易共识的抵触（Inglehart and Norris，2016）③。2016 年共和党候选人唐纳德·特朗普（Donald Trump）将该协议称为美国签署的"史上最糟糕的协议"（Severns，2016）④，并承诺"让美国再次伟大"的首要任务是废除 NAFTA，并在墨西哥的边境沿线修建实体墙，用新的协定取而代之。

## 二、墨西哥缘何没有遵循"要素价格均等化"的理论

斯托尔珀-萨缪尔森定理（The Stolper-Samuelson Theorem）提出国际贸易的开展会使两国要素价格均等化。虽然墨西哥加入 NAFTA 促进了经济增长，并使其经济增长速度出现与美国同频的现象，但是国内居民劳动条件没有出现与美国和加拿大趋同的趋势，国内生产要素呈现出加速向美国流动的趋势。

自加入 NAFTA 以来，墨西哥经济长期维持 2% ~ 3% 的增速，该增长速度与美国同期经济增长速度出现了同频的特征。这得益于 NAFTA 为墨西哥企业家提供了稳定的预期和高效的供应链，如汽车生产，跨境运输的能力使供应链的效率得到了提高，同时也为消费者提供了物美价廉的商品和服务。经济交流改善和巩固了同美国的关系，并缓和了精英阶层和群众层面的反美情绪。根据《世界价值调查》⑤，在 NAFTA 生效前的 1993 年，

① Villarreal M Angeles, Fergusson Ian. The North American Free Trade Agreement (Report No. R42965). Washington, DC: Congressional Research Service, 2017: 15 – 16.

② Hakobyan Shushanik, McLaren John. Looking for local labor market effects of NAFTA [J]. Review of Economics and Statistics, 2016, 98 (4): 728 – 741.

③ Inglehart Ronald, Norris Pippa. Trump, Brexit, and the rise of populism: Economic have-nots and cultural backlash (HKS Faculty Research Working Paper Series RWP16 – 026). Cambridge, MA: Harvard Kennedy School, 2016.

④ Severns Maggie. Trump pins NAFTA, "worst deal ever", on Clinton. Politico, 2016 (26).

⑤ Word Value Survey.

有19%的墨西哥人表示信任美国人，但到2008年，有57.3%的墨西哥人对美国持积极的看法。尽管墨西哥与拉丁美洲其他地区文化更接近，但在2014年有47.7%的人同意他们是北美公民的说法。

2022年第二季度墨西哥经济环比增长0.9%，略低于1.0%的增长预期（见图30-1）。

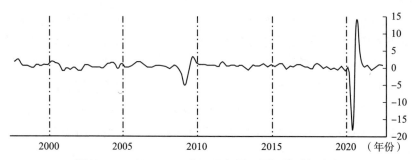

**图30-1　1995～2022年6月间墨西哥经济增长速度**

资料来源：Copyright © 2022 TRADING ECONOMICS.

从其贸易条件看，1970～2022年，墨西哥的贸易条件平均为61.84点，1981年1月达到106.34点的历史新高，2020年4月创下42.38点的历史新低。自加入NAFTA的1994～2009年，墨西哥贸易条件呈持续改善状态，金融危机后的2010年得以迅速恢复后又呈下降趋势（见图30-2）。

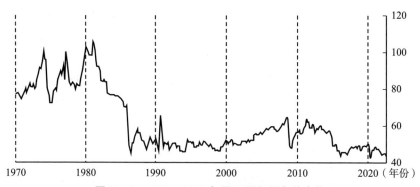

**图30-2　1970～2022年墨西哥贸易条件走势**

资料来源：Copyright © 2022 TRADING ECONOMICS.

从要素流动视角看，在NAFTA期间，墨西哥的外国直接投资（FDI）存量增长了6倍，从150亿美元增至1000多亿美元，而同期墨西哥对美国的 FDI 增长超过 1200% (Villarreal and Fergusson, 2017)①。20 世纪 80 年代，估计有 17 万名墨西哥人偷渡进入美国，而 1993 ~ 2008 年间，这一数字上升至每年 50 万人 (Flores - Macías, 2008)②。

从就业视角看，NAFTA 提高了墨西哥总体就业率，但就业质量没有得到改善。据估计，NFTA 创造了 1400 万个就业岗位，每年创造了 20 万个与出口相关的就业岗位 (比失去的就业岗位高出 15% ~ 20%) (McBride and Aly Sergie, 2018)③。然而，与某些行业获得发展相伴随的是有的行业遭到了毁灭。据估计，1994 ~ 2002 年期间，墨西哥的农业部门失去了 130 万个工作岗位 (Polaski, 2003)④，墨西哥小农经济无法与享受国家补贴且现代化的大型农场主主导的美国农业竞争。同样，以前受到保护的中小型企业也难以生存。与此同时，就业质量出现了恶化。有劳动合同的工人比例从 1992 年的 55% 下降到 2014 年的 47%。NAFTA 没有弥合熟练劳动力和非熟练劳动力之间的巨大工资差距 (Esquivel and Rodríguez - López, 2003)⑤。总体而言，墨西哥的劳动条件趋于恶化，实际工资没有出现与美国和加拿大趋同的趋势。这一结果可能有助于解释 NAFTA 带来的不平等分配效应。

从居民购买力情况看，墨西哥居民除了特定行业的某些高技能工人外，普通居民的购买力缺乏改善。2015 年最低工资的实际价值比 1990 年低约 20% (Provencio, 2017)⑥。2017 年墨西哥居民平均工资仅比 2000 年高出 1.7%。根据墨西哥政府收入贫困衡量标准，1994 年协议生效时，52.4% 的墨西哥人口缺乏足够的收入来支付基本服务和食品的成本；到 2016 年，这一指标已上升至 52.9%。这表明，尽管有 NAFTA，但大多数

① Villarreal M Angeles, Fergusson Ian. The North American Free Trade Agreement (Report No. R42965). Washington, DC: Congressional Research Service, 2017: 20.

② Flores - Macías Gustavo. NAFTA's unfulfilled immigration expectations [J]. Peace Review, 2008, 20 (4): 435 - 441.

③ McBride James, Aly Sergie Mohammed. NAFTA's economic impact. CFR Backgrounder, 2018 (4).

④ Polaski Sandra. Jobs, wages and household income. In J. A. Audley (Ed.), NAFTA's promise and reality: Lessons from Mexico for the hemisphere. Washington, DC: Carnegie Endowment for International Peace, 2003: 11 - 38.

⑤ Esquivel Gerardo, Rodríguez - López José Antonio. Technology, trade, and wage inequality in Mexico before and after NAFTA [J]. Journal of Development Economics, 2003, 72 (2): 543 - 565.

⑥ Provencio Enrique. Contexto económico y social de una joven democracia. In R. Becerra (Ed.), Informe sobre la democracia mexicana en una época de expectativas rotas. Mexico: Siglo Veintiuno Editores, 2017: 119 - 126.

人的生活水平并未提高（Consejo，2017）①。显然，加入 NAFTA 后的墨西哥没有遵循"要素价格均等化"的理论。

### 三、USMCA 体现的"美国利益优先"

2016 年美国前总统特朗普的竞选口号是"Make America Great Again（让美国再次伟大）"。他誓言采取单边保护贸易政策，废弃给美国带来工人失业和巨大贸易逆差的 NAFTA。② 针对咄咄逼人的美国政府，墨西哥当局最初警告说，如果美国坚持重新谈判 NAFTA，他们将寻求扩大谈判范围，包括移民、自然和安全。加拿大则表示，与其同意不利条款，不如退出 NAFTA；然而，美国采取的"YES or NO"的谈判策略收到了效果，经过一年多的谈判，2018 年 11 月 30 日，最终达成了主要反映美国诉求的三方协议；该协议之所以被命名为美国—墨西哥—加拿大协议（USMCA），主要出于政治目的，表明特朗普的"让美国再次伟大"落到了实处。USMCA 在保留 NAFTA 原始协议的核心内容外，有四点变化，即现代化、非市场经济条款（毒丸条款）、美国优先、去制度化。

第一类为应对数字经济的崛起，制定了数字贸易规则（第 19 章）和知识产权规则（第 20 章）。此为现代化条款。

第二类是应对非市场经济国家的竞争，制定了"毒丸条款"（第 32 章）。该条款指向性明确。因为美、墨、加三国均为市场经济型国家，显然制定此款是有所指的。一言以蔽之，美国在进行 USMCA 谈判时，已着眼于其与世界新兴大国间的竞争了。

第三类突出表现为"美国第一"的条款。USMCA 条款处处体现了美国利益优先的理念。特别是在对汽车行业的贸易规则上，在增加美国农民进入加拿大乳制品市场的规则上，以及旨在保护美国工人免受"社会倾销"的新劳动条款上。根据 USMCA，汽车行业将有三年时间来满足严格的原产地规则，以避免关税；75% 的汽车成分必须来自北美，生产商使用的 70% 的钢铁和铝也必须来自北美。除了更高的地区价值含量要求外，协议还引入了新的劳动力价值含量条款，旨在将部分汽车和卡车的生产转移回美国，并可能转移回加拿大。这增加了汽车行业中高薪非装配性工作的

---

① Consejo Nacional de Evaluación de la Política de Desarrollo Social（CONEVAL）. Evolución de las dimensiones de la pobreza 1990 - 2016. Mexico：CONEVAL，2017.

② 2016 年上台后不久，特朗普总统将保护主义付诸实践。为了支持他对北美自由贸易协定的攻击，他常引用美国和墨西哥之间贸易不平衡的数据，从 1993 年的 17 亿美元盈余到 2016 年的 632 亿美元赤字（Villarreal and Fergusson，2017，P. 15.）。

份额，显然是为了满足美国的需求。

鉴于汽车工业在美国文化中的特殊历史地位以及美国作为世界经济超级大国，在美国土地上复兴汽车生产象征着恢复美国的伟大。总的来说，NAFTA 协定下最具活力的汽车行业的新原产地规则体现了"美国优先"的利益诉求。

第四类属于去制度化条款①。去制度化条款表明美国不希望遵循二战后建立的以规则为基础的国际经贸秩序，改为以权力为基础的新秩序。国际经贸协定谈判的目的是给企业提供稳定的预期；然而 USMCA 的新条款却使北美的贸易和投资关系更加不确定。它标志着国际经济关系政治进入了一个新时代。USMCA 包含了新的审查和终止条款，这些条款破坏了贸易协议的可预测性和长期前景。新的《美国市场竞争法》包含了 16 年后的终止条款（即到 2036 年协议终止），以及每 6 年一次的审查机制，双方可决定将 USMCA 协议再延长 16 年。USMCA 协议中的新临时条款可以说改变了协议自身的本质，进而改变了北美国家之间的关系。

更像是临时协议的 USMCA 协议可能会引发意想不到的结果。由于其区域性和一定的排他性，会人为地增加交易成本，"建墙筑垒、把自己关进小屋子"的做法违反了市场经济运行的客观规律，更为世界和平发展带来危险和不可预测性。

## 四、关于 USMCA 中几个重要条款的再认识

### （一）关于劳动价值属性条款（labour value clause）的规定

USMCA 第 4 章原产地规则中首次纳入了劳动力价值含量要求。这项规定要求 40% ~45% 的汽车产品由每小时至少支付 16 美元的工人所生产。这项措施背后的动机旨在将汽车制造业迁出墨西哥；因为在墨西哥，汽车装配线上工人每小时的工资约为 7.34 美元，零件工人每小时工资约为 3.41 美元。对此，要么遵守此规定，修改墨西哥国内劳动法及签署详细监督和制裁程序的补充协议；要么采取支付 2.5% 的最惠国关税方式，来放弃遵守这些规则。目前，墨西哥采取了支付 2.5% 最惠国关税的方式。

虽然，贸易是国际分工的结果，但是劳工权利问题（劳工标准）一直被排除在二战后的国际贸易协定谈判之外。NAFTA 中的劳工条款开了先河，截至 2019 年，全球已有 85 个经贸协定纳入了劳工条款。

---

① Flores - Macías Gustavo, Sánchez - Talanquer Mariano. NAFTA's overhaul：From stability to uncertainty［］. Washington, DC：Foreign Policy Research Institute, 2018.

（二）关于禁止与非市场经济国家（NME）签订协议的规定

根据 USMCA 第 32 章规定，非市场经济国家是指"一方（如美国）根据其贸易救济法确定为非市场经济体"。如果墨西哥或加拿大考虑与中国进行贸易协议的谈判，则必须提前 3 个月向其他缔约方发出通知，提供"尽可能多的有关谈判目标的信息"，并让其他缔约方有机会在签署前 30 天审查拟议案文，以便审查缔约方可以"评估其对本协议的潜在影响"。最重要的是，如果一方与非市场经济体签订了此类贸易协议，则其他方可选择提前 6 个月通知终止该方的 USMCA，并用彼此双边协议取代 USMCA。

NME 禁令在美国和其他地方都遭到了批评。传统基金会认为①，"贸易协定不应阻止缔约国推进贸易自由化的努力，特别是与在降低贸易壁垒方面有积极作为的国家（如中国）"。

（三）关于货币操纵条款的深度思考

USMCA 第 33 章关于宏观经济政策、市场决定汇率和遵守 IMF 要求的规定。它要求成员方每月公开披露国际储备余额数据和外汇市场干预情况。由三方组成的宏观经济委员会至少每年举行一次会议，以监测执行情况。

USMCA 的缔约三方都采取浮动汇率制度，符合美国《联邦储备法案》和《货币汇率监督改革法案》的做法，历史上也没有操纵汇率的历史。既然如此，USMCA 为何还要规定，成员方高标准承诺避免竞争性贬值和以汇率为目标来解决不公平的货币做法，同时显著提高透明度并采取问责机制。很显然，如此规定是为便利以后的国际经贸协定中签署该项内容。

（四）关于日落条款（sunset clause）的规定

USMCA 第 34 章第 6 款规定，"一方可通过向其他方提供书面退出通知退出本协议。退出应在一方向其他方发出书面通知后 6 个月生效。如果一方退出，本协议对其他方仍然有效"。问题是美国总统是否可以根据美国宪法在未经国会批准的情况下退出 USMCA。根据国际惯例，美国总统可以在发出相关通知和 6 个月期限结束后退出 USMCA。自美国 1986 年与以色列签订的第一个自由贸易协定以来，美国所有贸易协定都没有包括固定的终止日期或日落条款。

为何在 USMCA 中美国坚持一项单独的日落条款，即将在 USMCA 生

---

① Tori K Whiting, Gabriella Beaumont Smith. eds. , Backgrounder: An Analysis of the United States - Mexico - Canada Agreement," Heritage Foundation, January 28, 2019, 55, https://www. heritage. org/trade/report/analysis-the-united-states-mexico-canada-agreement.

效 16 年后终止的条款，除非三方确认他们希望将其再延长 16 年。尽管加拿大和墨西哥反对，但美国贸易代表仍然坚定地争取这一条款。对此美方的解释是，16 年的日落条款的潜在破坏性远低于美国最初寻求的 5 年日落条款。USMCA 生效的 6 年后（2026 年），加拿大、墨西哥和美国应该重新评估该协议，并根据需要做出改变。与 NAFTA 第 2001 条赋予自由贸易委员会（由美加墨三国的三位贸易部长组成）审查协定的能力不同之处是：如果无法达成一致意见以维持 USMCA，则可以强制到期终止。国际贸易协定的签署是为了给企业以稳定的预期，避免不确定性。显然，USMCA 在日落条款的规定上已南辕北辙了。

不难看出，无论寻找什么借口，无非是保证美国利益优先。正如商务部部长威尔伯·罗斯（Wilbur Ross）所解释的，最初的五年计划旨在迫使对修订后的协议进行定期的"系统性重新审查"①，以确保美国的利益没有受到损害。

## 五、结　语

规则是制度的构成部分。USMCA 的经贸规则是基于一定前提假设制定的，制定规则的目的有多重。

从其主动顺应新科技发展的目的看，USMCA 可以称为高标准的国际经贸规则。在这个方面值得我们借鉴。新一轮工业革命浪潮蓬勃兴起，美国等西方工业发达国家先后出台"工业互联网"和"工业 4.0"战略规划，尝试借助工业再升级和智能化转型重塑竞争优势和全球工业分工格局（袁其刚等，2022）②。正如马克思所说，社会生产力的提高是历史发展前进的基础动力，作为人类历史发展的重要文明成果的制度，其变革的根本动力也必然是生产力。制度的最终目标在于人的社会性，在于实现人的全面发展。

从其发展经济的目的看，USMCA 的达成旨在稳定贸易和投资的预期（可能时间很短）。在此借用世界贸易组织（WTO）的宗旨来阐述该观点。"从 WTO 的宗旨不难看出，要提高全世界人民的生活水平，就必须保障人民实际收入的增长，而保障收入增长的前提是保障充分就业；保障充分就

①　David Lawder. U. S. Pushes for "Sunset Clause" to Re-examine NAFTA Every Five Years, Bloomberg News, October 12, 2017, https：//www. bnnbloomberg. ca/u-s-pushes-for-sunset-clause-to-re-examine-nafta-every-five-years-1. 883334.

②　袁其刚，嵇泳盛，于舒皓. 人工智能促进了制造业企业出口产品升级吗？——基于技术复杂度视角的分析［J］. 产业经济评论，2022（3）：69–82.

业的基础是社会生产环节的顺利进行，这离不开交换环节的通畅进行给予保障；所以 WTO 的宗旨就是要促进商品和服务领域的生产和贸易的顺畅开展。"① WTO 为其成员方提供了开展贸易投资的稳定预期，但不保证所有参与者都能带来经济增长的预期目标。

从其遏制其他潜在竞争对手的目的看，显然是短视行为，由于违背国际分工的规律，势必不得人心。USMCA 的规则涉及众多议题。由于针对不同议题制定规则的前提假设不同，导致规则的规范性和接受度不同。理性的选择是按照不同的议题制定差异化的应对之策（详见绪论部分内容）。

---

① 袁其刚. 国际商务谈判学［M］. 北京：高等教育出版社，2022：3.